Christopher Noll

Die vertragliche Sicherung des naturschutzrechtlichen Ausgleichs in der Bauleitplanung

Christopher Noll

Die vertragliche Sicherung des naturschutzrechtlichen Ausgleichs in der Bauleitplanung

Tectum Verlag

Christopher Noll

Die vertragliche Sicherung des naturschutzrechtlichen Ausgleichs
in der Bauleitplanung

ISBN: 978-3-8288-4049-2
eISBN: 978-3-8288-6881-6
Printed in Germany

Besuchen Sie uns im Internet
www.tectum-verlag.de

MIX
Papier aus verantwortungsvollen Quellen
FSC® C083411
FSC www.fsc.org

Bibliografische Informationen der Deutschen Nationalbibliothek
Die Deutsche Nationalbibliothek verzeichnet diese Publikation in der Deutschen Nationalbibliografie; detaillierte bibliografische Angaben sind im Internet über http://dnb.ddb.de abrufbar.

Vorwort

Die vorliegende Arbeit wurde von der Juristischen Fakultät der Albert-Ludwigs-Universität Freiburg im Sommersemester 2017 als Dissertation angenommen. Literatur und Rechtsprechung wurden bis zum 01.06.2017 berücksichtigt.

Dank gebührt zunächst meinem Doktorvater Prof. Dr. *Jens-Peter Schneider* für die hervorragende Betreuung, einschließlich der Veranstaltung äußerst gewinnbringender Doktorandenseminare, und die überaus rasche Korrektur. Mein Dank gilt zudem Ltd. StRD Prof. Dr. *Rüdiger Engel* für die ebenso rasche Erstellung eines Zweitgutachtens mit wertvollen Anregungen, die ich in die Druckfassung dieser Arbeit habe miteinfließen lassen.

Weiterer Dank gilt Prof. Dr. *Reinhard Sparwasser,* Prof. Dr. *Torsten Heilshorn* und dem übrigen Team der Kanzlei Sparwasser & Heilshorn, die mir promotionsbegleitend eine Tätigkeit als wissenschaftlicher Mitarbeiter ermöglicht haben, mir stets mit fachlichem Rat zur Seite standen und über die auch der Kontakt zu meinem Doktorvater hergestellt wurde.

Bedanken möchte ich mich zudem bei *Monika Jantzen, Moritz Küllmer, Philipp Müller, Jasmin Sachse, Alexander Wahl, Caroline Weller* sowie meinem Bruder *David Noll,* welche jeweils Teile meines Manuskripts Korrektur gelesen haben. Ganz besonderer Dank gilt dabei meiner Freundin *Sabrina Lonek,* die nicht nur fleißig Korrektur gelesen hat, sondern mich seit wir uns kennen in allen Lebenslagen immer wieder aufs Neue unterstützt, auffängt und anspornt.

Ich widme diese Arbeit meinen Eltern *Bernadette Müller-Noll* und Dr. *Gert Noll,* die mich sowohl bei der Promotion als auch während meiner gesamten Ausbildung stets unermüdlich und aufopferungsbereit unterstützt haben – Danke!

Fellbach, Juli 2017

Christopher J. Noll

Inhaltsverzeichnis

Kapitel 1 – Einführung und systematische Einordnung

§ 1 Einleitung

Nahezu jedes planerische Vorhaben stellt einen Eingriff in Natur und Landschaft dar.[1] Diese Beeinträchtigungen müssen kompensiert werden. Neben der naturschutzfachlichen Frage, welche Maßnahmen für diese Kompensation notwendig sind, muss die Durchführung auch rechtlich sichergestellt sein. Den Rahmen geben dafür die naturschutzrechtlichen Eingriffs- und Ausgleichsregelungen vor. Für die Bauleitplanung gilt dabei § 1a Abs. 3 BauGB, der – entgegen der Eingriffsregelung in den §§ 13 ff. BNatSchG – den Ausgleich nicht vorhaben-, sondern planungsbezogen ausgestaltet. Bereits im Rahmen der Bauleitplanung muss deshalb eine Entscheidung über Eingriff und Ausgleich erfolgen. Daraus ergeben sich im Vergleich zum vorhabenbezogenen Ausgleich erhöhte Notwendigkeiten zur Absicherung der tatsächlichen Durchführung des Ausgleichs, die sogleich näher aufgezeigt werden.

Die planerische Ausgleichsregelung des § 1a Abs. 3 BauGB gibt der Gemeinde dabei mehrere Möglichkeiten an die Hand, wie sie diesen Ausgleich durchführen und rechtlich absichern kann. So kommen neben den „klassischen" Instrumenten der Bauleitplanung (Darstellungen und Festsetzungen) auch städtebauliche Verträge und „sonstige geeignete Maßnahmen" in Betracht. Insbesondere bei großen Einzelprojekten, die ohnehin in enger Kooperation zwischen Gemeinde und Vorhabenträger (und vielleicht sogar unter Abschluss eines Vorhaben- und Erschließungsplans) stattfinden, bietet es sich an, den Ausgleich vertraglich zu regeln. Derartige kooperative Lösungen erfreuen sich auch in der Praxis immer größerer Beliebtheit.[2] Welche Anforderungen an die Ausgestaltung solcher Ausgleichsverträge zu stellen sind, ist Gegenstand dieser Arbeit.

---

1 Vgl. *Scheidler*, ZfBR 2011, 228.

2 *Battis/Krautzberger/Löhr*, NVwZ 1997, 1145 (1156); *Burmeister*, VBlBW 2002, 245; *Bunzel/Coulmas/Schmidt-Eichstaedt*, Städtebauliche Verträge, S. 106.

A. Problemstellung und Gang der Untersuchung

Ein Grundproblem bei der Kompensation von Eingriffen ist die Verfügbarkeit von Flächen.[3] Grund und Boden stehen nur in begrenzter Menge zur Verfügung. Auch die Gemeinden sind auf ihr Gemeindegebiet beschränkt, sodass schon heute oft ein Mangel an geeigneten Flächen herrscht.[4] Der Flächenverbrauch ist dabei jedoch rückläufig. In den Jahren von 2011 bis 2014 hat die Siedlungs- und Verkehrsfläche täglich um ca. 69 ha zugenommen.[5] Demgegenüber waren es in den Jahren von 2005 bis 2008 noch 104 ha pro Tag.[6] Von dem Ziel, die Flächeninanspruchnahme bis zum Jahr 2020 auf 30 ha pro Tag zu reduzieren[7], ist dies dennoch ein gutes Stück entfernt. Nichtsdestotrotz besteht bei den Kommunen ein großes Interesse an der Ansiedlung neuer Investoren und Unternehmen.[8]

Aufgrund dieser begrenzten Verfügbarkeit sind Grundstücke auch aus wirtschaftlicher Perspektive ein kostbares Gut. Die Durchführung von Ausgleichsmaßnahmen führt zu einem direkten Verlust an nutzbarer Fläche und damit regelmäßig zu einem wirtschaftlichen Nachteil des Vorhabenträgers, der das teuer erworbene Bauland nicht vollständig nutzen kann. Dies zu vermeiden wird regelmäßig sein Anliegen sein. Das BauGB bietet deshalb – ebenso wie auch das BNatSchG – die Möglich-

---

3 *Wagner*, VBlBW 2006, 50; *Bauer/Abresch/Steinhoff*, in: *Nottmeyer-Linden/Müller/Horst/Schweppe-Kraft*, Zukunft des Vertragsnaturschutzes, S. 71 (72).

4 *Küpfer/Arnold*, BWGZ 1119. So auch bereits *Schmidt*, NVwZ 1998, 337 (339); *Louis*, NuR 2004, 714 (716); *Berchter*, Eingriffsregelung, S. 226; zu den Ursachen: *Tomerius*, NuR 2005, 14 ff. Siehe auch den Artikel der Badischen Zeitung vom 25.08.2015, abrufbar unter: http://www.badische-zeitung.de/freiburg/freiburgs-ausgleichsflaechen-reichen-fuer-grosse-bauprojekte-nicht-aus (abgerufen am 15.06.2016).

5 Quelle: Statistisches Bundesamt, im Internet abrufbar unter: https://www.destatis.de/DE/ZahlenFakten/Wirtschaftsbereiche/LandForstwirtschaftFischerei/Flaechennutzung/FlaechennutzungAktuell.html (abgerufen am 15.06.2016).

6 *Michler/Möller*, NuR 2011, 81 (84).

7 So das Ziel der nationalen Nachhaltigkeitsstrategie der Bundesregierung (Quelle: Statistisches Bundesamt, siehe Fn. 5).

8 *Thum*, UPR 2006, 289 (296).

keit, den Ausgleich nicht auf dem Eingriffsgrundstück selbst, sondern an einem anderen Ort durchzuführen. Gleichzeitig besteht aus Sicht des Naturschutzes ein Interesse an möglichst effektiven Maßnahmen. Da die inhaltlichen Ausgestaltungsmöglichkeiten von Festsetzungen begrenzt sind, ist häufig die Durchführung des Ausgleichs mittels vertraglicher Regelungen vorteilhaft.

Ausgangsproblem bei einem Ausgleich gem. § 1a Abs. 3 BauGB ist die Sicherung der tatsächlichen Durchführung. Über den Ausgleich wird nämlich bereits im Vorfeld, zeitlich losgelöst von dem eigentlichen Eingriff, entschieden. Dies bietet bei vertraglichen Lösungen ein besonderes Risiko: Während Festsetzungen im Bebauungsplan jedermann zwingendes Recht darstellen, wirken Verträge nur zwischen den Parteien. Vor allem im Hinblick auf eine etwaige Rechtsnachfolge muss deshalb genau darauf geachtet werden, wie und innerhalb welcher Beziehungen diese Verträge ausgestaltet werden. Daneben muss die besondere Beziehung des (städtebaulichen) Vertrags zum Bauleitplan berücksichtigt werden. Geklärt werden soll deshalb, unter welchen Umständen Verträge zur Regelung des planerischen Ausgleichs in Betracht kommen, welchen Inhalt diese haben können bzw. müssen sowie welche begleitenden Sicherungsmechanismen notwendig sind.

Zunächst soll dabei ein Überblick über die maßgeblichen Eingriffs- und Ausgleichsbestimmungen gegeben werden. Dies umfasst sowohl deren historische Entwicklung als auch eine Gegenüberstellung der naturschutzrechtlichen Eingriffs- und der bauleitplanerischen Ausgleichsregelung. Im Anschluss werden die Anforderungen an die vertragliche Sicherung des Ausgleichs, insbesondere im Vergleich zur Kompensation durch Darstellungen und Festsetzungen herausgearbeitet. Daran anknüpfend wird die notwendige Ausgestaltung der beiden Varianten des § 1a Abs. 3 Satz 4 BauGB näher beleuchtet und die begleitenden (vor allem dinglichen) Sicherungsinstrumente auf ihre Eignung zur Ausgleichssicherung überprüft.

B. Stand der Forschung

Der naturschutzrechtliche Ausgleich in der Bauleitplanung ist ein Schnittgebiet zwischen Naturschutz- und Bauplanungsrecht und kann insoweit aus zwei Perspektiven beleuchtet werden. Hinzu kommt, dass für die vertragliche Sicherung dingliche Rechte notwendig sind, die sich nach zivilrechtlichen Regeln richten. Es gilt also, eine Vielzahl unterschiedlicher Rechtsregimes in Einklang zu bringen.

Die Wissenschaft hat sich dabei mit dem Verhältnis von Naturschutz- und Bauplanungsrecht im Hinblick auf die Eingriffs- und Ausgleichsregelung spätestens seit dessen gesetzlicher Regelung (zunächst im BNatSchG)[9] immer wieder befasst.[10] Überwiegend wird der Themenkomplex – auch bedingt durch die expliziten Regelungen in § 18 Abs. 1 BNatSchG und § 1a Abs. 3 BauGB und der hierzu neigenden Rechtsprechung[11] – dabei als Teil des Bauplanungsrechts behandelt.[12] Dem verschließt sich die vorliegende Arbeit nicht und betrachtet die Frage der Sicherung des naturschutzrechtlichen Ausgleichs in der Bauleitplanung ebenfalls aus primär bauplanungsrechtlicher Sicht. Die Anforderungen an die Durchführung des naturschutzrechtlichen Ausgleichs in der Bauleitplanung hat vor allem in den Jahren 2000 bis etwa 2010 Beachtung gefunden, wobei der Fokus eher auf der vorhergehenden Abwägung[13],

---

9 Zur Entwicklung der Eingriffs- und Ausgleichsregelung siehe unten § 2 (S. 8 ff.).

10 Zum BNatSchG 1993 siehe z.B. *Ramsauer*, Eingriffsregelung; *Mitschang*, Belange von Natur und Landschaft; *Garbe*, Eingriffsregelung; *Kuschnerus*, NVwZ 1996, 235; *Lüers*, UPR 1996, 401. Zur Änderung durch das BauROG siehe z.B. *Louis*, NuR 1998, 113; *Lüers*, ZfBR 1997, 231 und DVBl. 1998, 433; *Battis/Krautzberger/Löhr*, NVwZ 1997, 1145. Siehe zudem die Monographien von *Tophoven*, Eingriffs- und Ausgleichsregelung und *von Bosse*, Eingriffsregelung.

11 Vor allem BVerwG, Beschl. v. 31.01.1997 – 4 NB 27/96 = BVerwGE 104, 68. Zum Einfluss der Rechtsprechung siehe unten § 2 A. und B. (S. 8 f. und 11).

12 Zur Bauleitplanung als Eingriff siehe unten § 3 B. II. (S. 26 ff.).

13 *Tophoven*, Eingriffsregelung und *Lau*, Naturschutz in der Bauleitplanung. Siehe hierzu auch § 2 A. (S. 8 f.).

der Wirksamkeit[14] oder der praktischen Seite des Ausgleichsinhalts[15] liegt. Während die Möglichkeit des Ausgleichs (und dessen Sicherung) durch Verträge zwar in vielen dieser - und weiterer[16] - Werke mitbehandelt wird, fehlt es an einer eingehenden Analyse der auftretenden Sicherungsprobleme und deren Hintergründe sowie der Entwicklung entsprechender Vorgaben für eine Lösung.

Die Probleme des naturschutzrechtlichen Ausgleichs gem. § 1a Abs. 3 BauGB und seiner Sicherung liegen dabei weniger in grundlegend unterschiedlichen Ansatzpunkten und Theorien. Vielmehr besteht in großen Teilen Einigkeit, so z.B. dass die Durchführung der Maßnahmen - möglichst durch dingliche Rechte - abgesichert werden muss. Die in der Forschung bestehenden Diskussionen drehen sich deshalb regelmäßig um Einzelfragen. So sind die in Betracht kommenden dinglichen Sicherungsmittel nicht abschließend geklärt[17] (z.B. sprechen sich *Grziwotz*, *Berchter* und *Stich* neben der vielfach anerkannten Dienstbarkeit auch für die Reallast als taugliches Sicherungsmittel aus[18]). Auch der mögliche Inhalt von Ausgleichsverträgen, insbesondere in Bezug auf dauerhafte Ausgleichsmaßnahmen[19], ist nicht abschließend geklärt. Sogar deren Rechtsnatur (öffentlich-rechtlich, zivilrechtlich und/oder städtebaurechtlich) bietet Stoff zur Diskussion[20]. Im Hinblick auf die in § 1a Abs. 3 genannten „sonstigen geeigneten Maßnahmen" herrscht ebenfalls weitgehend Unklarheit, welche Instrumente als solche in Betracht kommen. Eine Einzelbetrachtung dieser

---

14 *Von Bosse*, Eingriffsregelung und *Berchter*, Eingriffsregelung (der die Sicherung durch Vertrag allerdings am Rande mitbehandelt).

15 *Busse/Dirnberger/Pröbstl*, Eingriffsregelung.

16 Insbesondere in zusammenfassenden Werken über städtebauliche Verträge, wie z.B. *Burmeister*, Städtebauliche Verträge, Rn. 122; *Birk*, Städtebauliche Verträge, Rn. 486 ff.; *Bunzel/Coulmas/Schmidt-Eichstaedt*, Städtebauliche Verträge, S. 106 ff.

17 Hierzu siehe v.a. § 8 A. II. und § 13 A. (S. 140 ff. und 235 f.). Eine Übersicht bietet auch *Grziwotz*, KommJur 2008, 288; *ders.* Vertragsgestaltung, Rn. 115, der jedoch keine eingehende Analyse der zugrundeliegenden Sicherungsprobleme vornimmt.

18 Siehe unten § 13 E. I (S. 252 mit Nachweisen in Fn. 1116).

19 Speziell hierzu unten § 8 C. (S. 148 ff.).

20 Hierzu § 5 A. II. (S. 61 ff.).

Probleme ist dabei nicht zielführend, vielmehr müssen diese in ihren Gesamtkontext eingebettet und umfassend betrachtet werden.

Ziel dieser Arbeit ist es demnach, die Vielzahl an ungeklärten Einzelfragen in einen systematischen Zusammenhang zu bringen und dadurch spezifische Anforderungen an den naturschutzrechtlichen Ausgleich in der Bauleitplanung durch Verträge aufzustellen, um schlussendlich anhand dieser Anforderungen konkrete Vorgaben für die Sicherung des vertraglichen Ausgleichs zu nennen.[21]

C. Begriff des Ausgleichs und der Sicherung

Die Begriffe des Ausgleichs und der Sicherung können im Bereich der naturschutzrechtlichen Ausgleichsregelung im Bauplanungsrecht nicht immer ganz trennscharf benutzt werden. Dies resultiert vor allem daraus, dass es innerhalb des Planungsprozesses unterschiedliche Verfahrensschritte gibt, in denen der Ausgleich jeweils eine andere Gestalt erhält. Insofern zu Beginn ein paar klarstellende Worte:

Der Begriff des Ausgleichs[22] ist sehr weitreichend, weshalb in der Praxis eine genaue Abgrenzung oft entbehrlich ist. Im Rahmen einer wissenschaftlichen Betrachtung ist es aber sinnvoll, zwischen dem Ausgleich als *übergeordnetem Ziel,* dem Ausgleich als *faktischer Durchführung der Maßnahme* sowie der bloßen *Sicherstellung des Ausgleichs* zu unterscheiden. Der Ausgleich in seiner abstraktesten Ausprägung bildet eine Art übergeordnete Wertungsstufe. Dieser „abstrakte Ausgleich" erfolgt im Rahmen der Bauleitplanung dergestalt, dass festgestellt wird, wie der Eingriff zu bewerten ist und welche Maßnahmen für die Kompensation nötig sind. Diese Entscheidungen vollziehen sich auf planerischer Ebene. Dem steht die tatsächliche Durchführung des Ausgleichs, also der Herstellung der Ausgleichsmaßnahme (z.B. durch Pflanzen eines Baumes oder Anlegen eines Biotops), gegenüber.

---

21 Literatur und Rechtsprechung wurden dabei bis zum 01.06.2017 berücksichtigt.

22 Ebenfalls um eine Klarstellung bemüht: *Schmidt,* NVwZ 1998, 337 (338 f.).

§ 1a Abs. 3 Satz 2 BauGB besagt zudem, dass der Ausgleich *„durch"* ein bestimmtes Instrument (Darstellung oder Festsetzung im Bauleitplan, städtebauliche Verträge oder sonstige geeignete Maßnahmen) *„erfolgt"*. § 11 Abs. 1 Satz 2 Nr. 2 BauGB spricht sogar von einer „Durchführung des Ausgleichs". Damit ist natürlich nicht die spätere tatsächliche Ausführung der Maßnahmen gemeint (die nur durch eine tatsächliche Handlung erfolgen kann). Die Formulierung „erfolgt durch" bzw. die „Durchführung des Ausgleichs" bedeuten zunächst nichts weiter als die (schriftliche) Niederlegung des zuvor im Abwägungsprozess gewonnenen Abwägungsergebnisses. Diese „Verkörperung" (im Bauleitplan oder Vertrag) dient durch ihre zwingende Wirkung der Sicherung des Ausgleichs, also der Absicherung, dass die Ausgleichsmaßnahmen tatsächlich ausgeführt werden können und müssen. Die in § 1a Abs. 3 Satz 2 und 4 BauGB genannten Instrumente verknüpfen damit durch ihre Sicherungsfunktion den Ausgleich als Entscheidung und den Ausgleich als tatsächliche Handlung.

Auch der Begriff der Sicherung hat zwei Ebenen[23]: Zum einen kommt bereits der verpflichtenden Wirkung von Bauleitplan oder Vertrag (inklusive Sicherungsmittel) eine Sicherungsfunktion zu. Bisweilen wird deshalb von einer „Sicherung durch Festsetzung" oder „Sicherung durch Vertrag" gesprochen. Zum anderen können aber Verträge wiederum selbst durch weitere Sicherungsinstrumente (z.B. dingliche Sicherungsmittel) abgesichert werden. Diese Sicherung im klassisch zivilrechtlichen Sinn bezieht sich auf die vertraglichen Verpflichtungen und erweitert deren Sicherungswirkung. Auch diese Sicherungsinstrumente sind Bestandteil der Sicherungsfunktion der in § 1a Abs. 3 Satz 2 und 4 BauGB genannten Instrumente.

---

23 Hierzu unten § 6 C. (S. 107 f.).

§ 2 Entwicklung der Eingriffs- und Ausgleichsregelungen

Die naturschutzrechtliche Eingriffs- und Ausgleichsregelung hat - insbesondere in den Jahren nach 1993 - viele Änderungen und (in Bezug auf die Bauleitplanung) sogar einen Wechsel ihres gesetzlichen Standorts durchlaufen. Besondere Bedeutung kommt dabei der Rechtsprechung zu, welche die Entwicklung der Eingriffsregelung stark mitgeprägt hat. Die Änderungen waren dabei nicht nur rein formaler Natur, sondern betrafen auch Inhalt und tatsächliche Bedeutung der Vorschriften. Die Entwicklungsgeschichte zeigt dabei die Veränderung der Norm weg von einer Vorschrift zur strikten Erhaltung des naturschutzrechtlichen Status quo und hin zu einem flexiblen Instrument des frühzeitigen Ausgleichs (zumindest im Bereich Bauleitplanung). Inwiefern diese Entwicklung für den Naturschutz von Vorteil war, ist kritisch zu betrachten. Nachfolgend sollen die wichtigsten Stationen des Werdegangs der Eingriffs- und Ausgleichsregelungen wiedergegeben werden.

A. Der Ausgleich im Bundesnaturschutzgesetz

Die naturschutzrechtliche Eingriffs- und Ausgleichsregelung fand sich bereits in der ersten Fassung des BNatSchG von 1976[24]. § 8 BNatSchG 1976 war dabei eine rahmenrechtliche Vorschrift nach Art. 75 Nr. 3 GG (a.F.), die aber in zentralen Fragen für die Ausführung der Landesgesetze verbindlich war (z.B. Definition des Eingriffs und Ausgleichs)[25]. Dennoch war das Verhältnis von Baurecht und naturschutzrechtlicher Ausgleichsregelung lange Zeit nicht abschließend geklärt.[26] Insbesondere die Rolle der Eingriffsregelung in der Planfeststellung war umstritten: Stellten die Vorschriften der Eingriffsregelung

---

24 Gesetz über Naturschutz und Landschaftspflege (Bundesnaturschutzgesetz - BNatSchG) vom 20.12.1976, BGBl. I S. 3574; Berichtigung im Jahr 1977, BGBl. I S. 650.

25 Vgl. BVerwG, Urt. v. 04.07.1986 - 4 C 50/83, juris Rn. 19 = BVerwGE 74, 308 (313).

26 *Wagner*, in: *Ernst/Zinkahn/Bielenberg/Krautzberger*, BauGB § 1a Rn. 20.

strikt verbindliches Recht dar[27] oder waren sie der Planabwägung zugänglich[28]? Aus dem Gebot der bauplanerischen Konfliktbewältigung ergab sich zumindest die Pflicht zur Berücksichtigung der Eingriffsregelung. Das OVG Niedersachsen stellte dementsprechend fest, dass im Rahmen der Bauleitplanung die Möglichkeit der Kompensationsmaßnahmen berücksichtigt werden müsse, da anderenfalls der Plan abwägungsfehlerhaft sei.[29]

Als Reaktion auf diese Rechtsprechung[30] und aufgrund der praktischen Schwierigkeiten[31] bei der Anwendung des § 8 BNatSchG 1976 wurde 1993, im Zuge des Investitionserleichterungs- und Wohnbaulandgesetzes[32] erstmals das Verhältnis zur Bauleitplanung durch die §§ 8a bis c BNatSchG 1993 ausdrücklich bundesgesetzlich geregelt (der sog. Baurechtskompromiss).[33] § 8a BNatSchG 1993 bestimmte dabei, dass über Eingriffe in Natur und Landschaft im Rahmen der Abwägung[34] bei der Bauleitplanung zu entscheiden sei. Dies entsprach der Idee, dass die Belange des Naturschutzes und der Landschaftspflege nur einmal – nämlich bereits im Zuge des Bauplanungsverfah-

---

27 So das BVerwG, Beschl. v. 30.12.1996 – 11 VR 21/95, juris Rn. 43 = NuR 1997, 497 (498), das von einem nicht abwägbaren Planungsleitsatz ausging.

28 So das OVG Berlin, Urt. v. 22.04.1983 – 2 A 6/81 = NVwZ 1983, 416 (417).

29 NdsOVG, Beschl. v. 06.10.1988 – 1 B 115/88 = NuR 1989, 443 (444).

30 *Louis*, NuR 2007, 94 (97).

31 *Koch*, in: *Ramsauer*, Eingriffsregelung, S. 199 (209).

32 Gesetz zur Erleichterung von Investitionen und zur Ausweisung und Bereitstellung von Wohnbauland (Investitionserleichterungs- und Wohnbaulandgesetz) vom 22.04.1993, BGBl. I S. 466.

33 Zugleich erfolgte in § 6 BauGB-MaßnahmenG die erste explizite Kodifizierung des städtebaulichen Vertrags (*Lorz*, DÖV 2001, 177 (179)).

34 Die Einzelheiten der Anwendung in der Abwägung waren jedoch zunächst umstritten, vgl. *Koch*, in: *Ramsauer*, Eingriffsregelung, S. 199 (201 ff.).

rens – zu prüfen sein sollten.[35] Schon damals bestand die Vorüberlegung, den Ausgleich direkt im BauGB zu regeln.[36]

Die §§ 8a bis c BNatSchG 1993 beinhalteten schon viele Grundsätze, die sich heute in den Regelungen im BauGB wiederfinden (Verursacherprinzip, Zuordnung von Ausgleichsflächen sowie deren Sicherung).[37] Der Wortlaut des § 8a BNatSchG 1993 ließ allerdings nur den Ausgleich durch Darstellungen und Festsetzungen und diesen auch nur innerhalb eines Bebauungsplans zu. Die Möglichkeit der Durchführung des Ausgleichs auch durch städtebauliche Verträge[38] wurde aber durch die Rechtsprechung[39] anerkannt.[40] Dieser kommt in jenem Zeitraum besondere Bedeutung zu, da sie viele Grundsätze aufgestellt hat, die heute unangefochtene Geltung haben und teilweise sogar später vom Gesetzgeber aufgegriffen worden sind.

So hatte das BVerwG festgestellt, dass die Gemeinde bereits in der Abwägung zu prüfen habe, ob aufgrund der Aufstellung, Änderung, Ergänzung oder Aufhebung von Bauleitplänen Eingriffe in die Natur und Landschaft zu erwarten sind. Zudem habe die Gemeinde den vorfindlichen Zustand und das berührte Integritätsinteresse zu ermitteln und Erwägungen dahingehend anzustellen, ob und wie sich die Folgen des Eingriffs sachgemäß bewältigen lassen. Werde dies nicht berücksichtigt, so liege ein Ermittlungsdefizit vor.[41] Zudem wurde entschieden, dass Kompensationsmaßnahmen auch außerhalb des räumlichen Geltungsbereichs eines Bebauungsplans festgesetzt

---

35 BT-Drs. 12/3944, S. 51; *Blume*, NVwZ 1993, 941. Hierdurch sollte insbesondere auch der Vollzug erleichtert werden (*Klinge*, BauR 1995, 289 (301)).

36 *Wagner*, in: *Ernst/Zinkahn/Bielenberg/Krautzberger*, BauGB § 1a Rn. 21.

37 Siehe hierzu *Louis*, NuR 2007 94 (97); *Koch*, in: *Ramsauer*, Eingriffsregelung, S. 199 (205 ff.).

38 Diese sind seit dem BauROG 1998 in § 11 BauGB geregelt (siehe BGBl. I S. 2087).

39 BVerwG, Beschl. v. 09.05.1997 – 4 N 1/96, LS 1 und juris Rn. 27 = BVerwGE 104, 353 (353 und 360); bestätigt durch: BVerwG, Beschl. v. 05.01.1999 – 4 BN 28/97, LS 1 und juris Rn. 7 = NVwZ-RR 1997, 426.

40 *Uechtritz*, NVwZ 1997, 1182 (1184).

41 Zu allem: BVerwG, Beschl. v. 31.01.1997 – 4 NB 27/96 = BVerwGE 104, 68, (78).

werden können.[42] Ebenso wurde bereits damals die Notwendigkeit einer Vollkompensation verneint.[43]

All dies zeigt bereits die Tendenz zu einer Flexibilisierung des Ausgleichs in der Bauleitplanung, welche sich dann in den späteren Eingriffs- und Ausgleichsregelungen widerspiegelt.

B. Eingliederung in das BauGB

Mit dem BauROG 1998[44] wurde die Eingriffs- und Ausgleichsregelung durch Schaffung des § 1a schließlich in das BauGB integriert[45], wobei viele Ansätze der Rechtsprechung zu § 8a BNatSchG 1993 in Gesetzesform gegossen wurden.[46] Dem BauROG lag dabei die Befristung von geltenden Regelungen zugrunde, welche teilweise eben auch die naturschutzrechtliche Eingriffsregelung des § 8b BNatSchG 1993 betraf.[47] Ziel des Gesetzgebers war es, zur „Klärung des Verhältnisses des Bauplanungsrechts zum Umwelt- und Fachplanungsrecht beizutragen"[48]. Im Hintergrund stand dabei auch die im Jahre 1994 in § 20a GG aufgestellte Staatszielbestimmung des „Schutzes der natürlichen Lebengrundlage".[49]

Inhaltlich wurde die - durch die Rechtsprechung bereits akzeptierte - Möglichkeit des Ausgleichs durch städtebaulichen Vertrag gesetzlich verankert (in § 1a Abs. 3 Satz 3 BauGB 1998

---

42 BVerwG, Beschl. v. 09.05.1997 - 4 N 1/96 = BVerwGE 104, 353 („Grundsatzurteil"); bestätigend BVerwG, Beschl. v. 18.11.1997 - 4 BN 26/97, juris Rn. 8 = ZfBR 1998, 158.

43 OVG NRW, Urt. v. 28.06.1995 - 7a D 44/94.NE = NuR 1996, 418 (419).

44 Gesetz zur Änderung des Baugesetzbuchs und zur Neuregelung des Rechts der Raumordnung (Bau- und Raumordnungsgesetz 1998 - BauROG) vom 18.08.1997, BGBl. I S. 2081.

45 Hierzu: *Battis/Krautzberger/Löhr*, NVwZ 1997, 1145 (1146 f.).

46 *Battis/Krautzberger/Löhr*, NVwZ 1997, 1145 (1148); *Schmidt*, NVwZ 1998, 337; vgl. *Schliepkorte*, ZfBR 1999, 66 (70).

47 *Battis/Krautzberger/Löhr*, NVwZ 1997, 1145; *Wagner*, in: *Ernst/Zinkahn/Bielenberg/Krautzberger*, BauGB § 1a Rn. 4.

48 BT-Drs. 13/6392, S. 36; zu den Problemen der Praxis bei Anwendung der §§ 8a bis c BNatSchG 1993: *Schink*, BauR 1998, 1163 (1176).

49 *Battis/Krautzberger/Löhr*, NVwZ 1997, 1145 (1146 f.); *Weihrich*, NatSchLSA 1999, 33; *Stich*, ZfBR 2003, 643 (645).

und § 11 Abs. 1 Satz 2 Nr. 2 BauGB) und zugleich die Möglichkeit geschaffen, auch Flächen außerhalb des Plangebiets für den Ausgleich heranzuziehen (§ 1a Abs. 3 Satz 2 BauGB 1998). Eine Änderung beinhaltete auch § 200a BauGB, dessen Satz 1 die Ersatz- mit den Ausgleichsmaßnahmen gleichstellte, während zugleich in Satz 2 auf den unmittelbaren zeitlichen und räumlichen Zusammenhang zwischen Eingriff und Ausgleich verzichtet wurde. Die Möglichkeiten der Gemeinde, für einen naturschutzrechtlichen Ausgleich zu sorgen, wurden damit erheblich erweitert.[50] Im Übrigen war eine Änderung der materiellen Rechtslage aber nicht beabsichtigt.[51]

Mit dem EAG Bau 2004[52] erhielt § 1a BauGB die neue amtliche Überschrift „Ergänzende Vorschriften zum Umweltschutz". Zudem wurde die in Abs. 2 Nr. 2 und Abs. 3 geregelte naturschutzrechtliche Ausgleichsregelung zusammengefasst und in Abs. 3 verschoben, was jedoch eher redaktionell begründet war und keine besonderen inhaltlichen Änderungen zur Folge hatte.[53] Im Jahr 2007[54] wurde der Anwendungsbereich des § 1a Abs. 3 BauGB durch Einführung des § 13a BauGB insofern beschnitten, als dass dieser keine Anwendung mehr auf Vorhaben hat, die im beschleunigten Verfahren aufgestellt werden und eine Grundfläche von weniger als 20.000 Quadratmeter haben. 2013[55] wurde, entsprechend der Rechtsprechung des BVerwG, ein Verweis auf § 15 Abs. 3 BNatSchG[56] in § 1a Abs. 3

---

50 *Schink*, DVBl. 1998, 609 (612, 617); *ders.*, BauR 1998, 1163 (1177); *Köck*, NuR 2004, 1 (3).

51 BT-Drs. 13/6392, S. 43; *Uechtritz*, NVwZ 1997, 1182 (1185); *Ohms*, BauR 2000, 983 (987).

52 Gesetz zur Anpassung des Baugesetzbuches an EU-Richtlinien (Europarechtsanpassungsgesetz – EAG Bau) vom 24.06.2004, BGBl. I S. 1359.

53 BR-Drs. 756/03 v. 17.10.2003, S. 112; *Jessel*, UPR 2004, 408 (410).

54 Gesetz zur Erleichterung von Planungsvorhaben für die Innenentwicklung der Städte vom 21.12.2006, BGBl. I S. 3316.

55 Gesetz zur Stärkung der Innenentwicklung in den Städten und Gemeinden und weiteren Fortentwicklung des Städtebaurechts vom 11.06.2013, BGBl. I S. 1548.

56 § 15 Abs. 3 BNatSchG betrifft die Sicherung der Agrarstruktur und gibt hierzu eine besondere Berücksichtigung agrarstruktureller Belange vor, wenn landwirtschaftlich nutzbare Böden für den Ausgleich herangezogen werden sollen.

Satz 5 aufgenommen, welcher damit seine heutige Gestalt erhielt.[57]

Parallel wurde 2002 im BNatSchG die naturschutzrechtliche Eingriffsregelung zunächst in die §§ 18 bis 21 verschoben. Mit dem Erlass des Bundesnaturschutzgesetzes am 27.07.2009[58] hat der Gesetzgeber die seit der Föderalismusreform 2006 bestehende Möglichkeit genutzt und eine Vollregelung des Naturschutzrechts vorgenommen, welche am 01.03.2010 in Kraft getreten ist.[59] Die naturschutzrechtliche Eingriffsregelung findet sich seither in den §§ 13 bis 19 BNatSchG. Das Verhältnis zur Bauleitplanung blieb von beiden Änderungen unberührt, der Vorrang von Ausgleichs- gegenüber Ersatzmaßnahmen wurde jedoch aufgegeben[60]. Aktuell regelt § 18 Abs. 1 BNatSchG, dass sich der Ausgleich bzw. Ersatz nach den Vorschriften des BauGB richtet.

C. Fazit

Bereits die historische Entwicklung der Eingriffs- und Ausgleichsregelung zeigt deutlich, dass diese in der Bauleitplanung ein möglichst flexibles Instrument darstellen soll. Die Gemeinde soll frühzeitig über Art und Weise des Ausgleichs entscheiden. Zur Lösung des Konflikts steht ihr dann eine Vielzahl von Möglichkeiten zur Verfügung. Nicht nur, dass die Entscheidung im Rahmen der Abwägung getroffen wird und damit von der dort vorherrschenden Freiheit profitiert. Auch eine schematische Lösung über (zugeordnete) Darstellungen und Festsetzungen wird nicht verlangt, wie die Anerkennung der Lösung über

---

57 Bei letzter Bearbeitung berücksichtigter Stand: 01.06.2017. Aufgrund der vielen, vor allem formalen Änderungen des § 1a Abs. 3 BauGB ist bei der Zitierung der Norm besondere Rücksicht auf den Zeitpunkt geboten. Die hier verwendete Zitierung bezieht sich immer auf den aktuellen Gesetzesstand bei Schluss der Bearbeitung (sofern nicht anders gekennzeichnet). Die genaue Normbezeichnung kann daher von derjenigen in der zitierten Literatur und Rechtsprechung abweichen.

58 Gesetz zur Neuregelung des Rechts des Naturschutzes und der Landschaftspflege vom 29.07.2009, BGBl. I S. 2542.

59 *Franzius*, ZUR 2010, 346; *Glaser*, JuS 2010, 209 (210); *Lau*, NuR 2011, 680; *Mitschang*, BauR 2011, 33; *Michler/Möller*, NuR 2011, 81.

60 Siehe hierzu § 3 A. II. 1. (S. 17 f.).

Verträge - zunächst durch die Rechtsprechung und später ausdrücklich im Gesetz - zeigt. Dieser Werdegang ist bei der Bestimmung der Anforderungen an den vertraglichen Ausgleich zu berücksichtigen. Legt man diese so hoch, dass Ausgleichsverträge nur gestützt durch bauleitplanerische Festsetzungen möglich oder praktisch durchführbar sind, verkennt man sowohl die Intention der Rechtsprechung als auch des Gesetzgebers.

§ 3 Die Regelung im Naturschutzrecht

Bei den Eingriffs- und Ausgleichsregelungen handelt es sich originär um Vorschriften des Naturschutzrechts. Zum besseren Verständnis und der Verdeutlichung der Unterschiede soll hier das System der entsprechenden Eingriffsregelungen im BNatSchG überblicksweise wiedergegeben werden.

Die Vorschriften der Eingriffsregelung finden sich im 3. Kapitel (§§ 13 bis 19) des BNatSchG. Die dort gesetzlich statuierte Pflicht zur Vermeidung und Kompensation von erheblichen Eingriffen stellt einen allgemeinen Grundsatz des Naturschutzrechts dar, von welchem die Länder - trotz konkurrierender Gesetzgebung (Artt. 74 Abs. 1 Nr. 29, 72 Abs. 3 Satz 1 Nr. 2 GG) - nicht abweichen können.[61] Ihre Funktion besteht darin, einen flächendeckenden Mindestschutz von Natur und Landschaft zu gewährleisten.[62] Die Belange des Naturschutzes und der Landschaftspflege haben dabei aber keinen absoluten Vorrang gegenüber anderen öffentlichen Belangen.[63] Die naturschutzrechtliche Eingriffsregelung konkretisiert zwei wesentliche Prinzipien des Umweltrechts: das Vorsorge- und das Verursacherprinzip.[64] Ziel ist zunächst die Erhaltung des vorhandenen Status quo[65] von Landschaft und Natur (Bestandsschutzprinzip oder Verschlechterungsverbot[66]) vorrangig durch

---

61 BR-Drs. 278/09, S. 179; *Scheidler*, BauR 2010, 1987; *Franzius*, ZUR 2010, 346 (348 f.); *Mitschang*, BauR 2011, 33 (34 und 48); *Michler/Möller*, NuR 2011, 81 (82 und 90); *Maaß/Schütte*, in: *Koch*, Umweltrecht, § 7 Rn. 39.

62 *Gellermann*, in: *Landmann/Rohmer*, Umweltrecht, BNatSchG § 13 Rn. 1; *Maaß/Schütte*, in: *Koch*, Umweltrecht, § 7 Rn. 38; *Berchter*, Eingriffsregelung, S. 28.

63 *Lau*, NuR 2011, 762; *Mitschang*, BauR 2011, 33 (44); *Schmidt-Siegmann*, Eingriffsregelung, S. 94; BVerwG, Urt. v. 07.03.1997 - 4 C 10/96, juris Rn. 20 = BVerwGE 104, 144 (148); OVG NRW, Urt. v. 10.11.1993 - 23 D 52/92.AK, juris Rn. 28 = NVwZ-RR 1995, 10 (12).

64 *Anger*, UPR 2004, 7 (8); *Berchter*, Eingriffsregelung, S. 27.

65 *Anger*, UPR 2004, 7 (8); *Mitschang*, BauR 2011, 33 (38); *Michler/Möller*, NuR 2011, 81 (83 und 90); *Voßkuhle*, Das Kompensationsprinzip, S. 390.

66 Hierzu: *Mitschang*, BauR 2011, 33 (35); *Sparwasser/Engel/Voßkuhle*, Umweltrecht, § 1 Rn. 22, § 6 Rn. 126; *Kloepfer*, Umweltrecht, § 4 Rn. 35.

Wahrung der Integrität und nachrangig durch Kompensation (unter Inpflichtnahme des jeweiligen Verursachers).

A. Rechtsfolgensystem

Die §§ 13 bis 17 BNatSchG beinhalten ein mehrstufiges Rechtsfolgensystem für den Fall eines Eingriffs.[67] Gem. §§ 13 Satz 1, 15 Abs. 1 BNatSchG sind dabei Beeinträchtigungen der Natur zu vermeiden. Unvermeidbare Eingriffe müssen durch Ausgleichs- oder Ersatzmaßnahmen kompensiert werden (§§ 13 Satz 2, 15 Abs. 2 BNatSchG). Ist auch dies nicht möglich, so muss der Verursacher gem. § 13 Satz 2 BNatSchG Ersatz in Geld leisten. Diese Pflichten gelten für den Verursacher unmittelbar kraft Gesetzes, sind jedoch behördlich zu konkretisieren.[68] Die Eingriffsregelung stellt nicht das Vorhaben an sich zur Disposition, sondern ist vielmehr als Folgenbewältigungsprogramm zu verstehen.[69] Die einzelnen Stufen sind dabei systematisch getrennt zu beurteilen, sodass erst auf der dritten Stufe (Geldersatz) eine Abwägung in Betracht kommt.[70]

I. Vermeidung

Beeinträchtigungen von Natur und Landschaft sind vorrangig zu vermeiden (§ 13 Abs. 1 Satz 1 BNatSchG). Dies entspricht dem Grundsatz des naturschutzrechtlichen Bestandsschutzes.[71] Gem. § 15 Abs. 1 Satz 2 BNatSchG ist ein Eingriff vermeidbar, wenn zumutbare Alternativen bestehen, mit welchen die verfolgten Zwecke „am gleichen Ort" ohne oder mit geringerer Beeinträchtigung von Natur und Landschaft zu erreichen sind. Das Vermeidungsgebot bezieht sich also auf die konkrete Aus-

---

67 *Maaß/Schütte*, in: *Koch*, Umweltrecht, § 7 Rn. 38; *Glaser*, JuS 2010, 209 (211); vgl. *Ekardt/Hennig*, NuR 2013, 694 (695).

68 *Lau*, NuR 2011, 762.

69 *Lau*, NuR 2011, 762; *Mitschang*, BauR 2011, 33 (35 und 37 ff.), der allerdings, wie auch *Ekardt/Hennig*, NuR 2013, 694 (696) und *Kloepfer*, Umweltschutzrecht, § 12 Rn. 22, in vier Stufen unterteilt. Zur alten Rechtslage: *Bunzel*, ZfBR 1998, 226; BVerwG, Urt. v. 07.03.1997 - 4 C 10/96, juris Rn. 19 = BVerwGE 104, 144 (146 f.).

70 *Kloepfer*, Umweltschutzrecht, § 12 Rn. 27; *Mühlbauer*, in: *Lorz u.a.*, Naturschutzrecht, BNatSchG § 13 Rn. 4.

71 *Gellermann*, in: *Landmann/Rohmer*, Umweltrecht, BNatSchG § 13 Rn. 8.

führung und nicht auf die Zulässigkeit[72], die Durchführung an sich wird somit vorausgesetzt[73]. Die Auswirkungen sind so gering wie möglich zu halten, was aber nicht zu einer umfassenden Alternativenprüfung zwingt.[74] Der Vermeidungsgrundsatz ist striktes Recht und einer Abwägung nicht zugänglich.[75] Kann der Eingriff nicht vermieden werden, ist dies gem. § 15 Abs. 1 Satz 3 BNatSchG zu begründen.

II. Kompensation

Ist die Beeinträchtigung unvermeidbar, muss der Verursacher den Eingriff auf zweiter Stufe voll kompensieren (§ 15 Abs. 2 BNatSchG).[76] Die Kompensation muss in natura erfolgen[77] und bestimmt sich nach dem Äquivalenzprinzip, sodass Abweichungen nach oben oder unten besonderer Begründung bedürfen.[78]

1. Begriff und Inhalt der Kompensation

Die Kompensation erfolgt durch Ausgleichs- und Ersatzmaßnahmen. Beim Ausgleich muss die Funktion des Naturhaushalts dabei in gleich*artiger* Weise[79] wiederhergestellt und

---

72 *Mitschang*, BauR 2011, 33 (37); vgl. *Anger*, UPR 2004, 7 (11).

73 Jeder Eingriff ist vermeidbar, wenn das entsprechende Vorhaben nicht durchgeführt wird.

74 *Thyssen*, NuR 2010, 9 (11); *Sparwasser/Engel/Voßkuhle*, Umweltrecht, § 6 Rn. 141; vgl. BVerwG, Urt. v. 07.03.1997 - 4 C 10.96, juris Rn. 17 = BVerwGE 104, 144 (146 f.).

75 *Michler/Möller*, NuR 2011, 81 (82); *Mitschang*, BauR 2011, 33 (37); *Mühlbauer*, in: *Lorz u.a.*, Naturschutzrecht, BNatSchG § 15 Rn. 2 und 10; *Sparwasser/Engel/Voßkuhle*, § 6 Rn. 139; BVerwG, Beschl. v. 30.10.1992 - 4 A 4/92, juris Rn. 46 = NVwZ 1993, 565 (568); Urt. v. 07.03.1997 - 4 C 10/96, juris Rn. 22 = BVerwGE 104, 144 (150).

76 Hierzu: *Durner*, NuR 2001, 601 (603); *Stüer*, NuR 2004, 11; *Gellermann*, in: *Landmann/Rohmer*, Umweltrecht, BNatSchG § 13 Rn. 9; BVerwG, Urt. v. 06.11.2012 - 9 A 17/11, juris Rn. 142 = BVerwGE 145, 40 (65), welches die Vollkompensation ausdrücklich als „bundesrechtlichen Grundsatz" bezeichnet.

77 *Gellermann*, in: *Landmann/Rohmer*, Umweltrecht, BNatSchG § 13 Rn. 9.

78 *Voßkuhle*, Das Kompensationsprinzip, S. 391.

79 *Ekardt/Hennig*, NuR 2013, 694 (696); *Anger*, UPR 2004, 7 (10) und *Louis*, NuR 2004, 714 (715) noch zu § 19 BNatSchG 2002; bereits zu § 8 BNatSchG 1993: *Durner*, NuR 2001, 601 (603).

das Landschaftsbild landschaftsgerecht wiederhergestellt oder neugestaltet werden, § 15 Abs. 2 Satz 2 BNatSchG. Für eine Ersatzmaßnahme genügt es hingegen, wenn die Beeinträchtigung gleich*wertig*[80] wiederhergestellt wird, § 15 Abs. 2 Satz 3 BNatSchG. Der Übergang zwischen Ausgleichs- und Ersatzmaßnahmen ist dabei jedoch fließend.[81] Ausgleichs- und Ersatzmaßnahmen stehen im Gesetz mittlerweile gleichrangig nebeneinander.[82] Der Verursacher hat diesbezüglich jedoch kein grenzenloses Wahlrecht.[83] Vielmehr obliegt es der zuständigen Behörde im Einzelfall festzulegen, ob Ausgleichs- oder Ersatzmaßnahmen zu treffen sind.[84] Inhalt der Kompensation ist sowohl die Herstellungs- und Entwicklungspflege als auch die – bei der Sicherung insbesondere problematische[85] – Unterhaltungspflege.[86] Die bloße Sicherung oder Erhaltung einer

---

80 *Anger*, UPR 2004, 7 (10); *Louis*, NuR 2004, 714 (715); *Lau*, NuR 2011, 762 (763); *Mitschang*, BauR 2011, 33 (38); *Ekardt/Hennig*, NuR 2013, 694 (696); *Maaß/Schütte, in: Koch*, Umweltrecht, § 7 Rn. 49; *Kloepfer*, Umweltschutzrecht, § 12 Rn. 26; *Sparwasser/Engel/Voßkuhle*, Umweltrecht, § 6 Rn. 143 f.; schon zu § 8 BNatSchG 1993: *Durner*, NuR 2001, 601 (603).

81 *Louis*, NuR 2004, 714 (717), der auf die Schwierigkeiten des Gesetzgebers zur begrifflichen Trennung hinweist; *Sparwasser/Engel/Voßkuhle*, Umweltrecht, § 6 Rn. 145; *Maaß/Schütte*, in: *Koch*, Umweltrecht, § 7 Rn. 50.

82 *Lau*, NuR 2011, 762 (763); *Mitschang*, BauR 2011, 33 (38 f.); *Ekardt/Hennig*, NuR 2013, 694 (696); *Lütkes*, in: *Lütkes/Ewer*, BNatSchG § 15 Rn. 9; *Maaß/Schütte*, in: *Koch*, Umweltrecht, § 7 Rn. 39 und 50; *Mühlbauer*, in: *Lorz u.a.*, Naturschutzrecht, § 15 BNatSchG Rn. 7; a.A. *Gellermann*, NVwZ 2010, 73 (76). Den Landesgesetzgebern steht es allerdings frei, wieder einen Vorrang des Ausgleichs einzuführen (*Lau*, NuR 2011, 762 (763).

83 *Michler/Möller*, NuR 2011, 81 (82 f.); *Mitschang*, BauR 2011, 33 (40); *Lütkes*, in: *Lütkes/Ewer*, BNatSchG § 15 Rn. 29.

84 *Ekardt/Hennig*, NuR 2013, 694 (696); *Gellermann*, in: *Landmann/Rohmer*, Umweltrecht, BNatSchG § 15 Rn. 29; *Lütkes*, in: *Lütkes/Ewer*, BNatSchG § 15 Rn. 29.

85 Zu diesem Problemkomplex siehe unten § 8 C. II. (S. 150 ff.).

86 BR-Drs. 278/09, S. 182; *Michler/Möller*, NuR 2011, 81 (86); *Ekardt/Hennig*, NuR 2013, 694 (697).

vom Eingriff nicht betroffenen Fläche genügt demgegenüber nicht.[87]

2. Zusammenhang mit dem Eingriff

Bei einer Kompensation, insbesondere durch Ausgleichsmaßnahmen[88], bedarf es eines räumlich-funktionalen[89] sowie zeitlichen[90] Zusammenhangs mit dem Eingriff. Die Kompensationsbestimmungen sind allerdings im Hinblick auf diesen Zusammenhang in den letzten Jahren erheblich flexibilisiert worden.[91]

a) Räumlich-funktional

Der funktionale (oder funktionelle[92]) Zusammenhang besagt, dass Eingriffe in Natur und Landschaft nicht beliebig kompensiert werden können, sondern dass grundsätzlich der *Verlust von Funktionen des Naturhaushalts* so weit wie möglich zu verhindern ist.[93] Die funktionale Identität kann dabei nur erreicht werden, wenn sich der Ausgleich am Eingriffsort noch auswirkt.[94] Die Kompensation muss dazu im gleichen Naturraum

---

87 *Durner*, NuR 2001, 601 (604); *Anger*, UPR 2004, 7 (9); a.A. *Kuschnerus*, NVwZ 1996, 235 (240), noch zu § 8a BNatSchG 1993.

88 *Lau*, NuR 2011, 762 (763); *Michler/Möller*, NuR 2011, 81 (83).

89 *Lau*, NuR 2011, 762 (763); *Ekardt/Hennig*, NuR 2013, 694 (696); *Lütkes*, in: *Lütkes/Ewer*, BNatSchG § 13 Rn. 18; vgl. *Sparwasser/Wöckel*, NVwZ 2004, 1189 (1191 f.).

90 *Lau*, NuR 2011, 763 (765); abweichend davon: *Kloepfer*, Umweltschutzrecht, § 12 Rn. 25, der von einem „zeitlich-funktionalen" Zusammenhang spricht; zu beidem: *Maaß/Schütte*, in: *Koch*, Umweltrecht, § 7 Rn. 50.

91 *Thum*, UPR 2006, 289; *Wagner*, VBlBW 2006, 50 (54); *Michler/Möller*, NuR 2011, 81 (83 und 90); *Ekardt/Hennig*, NuR 2013, 694 (694 f., 703); hierzu bereits: *Lorenz*, NuR 2001, 128 (131); NuR 2004, 6 (9); insbesondere zur Flexibilisierung im BauGB: *ders.* NuR 2001, 481 (488).

92 *Thum*, ZUR 2005, 63; *dies.* UPR 2006, 289 (292); *Fischer-Hüftle/Schuhmacher*, in: *Schuhmacher/Fischer-Hüftle*, BNatSchG § 15 Rn. 41 ff.

93 *Louis*, NuR 2004, 714 (715); *Thum*, ZUR 2005, 63.

94 *Anger*, UPR 2004, 7 (10); *Michler/Möller*, NuR 2011, 81 (83); *Fischer-Hüftle/Schuhmacher*, in: *Schuhmacher/Fischer-Hüftle*, BNatSchG § 15 Rn. 43; BVerwG, Urt. v. 23.08.1996 - 4 A 29/95, juris Rn. 19 = DVBl. 1997, 68.

erfolgen.[95] Teilweise wird deshalb davon aus-gegangen, dass räumlicher und funktionaler Zusammenhang nicht getrennt betrachtet werden können.[96] Ein räumlicher Bezug ist dabei schon den Begriffen „Natur" und „Landschaft" immanent, da diese nicht bloß als abstraktes, beliebig saldierbares Ganzes, sondern immer in Bezug auf ihren räumlich-konkreten Lebensraum geschützt sind.[97] Auch Ersatzmaßnahmen müssen deshalb eine - jedoch lockerere - funktionale Beziehung zum Eingriff haben, da die in § 15 Abs. 2 Satz 3 BNatSchG genannte „beeinträchtigte Funktion" ansonsten lediglich als Rechengröße heranzuziehen wäre.[98] In der Praxis stellt die Kompensation mit gleichartigen oder ähnlichen Maßnahmen eine besondere Herausforderung dar, weshalb diese häufig vernachlässigt wird.[99]

b) Zeitlich

Die funktionale Identität kann eigentlich nur erreicht werden, wenn die Funktionen des Naturhaushalts nahezu durchgehend erhalten bleiben.[100] Der Ausgleich muss also möglichst zeitnah geschehen. § 15 Abs. 5 BNatSchG verlangt deshalb, dass unvermeidbare Eingriffe „in angemessener Frist" kompensiert werden, worunter teilweise schnellstmögliches Handeln[101] oder

---

95 *Mühlbauer*, in: *Lorz u.a.*, Naturschutzrecht, BNatSchG § 15 Rn. 13.

96 *Thum*, ZUR 2005, 63 (63 und 67), die auf BVerwG, Beschl. v. 18.07.2003 - 4 BN 37/03, juris Rn. 8 = NVwZ 2003, 1515 (1516) verweist; *dies.* UPR 2006, 289 (292).

97 *Sparwasser/Wöckel*, NVwZ 2004, 1189 (1192).

98 *Mitschang*, BauR 2011, 33 (39); *Michler/Möller*, NuR 2011, 81 (84); *Ekardt/Hennig*, NuR 2013, 694 (696 f.). Noch zu BNatSchG 2002: *Sparwasser/Wöckel*, NVwZ 2004, 1189 (1192); *Thum*, ZUR 2005, 63 (64); *Louis*, NuR 2004, 714 (716); *Fischer-Hüftle/Schuhmacher*, in: *Schuhmacher/Fischer-Hüftle*, BauGB § 15 Rn. 44. Schon zu § 8 BNatSchG 1993: *Durner*, NuR 2001, 601 (603); BVerwG, Urt. v. 01.09.1997 - 4 A 36/96 = BVerwGE 105, 178 (185); a.A. *Anger*, UPR 2004, 7 (10) im Rahmen von Poollösungen, der jedoch zumindest eine gewisse räumliche Nähe fordert.

99 *Thum*, UPR 2006, 289 (293).

100 *Mühlbauer*, in: *Lorz u.a.*, Naturschutzrecht, BNatSchG § 15 Rn. 14.

101 *Sparwasser/Wöckel*, NVwZ 2004, 1189 (1193); wohl auch: *Oloff*, Ökokonto, S. 36 f. *Garbe*, Eingriffsregelung, S. 220 spricht von einer zeitgleichen Durchführung.

jedenfalls eine Kompensation binnen weniger Jahre[102] verstanden wird.[103] Die Rechtsprechung verneint die Angemessenheit, wenn zwischen Eingriff und Kompensation so viel Zeit verstrichen ist, dass sich mit der Kompensationsmaßnahme das verfolgte Ziel nicht mehr erreichen lässt.[104]

c) Ökokonten

Häufig ist es sinnvoller, Ausgleichsmaßnahmen gebündelt an anderer Stelle oder sogar zeitlich früher durchzuführen.[105] Dies ist durch die Anlegung von sogenannten „Ökokonten"[106] möglich. Diese folgen der Idee, dass die Kompensationsmaßnahmen unabhängig von und zeitlich vor dem Eingriff durchgeführt und gesammelt werden, um später auf diese zurückgreifen zu können.[107] § 16 BNatSchG regelt deshalb die Bevorratung von Kompensationsmaßnahmen. Unter den dort genannten Voraussetzungen können im Rahmen eines solchen Ökokontos vorgelagerte Ausgleichsmaßnahmen als Kompensationsmaßnahmen für einen späteren Eingriff anerkannt werden. § 16 BNatSchG beinhaltet damit eine zeitliche und räumliche Entkoppelung von Eingriff und Kompensation.[108] Damit kann zudem eine personelle Entkoppelung einhergehen, wenn die Kompensation nicht durch den Verursacher, sondern einen Dritten durchgeführt wird.[109] Teilschritt auf dem Weg zum

---

102 *Durner*, NuR 2001, 601 (604); VGH BW, Urt. v. 28.07.1983 - 2 S 299/81 = VBlBW 1984, 83.

103 Siehe hierzu: *Lau*, NuR 2011, 762 (765).

104 BVerwG, Beschl. v. 16.03.1999 - 4 BN 17.98, juris Rn. 4 = ZfBR 1999, 349 (350).

105 *Louis*, NuR 2004, 714.

106 Bei diesem wird nach dem Prinzip eines Sparkontos ein ökologisches „Guthaben" „angespart" und bei späterem Eingriff „abgebucht" (*Ekardt/Hennig*, NuR 2013, 694 (700); *Diederichsen*, NuR 2010, 843)); ausführlich *Oloff*, Ökokonto, S. 4. Zur Anerkennung durch den Gesetzgeber bereits: BT-Drs. 14/6378, S. 49; *Anger*, UPR 2004, 7 (8). Kritisch zum Begriff „Ökokonto": *Stich*, BauR 2003, 1308.

107 *Wagner*, VBlBW 2006, 50 (51); *Oloff*, Ökokonto, S. 307.

108 *Thum*, UPR 2006, 289; *Ekardt/Hennig*, NuR 2013, 694 (698); *Diederichsen*, NuR 2010, 843 hebt die zeitliche und persönliche Entkoppelung hervor.

109 *Anger*, UPR 2004, 7 (8 f.), insbesondere zur Vereinbarkeit mit dem Verursacherprinzip.

Ökokonto ist die Flächenbevorratung durch (Ausgleich-)Flächenpools.[110] Darunter ist eine Ansammlung von kompensationsgeeigneten Flächen nach einem einheitlichen planerischen Konzept ohne Umsetzung von Naturschutzmaßnahmen zu verstehen.[111] Die Idee der Flächenbevorratung ist dabei nicht neu, sondern wird bereits seit Anfang der Neunziger Jahre praktiziert.[112] Durch die Bündelung kann insbesondere eine bessere Nutzung des ökologischen Potenzials erreicht werden.[113] Im Übrigen ist eine Poollösung für die Beteiligten zeitlich weniger aufwendig und regelmäßig kostengünstiger.[114]

Im Hinblick auf die rechtlichen Rahmenbedingungen der Ökokonten ist zwischen baurechtlichen und naturschutzrechtlichen Regelungen strikt zu unterscheiden.[115] Im Naturschutzrecht richtet sich die Bevorratung von Ökokonten, Flächenpools und sonstigen derartigen Maßnahmen nach Landesrecht (§ 16 Abs. 2 BNatSchG). In Baden-Württemberg gilt für „naturschutzrechtliche" Ökokonten die ÖKVO[116] sowie die Kompensationsverzeichnis-VO[117].[118] Im Rahmen der Bauleitplanung gestatteten bereits zuvor §§ 200a Satz 2, 135a Abs. 2 Satz 2

110 *Busse/Dirnberger/Pröbstl/Schmidt*, Eingriffsregelung, S. 139.

111 *Wagner*, VBlBW 2006, 50 (51); *Heilshorn/Schütze*, VBlBW 2012, 13; *Ekardt/Hennig*, NuR 2013, 694 (699); vgl. *Louis*, NuR 2004, 714 (716 ff.); vgl. *Michler/Möller*, NuR 2011, 81 (86).

112 *Thum*, UPR 2006, 289 (290).

113 *Anger*, UPR 2004, 7 (11); *Louis*, NuR 2004, 714; *Michler/Möller*, NuR 2011, 81 (86); *Heilshorn/Schütze*, VBlBW 2012, 13; vgl. *Ekardt/Hennig*, NuR 2013, 694 (699 und 701). Zudem besteht die Möglichkeit einer „ökologischen Verzinsung" (*Wagner*, VBlBW 2006, 50 (51).

114 *Anger*, UPR 2004, 7; zu den Vorteilen insgesamt: *Thum*, UPR 2006, 289 f., die aber auf die gegebenenfalls höheren Kosten der Gemeinde hinweist (295 f.); *Wagner*, VBlBW 2006, 50 (52).

115 *Heilshorn/Schütze*, VBlBW 2012, 13.

116 Verordnung des Ministeriums für Umwelt, Naturschutz und Verkehr über die Anerkennung und Anrechnung vorzeitig durchgeführter Maßnahmen zur Kompensation von Eingriffsfolgen (Ökokonto-Verordnung – ÖKVO) vom 19.12.2010, GBl. 2010 S. 1089.

117 Verordnung des Ministeriums für Umwelt, Naturschutz und Verkehr über die Führung von Kompensationsverzeichnissen (Kompensationsverzeichnis-Verordnung – KompVzVO) vom 17. Februar 2011, GBl. 2011 S. 79.

118 *Heilshorn/Schütze*, VBlBW 2012, 13 (15 ff.).

BauGB die Anlegung von Flächenpools und Ökokonten.[119] Nur diese Vorschriften sind für bauleitplanerische Ausgleichsverträge von Bedeutung.

III. Geldersatz

Ist der Eingriff weder vermeid- noch kompensierbar, kommt es nachrangig zu einer Abwägung gem. § 15 Abs. 5 BNatSchG. Das Vorhaben ist dann unzulässig, wenn die Belange des Naturschutzes *vorgehen* (eine Gleichwertigkeit reicht nicht aus).[120] Wird der Eingriff zugelassen, so hat der Verursacher gem. § 15 Abs. 6 Satz 1 BNatSchG Geldersatz zu leisten.[121] Die Vorgaben der Verpflichtung zur Zahlung von Geldersatz und dessen Nachrangigkeit gegenüber der Vermeidung und Kompensation gehören dabei zu den allgemeinen Grundsätzen des Naturschutzes, welche nicht zur Disposition der Landesgesetzgeber liegen.[122]

IV. Verfahren und Sicherung

§ 17 Abs. 1 BNatSchG sieht für die Durchführung der naturschutzrechtlichen Eingriffsregelung das „Huckepackverfahren" vor.[123] Wenn ein Eingriff einer behördlichen Zulassung oder Anzeige bedarf (oder direkt von einer Behörde durchgeführt wird), so hat die entsprechende Behörde gleichzeitig über die Eingriffsregelung zu entscheiden. Dies geschieht *im Benehmen* mit der jeweiligen Naturschutzbehörde. Hiervon können die Länder abweichen und eine weitergehende Beteiligung vorschreiben. Im Verfahren besteht also ein erheblicher Unterschied zum Ausgleich in der Bauleitplanung, bei dem die Gemeinde grundsätzlich alleine über die Kompensation entscheidet.

---

119 Vgl. *Louis*, NuR 2004, 714 (717); vgl. *Wolf*, NuR 2004, 6 (10).

120 *Ekardt/Hennig*, NuR 2013, 694 (697); *Michler/Möller*, NuR 2011, 81 (87).

121 *Lau*, NuR 2011, 762 (769); *Michler/Möller*, NuR 2011, 81 (87 f.); *Mitschang*, BauR 2011, 33 (43); *Ekardt/Hennig*, NuR 2013, 694 (698).

122 *Franzius*, ZUR 2010, 346 (352); *Lau*, NuR 2011, 762 (769); *Mitschang*, BauR 2011, 33 (48); vgl. *Glaser*, JuS 2010, 209 (210), allgemein zu den Regelungen des abweichungsfesten Kerns.

123 *Glaser*, JuS 2010, 209 (212); *Michler/Möller*, NuR 2011, 81 (88); so schon *Blume*, NVwZ 1993, 941 zu BNatSchG 1993.

Ein nicht zugelassener oder nicht angezeigter Eingriff kann gem. § 17 Abs. 8 Satz 1 BNatSchG untersagt werden. Zudem können gem. § 17 Abs. 8 Satz 2 BNatSchG Maßnahmen nach § 15 BNatSchG oder die Wiederherstellung des früheren Zustands angeordnet werden, wenn dies erforderlich ist.[124] Kompensationsmaßnahmen sind über den notwendigen Zeitraum zu unterhalten und rechtlich zu sichern, § 15 Abs. 4 BNatSchG. Für die rechtliche Sicherung werden unterschiedliche Instrumente vorgeschlagen: beschränkte persönliche Dienstbarkeit (§ 1090 BGB), Reallast (§ 1105 BGB), Pachtvertrag (§ 581 ff. BGB) sowie Baulasten als öffentlich-rechtliche Sicherungsmittel.[125] Diese Instrumente finden allesamt auch als Sicherungsmittel für den naturschutzrechtlichen Ausgleich in der Bauleitplanung Erwähnung.

B. Eingriff

Voraussetzung für die Anwendbarkeit der §§ 13 ff. BNatSchG oder des § 1a Abs. 3 BauGB ist immer ein *Eingriff* in den Naturhaushalt oder das Landschaftsbild. Inwieweit der Begriff des Eingriffs zur Disposition des Landesgesetzgebers steht, ist umstritten, spielt für den Ausgleich in der Bauleitplanung jedoch keine Rolle, da im Bereich des Bodenrechts keine landesrechtliche Abweichungskompetenz besteht.[126]

I. Eingriff im Sinne des § 14 Abs. 1 BNatSchG

Ein Eingriff liegt nach § 14 Abs. 1 BNatSchG dann vor, wenn die Gestalt oder Nutzung von Grundflächen oder der mit der belebten Bodenschicht in Verbindung stehende Grundwasserspiegel verändert wird und diese Veränderung die Leistungs-

---

124 Hierzu: *Mitschang*, BauR 2011, 33 (47); *Michler/Möller*, NuR 2011, 81 (89).

125 Aufzählung bei: *Mitschang*, BauR 2011, 33 (43); vgl. auch *Hendler/Brockhoff*, NVwZ 2010, 733 (736).

126 *Schrödter*, in: *Schrödter*, BauGB § 1a Rn. 5. Ausführlich: *Franzius*, ZUR 2010, 346 (348 f.). Disposition verneinend: *Durner*, NuR 2001, 601 (602); *Uechtritz*, NuR 2001, 374 (375); Urt. v. 31.08.2000 - 4 CN 6/99, juris Rn. 13 = BVerwGE 112, 41 (44); bereits zu § 8 BNatSchG 1976: BVerwG, Urt. v. 27.09.1990 - BVerwG 4 C 44/87, juris Rn. 30 ff. = BVerwGE 85, 348 (356 f.).

und Funktionsfähigkeit des Naturhaushalts oder das Landschaftsbild erheblich beeinträchtigen kann.[127] Der Begriff des Eingriffs beinhaltet damit einen Anknüpfungstatbestand (Veränderung der Gestalt oder Nutzung von Grundflächen) und einen Folgetatbestand (erhebliche Beeinträchtigung des Naturhaushalts oder des Landschaftsbilds).[128] Eine Veränderung der Grundfläche liegt dann vor, wenn ein Zustand hergestellt wird, welcher nicht der natürlichen Entwicklung entspricht und vom bisherigen Zustand abweicht.[129] Dies ist bei größeren Bauvorhaben regelmäßig der Fall.[130] Erfasst sind dabei nur *Verschlechterungen* des Zustands. Ökologisch positiv zu bewertende Maßnahmen stellen keinen Eingriff dar.[131] Die Umwandlung eines Baugebiets in eine (ökologisch höherwertige) Grünfläche bedarf damit von vornherein keines Ausgleichs.

Diese Veränderung muss die Leistungs- und Funktionsfähigkeit des Naturhaushalts oder das Landschaftsbild dann *erheblich beeinträchtigen*. Die Leistungsfähigkeit des Naturhaushalts ist gestört, wenn nachteilige Wirkungen auf das örtliche Ökosystem zu erwarten sind.[132] Das Landschaftsbild ist beeinträchtigt, wenn ein Vorhaben als Fremdkörper im äußeren Erscheinungsbild auftritt und damit das Landschaftsbild negativ prägt.[133] Die Beeinträchtigung muss erheblich[134] sein, sodass Bagatellfälle ausgeschlossen sind.[135]

---

127 *Thyssen*, NuR 2010, 9 (10); *Lütkes*, in: *Lütkes/Ewer*, BNatSchG § 14 Rn. 6 ff; *Mühlbauer*, in: *Lorz u.a.*, Naturschutzrecht, BNatSchG § 14 Rn. 10 ff.; Beispiele bei *Erbguth/Schlacke*, Umweltrecht, § 10 Rn. 32.

128 *Mühlbauer*, in: *Lorz u.a.*, Naturschutzrecht, BNatSchG § 14 Rn. 8.

129 *Lau*, NuR 2011, 681 (682); *Maaß/Schütte*, in: *Koch*, Umweltrecht, § 7 Rn. 41; *Berchter*, Eingriffsregelung, S. 42.

130 *Sparwasser/Engel/Voßkuhle*, Umweltrecht, § 6 Rn. 131 (mit Beispielen), noch zu § 18 BNatSchG 2002.

131 *Berchter*, Eingriffsregelung, S. 55; *Garbe*, Eingriffsregelung, S. 24; *Liebrecht*, Geldleistungspflichten, S. 87; vgl. VGH BW, Urt. v. 22.11.1996 - 8 S 1006/96, juris Rn. 49 = NuR 1997, 449 (452).

132 *Maaß/Schütte*, in: *Koch*, Umweltrecht, § 7 Rn. 44.

133 *Maaß/Schütte*, in: *Koch*, Umweltrecht, § 7 Rn. 45; VGH BW, Urt. v. 14.11.1991 - 10 S 1143/90, juris Rn. 2 = NVwZ 1992, 998; vgl. auch BVerwG, Urt. v. 27.09.1990 - 4 C 44/87, juris Rn. 35 = BVerwGE 85, 348 (359).

134 Der Begriff der „Erheblichkeit" ist ein unbestimmter Rechtsbegriff und beschreibt eine „nach Art, Umfang, und Schwere nicht völlig

II. Bauleitplanung als Eingriff

Der bundesrechtliche[136] Eingriffsbegriff des § 14 Abs. 1 BNatSchG liegt grundsätzlich auch dem Ausgleich in der Bauleitplanung nach § 1a Abs. 3 BauGB zugrunde.[137] Inwiefern die Bauleitplanung selbst einen Eingriff darstellt, war bis zum Inkrafttreten des Investitionserleichterungs- und Wohnbaulandgesetzes 1993 umstritten.[138]

1. Kein tatsächlicher Eingriff

Für einen Eingriff müsste eine Veränderung der Grundfläche vorliegen. Das ist zumindest dann der Fall, wenn die bisherige Nutzungsart durch eine andere ersetzt wird.[139] Durch die bloße Planung entsteht aber zunächst noch keine Veränderung der Gestalt oder Nutzung der Grundfläche[140]: Es fehlt an einer realen Veränderung.[141] Eine solche ist dabei nicht einmal zwin-

---

unwesentliche Beeinträchtigungen" (VGH BW, Urt. v. 14.11.1991 - 10 S 1143/90, juris Rn. 2 = NVwZ 1992, 998). Im Rahmen der Eingriffsregelung gibt es weder konkrete Schwellenwerte noch ein gesetzlich vorgeschriebenes Bewertungsverfahren zur Ermittlung der „Erheblichkeit" (*Thyssen*, NuR 2010, 9 (10)). Hierzu auch: *Stüer*, NuR 2004, 11 (12); *Sparwasser/Engel/Voßkuhle*, Umweltrecht, § 6 Rn. 130.

135 *Lau*, NuR 2011, 681 (683) m.w.N; *Mitschang*, BauR 2011, 33 (36); *Maaß/Schütte*, in: *Koch*, Umweltrecht, § 7 Rn. 43; ausführlich: *Berchter*, Eingriffsregelung, S. 63 ff.

136 Dieser ist allein maßgeblich, etwaige landesrechtliche Modifikationen sind nicht anzuwenden (*Schrödter*, in: *Schrödter*, BauGB § 1a Rn. 47).

137 *Schrödter*, in: *Schrödter*, BauGB § 1a Rn. 47; *Lütkes*, in: *Lütkes/Ewer*, BNatSchG § 18 Rn. 8; *Louis*, NuR 2004, 714 (716); *Mitschang*, BauR 2011, 33 (49); schon zu BNatSchG 1993 und § 1a BauGB 1998: *Bunzel*, ZfBR 1998, 226.

138 *Mitschang*, Belange von Natur und Landschaft, S. 156 ff.; vgl. *Beckmann*, in: *Erbguth*, FS Hoppe, S. 531 (532); vgl. *Battis*, in: *Battis/Krautzberger/Löhr*, BauGB § 1a Rn. 11. Eine Darstellung des Streitstands findet sich bei: *Liebrecht*, Geldleistungspflichten, S. 203 ff.

139 *Gellermann*, in: *Landmann/Rohmer*, Umweltrecht, BNatSchG § 14 Rn. 9; *Koch*, in: *Kerkmann*, Naturschutzrecht, § 4 Rn. 18; *Berchter*, Eingriffsregelung, S. 45.

140 *Louis*, NuR 2007, 94 (96); *Maaß/Schütte*, in: *Koch*, Umweltrecht, § 7 Rn. 41.

141 *Lütkes*, in: *Lütkes/Ewers*, BNatSchG § 18 Rn. 1.

gend, da Bauleitpläne jederzeit (unter Durchführung des ordnungsgemäßen Verfahrens) durch neue Bauleitpläne ersetzt werden können. Bebauungspläne sind zunächst lediglich Angebote zur Flächennutzung[142]. Damit stellt die bloße Aufstellung eines Flächennutzungs- oder Bebauungsplans noch keinen Eingriff i.S.d. § 14 Abs. 1 BNatSchG dar[143], ein solcher wird aber regelmäßig durch den Plan vorbereitet.[144]

2. Verweisung auf das BauGB durch § 18 Abs. 1 BNatSchG

§ 18 BNatSchG verlagert[145] deshalb die Eingriffsprüfung vor. Gem. § 18 Abs. 1 BNatSchG ist über den naturschutzrechtlichen Ausgleich nach den Regeln des BauGB zu entscheiden, wenn im Rahmen der Aufstellung, Änderung, Ergänzung oder Aufhebung von Bauleitplänen Eingriffe in Natur und Landschaft *zu erwarten* sind. Umfasst sind Flächennutzungspläne (§ 5 ff. BauGB), Bebauungspläne (§ 8 ff. BauGB) und Ergänzungssatzungen (§ 34 Abs. 4 Satz 1 Nr. 3 BauGB).[146] Die Anwendung des Rechtsfolgensystems der §§ 14 bis 17 BNatSchG ist damit auf den Außenbereich beschränkt[147] (auch wenn dieser mit einer Außenbereichssatzung gem. § 35 Abs. 6 BauGB versehen ist[148]). Im Übrigen richtet sich der Ausgleich nach dem BauGB.

Der Plan muss das Eingriffsvorhaben dabei nicht ausdrücklich zulassen. Es genügt, wenn er den Eingriff planerisch vorbereitet.[149] Dies ist bei der Aufstellung, Ergänzung und Änderung

---

142 Vgl. z.B. *Petz*, in: BeckOK, BauGB § 8 Rn. 13.

143 *Jessel*, UPR 2004, 408 (413); *Gellermann*, in: *Landmann/Rohmer*, Umweltrecht, BNatSchG § 18 Rn. 1; *Koch/Hendler*, Baurecht, § 14 Rn. 81. Schon zu § 8 Abs. 1 BNatSchG 1993: *Liebrecht*, Geldleistungspflichten, S. 202 (m.w.N.).

144 *Quaas*, NVwZ 1995, 840 (841); *Lütkes*, in: *Lütkes/Ewers*, BNatSchG § 18 Rn. 1.

145 Vgl. *Erbguth/Schubert*, Öffentliches Baurecht, § 3 Rn. 55; *Blume*, NVwZ 1993, 941 (noch zu § 8a BNatSchG 1993).

146 *Gellermann*, in: *Landmann/Rohmer*, Umweltrecht, BNatSchG § 18 Rn. 5; *Oloff*, Ökokonto, S. 24.

147 *Glaser*, JuS 2010, 209 (212); *Scheidler*, BauR 2010, 1987 f.; *Lütkes*, in: *Lütkes/Ewers*, BNatSchG § 18 Rn. 5.

148 *Mühlbauer*, in: *Lorz u.a.*, Naturschutzrecht, BNatSchG § 18 Rn. 1.

149 BVerwG, Beschl. v. 26.04. 2006 - 4 B 7/06, Rn. 6 = NVwZ 2006, 821.

eines Flächennutzungsplans regelmäßig der Fall[150]; bei der Aufstellung eines Bebauungsplans jedenfalls dann, wenn der Plan erstmals eine bauliche oder sonstige Nutzung festsetzt, welcher Eingriffsqualität beizumessen ist[151] oder wenn die Festsetzung eine Intensivierung oder räumliche Erweiterung einer schon bislang möglichen Nutzung gestattet.[152]

§ 18 BNatSchG findet zudem Anwendung, wenn bereits überplante oder gem. § 34 BauGB bebaubare Flächen (erneut) überplant werden.[153] Dies gilt auch, wenn der Bebauungsplan gegenüber der ursprünglichen Situation keine Intensivierung oder Erweiterung des Eingriffs bedeutet. Denn auch diese Pläne sind für den Eingriff kausal, da nach der erneuten Überplanung allein der neue Bebauungsplan Grundlage des zu erwartenden Eingriffs ist.[154] Ebenso kann die Aufhebung eines Bebauungsplans eingriffsvorbereitender Akt sein, z.B. wenn dadurch eine Bebauung nach § 34 BauGB auf bislang unbebaubaren Flächen ermöglicht wird.[155] Eine Ausgleichspflicht besteht allerdings nur insoweit, als zusätzlich neues Baurecht geschaffen (der Eingriff also intensiviert) wird.[156]

Findet die naturschutzrechtliche Eingriffsregelung des BNatSchG keine Anwendung, richtet sich der Ausgleich nicht nach deren Rechtsfolgen, sondern ausschließlich nach den einschlägigen Vorschriften des BauGB. Dies gilt sowohl für die Entscheidung über die Zulassung einer bestimmten Nutzung als auch für die Vermeidung und Kompensation des daraus erwachsenden Eingriffs. Der Konflikt zwischen Bau- und Na-

---

150 *Louis*, NuR 1998, 113 (117); *Schrödter*, in: *Schrödter.*, BauGB, § 1a Rn. 49.

151 *Battis*, in: *Battis/Krautzberger/Löhr*, BauGB § 1a Rn. 18.

152 *Gellermann*, in: *Landmann/Rohmer*, BNatSchG § 18 Rn. 6.

153 *Reese*, UPR 2000, 292 (293 f.); *Uechtritz*, NuR 2001, 374 (376 f.); BVerwG, Urt. v. 31.08. 2000 – 4 CN 6/99, juris Rn. 13 = BVerwGE 112, 41 (43); anders die zuvor herrschende Meinung: vgl. *Blume*, NVwZ 1993, 941; *Klinge*, BauR 1995, 289 (292 f.).

154 *Gellermann*, in: *Landmann/Rohmer*, Umweltrecht, BNatSchG § 18 Rn. 6; *Uechtritz*, NuR 2001, 374 (376).

155 *Louis/Engelke*, BNatSchG § 8a Rn. 9 (zu § 8a BNatSchG 1993).

156 *Schink*, BauR 2013, 861 (869); BayVGH, Urt. v. 16.10.2009 – 2 N 06.3341; NdsOVG, Urt. v. 15.04.2011 – 1 KN 356/07, juris Rn. 120 = ZfBR 2011, 690 (695).

turschutzrecht wird *abschließend* durch den Bebauungsplan bewältigt.[157]

Korrelierend mit § 18 Abs. 1 BNatSchG ordnet dessen Abs. 2 an, dass die §§ 14 bis 17 BNatSchG bei Vorhaben in Gebieten mit Bebauungsplänen nach § 30 BauGB, während der Planaufstellung nach § 33 BauGB und im Innenbereich nicht anzuwenden sind.[158] Schließlich ist der Eingriff bereits in der bauleitplanerischen Abwägung berücksichtigt worden. Vorhaben, die gem. § 34 BauGB zulässig sind, stellen ohnehin keine Eingriffe dar.[159] Dies gilt jedoch nur für die einzelnen Vorhaben als solche, nicht für vorige Schaffung des zugrundeliegenden Baurechts nach § 34 BauGB durch Aufhebung eines Bebauungsplans, die einen Eingriff darstellt.

157 *Quaas*, NVwZ 1995, 840 (841), noch zu § 8a BNatSchG 1993.

158 Ausführlich, auch zu den Ausnahmen: *Schink*, BauR 2013, 861 ff.

159 *Schmidt-Eichstaedt*, DÖV 1995, 95; *Schliepkorte*, ZfBR 1999, 66 (69); *Schink*, BauR 2013, 861 (862), der von einer „Privilegierung von Vorhaben im unbeplanten Innenbereich" spricht.

§ 4 Die Regelung im Bauplanungsrecht

In der Bauleitplanung wird demnach rechtstechnisch nicht der tatsächliche Eingriff, sondern die den Eingriff zulassende bauleitplanerische Festsetzung ausgeglichen.[160] Dabei wird - anders als im BNatSchG - nicht primär über die Zulässigkeit von Eingriffen, sondern darüber entschieden, ob und in welchem Umfang eine Kompensation zu leisten ist.[161] Ein Eingriff gilt nämlich bereits dann als unvermeidbar, wenn der Bebauungsplan gem. § 1 Abs. 3 BauGB erforderlich ist, da bereits in der Aufstellung des Bebauungsplans über die Notwendigkeit und Intensität des Eingriffs entschieden wird.[162]

Im BauGB geht es dann nur noch um das *„Wie"* der Ausführung. Die Entscheidung, *ob* ein Eingriff vorliegt, richtet sich nach § 14 BNatSchG.[163] § 1a Abs. 3 BauGB regelt nicht die tatbestandlichen Voraussetzungen eines Eingriffs, sondern nur dessen Rechtsfolgen.[164] Da § 1a Abs. 3 BauGB insofern also nicht den Eingriff, sondern nur dessen Ausgleich regelt, wird zur Verdeutlichung nachfolgend der Begriff *„Ausgleichs*regelung" verwendet. Dabei können die Begriffe Eingriff und Ausgleich nicht voneinander losgelöst bewertet werden: Denklogische Voraussetzung eines Ausgleichs ist, dass ein Eingriff vorliegt (bzw. zu erwarten ist). Ein Eingriff wiederum erfordert einen Ausgleich.

Wie genau der Ausgleich durchzuführen ist, sagt das BauGB jedoch nicht.[165] Dies ist vor dem Hintergrund jeweils stark unterschiedlicher Einzelfälle auch nicht zu leisten. Das BauGB gibt aber die Instrumente vor, die zur Durchführung des Ausgleichs

---

160 *Birk*, Städtebauliche Verträge, Rn. 535.

161 *Thum*, NuR 2004, 278 (279); vgl. *Schrödter*, in: *Schrödter*, BauGB § 1a Rn. 57.

162 *Brohm*, in: *Erbguth*, FS Hoppe, S. 511 (513) (noch zu § 8a Abs. 2 BNatSchG 1998); vgl. *Thum*, NuR 2004, 278 (279 f.).

163 *Erbguth/Schubert*, Öffentliches Baurecht, § 3 Rn. 54; *Weihrich*, NatSchLSA 1999, 33 (noch zu BauGB 1998); *Blume*, NVwZ 1993, 941 (942), noch zu §§ 8a ff. BNatSchG 1993; vgl. *Uechtritz*, NuR 2001, 374 (377).

164 *Battis/Krautzberger/Löhr*, NVwZ 1997, 1145 (1147).

165 *Richter*, SUG 2002, 17.

eingesetzt werden können[166], setzt dabei aber wenig konkrete Grenzen. Gem. § 1a Abs. 3 BauGB kann der Ausgleich durch Darstellungen und Festsetzungen in Bauleitplänen, städtebauliche Verträge und sonstige geeignete Maßnahmen erfolgen. Während die ersten Varianten im Gesetz genauer bestimmt werden (Darstellungen in § 5 BauGB, Festsetzungen in § 9 BauGB und städtebauliche Verträge in § 11 BauGB), beinhaltet § 1a Abs. 3 Satz 4 Var. 2 BauGB eine Art „Auffangtatbestand“, welcher den Gemeinden eine flexible Möglichkeit des Ausgleichs ohne Anknüpfung an ein bestimmtes, im BauGB genanntes Instrument an die Hand gibt.

Zu berücksichtigen ist, dass der Gesetzgeber die tatbestandlichen Voraussetzungen für einen naturschutzrechtlichen Ausgleich durch den Transfer der Ausgleichsregelung in das BauGB nicht abschwächen wollte.[167] Die Ausweitung der planungsrechtlichen Möglichkeiten hatte vielmehr zur Folge, dass den Gemeinden zugleich das „Wegwägen“ der Belange des Naturschutzes erschwert wurde.[168]

A. Die Ausgleichsregelung des § 1a Abs. 3 BauGB

§ 1a Abs. 3 Satz 1 BauGB verlagert die Entscheidung über Vermeidung und Ausgleich in die Abwägung, legt also fest, an welchem „Programmpunkt“ im Bauplanungsverfahren der Eingriff zu berücksichtigen ist. Darüber hinaus nennt die Vorschrift in den Sätzen 2 bis 4 die formalen rechtlichen Möglichkeiten und Modalitäten, welche für den Ausgleich zur Verfügung stehen. Satz 5 betrifft die Anwendbarkeit der Sonderregelung des § 15 Abs. 3 BNatSchG für land- und forstwirtschaftliche Flächen. Satz 6 betrifft Eingriffe, die zeitlich vor der planerischen Entscheidung liegen und nicht ausgeglichen werden müssen. Zu berücksichtigen ist, dass – anders als im BauGB – die Kompensation nicht in Ausgleichs- und Ersatzmaßnahmen

---

166 Die Gemeinde ist in ihrer Abwägung also nicht völlig frei (*Stüer*, DVBl. 1997, 1201 (1203)).

167 *Tophoven*, NVwZ 2004, 1052 (1054); vgl. *Schink*, DVBl. 1998, 609 (612); vgl. *Wolf*, NuR 2001, 481 (488).

168 *Schink*, DVBl. 1998, 609.

unterteilt ist. Gem. § 200a Satz 1 BauGB umfasst der Begriff des Ausgleichs auch die Ersatzmaßnahmen.[169]

I. Ausgleich in der Abwägung

Gem. § 1a Abs. 3 Satz 1 BauGB ist der Ausgleich innerhalb der Abwägung nach § 1 Abs. 7 BauGB zu berücksichtigen. Die planerische Ausgleichsregelung stellt keinen strikten Planungsleitsatz dar.[170] Bereits zu § 8a BNatSchG 1993 hat das BVerwG entschieden: Sind aufgrund eines Bebauungsplans Eingriffe in Natur und Landschaft zu erwarten, so muss die Gemeinde ermitteln und entscheiden, ob vermeidbare Beeinträchtigungen von Natur und Landschaft zu unterlassen sind bzw. ob und wie unvermeidbare Beeinträchtigungen auszugleichen oder durch Ersatzmaßnahmen zu kompensieren sind. Hierbei muss den Anforderungen an das planungsrechtliche Abwägungsgebot genüge getan werden.[171] Dies schreibt das Gesetz nun ausdrücklich vor.

Die Belange von Naturschutz und Landschaftspflege sind dabei bereits gem. § 1 Abs. 6 Nr. 7 BauGB zu berücksichtigen.[172] § 1a Abs. 3 BauGB stellt insoweit eine verfahrensmäßige Instrumentalisierung des dortigen Umweltschutzprogramms dar[173], erhöht aber zugleich die Bedeutung der Naturschutzbelange: Ist ein Eingriff zu erwarten, stellt der Ausgleich eines der programmatischen Hauptziele der Abwägung in der Bauleitplanung dar.[174]

Die Verschiebung des naturschutzrechtlichen Ausgleichs in das Planungsverfahren bringt inhaltliche Änderungen mit sich.[175] Die umfassende Berücksichtigung in der Abwägung

---

169 *Uechtritz*, NVwZ 1997, 1182 (1185); *Durner*, NuR 2001, 601 (603); *Louis*, NuR 2004, 714 (716); *Mitschang*, BauR 2011, 33 (50).

170 *Wagner*, VBlBW 2006, 50, (54); BVerwG, Beschl. v. 30.10.1992 - 4 A 4/92, juris Rn. 46 = NVwZ 1993, 565 (568).

171 BVerwG, Beschl. v. 31.01.1997 - 4 NB 27/96, LS und juris Rn. 8 = BVerwGE 104, 68 (70).

172 Und waren auch schon immer Bestandteil des Abwägungsprogramms: *Kuschnerus*, BauR 1998, 1 (1), noch zu § 1 Abs. 6 BauGB.

173 *Stich*, ZfBR 2003, 643 (645) zum damaligen BauGB 1998; vgl. auch *Battis/Krautzberger/Löhr*, NVwZ 1997, 1145 (1147).

174 *Weihrich*, NatSchLSA 1999, 33 (38).

175 *Thum*, ZUR 2004, 278; vgl. *Felder*, NuR 1994, 53 (58 ff.)

steht dem ausdifferenzierten Eingriffs- und Ausgleichssystem im BNatSchG gegenüber. § 1a Abs. 3 Satz 1 BauGB stellt im Kontrast zu den strikten Regelungen der §§ 14 bis 17 BNatSchG eine rechtlich andere Art des naturschutzrechtlichen Ausgleichs dar. Die dort konsequent einzuhaltende Stufenfolge ist grundsätzlich mit einem Planungsvorgang nicht zu vereinbaren.[176] Deshalb gibt diese zwar auch im Rahmen des bauleitplanerischen Ausgleichs ein Folgenbewältigungsprogramm[177] vor, gemäß dem die Wertungen des Naturschutzes in der planerischen Abwägung zu berücksichtigen sind. Dessen Vorgaben sind aber gerade nicht strikt anzuwenden.[178]

1. Ablauf der Abwägung

Im Rahmen der Umweltprüfung[179] muss zunächst der vorhandene Zustand von Natur und Landschaft erfasst und bewertet werden[180], wobei es hier keiner umfassenden Bestandsaufnahme aller Tier- und Pflanzenarten bedarf[181]. Es genügt die Erfassung repräsentativer Tier- und Pflanzengruppen, Vegetationsstrukturen sowie Literaturangaben.[182] Die Stellungnahme der Naturschutzbehörde ersetzt die eigenen Erhebungen der Gemeinde aber nicht.[183] Anschließend muss die Gemeinde den durch die spätere Umsetzung der Bauleitpläne hervorgerufenen

---

176 *Thum*, ZUR 2004, 278 (280) noch zu § 19 BNatSchG 2002.

177 Hierzu siehe unten § 4 A. I. 3. b) (S. 38 f.).

178 *Jessel*, UPR 2004, 408 (410); vgl. *Thum*, UPR 2006, 289 (292); vgl. *Louis/Wolf*, NuR 2002, 455 (459), der von einem „erheblichen Abwägungsspielraum" spricht, diesen für die Eingriffsregelung aber eingeschränkt (S. 461); OVG NRW, Urt. v. 28.06.1995 - 7a D 44/94.NE = NVwZ 1996, 274 (277).

179 *Jessel*, UPR 2004, 408 (410), dort auch zu Umfang und Grad der Bestandsermittlung; vgl. auch *Battis*, in: *Battis/Krautzberger/Löhr*, BauGB § 2 Rn. 6.

180 *Schliepkorte*, ZfBR 1999, 66 (70); *Schink/Matthes-Bredelin*, ZfBR 2001, 155 (156); *Louis/Wolf*, NuR 2002, 455 (459).

181 *Stüer*, NuR 2004, 11 (12).

182 BVerwG, Beschl. v. 21.02.1997 - 4 B 177/96, juris LS und Rn. 3 = BauR 1997, 459; bestätigt durch BVerwG, Urt. v. 30.01.2003 - 4 CN 14/01, juris Rn. 43 = BVerwGE 117, 351 (364). Zum Vorgehen: *Louis/Wolf*, NuR 2002, 455 (459 f.).

183 *Louis/Wolf, NuR 2002*, 455 (460).

Eingriff in Art und Umfang erfassen und bewerten.[184] Stellt sich der Eingriff als unvermeidbar heraus, wird aus der Gegenüberstellung der Zustände vor und nach dem Eingriff der Kompensationsbedarf ermittelt. In der anschließenden Abwägung müssen dann die Ausgleichsflächen und -maßnahmen festgelegt werden.[185] Die eigentliche planerische Ausgleichsentscheidung erfolgt damit in „Abteilung 2" der Abwägung.[186]

2. Die Berücksichtigung des Naturschutzes gem. § 1 Abs. 6 Nr. 7 BauGB

§ 1 Abs. 6 BauGB[187] enthält eine nicht abschließende „Checkliste" dessen, was Bestandteil des öffentlichen Interesses sein kann.[188] Gem. § 1 Abs. 6 Nr. 7 BauGB sind die Belange des Umweltschutzes, einschließlich des Naturschutzes und der Landschaftspflege, in der Bauleitplanung zu berücksichtigen. Was darunter zu verstehen ist, macht ein nachfolgender, nicht abschließender[189] Katalog deutlich. Die Vorschrift steht in einem engen Sachzusammenhang mit der Abwägung und hat hauptsächlich eine Orientierungsfunktion, indem sie diejenigen Belange nennt, die nach Ansicht des Gesetzgebers im Allgemeinen für die Bauleitplanung von Bedeutung sind.[190] Mit der Eingliederung der naturschutzrechtlichen Ausgleichsregelung in § 1a BauGB hat die Bedeutung der Vorschrift abgenommen und stellt nunmehr einen bloßen „Merkposten" hinsichtlich der Abwägungsrelevanz dar.[191]

---

184 *Louis/Wolf*, NuR 2002, 455 (460); *Stich*, ZfBR 2003, 643 (649); vgl. *Lorenz*, NuR 2001, 128 (129 f.).

185 Zu allem: *Dirnberger*, in: *Jäde/Dirnberger/Weiß*, BauGB § 1a Rn. 16.

186 *Stüer*, Handbuch des Bau- und Fachplanungsrechts, Rn. 1645.

187 Bis zum 19.07.2004: § 1 Abs. 5 BauGB.

188 *Kuschnerus*, BauR 1998, 1 (3); *Battis*, in: *Battis/Krautzberger/Löhr*, BauGB § 1 Rn. 48; *Söfker*, in: *Ernst/Zinkahn/Bielenberg/Krautzberger*, BauGB § 1 Rn. 108; *Bönker*, in: *Hoppe/Bönker/Grotefels*, Öffentliches Baurecht, § 5 Rn. 107.

189 *Söfker*, in: *Ernst/Zinkahn/Bielenberg/Krautzberger*, BauGB § 1 Rn. 143.

190 *Söfker*, in: *Ernst/Zinkahn/Bielenberg/Krautzberger*, BauGB § 1 Rn. 108.

191 *Schink/Matthes-Bredelin*, ZfBR 2001, 155 (156), noch zum BauGB 1998.

3. Die Abwägung gem. § 1 Abs. 7 BauGB

Gem. § 1 Abs. 7 BauGB[192] sind die öffentlichen und privaten Belange gegeneinander abzuwägen. Dieses Abwägungsgebot gewährleistet die Berücksichtigung, die Bewertung und den Ausgleich der zu berücksichtigenden Belange[193] und ist grundsätzlich Wirksamkeitsvoraussetzung für den Bauleitplan[194]. Es beinhaltet dabei sowohl eine *Ermächtigungs-* als auch eine *Verpflichtungsfunktion*.[195] Der planenden Stelle wird damit zum einen planerische Freiheit gewährt, die sie zum anderen aber auch nutzen muss. Begleitet wird die Verpflichtungsfunktion von der Verpflichtung zur Zusammenstellung des Abwägungsmaterials gem. § 2 Abs. 3 BauGB sowie dem formalisierten Bauleitplanverfahren nach den §§ 2 ff. BauGB.

a) Anforderungen an die Abwägung

Naturschutz und die Landschaftspflege haben keinen *abstrakten Vorrang* vor anderen Belangen.[196] Ergebnis der Abwägung kann deshalb auch sein, dass die Anforderungen an den Ausgleich minimiert werden oder der Eingriff überhaupt nicht zu berücksichtigen ist.[197] Den Belangen von Naturschutz und Landschaftspflege kommt allerdings eine herausgehobene Bedeutung zu: Ein simples „Wegwägen" der naturschutzrechtlichen Belange ist deshalb nicht ohne Weiteres möglich.[198] Es muss

---

192 Bis zum 19.07.2004: § 1 Abs. 6 BauGB.

193 *Söfker*, in: *Ernst/Zinkahn/Bielenberg/Krautzberger*, BauGB § 1 Rn. 180; hierzu auch: *Louis/Wolf*, NuR 2002, 455 (459).

194 Siehe hierzu unten § 5 D. I. (S. 83 ff.).

195 *Söfker*, in: *Ernst/Zinkahn/Bielenberg/Krautzberger*, BauGB § 1 Rn. 183.

196 *Uechtritz*, NVwZ 1997, 1182 (1183); *ders.* NuR 2001, 374 (377); *Schink*, DVBl. 1998, 609 (611); *Schliepkorte*, ZfBR 1999, 66 (70); *Jessel*, UPR 2004, 408 (410); *Mitschang*, BauR 2011, 33 (51); BVerwG, Beschl. v. 31.01.1997 - 4 NB 27/96 = BVerwGE 104, 68 (72).

197 Vgl. *Schink/Matthes-Bredelin*, ZfBR 2001, 155 (156).

198 *Stüer*, Handbuch des Bau- und Fachplanungsrechts, Rn. 1669; *Uechtritz*, NVwZ 1997, 1182 (1183); *Kuschnerus*, BauR 1998, 1 (4 ff.); *Schink/Matthes-Bredelin*, ZfBR 2001, 155 (156); vgl. schon *Gassner*, NVwZ 1991, 26 (28), noch zu § 1 Abs. 2 BNatSchG 1976 und § 1 Abs. 5 BauGB 1987; BVerwG, Beschl. v. 31.01.1997 - 4 NB 27/96, juris Rn. 17 = BVerwGE 104, 68 (72 f.); OVG NRW, Urt. v. 28.06.1995 - 7a D 44/94.NE = NVwZ 1996, 274 (279 f.).

allerdings auch keine Vollkompensation erfolgen.[199] Ebenso wenig besteht ein Optimierungsgebot zugunsten von Naturschutzbelangen.[200] In Bezug auf das Landschaftsbild setzt ein Ausgleich nicht die vollständige Behebung der optisch wahrnehmbaren Störung voraus.[201]

Im Übrigen muss die für den Ausgleich in Betracht kommende Fläche ökologisch aufwertungsfähig sein[202], die erstmalige Sicherung einer ökologisch hochwertigen Fläche reicht nicht aus.[203] Für die Bemessung der ökologischen Wertigkeit gibt es unterschiedliche Modelle.[204] Dies ist vor allem eine naturschutzfachliche Frage[205], die hier nicht weiter vertieft werden soll.

---

199 *Jessel*, UPR 2004, 408 (410); *Thum*, UPR 2006, 289 (293 f.), die auf das Vorgehen in der Praxis hinweist; *Mitschang*, BauR 2011, 33 (51); schon zu § 8a BNatSchG 1993: *Klinge*, BauR 1995, 289; OVG NRW, Urt. v. 30.06.1999 - 7a D 184/97.NE, juris Rn. 35 = ZfBR 2000, 57 (59), welches ein Ausgleichdefizit von 2 % für zulässig erachtet; vgl. OVG RhPf, Urt. v. 20.01.2003 - 8 C 11016/02, juris Rn. 46 = NVwZ-RR 2003, 629 (631).

200 *Uechtritz*, NVwZ 1997, 1182 (1183 und 1185); *Schink*, DVBl. 1998, 609 (612); *Jessel*, UPR 2004, 408 (410); *Thum*, ZUR 2004, 278 (280); *Tophoven*, Eingriffs- und Ausgleichsregelung, S. 102; vgl. BVerwG, Beschl. v. 31.01.1997 - 4 NB 27/96, juris Rn. 20 = BVerwGE 104, 68 (74); a.A. *Louis/Wolf*, NuR 2002, 455 (460); wohl auch: *Schrödter/Waldhäuser*, in: *Schrödter*, BauGB § 1 Rn. 386; ausdrücklich noch in der 6. Auflage 1998 unter Rn. 120.

201 *Schink/Matthes-Bredelin*, ZfBR 2001, 155 (157); OVG NRW, Urt. v. 30.06.1999 - 7a D 144/97.NE, juris LS 7 und Rn. 47 = ZfBR 2000, 208 (211).

202 *Schmidt*, NVwZ 1998, 337 (339); *Ohms*, BauR 2000, 983 (989); *Schink/Matthes-Bredelin*, ZfBR 2001, 155 (158); *Köck*, NuR 2004, 1 (3); *Michler/Möller*, NuR 2011, 81 (84); *Mitschang*, BauR 2011, 33 (40 f.); BVerwG, Urt. v. 23.08.1996 - 4 A 29/95, juris OS 1 und Rn. 33 = NVwZ 1997, 486 (488).

203 *Durner*, NuR 2001, 601 (604); a.A. *Kuschnerus*, BauR 1998, 1 (10).

204 Hierzu: *Schliepkorte*, ZfBR 1999, 66 (71); *Schäfer*, laut: *Finke*, NuR 2001, 33 (34); *Richter*, SUG 2002, 17 f.

205 *Durner*, NuR 2001, 601 (604); BayVGH, Urt. v. 21.12.1999 - 20 A 99.40023, LS und juris Rn. 26 = ZfBR 2000, 272 (272 und 273).

aa) Inhalt der Abwägung

Inhalt der Abwägungsentscheidung sind sämtliche relevanten privaten und öffentlichen Interessen. Im Bereich des naturschutzrechtlichen Ausgleichs gehört insbesondere dazu, welche Flächen und Maßnahmen für den Ausgleich von Eingriffen geeignet sind, welche Maßnahmen an welchem Ort durchzuführen sind[206], wie die Durchführung dieser Flächen und Maßnahmen zu sichern ist[207], welche Kosten anfallen[208] und wie diese verteilt werden.[209] Auch die privaten Belange der Betroffenen (z.B. Eigentümer der Ausgleichsflächen) sind zu berücksichtigen.[210] Die Entscheidung über den Ausgleich muss der Gemeinderat dabei selbst fällen und darf sie nicht auf einen Ausschuss übertragen.[211]

bb) Verhältnismäßigkeit, Erforderlichkeit und Bestimmtheit

Verhältnismäßigkeit, Erforderlichkeit und Bestimmtheit sind als verfassungsrechtliche bzw. rechtsstaatliche Prinzipien auch im Bauleitplanverfahren zu beachten.[212] Insbesondere beim städtebaulichen Vertrag spielt die Verhältnismäßigkeit im Rahmen der Angemessenheit der Gegenleistung eine wichtige Rolle. Problematisch können deshalb zu enge Vorgaben bzgl. Art, Größe und räumlicher Verteilung der Anpflanzungen auf privaten Grundstücken sein.[213]

---

206 *Louis/Wolf*, NuR 2002, 455 (462).

207 Eine Abwägung ist z.B. fehlerhaft, wenn mehr als 10 % der Ausgleichsflächen nicht hinreichend gesichert sind (OVG RhPf, Urt. v. 20.01.2003 - 8 C 11016/02, juris Rn. 46 = NVwZ-RR 2003, 629 (631) oder die Ausgleichsflächen der Gemeinde nicht zur Verfügung stehen (*Köck*, NuR 2004, 1 (6)).

208 *Köck*, NuR 2004, 1 (3 f.).

209 *Thum*, ZUR 2004, 278.

210 Hierzu: *Uechtritz*, NuR 2001, 374 (377); *Köck*, NuR 2004, 1 (3); vgl. auch *Louis/Wolf*, NuR 2002, 455 (461 und 463).

211 OVG NRW, Urt. v. 03.06.2002 - 7a D 75/99.NE = NVwZ-RR 2003, 97. Zu den Möglichkeiten der Übertragung der Vertragsverhandlungen siehe unten § 11 D. I. (S. 214 f.).

212 *Battis*, in: *Battis/Krautzberger/Löhr*, BauGB § 1 Rn. 126 ff.; *Mitschang*, BauR 2011, 33 (51).

213 OVG NRW, Urt. v. 30.06.1999 - 7a D 144/97.NE, LS 10 und juris Rn. 66 = ZfBR 2000, 208 (212).

Gleichzeitig muss die Festsetzung von Ausgleichsmaßnahmen hinreichend bestimmt sein.[214] Dies ist auch zu berücksichtigen, wenn die Gemeinde die Sicherung nicht über Festsetzungen, sondern über alternative Handlungsformen vornimmt.[215]

Selbstverständlich muss sich die Gemeinde - wie bei sämtlichen bauplanerischen Vorhaben - auch damit befassen, ob der Bauleitplan überhaupt erforderlich ist, da anderenfalls ein Eingriff in die Natur und Landschaft überhaupt nicht zulässig ist und es somit auch keines Ausgleichs bedarf.[216]

b) Folgenbewältigungsprogramm

Auch wenn die planerische Entscheidung in der Abwägung grundsätzlich frei ist, folgt diese im Rahmen des § 1a Abs. 3 BauGB einem gewissen Folgenbewältigungsprogramm.[217] Dabei ist die Wertung des BNatSchG zu beachten, dass Eingriffe zuerst zu vermeiden, und nur im Fall der Unvermeidbarkeit zu kompensieren sind.[218] Dies zeigt bereits der Wortlaut des § 1a Abs. 3 Satz 1 BauGB, der ausdrücklich von Vermeidung und Ausgleich spricht. Es ist deshalb zunächst zu prüfen, ob das Integritätsinteresse von Natur- und Landschaft überhaupt zurückgestellt werden kann[219], was jedoch immer dann der Fall ist, wenn die Planung gem. § 1 Abs. 3 BauGB erforderlich ist. Die Vermeidung stellt deshalb regelmäßig eine Minimierung der betroffenen Belange dar.[220] Erst im Anschluss ist darüber zu befinden, ob und in welchem Umfang Ausgleichsmaßnahmen durchzuführen sind. Vertragliche Vereinbarungen spielen

---

214 Siehe hierzu unten § 7 B. I. 1. b) (S. 121 f.).

215 Siehe hierzu unten § 11 D. II. 1. (S. 216).

216 *Dirnberger*, in: *Jäde/Dirnberger/Weiß*, BauGB § 1a Rn. 15.

217 BVerwG, Beschl. v. 31.01.1997 - 4 NB 27/96, Rn. 19 = BVerwGE 104, 68 (74) unter Verweis auf OVG NRW, Urt. v. 28.06.1995 - 7a D 44/94.NE = DVBl. 1996, 58. Ebenso: OVG NRW, Urt. v. 18.12.2009 - 7 D 124/07.NE, 7 D 128/08.NE, juris Rn. 175 = BauR 2010, 1717 (1719); Urt. v. 26.02.2015 - 2 D 1/13.NE, juris Rn. 106 = BauR 2015, 1776 (1783); Urt. v. 21.04.2015 - 10 D 21/12.NE, juris Rn. 189 = BauR 2015, 1785 (maßgeblicher Teil nicht abgedruckt).

218 *Schink/Matthes-Bredelin*, ZfBR 2001, 155 (157); *Stich*, ZfBR 2003, 643 (649); *Jessel*, UPR 2004, 408 (410); vgl. *Erbguth/Schubert*, Öffentliches Baurecht, § 3 Rn. 59.

219 So auch *Louis/Wolf*, NuR 2002, 455 (460 ff.).

220 *Louis/Wolf*, NuR 2002, 455 (461).

hauptsächlich auf der zweiten Stufe eine Rolle und nicht bereits bei einer Entscheidung über Vermeidung bzw. Minimierung, wobei auch dort eine vertragliche Lösung grundsätzlich nicht ausgeschlossen ist[221].

aa) Folgenbewältigung in der bauleitplanerischen Abwägung

Die Gemeinde muss in der Abwägung jedoch sämtliche Belange berücksichtigen und die entstehenden Konflikte lösen[222], die Entscheidung muss also *umfassend* getroffen werden. Anders als bei der Kompensation im BNatSchG, erfolgt die Anwendung des Folgenbewältigungsprogramms deshalb in der bauleitplanerischen Abwägung weit weniger schematisch. Zwar besteht grundsätzlich auch die Möglichkeit, etwaige Konflikte auf das nachfolgende Baugenehmigungsverfahren zu verlagern, wenn der Konflikt dort - auch durch eine vertragliche Vereinbarung[223] - gelöst werden kann.[224] Im Hinblick auf den naturschutzrechtlichen Ausgleich ist ein solches Vorgehen aber problematisch. Natur- und Landschaftsschutz sind keine privaten Belange, auf die sich ein Nachbar stützen kann und die dann in einem nachfolgenden Verfahren zwischen den Betroffenen gelöst werden. Zudem ist § 1a Abs. 3 BauGB darauf angelegt, den Konflikt abschließend im Bauleitplanverfahren zu bewältigen. Dafür spricht sowohl die herausgehobene Stellung der geschützten Belange als auch die strenge Verknüpfung von Eingriff und Ausgleich durch Zuordnung. Da mit der Planung über den möglichen Eingriff entschieden wird, muss zugleich die abschließende Entscheidung über den passenden Ausgleich getroffen werden. Eine zweistufige Vorgehensweise, innerhalb derer im ersten Schritt (z.B. durch Aufstellung eines qualifizierten Bebauungsplans) die Zulässigkeit des Eingriffs geregelt und

---

221 Z.B. über ein vertragliches Verbot (inklusive Verbotsdienstbarkeit) eine bestimmte beeinträchtigende Handlung vorzunehmen.

222 *Weyreuther*, BauR 1975, 1 (5); BVerwG, Urt. v. 01.11.1974 - IV C 38/71, juris Rn. 37 = BVerwGE 47, 144 (155).

223 *Battis*, in: *Battis/Krautzberger/Löhr*, BauGB § 1 Rn. 121.

224 *Louis/Wolf*, NuR 2002, 455; *Battis*, in: *Battis/Krautzberger/Löhr*, BauGB § 1 Rn. 118; *Finkelnburg/Ortloff/Kment*, Öffentliches Baurecht, § 5 Rn. 69; BVerwG, Urt. v. 05.08.1983 - 4 C 96/79, juris Rn. 26 = BVerwGE 67, 334 (337); Beschl. v. 06.03.1989 - 4 NB 8/89, juris Rn. 7 = NVwZ 1989, 960 (961); BVerwG, Beschl. v. 26.04.2006 - 4 B 7/06, Rn. 8 = NVwZ 2006, 821 (822).

im zweiten Schritt (z.B. zusammen mit der Baugenehmigung) dem Vorhabenträger zusätzlich Leistungspflichten und Geldleistungen auferlegt werden, kommt deshalb nicht in Betracht.[225]

bb) Konfliktverlagerung durch spätere Sicherung

Denkbar ist jedoch eine Konfliktverlagerung dergestalt, dass die weitergehende Sicherung des Ausgleichs (z.B. durch Dienstbarkeit) beim Satzungsbeschluss noch nicht vollständig besteht[226] und einem nachfolgenden Verfahren überlassen wird. Hierbei handelt es sich aber nur um eine formale Verschiebung der Sicherung. Die zugrundeliegende Entscheidung wird in der Abwägung abschließend getroffen.

c) Inanspruchnahme privater Flächen

Ausgleichsmaßnahmen kommen grundsätzlich auch auf privaten Grundstücken in Betracht.[227] Die Festlegung als Ausgleichsfläche hat allerdings in der Regel eine Wertsenkung des Grundstücks zur Folge. Eine entsprechende Festlegung wird für den Eigentümer daher regelmäßig alles andere als wünschenswert sein.

aa) Gewicht in der Abwägung

Ein *Vorrang* hinsichtlich der Heranziehung privater Flächen besteht nicht. Die Privatheit der Ausgleichsfläche ist lediglich ein Teil der Abwägung. Andere Kriterien, wie Nähe zum Eingriffsort oder die objektive Eignung für die gewünschten Ausgleichsmaßnahmen, müssen ebenfalls berücksichtigt werden.[228] Die Rechtsprechung hält den Zugriff auf privates Eigentum aber regelmäßig nur dann für gerechtfertigt, wenn der Plangeber nicht über mindestens gleichwertige Grundstücke verfügt.[229] Fraglich ist, ob dies auch dann uneingeschränkt gilt,

---

225 So schon *Quaas*, NVwZ 1995, 840 (841).

226 Vgl. BVerwG, Beschl. v. 21.02.2000 – 4 BN 43/99, juris Rn. 5 = ZfBR 2000, 424 f. Zum Zeitpunkt der Sicherung siehe unten § 8 B. (S. 137 ff.).

227 *Louis/Wolf*, NuR 2002, 455 (463); BVerwG, Beschl. v. 05.01.1999 – 4 BN 28/97, juris Rn. 6 = UPR 1999, 190 (maßgeblicher Teil nicht abgedruckt).

228 *Thum*, ZUR 2004, 278 (282).

229 OVG NRW, Urt. v. 17.12.1998 – 10a D 186/96.NE, juris Rn. 25 = NVwZ-RR 1999, 561 (562) unter Hinweis auf BVerwG, Urt. v.

wenn der Grundstückseigentümer durch die Planung an anderer Stelle erheblich begünstigt wird (z.B. durch Ausweisung von Bauland).[230] Hier kann die vorrangige Inanspruchnahme von Grundstücken des Begünstigten durchaus in Betracht kommen. Schließlich ist es auch möglich (und sogar der gesetzliche „Standardfall"), den Ausgleich direkt am Eingriffsort durchzuführen - also auf dem Grundstück des Eigentümers. Auch hier wird nicht verlangt, dass die Gemeinde stattdessen vorrangig auf eigene Flächen zurückgreift. Die Inanspruchnahme des privaten Grundstücks rechtfertigt sich in der Abwägung durch die nähere räumlich-funktionale Beziehung. Das BauGB akzeptiert aber ausdrücklich auch den Ausgleich an einem anderen Ort, misst diesem aber gegebenenfalls einen anderen Wert zu, was wiederum in der Abwägung zu berücksichtigen ist. Da die Privatheit des Grundstücks aber nur einen der Belange darstellt, kann dieser Umstand in der Abwägung überwunden werden. Wenn der Grundstückseigentümer durch den Bebauungsplan zugleich Haupt- oder sogar Alleinbegünstigter ist, werden seine Belange als Grundstückseigentümer geringer gewichtet werden müssen, sodass eine Inanspruchnahme eher in Betracht kommt.

bb)Bei vertraglicher Lösung

Private Flächen können nicht nur hoheitlich, sondern auch durch Vertrag beschafft oder zur Verfügung gestellt werden. Hier bieten sich mehrere Alternativen: Der Ausgleich kann auf Grundstücken des Vorhabenträgers selbst, anderweitig vom Bauleitplan Begünstigten oder auch Dritten, welchen eine vertraglich vereinbarte Entschädigung gezahlt wird, stattfinden.

Wird der Flächenzugriff durch ein privatrechtliches Instrument geregelt, stellt sich die Frage einer vorrangigen Inanspruchnahme öffentlicher Grundstücke nicht in gleichem Maße. Der Grundstückseigentümer wird nicht hoheitlich verpflichtet, sondern begibt sich *freiwillig* eines Teils seiner Grundstücke, um dafür die Bebaubarkeit des anderen bzw. eine entsprechende Entschädigung zu erhalten. Er disponiert bis zu einem gewis-

---

01.09.1997 - 4 A 36/96, dort juris Rn. 39 = BVerwGE 105, 178 (186). Zur naturschutzrechtlichen Eingriffsregelung zuletzt: BVerwG, Urt. v. 24.03.2011 - 7 A 3/10, juris Rn. 48 = NVwZ 2011, 1124 (1127).

230 In diese Richtung, aber offenlassend: OVG NRW, Urt. v. 17.12.1998 - 10a D 186/96.NE, juris Rn. 26 = NVwZ-RR 1999, 561 (562).

sen Grad über seine Belange, indem er durch Einwilligung in die Inanspruchnahme deren Gewicht verringert. Die Abwägung wird deshalb - wie gewünscht - zu seinen „Ungunsten" ausgehen. Hiergegen bestehen grundsätzlich keine Bedenken. Vielmehr stellt sich die vertragliche Inanspruchnahme gegenüber einer hoheitlichen nahezu immer als milderes Mittel dar.[231] In die Abwägung fließt deshalb auch die Frage mit ein, ob sich die Gemeinde die Fläche durch Enteignung oder anderweitig beschaffen will.[232]

4. Verträge und sonstige geeignete Maßnahmen in der Abwägung

Die Wahl, welche der in § 1a Abs. 3 Satz 4 BauGB genannten Maßnahmen für den Ausgleich genutzt wird, ist in der Abwägung zu berücksichtigen. Ausgleichsverträge und sonstige geeignete Maßnahmen treffen dabei zumeist keine Regelungen auf Ebene der Ermittlung und Bewertung, sondern gestalten - wie Darstellungen und Festsetzungen - den Bauleitplan inhaltlich aus und lösen dadurch die entstehenden Konflikte (den Eingriff). Im Gegensatz zu diesen sind städtebauliche Verträge aber nicht Bestandteil des Bauleitplans oder seiner Begründung, sondern Abwägungsmaterial.[233] Ist der Vertrag unwirksam oder fehlerhaft, hat dies also direkte Auswirkungen auf die Abwägung, da der Konflikt nicht oder nur unzureichend gelöst wird. Dies führt gegebenenfalls zu einem Abwägungsfehler. Hierdurch werden Bebauungsplan und Vertrag untrennbar miteinander verknüpft.[234] Der Vertrag muss grundsätzlich auch nicht mit dem Bebauungsplanentwurf ausgelegt werden, lediglich seine wesentlichen, konfliktlösenden Inhalte sind öffentlich darzulegen.[235]

---

231 Siehe unten § 5 C. II. (S. 79).

232 *Louis/Wolf*, NuR 2002, 455 (463).

233 *Quaas/Kukk*, in: *Schrödter*, BauGB § 11 Rn. 77; vgl. *Thum*, UPR 2006, 289 (293); BVerwG, Urt. v. 18.09.2003 - 4 CN 3/02, juris Rn. 24 = BVerwGE 199, 45 (53), für den Durchführungsvertrag bei einem Vorhaben- und Erschließungsplan.

234 Hierzu unten § 5 D. (S. 82 ff.).

235 *Reidt*, BauR 2008, 1541 (1544); *ders.*, in: *Battis/Krautzberger/Löhr*, BauGB § 11 Rn. 92; *Krautzberger*, in: *Ernst/Zinkahn/Bielenberg/Krautzberger*, BauGB § 12 Rn. 131; vgl.

Eine konfliktlösende vertragliche Bindung führt zwangsläufig zu einer teilweisen Vorwegnahme der Planungsentscheidung und damit zu einer Verkürzung des Abwägungsvorgangs.[236] Dies wird von der Rechtsprechung bis zu einem bestimmten Grad akzeptiert, da es gerade bei größeren Projekten zu einer Einschränkung der vollen planerischen Freiheit durch dem Planverfahren immanente Bindungen kommen kann. Dies ist zulässig, wenn die Verträge im Interesse einer effektiven Realisierung „unerlässlich" sind.[237] Die Anforderungen an Ausgleichsverträge sind sogar noch geringer. Die Möglichkeit der Kompensation über festsetzungsersetzende vertragliche Verpflichtungen gibt das Gesetz in § 1a Abs. 3 Satz 4 Var. 1 BauGB nämlich vor. Eine diesbezüglich mögliche Verkürzung des Abwägungsvorgangs wird vom Gesetzgeber damit ausdrücklich akzeptiert.

II. Funktionaler, räumlicher und zeitlicher Zusammenhang

Die Ausführungen zum funktionalen, räumlichen und zeitlichen Zusammenhang in der naturschutzrechtlichen Eingriffsregelung des BNatSchG[238] gelten ihren grundsätzlichen Gedanken nach auch im Rahmen des Ausgleichs gem. § 1a Abs. 3 BauGB. Die Situation bei der bauleitplanerischen Ausgleichsregelung stellt sich aber anders dar. Sie richtet sich nach den speziellen gesetzlichen Vorschriften des BauGB und folgt als abwägende Planungsentscheidung anderen Grundsätzen.

Gem. § 200a BauGB umfasst der Begriff des Ausgleichs auch Ersatzmaßnahmen. Zwar stehen seit Inkrafttreten des BNatSchG 2010 Ausgleich und Ersatz auch im BNatSchG gleichwertig nebeneinander. Während dem Ausgleichsverpflichteten dort aber die Maßnahme vorgegeben wird, steht der Gemeinde in der Bauleitplanung ein echtes Wahlrecht zu.[239] Zudem verzichtet § 200a Satz 2 BauGB weitgehend auf den

---

BVerwG, Urt. v. 18.09.2003 - 4 CN 3/02, juris Rn. 24 = BVerwGE 119, 45 (53).

236 Hierzu: *Kamp*, Steuerung der Bebaubarkeit, S. 116 ff.

237 Zu allem: BVerwG, Urt. v. 05.07.1974 - IV C 50.72, juris Rn. 47 = BVerwGE 45, 309 (317); zu dieser Entscheidung ausführlich: *Kamp*, Steuerung der Bebaubarkeit, S. 124 ff.

238 Siehe oben § 3 A. II. 2. (S. 19 f.).

239 *Tophoven*, Eingriffs- und Ausgleichsregelung, S. 116.

räumlichen und zeitlichen Zusammenhang. Dies bedeutet für die bauleitplanerische Ausgleichsregelung eine erhebliche Lockerung des Zusammenhangs zwischen Eingriff und Ausgleich.[240] Die nachfolgenden Ausführungen bzgl. des Zusammenhangs zwischen Eingriffs- und Ausgleichfläche gelten unabhängig davon, ob der Ausgleich durch Darstellungen und Festsetzungen oder durch vertragliche Regelung erfolgt.

1. Räumlicher und funktionaler Zusammenhang

Kompensationsmaßnahmen können außerhalb des räumlichen Geltungsbereichs des Bebauungsplans erfolgen, § 1a Abs. 3 Satz 3.[241] Korrelierend verzichtet § 200a Satz 2 BauGB auf einen unmittelbaren räumlichen Zusammenhang zwischen Eingriff und Ausgleich. Dabei besteht kein Vorrang des Ausgleichs am Eingriffsort[242], vielmehr unterliegt dies vollständig der planerischen Abwägung der Gemeinde[243]. Die Ausgleichsflächen müssen grundsätzlich nicht einmal in der Nähe des Eingriffsorts[244] oder innerhalb des gleichen Baugebiets liegen.[245] Der Ausgleich kann sogar außerhalb des Gemeindegebiets erfolgen.[246] Hierbei ist insbesondere zu beachten, dass die Pläne der Nachbargemeinde bzw. Regionalpläne dem Ausgleich nicht

---

240 *Wolf*, NuR 2004, 6 (9); *Stich*, UPR 2001, 177 (178) hält diese Erleichterungen für wichtig.

241 So schon: BVerwG, Beschl. v. 09.05.1997 - 4 N 1/96, LS = BVerwGE 104, 353; für sonstige geeignete Maßnahmen: OVG NRW, Urt. v. 21.04.2015 - 10 D 21.12.NE, juris Rn. 192.

242 *Bunzel*, ZfBR 1998, 226 (229); *Schink/Matthes-Bredelin*, ZfBR 2001, 155 (157); OVG NRW, Urt. v. 17.12.1998 - 10a D 186/96.NE, juris Rn. 17 = NVwZ-RR 1999, 561 (561 f.); ausdrücklich: VG Gießen, Urt. v. 29.01.2002 - 1 E 1512/01, juris OS 1 und Rn. 17; a.A. noch *Gassner*, NuR 1999, 79, 80 f., der dies mit dem funktionalen Zusammenhang begründet.

243 BVerwG, Beschl. vom 18. Juli 2003 - 4 BN 37/03, juris LS 2 und Rn. 8 = NVwZ 2003, 1515 (1516).

244 Hierzu: *Schink/Matthes-Bredelin*, ZfBR 2001, 155 (157).

245 Gem. § 9 Abs. 1a BauGB können räumlich getrennte Ausgleichsgrundstücke festgesetzt und den Eingriffsgrundstücken zugeordnet werden (zur Reichweite der Zuordnung siehe unten § 7 B. I. 2. (S. 122 ff.)). Hierzu bereits: *Battis/Krautzberger/Löhr*, NVwZ 1997, 1145 (1153).

246 *Louis/Wolf*, NuR 2002, 455 (462 und 464); *Köck*, NuR 2004, 1 (2).

entgegenstehen.[247] Im Ergebnis schließt dies eine Minderung des Ausgleichs häufig aus, da nahezu immer geeignete Flächen zur Verfügung stehen.[248] Die Nichtberücksichtigung von Ausgleichsmöglichkeiten außerhalb des Bebauungsplans führt zu einem Abwägungsfehler.[249] Auch dem Einwand, der Ausgleich könne im Plangebiet nur mit unzumutbaren Kosten erreicht werden, ist weitgehend der Boden entzogen.[250] Die räumliche Entkoppelung bietet dabei häufig einen finanziellen Vorteil, da kein teures Bauland für den Ausgleich herangezogen werden muss.[251]

a) Verknüpfung von räumlichem und funktionalem Zusammenhang

Obwohl das Gesetz hierzu keine Aussage trifft[252], bedarf es grundsätzlich eines funktionalen Zusammenhangs[253]. Dieser ist mit dem räumlichen Zusammenhang bis zu einem gewissen Grad verknüpft, da Funktionen des Naturhaushalts zwangsläufig „ortsgebunden" sind[254]. Beim Ausgleich in der Bauleitplanung sind die Zusammenhänge dabei gelockert.[255] Schon aus § 200a BauGB ergibt sich, dass eine weitgehende Loslösung zwischen Eingriffs- und Ausgleichsfläche gewollt ist.[256] Diskutiert wurde in diesem Zusammenhang, inwieweit die aus der naturschutzrechtlichen Eingriffsregelung bekannte Stufenfolge zwischen Ausgleich und Ersatz in der bauleitplanerischen Ab-

---

247 *Bunzel/Reitzig*, DÖV 1998, 995 (997 und 1002); *Köck*, NuR 2004, 1 (3).

248 *Louis/Wolf*, NuR 2002, 455 (462); vgl. *Thum*, UPR 2006, 289 (291). Gegen eine Alternativenprüfung im gesamten Gemeindegebiet: *Schrödter*, in: *Schrödter*, BauGB § 1a Rn. 35.

249 OVG NRW, Beschl. v. 13.03.1998 – 7a B 374/98.NE, juris Rn. 10 = BauR 1998, 1195 (1196).

250 *Lüers*, UPR 1996, 401 (407); *Brohm*, in: *Erbguth*, FS Hoppe, S. 511 (519).

251 *Battis/Krautzberger/Löhr*, NVwZ 1997, 1145 (1153); *Lüers*, UPR 1996, 401 (407).

252 *Mitschang/Reidt*, in: *Battis/Krautzberger/Löhr*, BauGB § 9 Rn. 163.

253 *Durner*, NuR 2001, 601 (605); *Jessel*, UPR 2004, 408 (411); *Thum*, UPR 2006, 289 (292).

254 *Thum*, ZUR 2005, 63 (67), die allerdings noch strenger von einer „untrennbaren" Verknüpfung ausgeht.

255 *Mitschang*, BauR 2011, 33 (50). Kritisch: *Gassner*, NuR 1999, 79 (80).

256 Vgl. BT-Drs. 13/7589, S. 13, wo von einer „räumlichen und zeitlichen Flexibilisierung" die Rede ist.

wägung zu berücksichtigen sei.[257] Dieser Streit dürfte sich durch die Gleichstellung von Ausgleich und Ersatz in der naturschutzrechtlichen Eingriffsregelung des BNatSchG im Sinne der herrschenden Meinung, die schon damals von einer Gleichordnung in der Bauleitplanung ausging, erledigt haben.

b) Keine Einschränkung der Entkoppelung des räumlichen Zusammenhangs

Im Zusammenhang mit der Verknüpfung des räumlichen und funktionalen Zusammenhangs wurde die Frage aufgeworfen, inwiefern der räumliche - und damit zugleich der funktionale - Zusammenhang aufgegeben worden ist und deshalb eine Einschränkung der Entkoppelung notwendig ist.[258] So ist das BVerwG[259] davon ausgegangen, dass das BauGB nicht zwischen in räumlichem Zusammenhang stehenden Maßnahmen und solchen, die in keinem räumlichen Zusammenhang stehen, unterscheide. Folge einer Aufgabe sowohl des räumlichen als auch des funktionalen Zusammenhangs wäre, dass der Ausgleich zu einer bloß rechnerischen Gesamtbetrachtung, ohne Berücksichtigung der örtlichen Gegebenheiten des Einzelfalls, degradiert würde.[260] Da eine Entkoppelung des funktionalen Zusammenhangs zudem im Widerspruch zur Systematik der Eingriffsregelung stehe, wird schließlich vorgeschlagen, die durch § 200a Satz 2 BauGB ermöglichte räumliche Entkoppelung einzuschränken.[261]

---

257 *Jessel*, UPR 2004, 408 (410 f.) m.w.N. in Fn. 28. Zum damaligen Meinungsstand: *Köck*, NuR 2004, 1 (2), der sich letztendlich für eine Berücksichtigung ausspricht, die Stufenfolge aber nicht für zwingend hält. Gegen eine solche bereits: *Lüers*, ZfBR 1997, 231 (236).

258 *Thum*, ZUR 2005, 63 ff. Für eine vollständige Aufgabe bereits: *Schmidt*, NVwZ 1998, 337 (340 f.) unter Verweis auf *Lüers*, UPR 1997, 348 (351), der auf die gem. § 200a BauGB fehlende Stufenfolge zwischen Ausgleich und Ersatz hinweist; *Stich*, UPR 2001, 177 179).

259 Beschl. v. 18.07.2003 - 4 BN 37/03, juris Rn. 8 = NVwZ 2003, 1515 (1516).

260 *Thum*, ZUR 2004, 278 (281). Für die Notwendigkeit eines funktionalen Zusammenhangs auch: *Louis*, NuR 1998, 113 (120); *Wolf*, NuR 2001, 481 (484 ff.); Köck, NuR 2004, 1 (2); *Brohm*, in: *Erbguth*, FS Hoppe, S. 511 (518).

261 *Thum*, ZUR 2005, 63 (67).

Diese Überlegungen überzeugen aber nicht. Die Verknüpfung zwischen räumlichem und funktionalem Zusammenhang ist nicht so stark, als dass eine räumliche Entkoppelung zugleich jeglichen funktionalen Zusammenhang ausschließen würde. So gilt nach wie vor, dass eine Beeinträchtigung des Landschaftsbildes (z.B. Windkraftanlagen) nicht durch eine Maßnahme zur Verbesserung des Naturzustandes (z.B. ein Feuchtgebiet) kompensiert werden kann.[262] Dem funktionalen Zusammenhang kann damit auch bei räumlicher Entkoppelung noch Rechnung getragen werden. Zudem ist auch im BNatSchG die Flexibilisierung fortgeschritten (z.B. durch Gleichstellung von Ausgleichs- und Ersatzmaßnahmen).

Dieser Flexibilisierungstendenz und dem Grundgedanken, dass die Zusammenhänge im Rahmen der Bauleitplanung ohnehin wesentlich gelockert sind, folgend, erweist sich eine Einschränkung der Entkoppelung des räumlichen Zusammenhangs als nicht erforderlich. Für eine funktionierende Bauleitplanung ist ein möglichst weitgehender planerischer Spielraum notwendig (und unter Umständen auch aus Naturschutzperspektive vorteilhaft). Das einschränkende Korrektiv des § 200a Satz 2 BauGB, dass die Maßnahmen „mit einer geordneten städtebaulichen Entwicklung und den Zielen der Raumordnung sowie des Naturschutzes und der Landschaftspflege vereinbar" sein müssen, genügt, um die Belange von Natur und Landschaft ausreichend zu schützen.

c) Auswirkungen auf den vertraglichen Ausgleich

Dies eröffnet auch den vertraglichen Ausgleichslösungen einen umfassenden Spielraum und führt zu einer noch größeren Attraktivität von Ausgleichsverträgen. Insbesondere die Flächenbeschaffung wird vereinfacht, da die Gemeinde (bzw. der Vorhabenträger) nicht auf Flächen angewiesen ist, die in räumlichem Bezug zum Eingriffsort stehen und deren Erwerb deshalb unter Umständen kostspielig ist.

2. Zeitlicher Zusammenhang

Der planerische Ausgleich beinhaltet auch eine zeitliche Dimension. Beim Ausgleich nach dem BNatSchG besteht eine

262 *Schrödter*, in: *Schrödter*, BauGB § 200a Rn. 2.

absolute zeitliche Ober- und Untergrenze.[263] Beim planerischen Ausgleich muss zunächst zwischen Ausgleichsentscheidung und der tatsächlichen Durchführung des Ausgleichs differenziert werden.

Im Rahmen der planerischen Entscheidung kann die zeitliche Entkoppelung nur dahingehend erfolgen, dass die Festlegung des *Ausgleichs* vorgezogen wird, nicht aber umgekehrt.[264] Mit der Entscheidung über den Eingriff und dessen Vermeidbarkeit ist immer auch zugleich über den Ausgleich zu entscheiden.[265] Dies ist im Rahmen der Abwägung aber grundsätzlich ohne Weiteres zu leisten. Maßgeblich ist dabei der Beschluss des Plans als Satzung, da sich nach diesem Zeitpunkt dessen Rechtmäßigkeit richtet (vgl. § 214 Abs. 3 Satz 1 BauGB). Hier darf auch auf noch nicht verwirklichte Nutzungskonzepte zurückgegriffen werden, welche vor mehreren Jahren beschlossen wurden.[266] Dass geplant war, die für den Ausgleich bestimmten Flächen ohnehin naturschutzfachlich aufzuwerten, ist ohne Belang. Ein Ausgleichskonzept muss nämlich nicht anlässlich des konkreten Eingriffs entwickelt werden.[267] Gem. § 135a Abs. 2 Satz 2 BauGB können Ausgleichsmaßnahmen bereits vor den Eingriffen (Baumaßnahmen) und deren Zuordnungen erfolgen.[268] Eine entsprechende Regelung war für die Bauleitplanung bereits in § 8a Abs. 3 Satz 3 BNatSchG 1993 enthalten. Die Lockerung des zeitlichen Zusammenhangs hat damit bereits eine längere Tradition.

Zeitlicher Bezugspunkt hinsichtlich der *Durchführung* der Ausgleichsmaßnahmen ist nicht der Beschluss oder das Inkrafttreten des Bebauungsplans, sondern der tatsächliche Eingriff.[269]

---

263 *Sparwasser/Wöckel*, NVwZ 2004, 1189 (1193).

264 *Battis/Krautzberger/Löhr*, NVwZ 1997, 1145 (1153).

265 *Brohm*, in: *Erbguth*, FS Hoppe, S. 511 (520).

266 BVerwG, Beschl. v. 18.07.2003 - 4 BN 37/03, LS 3 und juris Rn. 10 = NVwZ 2003, 1515 (1515 f.).

267 Hierzu: BVerwG, Beschl. v. 18.07.2003 - 4 BN 37/03, juris Rn. 9 f. = NVwZ 2003, 1515 (1516).

268 *Anger*, UPR 2004, 7 (9); *Oloff*, Ökokonto, S. 34 f.; vgl. auch: BVerwG, Beschl. v. 18.07.2003 - 4 BN 37/03, juris Rn. 9 f. = NVwZ 2003, 1515 (1515 f.).

269 Stüer, NuR 2004, 11 (13); BVerwG, Beschl. v. 16.03.1999 - 4 BN 17/98, juris Rn. 4 = BauR 2000, 242.

Der Ausgleich muss in angemessener Zeit nach diesem stattfinden, wobei der Zeitrahmen grundsätzlich enger zu bemessen ist, wenn das Risiko besteht, dass der Ausgleichszweck verfehlt wird.[270] Entsprechende zeitliche Vorgaben (z.B. Fristen) können im Ausgleichsvertrag vereinbart werden.

3. Ökokonten in der Bauleitplanung

Die Flexibilisierung des Zusammenhangs zwischen Eingriff und Ausgleich durch § 1a Abs. 3 Satz 3 BauGB, § 200a Satz 2 BauGB und 135a Abs. 2 Satz 2 BauGB (in zeitlicher Hinsicht) ermöglicht schon seit längerem die Anlegung von Ökokonten[271] sowie großflächig angelegte Kompensationslösungen, wie z.B. gemeindeweite oder sogar gemeindeübergreifende Sammelkompensationskonzepte.[272] Teilweise sind die landesrechtlichen Vorschriften über naturschutzrechtliche Ökokonten diesen Vorschriften sogar nachgebildet.[273] Ausgleichsflächen können den Eingriffsflächen auch nur teilweise zugeordnet und somit als „Reserve-Flächen" behalten werden, vgl. §§ 5 Abs. 2a, 9 Abs. 1a Satz 2 BauGB.[274] Im Bauleitplanverfahren bringen Ökokonten vor allem den Vorteil[275] mit sich, dass gegebenenfalls die Suche nach geeigneten Ausgleichsflächen entfällt und damit das Planverfahren zügiger durchgeführt werden kann.[276] Bei einem vertraglichen Ausgleich bieten sich zusätzlich weitere Möglichkeiten, z.B. in Form von überregionalen Lösungen[277] (wie z.B. einem gemeinsamen Ausgleichspool mehrerer Gemeinden).

Ökokonten sind in der Bauleitplanung bereits auf der Ebene der Flächennutzungspläne zu berücksichtigen und als „Flächen

---

270 *Stüer*, NuR 2004, 11 (13); BVerwG, Beschl. v. 16.03.1999 - 4 BN 17/98, juris Rn. 4 = BauR 2000, 242.

271 *Lüers*, DVBl. 1998, 433 (440); *Britz*, UPR 1999, 207 (208); *Stich*, BauR 2003, 1308 (1309). Siehe hierzu auch oben § 3 A. II. 2. c) (S. 21 f.).

272 *Beckmann*, in: *Erbguth*, FS Hoppe S. 531 (532 f.); *Battis/Krautzberger/Löhr*, NVwZ 1997, 1145 (1148 f.).

273 *Diederichsen*, NuR 2010, 843 (844).

274 Siehe auch: *Brohm*, in: *Erbguth*, FS Hoppe, S. 511 (518).

275 Vgl. auch die Aufzählung bei *Weihrich*, NatSchLSA 1999, 33 (35); sowie *Wolf*, NuR 2004, 6 (8) für Flächenpools.

276 *Britz*, UPR 1999, 207 (208).

277 *Weihrich*, NatSchLSA 1999, 33 (35).

für Maßnahmen zur Entwicklung von Natur und Landschaft" (§ 5 Abs. 2 Nr. 10 BauGB) abzusichern. Eingriff und Ausgleich werden anschließend durch den Bebauungsplan rechtsverbindlich festgelegt. Im Verfahren des Ausgleichs bzw. der „Ab- und Zubuchung" von Ausgleichsmaßnahmen bestehen grundsätzlich keine Besonderheiten gegenüber dem regulären Ausgleich in der Bauleitplanung. Es ist jedoch auf eine Dokumentation, insbesondere der Kompensationsmaßnahmen ohne konkreten Eingriffsbezug, zu achten. Die Abbuchung erfolgt durch Zuordnung zu einem konkreten Eingriff. Im Rahmen der Führung eines Ökokontos ist grundsätzlich die Verwendung sämtlicher rechtlicher Instrumente des § 1a Abs. 3 BauGB denkbar.[278] Insbesondere eine Regelung durch Ausgleichsvertrag kommt in Betracht.[279]

III. Ausgleichsverpflichtung

Wer den Ausgleich durchführen muss, regelt für Festsetzungen § 135a Abs. 1 und 2 BauGB.[280] Für den Ausgleich durch Vertrag macht das Gesetz hingegen keine Vorgaben. Aus dem Verursacherprinzip kann zwar eine gewisse Verantwortlichkeit des Vorhabenträgers abgeleitet werden, deren Abbedingung durch Vertrag aber möglich ist. Als Ausgleichsverpflichteter kommt deshalb sowohl die Gemeinde als auch der Vorhabenträger oder sogar ein vertraglich verpflichteter Dritter (z.B. ein Landwirt, auf dessen Flächen der Ausgleich erfolgen soll) in Betracht. Im Einzelfall hängt dies vor allem davon ab, an welchem Ort der Ausgleich erfolgen soll. Häufig ist dies auf dem Eingriffsgrundstück nicht sinnvoll möglich, sodass in vielen Fällen nur der Ausgleich an einem anderen Ort in Betracht kommt. In der Praxis übernimmt in diesen Fällen meist die Gemeinde die Durchführung des Ausgleichs.[281] Dies hat den Vorteil, dass die Ausführung der Maßnahmen gewährleistet ist und exakt nach den Wünschen der Gemeinde (z.B. hinsichtlich der Art und Weise und des Zeitplans) vonstattengeht, zumal die Durchführung außerhalb des Baugrundstücks für den einzelnen Bau-

278 Zu allem: *Heilshorn/Schütze*, VBlBW 2012, 13 f.

279 Zum möglichen Inhalt siehe unten § 11 A. I. 4. (S. 201 ff.).

280 Siehe sogleich § 4 B. (S. 52).

281 *Busse*, KommJur 2009, 241 (247).

herrn oft problematisch sein wird[282]. Bei kleineren Gemeinden kann die Selbstdurchführung jedoch problematisch sein, da es hier unter Umständen an Personal mangelt und der Vorhabenträger die besseren Personal- und Sachmittel besitzt. Insbesondere wenn der Ausgleich am Ort des Eingriffs stattfindet, ist es regelmäßig weniger Aufwand, den Ausgleich direkt durch den Vorhabenträger bei der Verwirklichung des Projekts herstellen zu lassen, da dieser dort ohnehin Baumaßnahmen durchführt.

Soweit die Ausgleichsverantwortlichkeit Auswirkungen auf die notwendige Sicherung hat, ist diese bereits Bestandteil der Abwägungsentscheidung. Die Gemeinde muss sich dann im Klaren sein, wer die Kompensationsmaßnahmen durchführen soll und wie die Durchführung gewährleistet wird. Die jeweiligen Anforderungen - insbesondere in Bezug auf den Flächenzugriff - sind aber, wie sich noch zeigen wird, nahezu identisch. Im Zusammenhang mit den vielen Freiheiten der Gemeinde in Bezug auf die Regelung der Durchführung ist die Frage hinsichtlich der Verantwortlichkeit der tatsächlichen Ausführung oft nicht abwägungserheblich - die Fragen der Absicherung und Kostentragungspflicht hingegen schon.

IV. Instrumente des § 1a Abs. 3 BauGB

§ 1a Abs. 3 BauGB gibt in den Sätzen 2 bis 4 unterschiedliche Möglichkeiten vor, wie der Ausgleich durchzuführen und zu sichern ist. Neben den „klassischen" Instrumenten der Bauleitplanung (Darstellungen und Festsetzungen) ist der Ausgleich auch durch städtebauliche Verträge oder sonstige geeignete Maßnahmen möglich. § 1a Abs. 3 Satz 4 BauGB erklärt Verträge dabei ausdrücklich zum Ersatz für Festsetzungen und erhebt diese dadurch zum verpflichtenden Abwägungsmaterial, sodass der städtebauliche Vertrag als Ausgleichsvertrag eine Aufwertung erfahren hat.[283] Der Gemeinde steht grundsätzlich frei, welches dieser Mittel sie wählt, insbesondere besteht kein Vorrang des Ausgleichs durch bauleitplanerische Festsetzun-

282 *Schmidt-Siegmann*, Eingriffsregelung, S. 100.

283 *Ohms*, BauR 2000, 983 (987); *Birk*, Die städtebaulichen Verträge nach BauGB 98 Rn. 290.

gen.[284] Die Aufzählung dieser Instrumente ist nicht abschließend, wie schon die Formulierung „*sonstige* geeignete Maßnahmen" zeigt.[285] Eine Ersatzzahlung kommt aber - anders als im BNatSchG - grundsätzlich nicht in Betracht[286], auch nicht in Form einer vertraglichen Vereinbarung[287]. Dies ergibt sich schon daraus, dass diese im BNatSchG ausdrücklich vorgesehen ist, während der Gesetzgeber auf eine vergleichbare Regelung im BauGB verzichtet hat.

B. Weitere Ausgleichsvorschriften im BauGB

Neben dem bereits erwähnten § 200a BauGB finden sich auch an anderen Stellen des BauGB Regelungen zum naturschutzrechtlichen Ausgleich. Die §§ 135a bis c BauGB[288] regeln die Verantwortlichkeit (nach dem Verursacherprinzip) der Durchführung und Kostentragung. In § 5 Abs. 2a bzw. § 9 Abs. 1a BauGB wird die Zuordnungsmöglichkeit von Ausgleichflächen in Flächennutzungsplänen bzw. Bebauungsplänen geregelt. Sämtliche dieser Vorschriften stehen in enger Verknüpfung zur Ausgleichsregelung in § 1a Abs. 3 BauGB.

In Bezug auf die Sicherung durch Vertrag sind diese Vorschriften vor allem als Vergleichsmaßstab relevant. Insbesondere § 5 Abs. 2a und § 9 Abs. 1a BauGB setzen eine Sicherung im Bauleitplan durch bauleitplanerische Darstellungen und Festsetzungen voraus, finden also bei vertraglicher Regelung keine direkte Anwendung. Auch die §§ 135a bis c BauGB beziehen

---

284 *Reidt*, BauR 2008, 1541 (1544); *Mitschang*, WiVerw 1998, 20 (36). So auch bereits BVerwG, Beschl. v. 09.05.1997 - 4 N 1/96, juris Rn. 28 = BVerwGE 104, 353 (360 f.). Siehe unten § 5 C. I. (S. 77 f.).

285 Vgl. *Battis*, in: *Battis/Krautzberger/Löhr*, BauGB § 1a Rn. 27; BVerwG, Urt. v. 19.09. 2002 – 4 CN 1/02, juris Rn. 50 = BVerwGE 117, 58 (67).

286 *Mitschang*, BauR 2011, 33 (49); *Schrödter*, in: *Schrödter*, BauGB § 1a Rn. 60; vgl. hierzu auch: *Tophoven*, Eingriffs- und Ausgleichsregelung, S. 117; a.A. OVG NRW, Urt. v. 06.08.2003 – 7a D 100/01.NE, juris Rn. 207 = NVwZ-RR 2004, 643 (647), jedoch ohne nähere Begründung.

287 *Schrödter*, in: *Schrödter*, BauGB § 1a Rn. 90.

288 Diese beinhalten im Wesentlichen die Regelungen der §§ 8a Abs. 3 bis 5 BNatSchG 1993 (*Battis/Krautzberger/Löhr*, NVwZ 1997, 1145 (1149); *Dirnberger*, in: *Jäde/Dirnberger/Weiß*, BauGB § 135a Rn. 1).

sich auf den Ausgleich durch Festsetzungen im Bebauungsplan, wie der Wortlaut des Abs. 1 „*Festgesetzte* Maßnahmen" bereits deutlich macht. Inwieweit die Statuierung des Ausgleichsprinzips in § 135a Abs. 1 BauGB in Bezug auf den Ausgleich durch Verträge und sonstige geeignete Maßnahmen nach § 1a Abs. 3 Satz 4 BauGB lediglich bestätigende Bedeutung hat, wird unterschiedlich beurteilt[289], ist im Ergebnis aber nicht von Bedeutung. Im Übrigen wird eine vertragliche Ausgleichsregelung ja gerade und vor allem eine Regelung dazu beinhalten, wer den Ausgleich durchzuführen und die Kosten zu tragen hat.[290] § 135a BauGB kann hier lediglich zum Vergleich, was im Parallelfall des Ausgleichs durch Festsetzungen vom Gesetzgeber als Grundprinzip niedergelegt wurde, herangezogen werden. § 135a BauGB ist aber gem. § 135 Abs. 2 Satz 1 a.E. („[…] sofern dies nicht *auf andere Weise* gesichert ist") zumindest insoweit dispositiv, als dass auch eine andere Kostenerstattungsgrundlage in Betracht kommt.[291]

§ 135a Abs. 2 bis 4 sowie § 135b und c BauGB betreffen die Fälle, in denen die Gemeinde gem. §§ 1a Abs. 2 Satz 2 und 3, 9 Abs. 1a BauGB dem Eingriff Ausgleichsflächen *an anderer Stelle* zugeordnet hat. Das Gesetz geht davon aus, dass beim Ausgleich an anderer Stelle die Gemeinde besser als der Verursacher in der Lage ist, die Ausgleichsmaßnahmen durchzuführen.[292] Der Erlass einer Kostensatzung nach § 135c BauGB dürfte im Rahmen vertraglicher Lösungen regelmäßig überflüssig

289 Für eine lediglich bestätigende Bedeutung spricht sich *Krautzberger,* in: *Ernst/Zinkahn/Bielenberg/Krautzberger,* BauGB § 135a Rn. 2, 123. Ergänzungslieferung (Stand: Oktober 2016) aus, mit der Argumentation, dass sich die Pflicht bereits aus § 15 Abs. 2 Satz 1 BNatSchG ergebe. Ob dies in Anbetracht der Verweisung auf das BauGB in § 18 Abs. 1 BNatSchG richtig ist, kann bezweifelt werden. Demgegenüber ist der neu bearbeitende *Wagner,* in: *Ernst/Zinkahn/Bielenberg/Krautzberger,* BauGB § 135a Rn. 2, nachfolgende 124. Ergänzungslieferung (Stand: Februar 2017), der Auffassung, dass § 135a Abs. 1 das Verursacherprinzip eigenständig im BauGB verankert.

290 Zur Verantwortlichkeit für den Ausgleich siehe oben § 4 A. III. (S. 50 f.).

291 Zu Anwendungsbereich und Dispositionsfreiheit bei § 135a BauGB siehe unten § 12 A. II. (S. 222 ff.).

292 *Köck,* NuR 2004, 1 (2).

sein. Gegen eine Heranziehung der in § 135b BauGB genannten Kostenverteilungsmaßstäbe ist hingegen grundsätzlich nichts einzuwenden.

C. Ausnahmen von der Ausgleichspflicht

Gem. § 1a Abs. 3 S. 5 BauGB ist ein Ausgleich dann nicht erforderlich, wenn die Eingriffe bereits vor der planerischen Entscheidung erfolgt sind oder zulässig waren. Ein Ausgleich ist demnach nur dann erforderlich, wenn zusätzliche Baurechte neu geschaffen werden, nicht aber, wenn die zulässigen Nutzungen lediglich planerisch festgeschrieben werden.[293] In der Praxis bestehen Ausnahmen vor allem beim beschleunigten Verfahren gem. § 13a BauGB und der Überplanung des Innenbereichs.

I. Beschleunigtes Verfahren

Gem. § 13a Abs. 2 Nr. 4 BauGB gelten im beschleunigten Verfahren nach § 13a Abs. 1 Satz 2 Nr. 1 BauGB (Fallgruppe 1: Grundfläche von weniger als 20.000 Quadratmetern) Eingriffe entsprechend § 1a Abs. 3 Satz 6 BauGB als vor der planerischen Entscheidung erfolgt oder zulässig. Diese Fiktion führt dazu, dass ein Ausgleich nicht erforderlich ist.[294] Der Gemeinde bleibt es jedoch unbenommen einen Ausgleich dennoch zu berücksichtigen und entsprechende Ausgleichsfestsetzungen zu treffen.[295] Die Ausgleichspflicht entfällt nicht, wenn das beschleunigte Verfahren einen Plan gem. § 13a Abs. 1 Satz 2 Nr. 2 BauGB (Fallgruppe 2: Grundfläche zwischen 20.000 und 70.000 Quadratmetern) betrifft.

Verzichtet die Gemeinde auf die Anwendung des § 1a Abs. 3 BauGB, kann sie zwar noch städtebauliche Verträge

---

293 *Schink*, BauR 2013, 861 (869); BayVGH, Urt. v. 16.10.2009 - 2 N 06.3341, juris Rn. 52.

294 *Krautzberger*, UPR 2011, 62 (63); *Schink*, BauR 2013, 861 (868); *Gierke*, in: *Brügelmann*, BauGB § 13a Rn. 133 f.; BVerwG, Beschl. v. 04.10.2006 - 4 BN 26/06, juris Rn. 3 = ZfBR 2007, 56.

295 *Schink*, BauR 2013, 861 (868); *Battis*, in: *Battis/Krautzberger/Löhr*, BauGB § 13a Rn. 17; *Jäger*, in: BeckOK, BauGB § 13a Rn. 25, der von einer „Wahlfreiheit“ der Gemeinde spricht; siehe auch BT-Drs. 16/2496 S. 15.

schließen. Dabei darf die Ausgleichsregelung des § 1a Abs. 3 aber nicht „übergestülpt" werden, sodass städtebauliche Verträge nur im allgemeinen Rahmen möglich sind, nicht aber als Ausgleichsverträge i.S.d. § 1a Abs. 3 Satz 4 BauGB i.V.m. § 11 Abs. 1 Satz 2 Nr. 2 BauGB.[296] Das bedeutet, nicht die naturschutzrechtliche Kompensationsmaßnahme kann Inhalt des Vertrags sein, sondern nur ein kommunales Konzept (z.B. über Mindeststandards der Folgemaßnahmen als Folgelastenverträge gem. § 11 Abs. 1 Satz 2 Nr. 3 BauGB). Denn ein Ausgleich ist, mangels beachtlichen Eingriffs, gerade nicht notwendig. Insofern ist zwar die freiwillige Übernahme von Naturschutzmaßnahmen durch Vertrag möglich. Diese stellen aber keine mit einem Eingriff verknüpften Kompensationsmaßnahmen dar, sodass der Vertrag kein echter Ausgleichsvertrag ist.

Geht die Gemeinde fälschlicherweise davon aus, dass die Flächengröße bei unter 20.000 Quadratmetern liegt, so kann das Fehlen eines Ausgleichs zu einem beachtlichen Abwägungsfehler und damit zur Nichtigkeit des im beschleunigten Verfahren aufgestellten Bebauungsplans führen – mit den entsprechenden Folgen für den Ausgleichsvertrag[297]. Führt die Gemeinde (im Rahmen des beschleunigten Verfahrens nach Fallgruppe 2) einen naturschutzrechtlichen Ausgleich durch, obwohl es sich tatsächlich um einen Plan der Fallgruppe 1 handelt, so kann sie die Refinanzierung nach § 135a ff. BauGB gegenüber den Grundstückseigentümern nicht durchsetzen, da hierfür aufgrund der fingierten Zulässigkeit des Eingriffs die Rechtsgrundlage fehlt.[298] Gleiches gilt bei einer vertraglichen Vereinbarung über die Durchführung oder Refinanzierung. Zwar ist hier Anspruchsgrundlage keine gesetzliche Regelung, sondern der Vertrag selbst. Auch sind dessen Voraussetzungen inklusive der Schaffung von Baurecht als Bedingung erfüllt. Der Vertrag ist aber in seiner Geschäftsgrundlage gestört: Es fehlt an einem ausgleichspflichtigen Eingriff. In entsprechender An-

---

296 *Krautzberger*, UPR 2011, 62 (64); *Gierke*, in: *Brügelmann*, BauGB § 13a Rn. 135.

297 Hierzu unten § 5 D. (S. 82 ff.).

298 *Krautzberger*, UPR 2011, 62 (63); *Gierke*, in: *Brügelmann*, BauGB § 13a Rn. 136.

wendung[299] des § 60 Abs. 1 Satz 1 VwVfG ist der Vertrag anzupassen. Eine Übernahme des Ausgleichs kann nämlich allenfalls freiwillig erfolgen. Hier könnte zwar eingewendet werden, dass es der Gemeinde ja grundsätzlich freisteht, auf das beschleunigte Verfahren zu verzichten und die Ausgleichsregelung dennoch anzuwenden. Diese Entscheidung muss jedoch in der Abwägung vor dem Beschluss des Bebauungsplans (und vor Vertragsschluss) getroffen werden. Die Wahlfreiheit darf nicht dazu führen, dass ein zulässiger Eingriff nachträglich unzulässig gemacht und damit einseitig eine Ausgleichspflicht herbeigeführt wird.

Auch wenn auf Kompensation verzichtet wird, ist die Gemeinde aber verpflichtet, Eingriffe zu vermeiden oder zu minimieren. Dies folgt schon aus der Verweisung auf § 1a Abs. 3 Satz 6 BauGB, der lediglich auf den *Ausgleich* bezogen ist, nicht aber auf das Vemeidungserfordernis.[300] Ebenfalls unberührt bleibt die Verpflichtung der Gemeinde, die Belange von Natur und Landschaft gem. § 1 Abs. 6 Nr. 7 BauGB zu berücksichtigen und gem. § 2 Abs. 3 BauGB zu ermitteln und bewerten.[301] Im Übrigen ist es der Gemeinde auch versagt, Ausgleichsflächen über einen Bebauungsplan der Innenentwicklung ausgleichslos wieder der Bebauung zuzuführen. § 13a Abs. 2 Nr. 4 BauGB gilt nur für solche Eingriffe, die durch den neuen Bebauungsplan eröffnet werden, nicht aber für die nachträgliche „Entfernung" von Ausgleichsflächen.[302]

II. Innenbereichssatzungen

Bei den Innenbereichssatzungen gem. § 34 Abs. 4 Satz 1 Nr. 1 und Nr. 2 BauGB ist die Ausgleichsregelung ebenfalls nicht anzuwenden[303], da die betroffenen Flächen bereits Bauflächen darstellen und somit kein Eingriff vorliegen kann. Anderes gilt

---

299 Die h.M. wendet § 60 Abs. 1 Satz 1 VwVfG auf sich erst später offenbarende, anfängliche Fehlvorstellungen entsprechend an (*Frenz*, NuR 2011, 257 (264); *Bonk*, in: *Stelkens/Bonk/Sachs*, VwVfG § 60 Rn. 13).

300 *Gierke*, in: *Brügelmann*, BauGB § 13a Rn. 134.

301 *Krautzberger*, UPR 2011, 62 ff; *Schink*, BauR 2013, 861 (869); zuletzt BayVGH, Urt. v. 18.01.2017 - 15 N 14.2033, juris Rn. 40 = KommJur 2017, 112 (115).

302 *Schmidt-Eichstaedt*, BauR 2010, 1865 (1870).

303 *Krautzberger*, UPR 2011, 62 (64); *Schink*, BauR 2013, 861 (868).

für die Ergänzungssatzung nach § 34 Abs. 4 Satz 1 Nr. 3. Auf diese findet gem. § 18 Abs. 1 BNatSchG die naturschutzrechtliche Eingriffsregelung Anwendung.

D. Zusammenfassung

Der bauleitplanerische Ausgleich stellt sich im Gegenzug zur Kompensation im BNatSchG nicht als Einzelentscheidung dar, sondern ist in die Abwägung über die planerische Entscheidung eingebettet. Dementsprechend wurde die naturschutzrechtliche Ausgleichsregelung nicht vollständig in ihren Begrifflichkeiten und rechtlichen Anforderungen in das BauGB übernommen.[304] Es besteht aber ein enger Bezug. So erfolgt die Berücksichtigung der Wertungen des BNatSchG im Rahmen eines Folgenbewältigungsprogramms, welches aber gerade nicht strikt anzuwenden ist und insoweit die planerischen Freiheiten - mit Ausnahme der Notwendigkeit der Kompensation - nur wenig einschränkt. Der Eingriffsbegriff und der Begriff des Vermeidungsgebots entsprechen jedoch vollinhaltlich denen des BNatSchG, wobei gerade letzteres in der Abwägung aber überwunden werden kann.[305] In dieser zeigt sich auch der größte Unterschied zu den §§ 14 ff. BNatSchG: Der Ausgleich in der Bauleitplanung stellt sich aufgrund der umfassenden Abwägung als wesentlich flexibler dar.[306] Die Erweiterung der zur Verfügung stehenden Ausgleichsmöglichkeiten und die damit einhergehende instrumentelle Flexibilisierung des Ausgleichs haben aber auch Einschränkungen der Abwägungsfreiheit zur Folge.[307] So ist ein „Wegwägen" der naturschutzrechtlichen Belange häufig ausgeschlossen, da nahezu immer eine Kompensationsmöglichkeit gefunden werden kann. Verbunden mit den insgesamt hohen Anforderungen an die Wertgleichheit der Kompensation zeigt sich, dass der Abwägungsspielraum im Bereich der Naturschutzbelange nicht besonders ausgeprägt

---

304 *Schink/Matthes-Bredelin*, ZfBR 2001, 155 (156).

305 *Schink/Matthes-Bredelin*, ZfBR 2001, 155 (156).

306 *Durner*, NuR 2001, 601 (604) spricht sogar von „erheblich reduzierten" Anforderungen.

307 *Wolf*, NuR 2001, 481 (488), der von einer Pflicht zur Ausschöpfung der planerischen Möglichkeiten spricht.

ist[308], sondern eher auf Ebene der Durchführungsmodalitäten besteht. Aus naturschutzrechtlicher Perspektive ist dies zu begrüßen, stellt für die Gemeinden aber immer noch eine Herausforderung dar.

Um dieser Herausforderung zu begegnen, stehen der Gemeinde insbesondere städtebauliche Verträge zur Verfügung. Diese Ausgleichsverträge sind innerhalb der umfassenden planerischen Abwägung als (gegenüber Darstellungen und Festsetzungen gleichwertiges) Instrument zu berücksichtigen. Maßgeblich für die Abwägungsentscheidung ist dabei nicht nur, welchen materiellen Inhalt der Vertrag hat, sondern auch, inwieweit der mit diesem verfolgte Ausgleich gesichert ist.

---

308 *Schink/Matthes-Bredelin*, ZfBR 2001, 155 (156).

§ 5 Die Rolle vertraglicher Lösungen

Es hat sich viel getan, seit sich *Otto Mayer*[309] vor mehr als einem Jahrhundert vehement gegen den öffentlich-rechtlichen Vertrag ausgesprochen hat. Kooperatives Verwaltungshandeln spielt insbesondere im Planungsrecht eine immer größere Rolle.[310] Dies gilt auch für den natur- und artenschutzrechtlichen Bereich.[311] Kooperative Lösungen werden im Rahmen des Vertragsnaturschutzes von der Europäischen Union befürwortet.[312] Der deutsche Gesetzgeber hat mit § 3 Abs. 3 BNatSchG im Naturschutzrecht einen Vorrang vertraglicher Lösungen eingeführt. Auch hier wird den Behörden also der Vertrag als Handlungsform nahegelegt.[313] Verträge können dabei das Verwaltungshandeln nicht nur vereinfachen. Häufig sind sie sogar unverzichtbar.[314] Im Städtebaurecht ist die Planung mittlerweile häufig sogar ein Reflex auf private Initiativen.[315] Eine Bedeutungszunahme gerade von vertraglichen Ausgleichslösungen prophezeite bereits *Schink*[316].

Generell im Baurecht und dort speziell beim naturschutzrechtlichen Ausgleich haben Verträge eine ausdrückliche Erwähnung im Gesetz gefunden (vgl. § 1a Abs. 3 Satz 4 und § 11 BauGB). In § 1a Abs. 3 Satz 4 BauGB stehen diese sogar gleichberechtigt neben dem Ausgleich durch bauleitplanerische Darstellungen und Festsetzungen. Da mit dem Begriff des städtebaulichen Vertrags nicht zwangsläufig ein öffentlich-rechtliches Verhältnis einhergehen muss[317], zeigt der Gesetzeswortlaut

309 In AöR 1888 (Bd. 3), 3 ff.

310 *Looman*, NJW 1996, 1439; *Muckel*, Öffentliches Baurecht, § 5 Rn. 191; *Maurer*, Allgemeines Verwaltungsrecht, § 14 Rn. 1.

311 *Birk*, Städtebauliche Verträge, Rn. 534; *Krautzberger*, UPR 2006, 1 (3).

312 *Frenz*, NuR 2011, 257; vgl. bereits zuvor: *Rehbinder*, DVBl. 2000, 859 (859 und 865).

313 *Frenz*, NuR 2011, 257 (258).

314 So schon: *Krebs*, DÖV 1989, 969 (974); *Bulling*, DÖV 1989, 277 (289); vgl. auch *Looman*, NJW 1996, 1439 (1440); BVerwG, Urt. v. 05.07.1974 - IV C 50.72, juris Rn. 47 = BVerwGE 45, 309 (317).

315 *Krautzberger*, UPR 2006, 1 (3).

316 DVBl. 1998, 609 (614).

317 Siehe hierzu sogleich § 5 A. II. 1. (S. 62).

zugleich, dass im Rahmen des naturschutzrechtlichen Ausgleichs in der Bauleitplanung zivilrechtliche Handlungsformen gestattet sind. Auch aus den weiteren Normen des BauGB oder der Satzungsnatur des Bebauungsplans ergibt sich kein Verbot zivilrechtlichen Handelns.[318]

A. Der Ausgleichsvertrag

Gem. § 1a Abs. 3 Satz 4 BauGB können vertragliche Vereinbarungen nach § 11 BauGB (und sonstige geeignete Maßnahmen) „anstelle von Darstellungen und Festsetzungen" eingesetzt werden. Der Wortlaut gibt für Verträge damit zwei Einschränkungen vor: Zum einen sind nur *städtebauliche Verträge i.S.d. § 11 BauGB* erfasst, zum anderen sollen diese *anstelle* von Darstellungen und Festsetzungen verwendet werden, was eine Funktionsübernahme impliziert. Einschränkend betrachtet könnte man also unter Ausgleichsverträgen i.S.d. § 1a Abs. 3 Satz 4 Var. 1 BauGB nur städtebauliche, festsetzungsersetzende Verträge verstehen.

I. Begriff des Ausgleichsvertrags

Der Begriff „Ausgleichsvertrag" wird hier jedoch in einem umfassenderen Sinn verwendet. Darunter soll jede vertragliche Vereinbarung gefasst werden, welche die Gemeinde zum Zweck der Regelung des naturschutzrechtlichen Ausgleichs in der Bauleitplanung abschließt.[319] Darunter fallen neben besagten Verträgen, welche die konkreten Ausgleichsmaßnahmen (inklusive deren Sicherung) festlegen, auch Verträge zur Flächenbeschaffung (auch mit anderen Hoheitsträgern) und Refinanzierung. Das Abstellen auf den naturschutzrechtlichen Zweck hat dabei gewisse Ähnlichkeit mit der Definition des Vertragsnaturschutzes. Bei diesem geht es aber typischerweise

---

318 Ausführlich: *Tennie*, Dingliche Rechte, S. 60 ff. Demgegenüber geht die Gesetzgebungskompetenzlehre davon aus, dass städtebauliche Veträge immer öffentlich-rechtlicher Natur sind (*Stelkens*, Verwaltungsprivatrecht, S. 691). Insofern besteht für diesen Bereich eine öffentlich-rechtliche Vorordnung, die zivilrechtliche Verträge ausschließt.

319 Zur unterschiedlichen Dimension der Ausgestaltung siehe auch *Grziwotz*, Vertragsgestaltung, Rn. 381 f.

nicht um vertragliche Vereinbarungen im Rahmen der Bauleitplanung, sondern um Verträge zwischen den zuständigen (Naturschutz-)Behörden und Privaten in Bezug auf einzelne Maßnahmen nach dem BNatSchG.[320] So findet auch die Vorrangvorschrift des § 3 Abs. 3 BNatSchG keine Anwendung auf die hier behandelten (planerischen) Ausgleichsverträge. Inhaltlich ist eine Abgrenzung hingegen kaum möglich. Insbesondere kann eine bauleitplanerische Vertragsverpflichtung auch Inhalt eines Naturschutzvertrags sein (und umgekehrt).[321]

Abgrenzendes Element ist deshalb ausschließlich, ob der Vertrag aus Sicht der Gemeinde eine die städtebauliche Planung betreffende Regelung der Kompensation vorsieht. Damit umfasst der hier verwendete Begriff des Ausgleichsvertrags auch Verträge, die nicht städtebaulicher Natur[322] sind bzw. nicht als öffentlich-rechtliche Verträge[323] zu qualifizieren sind. Nicht erfasst sind demgegenüber Verträge, welche die Gemeinde nachträglich zur Erfüllung ihrer Verpflichtungen einsetzt (z.B. die Beauftragung eines Landschaftsgärtners mit der Vornahme von Pflanzmaßnahmen), da diese für den bauleitplanerischen Ausgleich als solche keine Relevanz haben.

II. Rechtsnatur des Ausgleichsvertrags

Zunächst stellt sich die Frage, inwieweit Ausgleichsverträge dem öffentlichen Recht oder dem Privatrecht zuzuordnen sind.

Ausgleichsverträge sind dabei zum Großteil städtebauliche Verträge i.S.d. § 11 BauGB.[324] Diese können aber nach herrschender Auffassung sowohl öffentlich-rechtlicher als auch zivilrechtlicher Natur sein[325], wobei die Differenzierung zwi-

---

320 *Fritz*, UPR 1997, 439 (440); *Rehbinder*, DVBl. 2000, 859 f.

321 In beiden Vertragsarten kommen Beschränkungen und Verpflichtungen zum aktiven Tun in Betracht (vgl. *Rehbinder*, DVBl. 2000, 859 (862)).

322 Hierzu siehe unten § 9 A. I. 1. (S. 165 ff.).

323 Zur Rechtsnatur sogleich § 5 II. (S. 61 ff.).

324 Im Einzelnen siehe unten § 9 A. I. (S. 164 ff.).

325 *Grziwotz*, NJW 1997, 237; *Krautzberger*, UPR 2006, 1 (3); ausführlich: *Hamann*, Verwaltungsvertrag, S. 29 ff.; a.A. *Stelkens*, Verwaltungsprivatrecht, S. 691, der mit der Gesetzgebungskompetenzlehre städtebauliche Verträge immer als öffentlich-rechtliche Verträge qualifiziert (dazu sogleich § 5 A. II. 2. b) (S. 64)).

schen städtebaulichem und öffentlich-rechtlichem Vertrag häufig nicht präzise vorgenommen wird.[326] Aus der Einordnung als städtebaulicher Vertrag kann also nicht automatisch auf eine Zuordnung zum öffentlichen oder privaten Recht geschlossen werden.[327] Städtebauliche Verträge sind jedoch regelmäßig öffentlich-rechtliche Verträge[328], da die Gemeinde in ihnen Leistungen zusagt oder in Aussicht stellt, die sie nur als Träger von Hoheitsrechten in Aussicht stellen kann.[329] Städtebauliche Verträge können aber auch zivilrechtlicher Natur sein.[330] Bekanntestes Beispiel ist das sogenannte „Weilheimer Modell"[331].

1. Rechtsweg

Die Entscheidung ob zivil- oder öffentlich-rechtlich ist dabei vor allem für den zu beschreitenden Rechtsweg entscheidend[332], da nur bei öffentlich-rechtlichen Verträgen der Verwaltungsrechtsweg gem. § 40 Abs. 1 VwGO eröffnet ist.[333] Hinsichtlich der materiellen Anforderungen besteht hingegen weit-

---

326 Vgl. z.B. VGH BW, Urt. v. 08.11.2001 - 5 S 1218/99, LS 2 und juris Rn. 28 = BauR 2002, 1209 (1211 f.). Hier werden den städtebaulichen Verträgen die zivilrechtlichen Handlungsmöglichkeiten gegenübergestellt - auch städtebauliche Verträge können aber zivilrechtlicher Natur sein.

327 *Bick*, DVBl. 2001, 154 (157); *Lahnor*, Städtebauliche Verträge, S. 17; *Bonk*, in: *Stelkens/Bonk/Sachs*, VwVfG § 54 Rn. 140; vgl. *Reidt*, UPR 2008, 410 (412); a.A. *Brohm*, JZ 2000, 321 (327).

328 *Quaas*, NVwZ 1995, 840 (842); *Bönker*, in: *Hoppe/Bönker/Grotefels, Öffentliches Baurecht*, § 13 Rn. 7; *Quaas/Kukk*, in: *Schrödter*, BauGB § 11 Rn. 7; *Reidt*, in: *Battis/Krautzberger/Löhr*, BauGB § 11 Rn. 9 spricht sogar von einer Vermutung für die Einordnung als öffentlich-rechtlich; ähnlich: *Krautzberger*, in: *Ernst/Zinkahn/Bielenberg/Krautzberger*, BauGB § 11 Rn. 187; *ders.* UPR 2006, 1 (3).

329 *Lorz*, DÖV 2002, 177 (178).

330 *Bönker*, in: *Hoppe*, Öffentliches Baurecht, § 13 Rn. 10; *Birk*, Städtebauliche Verträge, Rn. 9; *Reidt*, in: *Battis/Krautzberger/Löhr*, BauGB § 11 Rn. 1 und 9.

331 Zu diesem siehe unten § 9 A. I. 1. (S. 165).

332 *Burmeister*, Städtebauliche Verträge, Rn. 2; *Lenz/Würtenberger*, BauGB-Verträge, S. 22; *Erbguth/Schubert*, Öffentliches Baurecht, § 5 Rn. 182; *Kirchmeier*, in: *Ferner/Kröninger/Aschke*, BauGB § 11 Rn. 13; auf die Unterschiede hinweisend: *Brohm*, JZ 2000, 321 (325).

333 *Kopp/Schenke* VwGO § 40 Rn. 23.

gehend Übereinstimmung.[334] Auch soweit zivilrechtliche Lösungen als für die Konfliktlösung weniger geeignet eingestuft werden[335], ist dies kein Problem der Rechtsnatur des Vertrags. Es ist nicht nachvollziehbar, weshalb ein Vertrag deshalb zur Konfliktlösung weniger geeignet sein soll, weil er zivilrechtlicher und nicht öffentlich-rechtlicher Natur ist.[336] Die diesbezüglichen Probleme der Bindungswirkung stellen sich bei öffentlich-rechtlichen (städtebaulichen) Verträgen ebenso.

2. Abgrenzung der Rechtsnatur

Die Zurechnung eines Vertrags zum öffentlichen Recht oder Privatrecht bemisst sich grundsätzlich nach objektiven Kriterien.[337] Die Abgrenzung zwischen öffentlich-rechtlichen und zivilrechtlichen Verträgen lässt sich aber auf unterschiedliche Art und Weise vornehmen.

a) Gegenstand und Zweck des Vertrags

Nach herrschender Ansicht sind Gegenstand und Zweck des Vertrags maßgebend.[338] Ist Gegenstand die Regelung eines öffentlich-rechtlichen Sachverhalts, so ist auch der Vertrag öffentlich-rechtlicher Natur.[339] Dabei muss nicht zwangsläufig eine öffentlich-rechtliche Gegenleistung bestehen, vielmehr

---

334 *Bick*, DVBl. 2001, 154 (157); *Krautzberger* UPR 2006, 1 (3) und in: *Ernst/Zinkahn/Bielenberg/Krautzberger*, BauGB § 11 Rn. 186; *Hien*, in: *Berkemann* u.a., FS Schlichter, S. 129 (141); *Bunzel/Coulmas/Schmidt-Eichstaedt*, Städtebauliche Verträge, S. 20; a.A. *Bonk*, in: *Stelkens/Bonk/Sachs*, VwVfG § 54 Rn. 72, der auf die unterschiedlichen Gestaltungsspielräume verweist.

335 So der VGH BW, Urt. v. 08.11.2001 - 5 S 1218/99, LS 2 und juris Rn. 28 = BauR 2002, 1209 (1211 f.).

336 Vgl. *Kamp*, Steuerung der Bebaubarkeit, S. 273 ff.

337 *Gurlit*, in: *Ehlers/Pünder*, Allgemeines Verwaltungsrecht, § 30 Rn. 3.

338 *Burmeister*, Städtebauliche Verträge, Rn. 2; *Birk*, Städtebauliche Verträge, Rn. 6; vgl. auch der Gemeinsame Senat der obersten Gerichtshöfe des Bundes, Beschl. v. 10.04.1986 - GmS-OGB 1/85, juris Rn. 11 = BVerwGE 74, 368 (370); a. A. *Krautzberger*, in: *Ernst/Zinkahn/Bielenberg/Krautzberger*, BauGB § 11 Rn. 187, der lediglich auf den Vertragsgegenstand abstellt, da städtebauliche Verträge immer öffentlich-rechtliche Zwecke verfolgen.

339 *Oerder*, NVwZ 1997, 1190 (1991); *Brohm*, JZ 2000, 321 (326); *Bonk*, in: *Stelkens/Bonk/Sachs*, VwVfG § 54 Rn. 76; *Birk*, Städtebauliche Verträge, Rn. 6; *Maurer*, Allgemeines Verwaltungsrecht, § 14 Rn. 11.

genügt es, wenn die Geschäftsgrundlage des Vertrags dem öffentlichen Recht zuzuordnen ist.[340]

Bei Verträgen, die sowohl zivilrechtliche als auch öffentlich-rechtliche Elemente beinhalten, stellen Rechtsprechung und herrschende Lehre auf den Regelungsgegenstand ab, der dem Vertrag sein wesentliches Gepräge gibt.[341] Betrifft die Regelung nach Gegenstand und Zweck einen öffentlich-rechtlich geregelten Sachbereich, so ist der Vertrag insgesamt[342] als öffentlich-rechtlich zu qualifizieren.[343] Eine Grundregel dahingehend, dass im Zweifel öffentliches Recht gilt, gibt es nicht.[344] Problematisch ist vor allem der Fall, wenn ein Vertrag seinem Gegenstand nach zivilrechtlich ist, aber einen öffentlich-rechtlichen Zweck verfolgt. Hier kommt es darauf an, ob der Zweck den Vertrag so stark prägt, dass er insgesamt als öffentlich-rechtlicher Vertrag zu qualifizieren ist.[345] Als Faustformel kann dabei gefragt werden, ob ein Vertrag mit diesem Inhalt auch von Privaten oder nur von einem Träger öffentlicher Gewalt geschlossen werden könnte.[346]

b) Gesetzgebungskompetenzlehre

Die Gesetzgebungskompetenzlehre geht im Kern davon aus, dass ein Verwaltungsvertrag in der Regel als zivilrechtlich zu qualifizieren und die Annahme eines öffentlich-rechtlichen Vertrags die Ausnahme ist.[347] Als öffentlich-rechtliche Verträge

---

340 *Brohm*, JZ 2000, 321 (326).

341 *Bonk*, in: *Stelkens/Bonk/Sachs*, VwVfG § 54 Rn. 76, 78; *Kopp/Ramsauer*, VwVfG § 54 Rn. 32; *Reidt*, in: *Battis/Krautzberger/Löhr*, BauGB § 11 Rn. 9; *Dirnberger*, in: *Jäde/Dirnberger/Weiß*, BauGB § 11 Rn. 6; *Quaas/Kukk*, in: *Schrödter*, BauGB § 11 Rn. 6; OVG NRW, Beschl. v. 14.03.2013 - 2 E 182/13, LS 1 und Rn. 16, mit Verweis auf BVerwG, Urt. v. 01.12.1989 - 8 C 44/88, juris Rn. 16 = BVerwGE 84, 183 (185 f.).

342 Es ist nicht möglich einzelne Rechte und Pflichten aus dem Vertrag dem Zivil- bzw. öffentlichen Recht zuzuordnen (*Bonk*, in: *Stelkens/Bonk/Sachs*, VwVfG § 54 Rn. 78).

343 *Bönker*, in: *Hoppe/Bönker/Grotefels, Öffentliches Baurecht*, § 13 Rn. 11.

344 *Bönker*, in: *Hoppe/Bönker/Grotefels, Öffentliches Baurecht*, § 13 Rn. 13.

345 *Tennie*, Dingliche Rechte, S. 86; BVerwG, Urt. v. 11.02.1993 - 4 C 18/91, juris Rn. 25 = BVerwGE 92, 56 (59).

346 *Hien*, in: *Berkemann* u.a., FS Schlichter, S. 129 (141).

347 *Ehlers/Schneider*, in: *Schoch/Schneider/Bier*, VwGO § 40 Rn. 343; *Stelkens*, Verwaltungsprivatrecht, S. 785.

sind demnach solche Verwaltungsverträge anzusehen, die das Fachrecht als besonderen Vertragstyp inhaltlich in besonderer Weise ausgestaltet hat.[348] Dies trifft auf den durch § 11 BauGB geregelten städtebaulichen Vertrag zu, sodass dieser - entgegen der herrschenden Meinung - immer als öffentlich-rechtlicher Vertrag zu qualifizieren ist.[349] Die Einordnung richtet sich deshalb nach der Qualifizierung als städtebaulicher Vertrag.[350]

3. Einordnung des Ausgleichsvertrags

Eine abschließende Einordnung ist aufgrund der sehr unterschiedlichen Ausgestaltungsmöglichkeiten von Ausgleichsverträgen nicht pauschal möglich. Nichtsdestotrotz gibt es für die unterschiedlichen Konstellationen jeweils determinierende Anhaltspunkte.

a) Bauleitplanung als „Gegenleistung"

Entscheidend ist in erster Linie, ob die *von der Behörde* zu erbringende oder dem Vertrag zugrunde gelegte Gegenleistung zum öffentlichen Recht gehört.[351] Grundlage des Vertrags ist der Erlass eines Bebauungsplans. Die Vorschriften über die Aufstellung von Bebauungsplänen sind allesamt öffentlich-rechtlicher Natur, da sie Sonderrecht darstellen, welches sich speziell an einen Hoheitsträger (die planende Gemeinde) wendet.[352] Der Bebauungsplan ist aber lediglich Grundlage des Vertrags und stellt keine im Synallagma mit der Leistung des Vertragspartners stehende Gegenleistung dar.[353] Die bloße *Verknüpfung* mit der Bauleitplanung ist aber nicht entscheidend[354], da sie für den Vertragsinhalt nicht prägend ist. Der im Hintergrund stehende bauplanungsrechtliche Anlass allein führt deshalb nicht zur Qualifikation des Vertrags als öffentlich-rechtlich.

---

348 *Stelkens*, Verwaltungsprivatrecht, S. 689.

349 *Stelkens*, Verwaltungsprivatrecht, S. 691.

350 Zu dieser siehe unten § 9 A. I. 1. (S. 165 ff.).

351 *Bonk*, in: *Stelkens/Bonk/Sachs*, VwVfG § 54 Rn. 76.

352 Vgl. *Bonk*, in: *Stelkens/Bonk/Sachs*, VwVfG § 54 Rn. 78.

353 Hierzu unten § 11 B. (S. 206 f.).

354 Vgl. BVerwG, Urt. v. 11.02.1993 - 4 C 18/91, LS 1 und juris Rn. 28 = BVerwGE 92, 56 (60); a.A. aber zuvor BayVGH, Urt. V. 11.04.1990 - 1 B 85 A.1480, juris Rn. 42 f. = NVwZ 1990, 979 f.

b) Einordnung nach Vertragsgegenstand

Will man beim Ausgleichsvertrag einen Vertragsgegenstand bestimmen, so zeigt sich, dass dieser sehr unterschiedlich sein kann. Geht man von einer „typischen" Ausgleichsverpflichtung, also der Verpflichtung des Vertragspartners zur Vornahme bestimmter Maßnahmen aus, so stellt man überdies fest, dass die bloße Bestimmung des Gegenstands nicht genügt. Die Verpflichtung zur Herstellung einer Ausgleichsmaßnahme (z.B. Anlegen eines Biotops) kann zivilrechtlich als Werkvertrag (§ 631 BGB) qualifiziert werden. Gleiches gilt bei der Flächenbeschaffung: Der Erwerb eines Grundstücks ist grundsätzlich als zivilrechtlich zu qualifizieren.[355] Die Differenzierung nach dem Vertragsgegenstand ist somit nur bedingt hilfreich.

c) Einordnung nach Vertragszweck

Zusätzlich ist deshalb auf den Zweck abzustellen. Dabei ist zu berücksichtigen, dass Ausgleichsverträge aus Perspektive der Gemeinde immer die naturschutzrechtliche Kompensation als Hintergrund haben und deshalb aus ihrer Sicht einem öffentlichen Zweck dienen. Insofern muss das Interesse des Vertragspartners in die Zweckbestimmung miteinbezogen werden.

aa) Materielle Ausgleichspflicht und eigenes Interesse am Ausgleich

Berücksichtigt man nun den Ausgleichsvertrag im Hinblick auf seinen Zweck, d.h. nicht nur die etwaige Werkleistung des Vertragspartners als solche, sondern in ihrer Funktion als Herstellung des Ausgleichs, dann kann ein entsprechender Vertrag nicht zwischen zwei Privaten geschlossen werden. Denn die Herstellung des naturschutzrechtlichen Ausgleichs ist dem ausgleichsverpflichteten Vorhabenträger nur im Rahmen öffentlich-rechtlicher Vorschriften möglich. Dies gilt dann, wenn es dem Vetragspartner mit seiner Verpflichtung gerade um die Schaffung des Ausgleichs geht, die Herbeiführung des notwendigen Ausgleichs also gerade im Vordergrund steht. Eine solche „materielle Ausgleichspflicht" gibt dem Vertrag ein öffentlich-rechtliches Gepräge.[356] Da es sich bei solchen Verträgen um

---

[355] So zumindest: BVerwG, Urt. v. 11.02.1993 - 4 C 18/91, juris Rn. 25 = BVerwGE 92, 56 (58 f.).

[356] Ebenso für die Qualifizierung des Durchführungsvertrags als öffentlich-rechtlich: *Möller*, Ausgleichsflächen, S. 112.

städtebauliche Verträge handelt[357], sind diese nach der Gesetzgebungskompetenzlehre schon deshalb als öffentlich-rechtlich zu qualifizieren.

Den Fällen einer solchen materiellen Ausgleichspflicht steht es gleich, wenn der Vertragspartner (z.B. als Vorhabenträger) nicht zur Durchführung des Ausgleichs aber zur Bereitstellung einer Fläche verpflichtet ist, dabei aber ein eigenes Interesse an der Schaffung des Ausgleichs hat (z.B. weil er hierdurch Baurechte erhält). Da das Interesse wiederum auf die Herstellung des Ausgleichs gerichtet ist, unterfällt der Vertrag wiederum dem öffentlichen Recht.

bb)Sicherung durch Flächenbeschaffung

Problematischer ist der Fall der Sicherung durch bloße Flächenbeschaffung ohne ein weitergehendes Interesse des Vertragspartners, d.h. wenn die Gemeinde gegen Entgelt den Zugriff[358] auf das Grundstück eines Dritten sicherstellt, um dieses für den Ausgleich zu nutzen, ohne dass der Dritte ein darüberhinausgehendes Interesse an der Aufstellung des Bebauungsplans hat. Verträge zu diesem Zweck werden teilweise schon dann als öffentlich-rechtlich eingestuft, wenn diese Sicherung nicht vorgelagert erfolgt, sondern für den Vertragspartner erkennbar in direkter Verbindung mit dem Ausgleich steht.[359] Dafür spricht, dass dem Vertragspartner dann der Zweck der Überlassung bekannt ist, er diesen also „gedanklich mitträgt". Es ist aber nicht einzusehen, weshalb die Einordnung der Rechtsnatur des Vertrags davon abhängen sollte, ob dem Vertragspartner die Motivation (Ausgleich) der Gemeinde bekannt ist. Die Gesetzgebungskompetenzlehre qualifiziert derartige Verträge ebenfalls als öffentlich-rechtlich, da sie städtebauliche Verträge darstellen[360].

Eine derart pauschale Einordnung ist jedoch zu weitreichend, da jeder Vertrag, der irgendwie den Ausgleich beeinflusst (und damit unter den grundsätzlich weit gefassten § 11 BauGB fällt), als öffentlich-rechtlicher Vertrag zu qualifizieren wäre. Regelt der Vertrag nicht den Ausgleich als solchen, son-

---

[357] Siehe unten § 9 A. I. 1. (S. 165 ff.).

[358] Zum Erfordernis der Zugriffssicherung siehe unten § 6 B. I. (S. 103 f.).

[359] So: *Hoffmann*, in: BeckOK, BauGB § 11 Rn. 11.

[360] Siehe unten § 9 A. I. 1. (S. 165 ff.).

dern steht (wie z.B. bei der Pacht des Ausgleichsgrundstücks von einem Dritten) die Leistung eines Privaten, für den der gemeindliche Vertragszweck vollkommen unerheblich ist, im Vordergrund, dann besteht auf Seiten des Vertragspartners kein Sonderinteresse am Ausgleich und damit auch keine materielle Ausgleichspflicht. Er erbringt dann lediglich eine grundsätzlich „jedermann" mögliche Leistung, sodass der Vertrag nicht als öffentlich-rechtlich zu qualifizieren ist.[361] Dass der Vertrag aufgrund seiner Sicherungsfunktion zugleich mit der Bauleitplanung verknüpft[362] ist, betrifft allein den Verantwortungskreis der Gemeinde und ist für den Vertragspartner irrelevant. Ein solcher Vertrag ist aus Sicht des Vertragspartners auch nicht planungsbeeinflussend und stellt damit auch keinen hinkenden Austauschvertrag dar.[363]

Diesem Gedanken entsprechend ordnet sogar die (hier allerdings wegen § 11 BauGB zu einem anderen Ergebnis kommende) Gesetzgebungskompetenzlehre Sicherungsverträge dem Zivilrecht zu, auch wenn die zu sichernde Forderung dem öffentlichen Recht zuzuordnen ist.[364] Zwar handelt es sich hier nicht um einen klassischen Sicherungsfall, da die Sicherung zugleich Voraussetzung für die Rechtmäßigkeit des Bebauungsplans ist. Der Vertragspartner hat als Sicherungsgeber aber mit der - grundsätzlich nur die Gemeinde betreffenden Ausgleichsverpflichtung - unmittelbar nichts zu tun.[365] Dies gilt zumindest, solange der sicherungsgebende Vertragspartner der Gemeinde keine öffentlich-rechtliche (hinkende) Gegenleistung (z.B. Schaffung von Baurechten) erhält.[366] Eine sich ausschließlich aus der Anwendbarkeit des § 11 BauGB ergebende öffentlich-rechtliche Einordnung ist deshalb nicht zwingend. Reine Sicherungsverträge ohne materielle Ausgleichsverpflichtung sind deshalb nicht als öffentlich-rechtlich zu qualifizieren.

---

361 So auch: *Bonk/Neumann*, in: *Stelkens/Bonk/Sachs*, VwVfG § 54 Rn. 140.

362 Hierzu siehe unten § 5 D. (S. 82 ff.).

363 Hierzu siehe unten § 11 B. (S. 206 ff.).

364 *Ehlers/Schneider*, in: *Schoch/Schneider/Bier*, VwGO, § 40 Rn. 347; *Stelkens*, Verwaltungsprivatrecht, S. 762 f.

365 Vgl. *Stelkens*, Verwaltungsprivatrecht, S. 763.

366 Vgl. *Stelkens*, Verwaltungsprivatrecht, S. 767 f.

Dies gilt im Übrigen auch, wenn ein Dritter (d.h. nicht der Vorhabenträger) zum Ausgleich auf seinem oder einem anderen Grundstück zum Ausgleich verpflichtet wird. Anders als der Vorhabenträger als Verursacher hat er kein originäres Interesse an der Herstellung des Ausgleichs. Er wird ausschließlich aufgrund vertraglicher Verpflichtung im Interesse seines Entgelts tätig. Anderenfalls würde z.B. auch ein lediglich durchführender Landschaftsgärtner durch öffentlich-rechtlichen Vertrag verpflichtet. Hier steht aber nicht der naturschutzrechtliche Ausgleich, sondern seine Werkleistung im Vordergrund. Umgekehrt kommt es beim grundsätzlich ausgleichspflichtigen Vorhabenträger nicht darauf an, ob er den Ausgleich selbst oder auch nur auf eigenem Grundstück durchführt. Sein *rechtliches Interesse* am Ausgleich bleibt bestehen, der Vertrag ist öffentlich-rechtlicher Natur. Dreiseitige Verträge zwischen Gemeinde, Vorhabenträger und Drittem sind ebenfalls als öffentlich-rechtlich zu qualifizieren, wenn sie den Ausgleich materiell regeln.

cc) Verfügungsverträge

Auch die zur Erfüllung der Sicherungspflicht geschlossenen Verfügungsverträge, d.h. vor allem etwaige nachgeschaltete dingliche Einigungen, sind zivilrechtlicher Natur. Diese dienen nur noch der Erfüllung der gegebenenfalls inhaltlich vom öffentlichen Recht mitbestimmten Verpflichtungsverträge. Sie werden deshalb von öffentlich-rechtlichen Vorschriften nicht spezifisch beeinflusst, sondern richten sich primär nach zivilrechtlichen Vorschriften. Insofern unterfallen sie auch diesem Rechtsregime.

d) Ergebnis

Ein Ausgleichsvertrag ist also dann als öffentlich-rechtlicher Vertrag zu qualifizieren, wenn er in beiderseitigem Interesse den naturschutzrechtlichen Ausgleich regelt und dabei eine materielle Ausgleichspflicht des Vertragspartners schafft. Dies ist insbesondere nicht der Fall bei bloßen Flächenbeschaffungsverträgen[367] oder Dienst- und Werkleistungsverträgen, die der Vertragspartner ausschließlich aus entgeltlichen Gründen, nicht aber im Hinblick auf die Kompensation eines Eingriffs zur

---

[367] So auch *Oerder*, BauR 1998, 22 (23 f.).

Herbeiführung eines baurechtlich ordnungsgemäßen Zustands schließt.[368]

B. Vor- und Nachteile vertraglicher Lösungen

I. Inhaltliche Ausgestaltung und verfahrensmäßige Einbeziehung

Städtebauliche Verträge bieten gegenüber hoheitlicher Regelung mehrere Vorteile, allen voran die größere Flexibilität.[369] Sie bieten gesteigerte Handlungsmöglichkeiten[370] und können auf den konkreten Einzelfall zugeschnitten werden[371] - die Festsetzungen des § 9 BauGB sind hier oft unzureichend.[372] Diese erlauben z.B. keine Statuierung von Handlungspflichten, die nicht *flächenbezogen* sind.[373] Demgegenüber sind Verträge - mit gewissen Einschränkungen[374] - grundsätzlich ihrem Inhalt nach frei. Häufig kommt ein Vertrag deshalb auch bzw. gerade dann in Betracht, wenn hoheitliche Instrumente keine Lösung bieten.

Verträge sind damit grundsätzlich geeignet, die Regelungsdichte von Bebauungsplänen abzusenken, die Regelung besonders komplizierter Situationen zu erleichtern und eine gerechte Verteilung der Kostenlast zu ermöglichen.[375] Ein Vertrag kann dabei das Verfahren gleichzeitig erleichtern und beschleunigen.[376] So sind an den Abschluss von Verträgen geringere verfahrensrechtliche Anforderungen zu stellen. Auch können sie den Gemeinden Zugriff auf die finanzielle, organisatorische

---

368 Diese Verträge sind im Übrigen auch keine städtebaulichen Verträge, siehe unten § 9 A. I. 1. (S. 165 ff.).

369 *Bick*, DVBl. 2001, 154; *Reidt*, BauR 2008, 1541 (1543); vgl. *Krebs*, DÖV 1989, 969 (975); *Busse/Dirnberger/Pröbstl/Schmidt*, Eingriffsregelung, S. 173.

370 *Krautzberger*, UPR 2006, 1 (3).

371 *Lorz*, DÖV 2002, 177 (182); *Lau*, Naturschutz in der Bauleitplanung, Rn. 379; *Bull/Mehde*, Allgemeines Verwaltungsrecht, Rn. 841.

372 *Mitschang*, BauR 2003, 183 (186); vgl. *Lau*, Naturschutz in der Bauleitplanung, Rn. 378.

373 Siehe hierzu unten § 7 B. I. 1. a) aa) (2) (S. 117 f.).

374 Zu diesen siehe insbesondere unten § 11 A. und D. (S. 197 ff. und 214 ff.).

375 *Ohms*, BauR 2000, 983.

376 *Krebs*, DÖV 1989, 969 (973); *Krautzberger*, UPR 2006, 1 (3 f.).

und technische Kompetenz des privaten Vorhabenträgers gewähren.[377] Sie besitzen zudem eine höhere geographische Reichweite. So erlauben Verträge mit der Nachbargemeinde auch Maßnahmen außerhalb des Gemeindegebiets.

Im Bereich des naturschutzrechtlichen Ausgleichs können Verträge aber schnell eine gewisse Komplexität erreichen. Neben den konkreten Maßnahmen muss nicht nur die Kostentragung, sondern auch die tatsächliche Durchführung der Maßnahmen gesichert werden. Hier reicht eine simple wechselseitige Vereinbarung oft nicht aus - insbesondere, wenn Dritte miteinbezogen werden müssen. Aufgrund der im Gegenzug erfolgenden Bündelung von (Fach-)Kräften bei kooperativem Vorgehen wiegen diese Nachteile jedoch typischerweise nicht allzu schwer. Mit komplizierteren Vertragswerken geht häufig aber auch eine gewisse Rechtsunsicherheit gegenüber den klar definierten Festsetzungen des § 9 BauGB einher.

Regelmäßig zu umständlich sind vertragliche Lösungen z.B., wenn nicht ein einziges Projekt, sondern eine Vielzahl von separaten Grundstücken vom Bebauungsplan betroffen ist (z.B. die Ausweisung eines Wohngebiets mit mehreren Grundstücken, die jeweils unterschiedliche Eigentümer haben). In derartigen Fällen müsste eine Vielzahl an Verträgen geschlossen werden. Zwar käme grundsätzlich eine Gesamtlösung in Betracht, nach der die Ausgleichsmaßnahmen aller Eingriffe gebündelt an einem einzigen Ausgleichsort stattfinden. Tendenziell potenziert sich aber die Schwierigkeit einen vertraglichen Konsens zu finden mit jeder weiteren Partei.[378] Ausgleichsverträge bieten sich deshalb vor allem bei großen Einzelprojekten und weniger im Rahmen einer Planung mit vielen verschiedenen potenziellen Vertragspartnern (und schon gar nicht bei der klassischen Angebotsplanung) an. Insoweit ist der Anwendungsbereich bereits aus rein pragmatischen Erwägungen eingeschränkt.

Hinzu kommt, dass die Eingliederung eines Vertrags in das Bauleitplanverfahren nicht unproblematisch ist, weil ein grundsätzliches Spannungsverhältnis zwischen Verträgen und einem

---

377 *Looman*, NJW 1996, 1439.

378 So auch *Schmidt-Eichstaedt*, DÖV 1995, 95 (96); *Busse/Dirnberger/Pröbstl/Schmidt*, Eingriffsregelung, S. 172.

formalisierten Verfahren, das auf Teilhabe aller gerichtet ist, besteht.[379] Da städtebauliche Verträge nicht Bestandteil des Bebauungsplans bzw. seiner Begründung sind, werden sie nicht öffentlich ausgelegt und sind auch nicht allgemein zugänglich.[380] Lediglich die wesentlichen Inhalte müssen veröffentlicht werden. Dies führt auf Seiten der Allgemeinheit zu Unsicherheiten und damit zur Akzeptanzminderung und vermindert die Kontrolle der Öffentlichkeit über das Verfahren. Berücksichtigt man noch die unter Umständen aus dem Vertrag folgende Vorwegbindung der planerischen Entscheidung, entstehen schnell Umstände, gegen die Dritte im Rahmen des Bauleitplanverfahrens nur noch erschwert vorgehen können.[381]

Demnach sind Verträge - immer abhängig vom Einzelfall - in der Lage, den inhaltlichen Anforderungen durch flexiblere Lösungen besser gerecht zu werden. Dies geht jedoch einher mit einer regelmäßig aufwändigeren verfahrensmäßigen Einkleidung. Zudem vermag ein Vertrag zwar die Regelungsdichte von Bauleitplänen zu verringern. Dies ist bei komplexen Sachverhalten (insbesondere bei multilateralen Konstellationen) aber nicht immer möglich.

II. Einvernehmlichkeit und rechtliche Wirkung

Verträge sind gegenüber hoheitlichen Maßnahmen häufig das mildere Mittel[382]. Sie gehen mit Einvernehmlichkeit einher, was eine bessere Akzeptanz[383] und damit ein geringeres Konfliktpotenzial zur Folge hat.[384] Im Gegensatz zu Bebauungsplänen

---

379 *Reidt*, UPR 2008, 410. Zum Verhältnis von Vertrag und Bebaungssplan siehe auch unten § 5 D. (S. 82 ff.).

380 *Thum*, UPR 2006, 289 (290 und 293), die deshalb auf S. 296 von einer Aushöhlung der Öffentlichkeitsbeteiligung spricht.

381 *Lorz*, DÖV 2002, 177 (183).

382 Sie stellen insbesondere keine Rechtseingriffe dar (*Schmidt-Aßmann*, in: *Lenz*, FS Gelzer, S. 117 (122)). Hierzu siehe unten § 5 C. II. (S. 79).

383 *Frenz*, NuR 2011, 257 (259); *Bull/Mehde*, Allgemeines Verwaltungsrecht, Rn. 841.

384 *Busse/Dirnberger/Pröbstl/Schmidt*, Eingriffsregelung, S. 173; *Bick*, DVBl. 2001, 154; vgl. *Krebs*, DÖV 1989, 969 (975); vgl. *Krautzberger*, UPR 2006, 1 (1 und 3).

wirken sie jedoch nur *inter partes*[385], Dritte sind an den Vertrag also nicht gebunden. Der Vertrag bedarf also immer der freiwilligen Zustimmung des Vertragspartners. Ein Vertrag zu Lasten Dritter oder gegen den Willen des Vertragspartners ist nicht möglich.[386] Insbesondere bei der Bestellung von dinglichen Sicherheiten, welche am Grundstück eines Dritten bestehen sollen, muss dieser zustimmen.

Im Rahmen von Verhandlungen besteht dabei zwar häufig ein Machtgefälle zugunsten der Gemeinde, da diese (alternativ) hoheitlich handeln kann und das Anbietermonopol hinsichtlich der Aufschließung von Bauland hat.[387] Hier wird teilweise von einer „Trias" an Steuerungs- und Einflussmöglichkeiten gesprochen, welche die kommunale Planungskompetenz, Vollzugskompetenz (vor allem, wenn die Gemeinde zugleich Baugenehmigungsbehörde ist) und gemeindliches Grundeigentum bzw. Informationen bzgl. Bodenhaushalt umfasst.[388] Dieses Machtgefälle kann sich allerdings auch umkehren und zugunsten eines wirtschaftlich starken privaten Unternehmens bestehen.[389] Wenn der Private nicht „mitspielt", ist die Gemeinde schließlich auf hoheitliche Instrumente angewiesen.

Außerdem können Verträge von den Parteien grundsätzlich jederzeit einvernehmlich aufgehoben werden (vgl. 54 VwVfG). In Verbindung damit, dass nachträgliche Veränderungen auf die Rechtmäßigkeit des Bebauungsplans keine Auswirkungen haben, begründet dies die Gefahr eines „kollusiven" Zusammenwirkens. Es ist grundsätzlich denkbar, dass Gemeinde und Vorhabenträger den Ausgleich vertraglich regeln, den Vertrag aber nach Inkrafttreten des Bebauungsplans wieder einvernehmlich aufheben. Dass ein solches Verhalten unzulässig ist und von der Kommunalaufsichtsbehörde zu beanstanden wäre, liegt auf der Hand, da die Gemeinde sich ansonsten jederzeit

---

385 Für städtebauliche Verträge ausdrücklich z.B.: *Bönker*, in: *Hoppe*, Öffentliches Baurecht, § 13 Rn. 16.

386 Für den öffentlich-rechtlichen Vertrag siehe § 58 Abs. 1 VwVfG.

387 *Schmidt-Eichstaedt*, BauR 1996, 1 (4); *Bick*, DVBl. 2001, 154 (155); *Lorz*, DÖV 2002, 177 (183).

388 *Krebs*, DÖV 1989, 969 (975).

389 *Brohm*, JZ 2000, 321 (326).

ihrer Ausgleichsverpflichtung entziehen könnte.[390] Aus rein faktischer Perspektive ergibt sich hier zudem gegenüber rein hoheitlicher Vorgehensweise kein gesteigertes Risiko: Kümmert sich die Gemeinde nicht um die tatsächliche Ausführung des Ausgleichs und verhilft diesem nicht zum Erfolg, ist es unerheblich, ob dieser durch Festsetzungen oder Vertrag geregelt ist.

Die größere Akzeptanz eines Vertrags steht also der Schwierigkeit gegenüber, dass die Herbeiführung eines Konsens nicht allein in der Hand der Gemeinde liegt. Da ein Vertrag aber von vornherein nur in Betracht kommt, wenn die Beteiligten ein kooperatives Vorgehen wünschen und sich aus der Wirkungsweise von Verträgen keine erhöhten praktischen Risiken ergeben, ist die vertragliche Lösung stark situationsbedingt.

III. Durchsetzung und Rechtsschutz

Wurde hingegen ein Vertrag geschlossen, muss die Gemeinde zur Durchsetzung (auch von dinglichen Rechten wie Dienstbarkeiten) den Klageweg beschreiten und kann insbesondere keine eigenen Zwangsmaßnahmen ergreifen.[391] Dies hat ein zusätzliches Kostenrisiko zur Folge. Die Durchsetzung eines Vertrags ist für die Gemeinde deshalb regelmäßig mit einem höheren Aufwand verbunden. Auch dies ist bei der Abwägung über einen vertraglichen Ausgleich zu berücksichtigen.

Im Bereich des Rechtsschutzes gibt es geringe Unterschiede.[392] So bestehen für Verträge z.B. keine Erhaltungsvorschriften wie die §§ 214 ff. BauGB, was den Rechtsschutz erhöht, für die Gemeinde aber ein Risiko darstellen kann. Da letztendlich aber in der Regel über die Wirksamkeit des Bebauungsplans selbst gestritten wird, hat dies praktisch geringe Auswirkungen. Auch soweit Verträge zu einer höheren Rechtssicherheit führen, weil sie die Rechtsunsicherheit langwieriger verwal-

---

390 Zur Ausgleichspflicht siehe unten § 6 A. II. 2. (S. 101 ff.). Zu den entsprechenden Anforderungen an die Sicherung siehe unten § 6 B. II. 2. (S. 105 f.).

391 Zur Vollstreckung siehe unten § 9 C. I (S. 176 ff.).

392 *Tennie*, Dingliche Rechte, S. 163.

tungsgerichtlicher Verfahren verhindern können[393], hat dies im Rahmen der Normenkontrolle eher eingeschränkte Bedeutung.

IV. Kosten

Für den Vorhabenträger bedeuten Verträge regelmäßig eine bessere Kakulierbarkeit der Kosten aufgrund verlässlicher Aussagen der Gemeinde.[394] Für die Gemeinde stellt der Vertrag dabei eine „willkommene Möglichkeit der Entlastung leerer Haushaltskassen“[395] dar, da die Kosten meist vom Investor getragen werden. Eine Refinanzierung kann zwar auch hoheitlich erfolgen, häufig ist ein Vertrag aber das geeignetere Mittel.

Für die Gemeinde können die Kosten einer vertraglichen Lösung unter Umständen höher sein, als beim Ausgleich durch Festsetzungen, da die Verwendung zivilrechtlicher Mittel häufig teurer ist.[396] Deren Kosten entstehen nämlich zusätzlich[397] zu den bauplanerischen Festsetzungen. Zusätzlich ist eine intensive Auseinandersetzung mit dem Bürger zur Erreichung eines Konsenses für die Gemeinde meist mit hohen Personalkosten verbunden.[398] Auf Seiten des Vorhabenträgers besteht vor allem das Kostenrisiko bzgl. eines Scheiterns des Projekts. In diesem Fall hat er regelmäßig keinen Erfüllungsanspruch und bleibt häufig auf den bereits entstandenen Kosten (z.B. für die Planung oder den Erwerb von Grundstücken) sitzen.[399] Ersatzansprüche des Vorhabenträgers kommen nämlich regelmäßig nicht in Betracht, wenn der Gemeinde kein Fehlverhalten vorgeworfen werden kann.[400] Dieses Risiko hängt jedoch nicht davon ab, über welches Instrument der Bauleitplanungen der Ausgleich geregelt wird, sondern vielmehr davon, ob ein gemeinsames Projekt angegangen wird oder klassische Angebotsplanung vorliegt. In letzterem Fall werden naturgemäß dann keine kooperativen Verträge vorliegen.

---

393 So *Frenz*, NuR 2011, 257 (259).

394 *Looman*, NJW 1996, 1439.

395 *Oerder*, BauR 1998, 22.

396 Siehe die Berechnung bei *Tennie*, Dingliche Rechte, S. 150 ff.

397 *Tennie*, Dingliche Rechte, S. 153 f.

398 *Frenz*, NuR 2011, 257 (259).

399 *Looman*, NJW 1996, 1439 (1441).

400 *Looman*, NJW 1996, 1439 (1442 ff.).

V. Rechtssicherheit

Ob Verträge ein höheres Maß an Rechtssicherheit bieten[401], ist nicht eindeutig zu beantworten. Wie diese Untersuchung zeigen wird, bestehen durchaus Unsicherheiten. Insbesondere im Bereich der öffentlich-rechtlichen Verträge besteht eine gewisse „Kodifizierungsarmut", wobei die Rechtsprechung hier viele Fragen geklärt hat. Auf der anderen Seite rührt ein nicht unerheblicher Teil der Unsicherheiten im Bereich des Ausgleichs in der Bauleitplanung von Ungewissheiten in Bezug auf bauleitplanerische Festsetzungen (z.B. der Reichweite des § 9 Abs. 1 Nr. 20 BauGB oder dem Verhältnis von Eingriffs- und Ausgleichsbebauungsplan)[402] her. Aufgrund dieser Unsicherheit bei hoheitlichem Vorgehen wird der Vertrag gerade auch zur Schaffung von Rechtssicherheit verwendet. Vor dem Hintergrund der mittlerweile vertragsfreundlicheren Herangehensweise der Rechtsprechung ist dieses Vorgehen nachvollziehbar. Entscheidend sind deshalb vor allem die Umstände des Einzelfalls und die jeweilige Ausgestaltung. Insofern kann weder der Festsetzungs- noch der vertraglichen Lösung pauschal eine höhere bzw. niedrigere Rechtssicherheit unterstellt werden. Tendenziell beinhaltet kooperatives Vorgehen aber das geringere Konfliktpotenzial, zumindest innerhalb der Kooperationsbeziehungen.

VI. Zusammenfassung

Vertragliche Lösungen bieten demnach diverse Vor-, aber auch Nachteile. Sie sind im Einzelfall flexibler und werden (insbesondere beim Vorhabenträger) auf eine höhere Akzeptanz stoßen. Zudem können Sie Bebauungspläne entlasten und sogar Lösungen bieten, die mit hoheitlichen Mitteln nicht erreichbar sind. Je nach Anzahl der vom Bebauungsplan erfassten Grundstücke kann der Abschluss von Verträgen aber kompliziert und langwierig, teilweise auch faktisch unmöglich sein. Auch sind vertragliche Lösungen nicht zwangsläufig effizienter und kostengünstiger. Weiterhin ist die Durchsetzbarkeit und Absicherung vertraglicher Regelungen tendenziell schwieriger als bei hoheitlichem Vorgehen.

---

401 Bejahend z.B. *Sanden*, NVwZ 2009, 491 (492).

402 Hierzu unten § 7 B. I. 1. a) aa) (2) (S. 117 ff.) und 2. b) (S. 122 f.).

Der Einsatz von Verträgen ist dabei stark situationsabhängig, sodass ein pauschales Urteil nicht möglich ist. Insgesamt muss die vertragliche Vorgehensweise deshalb mit den einhergehenden Nachteilen im Einzelfall abgewogen werden. Weder Vor- noch Nachteile wiegen jedoch so stark, dass im Vorfeld eine Festlegung auch nur der Tendenz möglich ist.

C. Vorrang

Vertragliche und hoheitliche Instrumente werden in § 1a Abs. 3 BauGB grundsätzlich gleichberechtigt nebeneinander genannt. Nichtsdestotrotz ist zu überlegen, ob unter bestimmten Umständen der einen oder anderen Gestaltungsform aus rechtlichen oder verwaltungspraktischen Gesichtspunkten ein Vorrang einzuräumen ist.

I. Vorrang hoheitlicher Handlungsform

Nach der Gesetzgebungskompetenzlehre ist zivilrechtliches Handeln ausgeschlossen, wenn eine öffentlich-rechtliche Vorordnung besteht, d.h. eine öffentlich-rechtliche Vorschrift speziell für bestimmte Verträge Regelungen vorgibt, die ihre Wirksamkeit und ihre Durchführung betreffen und den Anspruch haben, sich gegenüber entgegenstehenden vertraglichen Abmachungen unmittelbar durchzusetzen.[403] Eine solche Vorordnung wird dabei insbesondere für städtebauliche Verträge gem. § 11 BauGB bejaht[404], sodass der Rückgriff auf privatrechtliche Instrumente ausgeschlossen ist.

Demgegenüber geht die herrschende Lehre davon aus, dass staatliche Organe nicht verpflichtet sind, hoheitlich zu handeln, sondern dabei auch auf das Instrument des Vertrags zurückgreifen können (Formenwahlfreiheit).[405] Dies gilt für die Ge-

---

403 *Ehlers/Schneider*, in: *Schoch/Schneider/Bier*, VwGO § 40 Rn. 346; *Stelkens*, Verwaltungsprivatrecht, S. 693.

404 Zu dieser Diskussion siehe oben § 5 A. II. 2. b) (S. 64).

405 *Bull/Mehde*, Allgemeines Verwaltungsrecht, Rn. 843; *Ipsen*, Allgemeines Verwaltungsrecht, Rn. 195; *Wolff/Bachof/Stober/Kluth*, Verwaltungsrecht I, § 23 Rn. 28; *Tennie*, Dingliche Rechte, S. 165; BVerwG, Urt. v. 31.08.1961 - VIII C 6/60, juris Rn. 23 = BVerwGE 13, 47 (54); BVerwG, Urt. v. 13.03.1970 - VII C 80/67, juris Rn. 33 = BVerwGE 35,

meinde nicht nur, wenn ihr keine hoheitlichen Instrumente zur Verfügung stehen. Vielmehr stehen (privatrechtliche) Verträge als Handlungsform dann zur Verfügung, wenn diese als am besten geeignet erscheinen und keine öffentlich-rechtlichen Normen oder Rechtsgrundsätze entgegenstehen.[406] Der VGH BW geht dabei davon aus, dass *rein privatrechtliche* Gestaltungsformen jedoch nur zulässig sind, wenn das Recht der Bauleitplanung keine öffentlich-rechtlichen Instrumente (Festsetzungen, aber auch städtebauliche Verträge gem. § 11 BauGB) zur Verfügung stellt.[407] Da aber auch städtebauliche Verträge rein privatrechtlich sein können und nicht ersichtlich ist, weshalb privatrechtliche Verträge weniger für die Konfliktlösung geeignet sein sollen als öffentlich-rechtliche Verträge, ist diese Einschränkung nicht nachvollziehbar.[408] Im Übrigen ist sie hier auch nicht relevant, da Ausgleichsverträge (mit Ausnahme von Verträgen mit Hoheitsträgern) städtebauliche Verträge i.S.d. § 11 BauGB sind[409]. Speziell zu Ausgleichsverträgen hat das BVerwG festgestellt, dass kein Subsidiaritätsverhältnis zwischen Verträgen und bauleitplanerischen Festsetzungen besteht.[410] Dies gilt aber nur im Rahmen bebauungsplan*begleitender* Verträge. Ein Bebauungsplanverfahren insgesamt können Verträge nicht ersetzen.[411] Planbegleitende, städtebauliche Ausgleichverträge können damit grundsätzlich anstelle hoheitlicher Instrumente gewählt werden.

---

103 (105); BVerwG, Urt. v. 11.02.1993 - 4 C 18/91, juris Rn. 34 = BVerwGE 92, 56 (56 und 64); kritisch: *Brohm*, JZ 2000, 321 (325 f.).

406 *Battis*, in: *Battis/Krautzberger/Löhr*, BauGB § 1 Rn. 121; BVerwG, Urt. v. 11.02.1993 - 4 C 18/91, LS 3 und juris Rn. 34 = BVerwGE 92, 56 (64); BGH, Urt. v. 12.12.1980 - V ZR 43/79, juris Rn. 14 = NJW 1981, 916 (918).

407 VGH BW, Urt. v. 08.11.2001 - 5 S 1218/99, juris Rn. 28 = BauR 2002, 1209 (1211 f.)

408 Vgl. *Kamp*, Steuerung der Bebaubarkeit, S. 270. Auch *Reidt* bezeichnete in: *Gelzer/Bracher/Reidt*, Bauplanungsrecht, Rn. 995 (Fn. 3) das Urteil des VGH BW insoweit als „unklar".

409 Siehe unten § 9 A. I. 1. (S. 165 ff.).

410 BVerwG, Beschl. v. 09.05.1997 - 4 N 1/96, juris Rn. 27 = BVerwGE 104, 353 (360 ff.); ebenso: *Reidt*, UPR 2008, 410 (411); allgemein: *ders.*, in: *Bracher/Reidt/Schiller*, Bauplanungsrecht, Rn. 1076.

411 *Reidt*, in: *Bracher/Reidt/Schiller*, Bauplanungsrecht, Rn. 1076.

II. Vorrang vertraglicher Handlungsform

Im Gegenzug könnte aber ein Vorrang vertraglicher Lösungen vor dem Einsatz hoheitlicher Instrumente bestehen. Die Rechtsprechung hat bislang vor allem die Frage beschäftigt, ob anstelle von Festsetzungen überhaupt vertragliche (festsetzungsersetzende) Vereinbarungen in Betracht kommen.[412] Die Frage eines *Vorrangs* vertraglicher Regelung ist nämlich nur entscheidungserheblich, wenn sich der Normadressat gegen eine getroffene - und nicht gegen eine unterlassene - Festsetzung wehrt[413], weil diese stattdessen vertraglich geregelt werden müsste. Nur dann stellt sich überhaupt die Frage, ob die Gemeinde nicht nur berechtigt, sondern sogar verpflichtet war, einen Vertrag zu schließen. Ein Vorrang konsensualen Verwaltungshandelns ist dem BauGB dabei nicht fremd (siehe z.B. §§ 87 Abs. 2, 165 Abs. 3 Satz 1 Nr. 3 BauGB).

Im Bereich des Naturschutzrechts gibt es keinen allgemeinen Vorrang des Vertragsnaturschutzes vor einseitigen hoheitlichen Schutzmaßnahmen.[414] Jedoch verlangt (der allerdings nicht unmittelbar anwendbare) § 3 Abs. 3 BNatSchG zumindest vorrangig eine Prüfung vertraglicher Alternativen. Bereits vor Einführung der Norm sollte die Nutzung eines vertraglichen Instrumentariums aber nur dann nicht verpflichtend sein, wenn dieses nicht in gleicher Weise wie ein hoheitliches Ge- oder Verbot geeignet ist, das Schutzkonzept nachhaltig zu sichern.[415] Damit bleibt offen, ob bei Gleichwertigkeit nicht doch ein gewisser Vorrang vertraglicher Lösungen anzunehmen ist.[416]

Auch im Rahmen der Bauleitplanung gibt es Gründe, die für ein konsensuales Vorgehen sprechen. Erklärtes Ziel des Gesetzgebers ist es, durch kürzere Verfahren, Vereinfachung und vertragliche Zusammenarbeit Kosteneinsparungen zu erzie-

---

412 *Ohms*, BauR 2000, 8983 (986).

413 *Ohms*, BauR 2000, 983 (986).

414 Auch nicht durch § 3 Abs. 3 BNatSchG, der nur eine vorrangige Prüfpflicht statuiert (*Frenz*, NuR 2011, 257 (265)). Zur Rechtslage davor: BVerwG, Beschl. v. 18.07.1997 - 4 BN 5/97, LS 3 und juris Rn. 9 = NVwZ-RR 1998, 225 f.

415 In diese Richtung zumindest: BVerwG, Beschl. v. 18.07.1997 - 4 BN 5/97, juris OS 1 und Rn. 9 = NVwZ-RR 1998, 225 f.

416 So *Ohms*, BauR 2000, 983 (987 und 990).

len.[417] Maßgebliches Kriterium ist dabei der tatsächliche Erfolg des Ausgleichs und nicht das zur Erreichung eingesetzte rechtstechnische Instrument.[418] Es liegt deshalb nahe, einen Vorrang vertraglicher Lösungen anzunehmen, wenn dadurch der Ausgleich schneller, günstiger und sicherer[419] erreicht werden kann. Konsensuales Vorgehen in der Planung ist aber häufig effizienter.[420] Zum Beispiel kann der Abstimmungsprozess bereits in der Planungsphase beginnen und nicht erst mit Rechtskraft des Bebauungsplans. Der vertragliche Weg kann deshalb sogar vorzugswürdig sein, selbst wenn die ökologische Wertsteigerung geringer ist als bei einer Regelung durch Festsetzungen.[421]

Ein Vorrang vertraglicher Lösung kann zudem verfahrensmäßig zu einem besseren Schutz der Betroffenen führen. Beim Bebauungsplan kann der Betroffene seine Interessen im Rahmen der Bürgerbeteiligung gem. § 3 BauGB geltend machen. Mit seinem Vorbringen wird der Gemeinderat sich zwar beschäftigen, regelmäßig aber den öffentlichen Belangen von Natur und Landschaft größeres Gewicht einräumen als privaten Interessen. Geht man nun von einem Vorrang konsensualen Handelns aus, so wäre die Gemeinde verpflichtet, zunächst eine einvernehmliche Lösung zu suchen. Für den Privaten bestünde damit eine bessere Chance, seine Interessen (z.B. Abwendung von Festsetzungen auf seinem Grundstück) in Kooperation durchzusetzen.[422] Ein Betroffener könnte eine Inanspruchnahme außerdem dadurch abwenden, dass er die Gemeinde auf andere, durch Vertrag zu erlangende Flächen verweist.[423] Betrachtet man die Vorrangvorschrift des § 87 Abs. 2 BauGB und berücksichtigt, dass dem Eigentumsschutz auf inhaltsbestimmender Planungsebene ein vergleichbares Ge-

---

417 BT-Drs. 13/6392, S. 42.

418 BVerwG, Urt. v. 05.07.1974 - IV C 50.72, juris Rn. 47 = BVerwGE 45, 309 (318).

419 *Ohms*, BauR 2000, 983 (985).

420 Vgl. VGH BW, Urt. v. 18.07.1997 - 8 S 2891/96, juris Rn. 31 = ZfBR 1998, 48 (50).

421 So z.B. *Ohms*, BauR 2000, 983 (990).

422 *Ohms*, BauR 2000, 983 (985 und 990).

423 *Ohms*, BauR 2000, 983 (991).

wicht beizumessen ist wie auf der Enteignungsebene[424], so spräche dies ebenfalls dafür, dass ein vertraglicher Einigungsversuch unabdingbar ist.[425] Das BVerfG hat aber zugleich festgestellt, dass eine umfassende Prüfung der weitergehenden Enteignungsvoraussetzung nicht notwendig, sondern das Gewicht der Eigentumsgarantie bei der Abwägung ausreichend zu berücksichtigen ist.[426] Ein Vorrang vertraglicher Lösungen lässt sich daraus also nicht ableiten.

Kommt es dann zu vertraglichen Vereinbarungen, ist diesen immer das Risiko immanent, dass die Gemeinde ihre Machtstellung ausnutzt.[427] Dieses Risiko wäre aber gerade gesenkt, wenn die Gemeinde zu einer konsensualen Vorgehensweise *verpflichtet* wäre. Die Verhandlungsposition des Privaten würde aufgewertet, da die Gemeinde die Verhandlungen nicht einfach im Hinblick auf ihre hoheitlichen Durchsetzungsmöglichkeiten abbrechen kann.[428] Weiterhin ergibt sich aus dem Grundsatz der Verhältnismäßigkeit bzw. dem Übermaßverbot das Abwägungsgebot diejenige Lösung zu finden, die öffentliche und private Belange am wenigsten beeinträchtigt.[429] Der Vertrag stellt in diesem Sinn das *mildeste* Mittel dar, da er keine klassische hoheitliche Beeinträchtigung, sondern privatautonomes Handeln des Betroffenen ist.[430]

Da ein Vertrag aber auch Nachteile[431] mit sich bringt, ist er nicht immer auch ein *gleich*geeignetes Mittel.[432] Dies allein dis-

---

424 BVerfG, Beschl. v. 22.02.1999 - 1 BvR 565/91, juris Rn. 10 = NVwZ 1999, 979 (980).

425 *Ohms*, BauR 2000, 983 (988).

426 BVerfG, Beschl. v. 22.02.1999 - 1 BvR 565/91, juris Rn. 10 f. = NVwZ 1999, 979 (980).

427 Hierzu schon: *Burmeister*, VVDStRL 52 (1993), 190 (225 f.); *Schmidt-Eichstaedt*, BauR 1996, 1 (4 ff.).

428 *Ohms*, BauR 2000, 983 (984 f.).

429 Ständige Rechtsprechung des BVerwG. Siehe z.B. BVerwG, Beschl. v. 31.03.1998 - 4 BN 4/98, juris Rn. 10 = BauR 1998, 751 (752); zu Ausgleichs- und Ersatzflächen: BVerwG, Beschl. v. 31.01.1997 - 4 NB 27/96 = BVerwGE 104, 68 (78).

430 *Bulling*, DÖV 1989, 277 (289); *Krebs*, DÖV 1989, 969 (974); *Ohms*, BauR 2000, 983 (989); *Bulling*, DÖV 1989, 277 (289); *Krebs*, DÖV 1989, 969 (974).

431 Hierzu siehe oben § 5 B. (S. 70 ff.).

qualifiziert eine vertragliche Vorgehensweise aber nicht vollkommen, zumal diese bisweilen eine notwendige Alternative ist. Insgesamt kann aber nur von einer grundsätzlichen Gleichwertigkeit einseitig-hoheitlicher und kooperativ-vertraglicher Regelungen ausgegangen werden.[433]

Im Ergebnis kann also weder hoheitlichen Instrumenten noch vertraglichen Regelungen ein abstrakter Vorrang eingeräumt werden. Welcher Vorgehensweise der Vorzug zu geben ist, stellt immer eine Frage des Einzelfalls dar.[434] Die Entscheidung über die Vorgehensweise muss dann im Rahmen der Abwägung fallen. Soll von vornherein auf konsensuale Möglichkeiten gänzlich verzichtet werden, bedarf dies aber nachvollziehbarer „innerer Gründe".[435]

D. Verhältnis von Bebauungsplan und Ausgleichsvertrag

Bebauungspläne und Verträge stehen in einem schwierigen Spannungsverhältnis.[436] Grundsätzlich ist deren jeweilige Wirksamkeit getrennt voneinander zu beurteilen.[437] Ausgleichsverträge stehen mit dem Bebauungsplan aber in einem engen Abhängigkeitsverhältnis, insbesondere soweit sie dessen Festsetzungen (funktional) ersetzen oder auch nur ergänzen.[438] Ausgleichsverträge sind nämlich doppelt mit dem Bebauungsplan verknüpft: Einmal über die an dessen Inkrafttreten geknüpfte Wirksamkeitsbedingung[439], die zur Folge hat, dass auch der Vertrag keine Wirksamkeit erlangt, wenn der Bebau-

432 *Kamp*, Steuerung der Bebaubarkeit, S. 277.

433 Vgl. auch *Söfker*, in: *Ernst/Zinkahn/Bielenberg/Krautzberger*, BauGB § 1 Rn. 220 (ausdrücklich auch für den naturschutzrechtlichen Ausgleich).

434 So auch: BVerwG, Beschl. v. 09.05.1997 - 4 N 1/96, juris Rn. 31 = BVerwGE 104, 353 (362).

435 BVerwG, Beschl. v. 09.05.1997 - 4 N 1/96, juris Rn. 28 = BVerwGE 104, 353 (361).

436 *Birk*, in: *Berkemann* u.a., FS Schlichter, S. 113, sowie in: Städtebauliche Verträge, Rn. 493 spricht von einem Paar wie „Feuer und Wasser".

437 *Kamp*, Steuerung der Bebaubarkeit, S. 158; vgl. BVerwG, Urt. v. 29.05.1981 - 4 C 72/78, juris Rn. 30 = BauR 1982, 30 (31 f.).

438 Hierzu siehe unten § 9 A. II. 2. a) (S. 171 f.).

439 Hierzu unten § 11 B. (S. 206 f.).

ungsplan nicht beschlossen wird. Umgekehrt ist aber auch der Bebauungsplan von dem Vertrag abhängig, da der durch diesen geregelte Ausgleich notwendiger Bestandteil der Abwägung und Konfliktlösung ist. Gestaltet der Ausgleichsvertrag den Inhalt des Bebauungsplans mit, ist er zumeist auch essenziell für ein richtiges Abwägungsergebnis.

I. Rechtsfolgen des fehlerhaften vertraglichen Ausgleichs

Ist der Ausgleich durch den Vertrag nicht ausreichend geregelt, kann dies Folgen für den gesamten Bebauungsplan haben. Bei einer gerichtlichen Kontrolle wird dabei typischerweise nicht lediglich der vertragliche Ausgleich, also der Ausgleichsvertrag als solcher, überprüft. Dieser kann aber inzident bei der Kontrolle eines Bebauungsplans überprüft werden. Eine Überprüfung des Bebauungsplans kann sowohl im Normenkontrollverfahren nach § 47 VwGO[440], sonstigen Verwaltungsprozess nach § 42 VwGO oder in einem baulandgerichtlichen Verfahren nach den §§ 217 ff. BauGB erfolgen.[441] Eine Überprüfung nur des Vertrags losgelöst vom Bebauungsplan kann durch Feststellungsklage gem. § 43 Abs. 1 VwGO bzw. § 256 Abs. 1 ZPO erfolgen.[442]

Gem. § 1a Abs. 3 Satz 1 BauGB ist der naturschutzrechtliche Ausgleich Bestandteil der Abwägung, sodass eine fehlerhafte Entscheidung über den Ausgleich die Fehlerhaftigkeit der Abwägung zur Folge hat, was wiederum zur Rechtswidrigkeit des Bebauungsplans führen kann. Insbesondere die Beachtung des Abwägungsgebots ist grundsätzliche Wirksamkeitsvoraussetzung für den Bauleitplan.[443]

---

440 *Stüer,* Der Bebauungsplan, Rn. 1419; *Stock,* in: *Ernst/Zinkahn/Bielenberg/Krautzberger,* BauGB § 10 Rn. 31.

441 *Stich,* ZfBR 2003, 643 (649).

442 *Pietzcker,* in: *Schoch/Schneider/Bier,* VwGO § 43 Rn. 15 bzw. *Becker-Eberhard,* in: MüKo, ZPO § 256 Rn. 11. Zur Differenzierung von zivil- und öffentlichrechtlichen Ausgleichsverträgen siehe oben § 5 A. II. (S. 61 ff.).

443 *Söfker,* in: *Ernst/Zinkahn/Bielenberg/Krautzberger,* BauGB § 1 Rn. 179.

1. Nichtigkeit und Erhaltung in der Abwägungsfehlerlehre

Ein fehlerhafter Bebauungsplan ist als rechtswidrige Norm grundsätzlich ipso jure nichtig. Im Rahmen einer erfolgreichen Normenkontrolle gem. § 47 Abs. 1 Nr. 1 VwGO beseitigt das Gericht lediglich deklaratorisch *ex nunc* den Rechtsschein der Gültigkeit.[444]

Die §§ 214 f. BauGB durchbrechen dieses Nichtigkeitsdogma durch Reduktion der gerichtlichen Kontrollmaßstäbe.[445] So erklären § 214 Abs. 1 und 2 BauGB gewisse Fehler für unbeachtlich, insbesondere Verletzungen von bloßen Form- oder Verfahrensvorschriften des BauGB (§ 214 Abs. 1 BauGB). Ermittlungs- und Bewertungsfehler im planerischen Abwägungs*vorgang* sind deshalb nur dann beachtlich, wenn sie wesentliche Punkte betreffen und offensichtlich auf das Ergebnis von Einfluss waren (§ 214 Abs. 1 Nr. 1 BauGB). Ein Fehler im Abwägungs*ergebnis* ist demgegenüber immer beachtlich.[446] Das Abwägungsergebnis ist nach Auffassung des BVerwG dann zu beanstanden, wenn eine fehlerfreie Nachholung der Abwägung nicht zum selben Ergebnis führen könnte, weil dann die von der Planung berührten Belange auf eine Weise abgewogen würden, die zu ihrer objektiven Gewichtigkeit außer Verhältnis steht.[447] Ein Fehler im Abwägungsergebnis führt auch dann zur Unwirksamkeit des Bebauungsplans, wenn dieser durch einen Vertrag entsteht.[448]

Die Literatur unterteilt die Abwägungsfehler dabei in Abwägungsausfall, Abwägungsdefizit, Abwägungsfehleinschät-

---

444 *Tophoven*, NVwZ 2004, 1052 (1054); *Ziekow*, in: *Sodan/Ziekow*, VwGO I, § 47 Rn. 361; *Schmidt*, in: *Eyermann*, VwGO § 47 Rn. 90; *Wolff/Bachof/Stober/Kluth*, Verwaltungsrecht I, § 28 Rn. 19; BVerfG, Beschl. vom. 19.07.2000 - 1 BvR 1053/93, juris Rn. 14 = NVwZ 2000, 1283 (1284); BVerwG, Beschl. v. 06.05.1993 - 4 N 2/92, juris Rn. 17 = BVerwGE 92, 266 (270).

445 *Stollmann*, Öffentliches Baurecht, § 8 Rn. 1.

446 *Koch/Hendler*, Baurecht, § 18 Rn. 20a; *Kukk*, in: *Schrödter*, BauGB § 214 Rn. 56; *Dürr/Leven/Speckmaier*, Baurecht, Rn. 55, die zugleich die Schwierigkeit einer Abgrenzung zwischen Bewertung im Abwägungsvorgang und Gewichtung im Abwägungsergebnis betonen.

447 BVerwG, Urt. v. 22.09.2010 - 4 CN 2/10, Rn. 22 = BVerwGE 138, 12 (20); Urt. v. 14.06.2012 - 4 CN 5/10, Rn. 28 = BVerwGE 143, 192 (201).

448 *Birk*, VBlBW 2016, 89 (90).

zung und Abwägungsdisproportionalität.[449] Ausfall, Defizit und wohl auch Fehleinschätzung stellen dabei bloße Ermittlungs- und Bewertungsfehler i.S.d § 214 Abs. 1 Nr. 1 BauGB, d.h. Fehler im Abwägungs*vorgang*, dar.[450] Das bedeutet, dass vor allem Fehler der Disproportionalität unmittelbar die Nichtigkeit des Bebauungsplans zur Folge haben. Ein solcher liegt vor, wenn der Ausgleich der einzelnen Belange in einer zu ihrer objektiven Gewichtigkeit außer Verhältnis stehenden Art und Weise vorgenommen wird.[451]

2. Auswirkungen des fehlerhaften Vertrags

Es stellt sich sodann die Frage, inwieweit die Verwendung eines ungenügenden Ausgleichsvertrags einen beachtlichen Fehler der Abwägung darstellt. Dabei ist danach zu differenzieren, ob der Ausgleichsinhalt[452] des (wirksamen) Vertrags nicht geeignet ist, den Ausgleich zu leisten oder ob der Vertrag die (ausreichende) Durchführung nicht gewährleisten kann.

a) Fehlende Eignung des Vertragsinhalts

Da der Vertrag und sein Inhalt Bestandteil der Abwägung sind, führt dessen inhaltliche Mangelhaftigkeit regelmäßig zu einem Abwägungsfehler. Dies gilt zumindest, soweit der Ausgleichsinhalt betroffen ist. Hier liegt der Fall nicht anders, als wenn die Gemeinde den Ausgleich - inhaltlich ungenügend - durch Festsetzungen regelt. Der Abwägungsfehlerlehre folgend, liegt hier ein stets beachtlicher Disproportionalitätsfehler bei der Proportionalität vor, wenn die Belange des Naturschutzes gegenüber den Interessen des Vorhabenträgers unzulässig in Verhältnis gesetzt wurden. Dem mangelhaften inhaltlichen Ausgleich kann aber auch ein Ermittlungs- oder Bewertungs-

---

449 *Dürr/Leven/Speckmaier*, Baurecht, Rn. 54; *Schmidt-Siegmann*, Eingriffsregelung, S. 92 f. Noch weiter differenziert *Hoppe*, in: *Hoppe*, Öffentliches Baurecht, § 7 Rn. 92. Zu den Begriffen auch: *Stollmann*, Öffentliches Baurecht, § 7 Rn. 45.

450 So *Finkelnburg/Ortloff/Kment*, Öffentliches Baurecht, Band I, § 12 Rn. 7; *Hoppe*, in: *Hoppe*, Öffentliches Baurecht, § 7 Rn. 128; a.A. *Stollmann*, Baurecht, § 7 Rn. 46.

451 *Hoppe*, in: *Hoppe*, Öffentliches Baurecht, § 7 Rn. 117; BVerwG, Urt. v. 12.12.1969 - IV C 105/66, juris Rn. 29 = BVerwGE 34, 301 (309).

452 D.h. die Entscheidung, ob und welche Kompensationsmaßnahmen durchgeführt werden.

fehler zugrunde liegen. Auch in diesem Fall wird die Verwendung eines fehlerhaften Vertrags aber regelmäßig für das Abwägungsergebnis beachtlich sein.[453] Denn bei einer fehlerfreien Nachholung der Abwägung ist auf eine ausreichende Kompensation zu achten.[454] Dies gilt umso mehr, da der naturschutzrechtliche Ausgleich durch § 1a Abs. 3 Satz 1 BauGB eine hervorgehobene Stellung in der Abwägung einnimmt.

Soweit es um den Ausgleichs*inhalt* geht, bestehen also keine Besonderheiten bei einem vertraglichen Vorgehen. Etwaige Fehler richten sich nach den üblichen Kriterien der Abwägungsfehlerlehre, wobei die besondere Bedeutung des Ausgleichs in der Abwägung zu beachten ist.

b) Fehlende Bindungswirkung des Vertrags

Komplizierter ist der Fall, wenn zwar über den Ausgleichs*inhalt* abwägungsfehlerfrei entschieden worden ist, der Vertrag aber keine ausreichende Gewährleistung für dessen Durchführung bietet, etwa, weil er nichtig ist oder die gewählte Ausgestaltung den Anforderungen an die Sicherung nicht genügt. Der Vertrag verfolgt nämlich nicht nur das Ziel, den materiellen Inhalt des Vertrags zu regeln, sondern daneben auch dessen Durchführung zu sichern.[455] Beides zusammen führt dazu, dass durch den Vertrag bauleitplanerische Festsetzungen funktional ersetzt werden können. Die bloße Statuierung der Ausgleichspflicht reicht nicht aus, wenn deren anschließende Ausführung nicht gesichert ist. Ein solcher Ausgleich wäre nämlich mangels Durchsetzungsmöglichkeit wertlos. Demzufolge bedarf die vertragliche „Anordnung" der Ausgleichsmaßnahmen zwingend einer weiteren Absicherung. Fehlt es an dieser, hat dies ebenso eine fehlerhafte Konfliktlösung zur Folge, wie wenn der Ausgleich inhaltlich nicht (ausreichend) geregelt ist.

aa) Die fehlende Sicherung als Abwägungsfehler

Da der Vertrag selbst Bestandteil der Abwägung ist, könnte man bei einem Sicherungsmangel zunächst an ein Abwägungsdefizit denken, da die Gemeinde einen erheblichen Belang,

---

453 So auch: *Chatziathanasiou/Towfigh*, DVBl. 2013, 84 (92); *Bunzel/Coulmas/Schmidt-Eichstaedt*, Städtebauliche Verträge, S. 59.

454 Zu den Anforderungen an die Abwägung siehe oben § 4 A. I. 3. a) (S. 35 ff.).

455 Zu dieser „Doppelfunktion" siehe auch unten § 6 C. I. (S. 107).

nämlich die fehlende Sicherungseignung des Vertrags, nicht in ihre Abwägung eingestellt hat. Dies mutet jedoch seltsam an, da sie sich über den Vertrag ja gerade Gedanken gemacht, die (unzureichende) Klausel allerdings falsch bewertet hat. Naheliegender scheint deshalb die Kategorie der Abwägungsfehleinschätzung, da die Gemeinde dem unzureichenden Vertrag eine Bedeutung zugemessen hat, die er nicht besitzt, nämlich die Eigenschaft den Ausgleich ausreichend zu sichern. Vom Ergebnis aus betrachtet könnte bei einer unzureichenden Sicherung auch an Abwägungsdisproportionalität gedacht werden, da die Belange des Naturschutzes mangels ausreichender Sicherung in unverhältnismäßig geringer Berücksichtigung gegenüber den anderen Belangen stehen.

Die Lösung über die Abwägungsfehlerlehre mutet jedoch gekünstelt an. Dies liegt darin begründet, dass die Abwägungsfehlerlehre eigentlich an den kognitiven Prozess der gemeindlichen Entscheidung anknüpft und nicht an Defizite des gewählten Instruments. Richtig ist zwar, dass sich die Gemeinde in der Abwägung auch Gedanken dahingehend gemacht hat, mit welchen Mitteln sie den Ausgleich erreichen will. Hierzu gehört auch die Frage, ob ein Vertrag verwendet werden und welchen Inhalt dieser haben soll. Der Vertrag als solcher ist aber kein abwägungsrelevanter *Belang*, sondern die *Lösung* des Konflikts.[456] Er regelt basierend auf dem Abwägungsergebnis (quasi als „Rechtsfolge“) den notwendigen Ausgleich und führt diesen aus.

Dies zeigt sich besonders deutlich, wenn man sich vor Augen hält, dass der Ausgleichsvertrag die Funktion einer Ausgleichsfestsetzung übernimmt. Auch Festsetzungen werden nicht als Belange in der Abwägung berücksichtigt, sondern dienen der Konfliktlösung. Die Auswirkungen sind aber übertragbar. Wenn die Gemeinde einen unzureichenden oder unwirksamen Vertrag abschließt, entspricht das dem Fall einer unzureichenden oder gar unwirksamen bzw. unterlassenen Festsetzung. Die ungenügende Sicherung durch Vertrag unterscheidet sich deshalb nicht von der ungenügenden Sicherung durch Festsetzung. In beiden Fällen ist – unabhängig von der

---

456 Vgl. *Birk*, Städtebauliche Verträge, Rn. 505 sowie 507a: „Er [der Vertrag] *beseitigt* das einzelne, konkrete Abwägungshindernis, um dessentwillen er abgeschlossen wurde.“

inhaltlichen Abwägung der Belange – ein naturschutzrechtlicher Ausgleich nicht (ausreichend) erfolgt, der entstehende planerische Konflikt also nicht (ausreichend) gelöst. Dieser Verstoß gegen das Konfliktbewältigungsgebot[457] hat dann die Nichtigkeit des Bebauungsplans zur Folge und zwar nicht, weil die Abwägung der Belange *ihrem Inhalt* nach fehlerhaft ist, sondern weil die Lösung des Konflikts wegen der Verwendung ungeeigneter Mittel *unterblieben* ist.

bb) Bereits durchgeführte Ausgleichsmaßnahmen

Daneben stellt sich die Frage, inwieweit eine fehlerhafte Absicherung zur Nichtigkeit des Bebauungsplans führt, wenn der Ausgleich zum Zeitpunkt von dessen rechtlicher Überprüfung bereits durchgeführt wurde. Auf den ersten Blick erübrigt sich hier eine Sicherung, da die Kompensation bereits herbeigeführt wurde. Bei Nichtigerklärung des Bebauungsplans würde in einem neuen Verfahren ein materiell identischer Bebauungsplan aufgestellt, lediglich die Sicherung würde anders ausgestaltet werden. Dies stellt aber in der Tat keinen bloßen Formalismus dar. Denn die Ausgleichsfläche müsste auch im neuen Bebauungsplan noch abgesichert werden. Die Sicherung betrifft nämlich nicht nur den Zeitpunkt bis zur Herstellung.[458] Es muss auch verhindert werden, dass die Ausgleichsmaßnahmen später wieder zunichtegemacht werden, indem z.B. die Ausgleichsfläche jetzt doch bebaut wird. Beinhaltet der Bebauungsplan (bzw. der zugehörige Vertrag) aber überhaupt keine derartige Sicherung, ist er dementsprechend unwirksam. Es bedarf dann eines neuen Bebauungsplanverfahrens mit ausreichender Sicherung. Die bereits durchgeführten Maßnahmen können dann für den Ausgleich herangezogen und entweder durch Festsetzungen oder vertraglich dauerhaft gesichert werden.

II. Nebeneinander von Vertrag und Festsetzung

Grundsätzlich ist auch ein Nebeneinander von vertraglichen und bauleitplanerischen Sicherungsinstrumenten denkbar. Es

---

457 Das Konfliktbewältigungsgebot wurzelt in § 1 Abs. 7 BauGB und verlangt, dass alle der Planung zuzurechnenden Konflikte möglichst gelöst werden müssen (*Stüer*, Handbuch des Bau- und Fachplanungsrechts, Rn. 1702 f.).

458 Zur Dauer des Ausgleichs ausführlich unten § 8 C. (S. 148 ff.).

steht der Gemeinde frei, den Ausgleich nur durch Vertrag oder Festsetzungen oder durch eine Kombination der Instrumente zu regeln.

Ein besonders hohes Sicherungsniveau könnte erreicht werden, indem man den Ausgleich durch Vertrag löst, „hilfsweise" jedoch im Bebauungsplan Festsetzungen trifft, die nur im Falle der Nichtigkeit des Vertrags greifen. Dieser Weg ist aber nicht gangbar.[459] Bedingte Festsetzungen sind gem. § 9 Abs. 2 Satz 2 BauGB nur dann zulässig, wenn lediglich über eine Bedingung eine sachgerechte Lösung überhaupt möglich ist.[460] Das ist beim naturschutzrechtlichen Ausgleich durch Vertrag aber grundsätzlich nicht der Fall. Bedingte Festsetzungen bieten sich vielmehr z.B. in Fällen an, in denen eine lärmintensive Nutzung erst nach Abschluss bestimmter Lärmschutzmaßnahmen aufgenommen werden darf oder die Nutzung eines Campingplatzes in der Brutzeit untersagt ist.[461] Als Mittel zur „Rettung" eines misslungenen Vertrags können bedingte Festsetzungen aber gerade nicht genutzt werden. Hier bestehen zudem erhebliche Bedenken hinsichtlich der Bestimmtheit der Bedingung, da der Vertrag regelmäßig bereits von Beginn an unwirksam ist, dies aber gegebenenfalls erst später festgestellt wird. Eine derartige Rechtsunsicherheit ist aber nicht tragbar.[462] Des Weiteren muss der Bedingungseintritt hinreichend wahrscheinlich sein.[463]

Im Übrigen wäre ein solches Vorgehen, zumindest soweit die „hilfsweisen" Festsetzungen ein anderes Grundstück betreffen, auch abwägungsfehlerhaft. Um den bedingten Festsetzungen zum Erfolg zu verhelfen, muss das betroffene Grundstück „gesperrt" werden. Anderenfalls könnte dieses ja z.B. einer baulichen Nutzung zugeführt werden. Etwaige Ausgleichsmaßnahmen könnten dann aber nicht mehr durchgeführt wer-

---

459 Bedingte Festsetzungen im Rahmen des § 1a Abs. 3 BauGB generell ausschließend: *Lau*, Naturschutz in der Bauleitplanung, Rn. 369; a.A. *Schrödter*, in: *Schrödter*, BauGB § 9 Rn. 247 für einzelne naturschutzrechtliche Voraussetzungen.

460 *Lau*, Naturschutz in der Bauleitplanung, Rn. 367.

461 Beispiele bei *Lau*, Naturschutz in der Bauleitplanung, Rn. 368.

462 *Schrödter*, in: *Schrödter*, BauGB § 9 Rn. 246 propagiert deshalb gerade den Weg über städtebauliche Verträge als rechtssicher.

463 *Spannowsky*, in: BeckOK, BauGB § 9 Rn. 128.

den und wären damit ausgeschlossen. Spart man aber das Grundstück für etwaige zukünftige Ausgleichsmaßnahmen auf, wird dieses als Reservefläche auf gegebenenfalls unbestimmte Zeit für den Ausgleich bereitgehalten. Der Ausgleich beinhaltet dann aber sowohl die vertraglichen Maßnahmen als auch eine zusätzliche Reservefläche, die nicht verändert werden kann. Damit stünde dem Eingriff letztendlich ein nahezu zweifacher und damit weit überschießender Ausgleich gegenüber. Eine solche Überkompensation kommt regelmäßig nicht in Betracht, da dies in Bezug auf die Interessen der Grundstückseigentümer unverhältnismäßig ist[464], zumal diese nicht auf unabsehbare Zeit einer faktischen Bausperre unterworfen werden dürfen.[465]

III. Nachträgliche Änderung des Ausgleichs

Es stellt sich weiterhin die Frage, inwiefern eine nachträgliche Änderung des Ausgleichs zulässig ist und welche Auswirkungen dies auf die Vertragsbeziehungen der Parteien bzw. den Bebauungsplan hat. Grundsätzlich sind zwei Fälle denkbar: die Änderung des Bebauungsplans selbst sowie die Änderung nur des Vertrags.

1. Änderung des Bebauungsplans

Es kann vorkommen, dass eine Ausgleichsfläche durch einen neuen Bauleitplan wieder der baulichen Nutzung zugeführt wird. Dies ist grundsätzlich zulässig[466], aber insbesondere problematisch, wenn die Ausgleichsmaßnahmen nicht am Ort des Eingriffs, sondern auf anderen Flächen durchgeführt werden sollen, da hier nicht zugleich auch über die Eingriffsfläche eine erneute Entscheidung getroffen wird. Die Lösung führt über das Gebot der planerischen Konfliktbewältigung. Eine Planänderung, welche festgesetzte Ausgleichsflächen betrifft, greift in ein bestehendes Plangefüge ein und lässt den bis dahin gelösten planerischen Konflikt wieder aufbrechen.[467] Dies muss die

464 *Reidt*, in: *Bracher/Reidt/Schiller*, Bauplanungsrecht, Rn. 748; *Schrödter*, in: *Schrödter*, BauGB § 1a Rn. 78.

465 *Spannowsky*, in BeckOK, BauGB § 9 Rn. 128.

466 *Reidt*, UPR 2008, 410 (413); *Schmidt-Eichstaedt*, BauR 2010, 1865 (1870); *Schink*, BauR 2013, 861 (869).

467 *Ramsauer*, in: *ders.*, Eingriffsregelung, S. 170 (178).

Planänderung berücksichtigen und den neu aufgebrochenen Konflikt wieder bewältigen, gegebenenfalls durch neue Ausgleichsflächen.[468] Sind weder Eingriff noch Ausgleich vollzogen, steht es dem Plangeber grundsätzlich frei, diesen wieder zu ändern. § 1a Abs. 3 Satz 6 BauGB ist dabei nicht in dem Sinne anzuwenden, dass der neue Plan ausgleichsfrei sei, weil ein vorheriger Plan[469] die Eingriffe schon zulasse. Die einmal als ausgleichspflichtig festgestellten Eingriffe bleiben ausgleichspflichtig, was in der erneuten Planabwägung zu berücksichtigen ist.[470]

Ein nachträglicher Wegfall der Ausgleichsflächen hat grundsätzlich zur Folge, dass die vereinbarten Maßnahmen nicht mehr durchführbar sind und wirkt sich damit direkt auf den Vertrag aus. Dieser ist zwar (meist bedingt durch Inkrafttreten des Bebauungsplans) wirksam geworden und in seinem weiteren Bestand vom zugrundeliegenden Bebauungsplan grundsätzlich unabhängig. Bei Unmöglichkeit entfällt jedoch gem. § 275 Abs. 1 BauGB die vertragliche Ausgleichsverpflichtung. Der Vertragspartner wird dann wenig Interesse daran haben, eine anderweitige Ausgleichsverpflichtung einzugehen – seine Baurechte hat er schließlich bereits erhalten. Da sich durch eine solche Änderung des Bebauungsplans die dem Vertrag zugrundeliegenden Umstände wesentlich ändern, findet zwar § 60 VwVfG Anwendung, sodass grundsätzlich eine Anpassungspflicht besteht. Auch der Umstand, dass die Gemeinde die Änderung selbst herbeigeführt hat, macht diese nicht grundsätzlich unbeachtlich.[471] Da der Ausgleich dem besonders gewichtigen Interesse des Natur- und Landschaftsschutzes dient, ist ein Festhalten am Vertrag – mit der Folge des Wegfalls

---

468 In diesem Sinne wohl auch *Schmidt-Eichstaedt*, BauR 2010, 1865 (1870), der von der Notwendigkeit der Einbeziehung der früheren Eingriffs-Ausgleichs-Bilanz in die neue Abwägung spricht. Ein Lösungsbeispiel findet sich bei *Ramsauer*, in: *ders.*, Eingriffsregelung, S. 170 (180 f.).

469 Dies gilt natürlich nicht für Pläne, die schon vor Einführung der Ausgleichsregelung zulässig waren. Diese sind selbstverständlich von § 1a Abs. 3 Satz 6 BauGB erfasst.

470 Hierzu: *Schmidt-Eichstaedt*, BauR 2010, 1865 (1871 f.). Für die überplante Ausgleichsfläche ist grundsätzlich ein voller Ausgleich zu leisten (*Schink*, BauR 2013, 861 (869).

471 *Kopp/Ramsauer*, VwVfG § 60 Rn. 16.

der Ausgleichspflicht - ausnahmsweise auch nicht zumutbar, sodass die Gemeinde nach ihrem Ermessen eine Anpassung des Vertrags verlangen kann[472]. Eine Veränderung der vertraglichen Pflichten des Vorhabenträgers rechtfertigt sich dabei regelmäßig schon durch das Verursacherprinzip. Vor dem Hintergrund der Kooperation sollte die Gemeinde jedoch bereits während des Planänderungsprozesses auf den Vertragspartner zugehen, um frühzeitig durch freiwillige Vertragsänderung eine Lösung des Konflikts anzustreben.

2. Änderung des Vertrags

Davon abzugrenzen ist der Fall, dass nicht der Bebauungsplan selbst, sondern nur der Ausgleichsvertrag geändert wird. Da auch die nachträgliche Änderung des Bebauungsplans gestattet ist, kann insofern nichts Anderes für Verträge gelten.[473] Eine Änderung ist also grundsätzlich denkbar und bestimmt sich nach den materiellen Auswirkungen auf den geplanten Ausgleich.

a) Wertmäßige Änderungen des Ausgleichs

Der Vertrag kann aber nicht ohne Weiteres geändert oder aufgehoben werden. Zwar ist der Vertrag (anders als Festsetzungen) nicht Bestandteil des Bebauungsplans, sondern nur Grundlage für die Abwägungsentscheidung. Auch haben nachträgliche Veränderungen dieser Grundlage grundsätzlich keine Auswirkungen auf den Bebauungsplan, wenn dieser zum maßgeblichen Zeitpunkt rechtmäßig war (vgl. § 214 Abs. 3 Satz 1 BauGB). Das bedeutet aber nicht, dass die Gemeinde die Entscheidungsgrundlage nach Belieben verändern kann. Dies widerspräche dem System der Ausgleichsregelung, welches den Eingriff und Ausgleich miteinander verknüpft, die sich also gegenseitig bedingen. Zwar ist diese Verknüpfung nicht derart absolut, dass einem Eingriff ein exakt gleicher oder zumindest gleichwertiger Ausgleich gegenüberstehen muss - schließlich bedarf es gerade keiner Vollkompensation. Eine nachträgliche *Wertveränderung* des Ausgleichs gestattet dies aber nicht. Vielmehr muss einer solchen wiederum eine umfassende planerische Abwägungsentscheidung vorausgehen, die nur im Rah-

---

472 *Kopp/Ramsauer*, VwVfG § 60 Rn. 27.

473 *Reidt*, UPR 2008, 410 (413 f.).

men eines formellen Bauleitplanungsverfahrens erfolgen kann.[474] Dies bedingt auch die festsetzungsfunktionsersetzende Natur von Ausgleichsverträgen: Soweit ein Ausgleichsvertrag den Inhalt oder die Sicherung der Kompensation wie eine Festsetzung regelt, muss auch seine Änderung den gleichen materiellen Anforderungen entsprechen. Dazu zwingt zudem die herausgehobene Stellung der Ausgleichsregelung innerhalb des Abwägungsverfahrens. Diese kann nicht einfach durch Neuabschluss eines Vertrags ersetzt werden. Im Ergebnis besteht deshalb hinsichtlich der formellen Änderungsflexibilität kaum ein Unterschied zwischen dem Ausgleich durch Vertrag oder durch Festsetzung.

b) Änderung von Modalitäten

Nicht planerisch relevante Änderungen des Vertrags sind weniger bedenklich. Kostenregelungen oder Verträge über die Durchführungsmodalitäten oder -verantwortlichkeit können grundsätzlich geändert werden. Zwar fließen auch diese Gesichtspunkte in die planerische Abwägung mit ein, eine nachträgliche Änderung wird aber regelmäßig nicht so gravierend sein, dass die planerischen Absichten als solche beeinträchtigt werden. Auch auf den Wert des Ausgleichs haben derartige Änderungen keinen Einfluss. Was allerdings die Sicherungsinstrumente betrifft, muss auch bei einem neuen Vertrag der Zugriff rechtsnachfolgesicher ausgestaltet sein. Dies ist unverzichtbarer Bestandteil der Sicherung.

Bei einer solchen Änderung des Ausgleichsinhalts und der Durchführungsmodalitäten kommt es auf die Bedeutung der Änderung an. Hier bietet sich der Vergleich mit Ausnahmen und Befreiungen im Bebauungsplan an. Regelmäßig unproblematisch sind deshalb geringfügige Änderungen bei Ausführungsfristen oder leichte Modifikationen der geforderten Bepflanzung. Eine Änderung ist zumindest aber dann nicht möglich, wenn die Grundzüge der Planung betroffen sind. In diesem Fall ist ein formelles Planänderungsverfahren notwendig.[475]

---

474 So dann auch: *Reidt*, UPR 410 (414); *ders.* in: *Battis/Krautzberger/Löhr*, BauGB § 11 Rn. 93.

475 *Reidt*, UPR 2008, 410 (414).

c) Rechtsfolgen

Wird ein notwendiges formelles Planänderungsverfahren nicht durchgeführt und der Vertrag dennoch (unzulässig) geändert, gilt der ursprüngliche Bebauungsplan in Verbindung mit dem unveränderten Vertrag weiter.[476] Die Vertragsänderung ist wegen sittenwidriger Kollusion nichtig bzw. - sofern die Schwelle der Sittenwidrigkeit im Einzelfall nicht erreicht ist - kommunalaufsichtsrechtlich zu beanstanden und von der Gemeinde rückabzuwickeln. Die Planerhaltungsvorschriften des § 214 BauGB finden keine (analoge) Anwendung. Zwar besteht hinsichtlich der Änderungsmöglichkeiten (wie soeben ausgeführt) ein gewisser Gleichlauf. § 214 BauGB ist aber eine auf Pläne bezogene Sondervorschrift, die nicht auf Verträge übertragen werden kann, da diesen kein entsprechendes formalisiertes Verfahren vorausgegangen ist. Ebenso ist der ursprüngliche Bebauungsplan nicht rückwirkend nichtig, sondern die nachträgliche Änderung unwirksam. Die daraus folgende Einschränkung der Flexibilität von Verträgen ist mit Blick auf die Bedeutung von Konstanz und Rechtssicherheit bei Bebauungsplänen sowie deren Rechtsnatur als Plan hinzunehmen.

E. Zusammenfassung

Vertragliche Lösungen sind nicht frei von Risiken und Nachteilen. Sie bieten jedoch viele Vorteile, allen voran die Möglichkeit flexibler, auf den Einzelfall zugeschnittener Vorgehensweisen. Insbesondere können manche Ziele ausschließlich durch Ausgleichsverträge, nicht hingegen durch hoheitliche Instrumente erreicht werden. Weder einem vertraglichen noch einem hoheitlichen Vorgehen ist dabei Vorrang einzuräumen.

Im Verhältnis zu Bebauungsplänen besteht zwischen diesen und Ausgleichsverträgen eine, durch die Wechselwirkung von Eingriff und Ausgleich bedingte, starke Abhängigkeit. So führt ein unzureichender Ausgleichsvertrag regelmäßig zur Rechtswidrigkeit des Bebauungsplans. Auch hinsichtlich ihrer Änderungs- und Anpassungsmöglichkeiten büßen Ausgleichsverträge deshalb viel ihrer formellen Flexibilität ein. So ist eine nachträgliche Änderung - ebenso wie bei Festsetzungen - nur im

---

[476] *Reidt*, UPR 2008, 410 (415), auch zum Nachfolgenden.

formellen Bauleitplanverfahren möglich. Dies entspricht ihrer festsetzungsersetzenden Funktion und hohen Bedeutung in der Abwägung.

Kapitel 2 – Anforderungen an die Sicherung

Um zu überprüfen, in welcher Ausgestaltung städtebauliche Verträge und sonstige geeignete Maßnahmen für den naturschutzrechtlichen Ausgleich in der Bauleitplanung in Betracht kommen, müssen zunächst die Anforderungen an dessen Sicherung herausgearbeitet werden (§ 6 (S. 97 ff.)). Ein Vergleich mit dem Inhalt und der Sicherungswirkung entsprechender Darstellungen und Festsetzungen in Bauleitplänen als gleichwertige Alternative ist dabei unverzichtbar (§ 7 (S. 110 ff.)).

§ 6 Ziel der Sicherung

Der naturschutzrechtliche Ausgleich in der Bauleitplanung ist sowohl naturschutzfachlich als auch in rechtlicher Hinsicht keine simple Angelegenheit. Im Hintergrund steht die *tatsächliche* Kompensation eines *tatsächlich* stattfindenden Eingriffs. Sowohl Eingriff als auch Ausgleich werden aber erst *nach* Beendigung des Planverfahrens realisiert. Dennoch soll die Entscheidung über den Ausgleich bereits *davor* abwägungsfehlerfrei im Planverfahren erfolgen. Der naturschutzrechtliche Ausgleich in der Bauleitplanung stellt damit einen gestuften Prozess dar: Dieser beginnt mit der Abwägung, wird durch den Bebauungsplan und den zugehörigen Vertrag konkretisiert und endet schließlich mit der tatsächlichen Umsetzung sowie gegebenenfalls einer dauerhaften Pflege. Aufgrund der so entstehenden, unter Umständen erheblichen zeitlichen Differenz zwischen Festlegung der Ausgleichsmaßnahmen und deren Ausführung, besteht für diesen Zeitraum ein Sicherungsbedürfnis. Diesem kann durch Darstellungen und Festsetzungen im Bauleitplan, also hoheitliche Anordnung, Rechnung getragen werden. Daneben kann die Sicherung aber auch durch einen Vertrag oder eine sonstige geeignete Maßnahme übernommen werden.

Im Gegensatz zu den Festsetzungen und Darstellungen in Bauleitplänen ist der Inhalt von Verträgen nicht gesetzlich vorbestimmt. Es sind viele, teilweise vollkommen unterschiedliche Wege gangbar. Da Bebauungspläne gegenüber Verträgen eine vollkommen andere Wirkungsweise haben und letztere auch nicht hoheitlich durchgesetzt werden können, sind die jeweiligen gegenseitigen Verpflichtungen und deren - gegebenenfalls vollstreckungsrechtliche - Durchsetzung näher zu untersuchen. Kommt der Ausgleichspflichtige seinen Pflichten nicht nach, kann nämlich nur durch zwangsweise Vollstreckung der letzte Schritt, also die tatsächliche Umsetzung des Ausgleichs, herbeigeführt werden. Bei sämtlichen Sicherungsvarianten - sei es dem städtebaulichen Vertrag oder an diesen anknüpfende Sicherungsmittel - ist deshalb immer auch die Ebene der Vollstreckung zu berücksichtigen.

A. Begriff und Hintergrund der Sicherung

Um eine präzise Untersuchung der Anforderungen an die „Sicherung" zu ermöglichen, muss zunächst klargestellt werden, was unter diesem Begriff zu verstehen ist. Darüber hinaus ist die Wirksamkeit einer Sicherung immer an dem Hintergrund ihrer Veranlassung, insbesondere also dem Sicherungsfall, zu messen.

I. Begriff der „Sicherung"

Der Begriff „Sicherung" findet sich in § 1a Abs. 3 BauGB nicht. § 1a Abs. 3 Satz 2 BauGB spricht ganz allgemein davon, dass der Ausgleich durch Darstellungen und Festsetzungen[477] „erfolgt". Dennoch wird in Literatur[478] und Rechtsprechung[479] im Zusammenhang mit der naturschutzrechtlichen Eingriffs- und Ausgleichsregelung in der Bauleitplanung regelmäßig von

---

477 Bzw. in Verbindung mit Satz 4 durch städtebauliche Verträge und sonstige geeignete Maßnahmen.

478 Z.B. *Quaas*, NVwZ 1995, 840 (842), schon zu § 8a BNatSchG 1993; *Thum*, ZUR 2004, 278 (283); *Mitschang*, ZfBR 2005, 644 (649); *Grziwotz*, KommJur 2008, 288; *Battis*, in: *Battis/Krautzberger/Löhr*, BauGB § 1a Rn. 27.

479 Z.B. BVerwG, Beschl. v. 09.05.1997 - 4 N 1/96, LS = BVerwGE 104, 353 (schon zu § 8a BNatSchG 1993); Beschl. v. 18.07.2003 - 4 BN 37/03, juris Rn. 4 = NVwZ 2003, 1515 (1516); Beschl. v. 20.03.2012 - 4 BN 31/11, Rn. 5 und 6 = BauR 2012, 1067 (1068); OVG NRW, Urt. v. 21.04.2015 - 10 D 21/12.NE, juris Rn. 189 = BauR 2015, 1785 (maßgeblicher Teil nicht abgedruckt).

„Sicherung“ gesprochen. Der Begriff findet sich schließlich auch in § 11 Abs. 1 Satz 1 Nr. 2 BauGB: Städtebauliche Verträge können zur „Förderung und *Sicherung* der mit der Bauleitplanung verfolgten Ziele“ abgeschlossen werden. Zumindest bei derartigen Verträgen gibt es also das Gesetz her, von einer „Sicherung durch Vertrag“ zu sprechen.

Der typischerweise eher aus dem Zivilrecht bekannte Begriff bezieht sich dort auf Forderungen. Deren Erfüllung wird bei einem Ausfall des Vertragspartners durch Sicherungsmittel gewährleistet. Weder Darstellungen und Festsetzungen noch Verträge als solche stellen aber eine Sicherung in diesem Sinne dar. Der Begriff der „Sicherung“ bezieht sich im Zusammenhang mit dem naturschutzrechtlichen Ausgleich deshalb nicht auf eine (schuldrechtliche) Forderung im Sinne des Zivilrechts, sondern bezeichnet ganz allgemein die Sicherstellung, dass der in der Abwägung beschlossene (und für das Planungsergebnis maßgebliche[480]) Ausgleich später tatsächlich durchgeführt wird. Diese Sicherung kann in der zwingenden Wirkung von Darstellung und Festsetzung eines Bauleitplans[481] oder der Verpflichtung des Vorhabenträgers oder Dritter zu einem bestimmten Tun oder Unterlassen aus einem (öffentlich-rechtlichen) Schuldverhältnis[482] bestehen.

Dies allein beschreibt den Begriff der „Sicherung“ aber noch nicht vollständig. Zweck der „zivilrechtlichen“ Sicherung ist es, dass der vertraglich bezweckte Erfolg auch im Falle der Verweigerung der Erfüllung oder sogar Insolvenz des Vertragspartners erreicht werden kann. Diese Gesichtspunkte sind auch bei der Sicherung des naturschutzrechtlichen Ausgleichs zu berücksichtigen. Der Begriff der „Sicherung“ ist also umfassend, seine Ausgestaltung im Einzelnen davon abhängig, welche Ziele jeweils verfolgt werden.

II. Hintergrund der Sicherung und Sicherungsfall

Hintergrund einer Sicherung ist eine bestehende *Unsicherheit*. Während auf erster Stufe die Festlegung des Inhalts des Ausgleichs – sei es durch Vertrag oder Festsetzung – bei hinrei-

480 Hierzu siehe § 4 A. I. (S. 32 ff.).

481 Zur Vollziehung dieser Pflichten siehe unten § 7 B. II. 2. (S. 128 ff.).

482 Zur Vollziehung siehe unten § 9 C. I. (S. 176 ff.).

chender Konkretisierung keine rechtlichen Unsicherheiten belässt, bestehen solche aber auf zweiter Stufe dahingehend, dass die letztendliche Umsetzung der Maßnahmen nicht garantiert ist.[483] Insbesondere kann nicht fest mit einer freiwilligen Ausführung der Ausgleichsmaßnahmen gerechnet werden. Der Pflichtige muss also notfalls zur Durchführung oder Duldung gezwungen werden. Um die Wirksamkeit der Sicherungsmaßnahmen zu beurteilen, muss vom hypothetischen Sicherungsfall ausgegangen werden. Die Sicherung muss dann greifen, wenn sich der Pflichtige weigert, eine Maßnahme durchzuführen und damit dem geplanten Ausgleich zum Erfolg zu verhelfen. Nur dann zeigt sich, ob das gewählte Sicherungsmittel in der Lage ist, den Ausgleich zu gewährleisten.

Bei der Sicherung des Ausgleichs stellt sich dabei insbesondere das Problem einer etwaigen Rechtsnachfolge bzgl. des Ausgleichsgrundstücks. Darüber hinaus ist ein etwaiger Ausfall des Ausgleichsverpflichteten zu berücksichtigen.

1. Rechtsnachfolge bezüglich des Ausgleichsgrundstücks

Hauptproblem beim vertraglichen Ausgleich ist ein etwaiger Wechsel des Eigentümers der Ausgleichsfläche (z.B. im Rahmen einer Übernahme des Projekts durch einen Dritten oder schlicht durch Verkauf des Grundstücks). Geht das Ausgleichsgrundstück in das Eigentum eines Rechtsnachfolgers über, so hat jener von diesem Zeitpunkt an sämtliche sich aus dem Eigentum ergebenden Rechte. Insbesondere gestattet es ihm die negative Wirkung des Eigentumsschutzes, Dritte von einer Einwirkung auf seine Sache auszuschließen.[484] An die Vertragsbeziehungen zwischen der Gemeinde, einem Ausgleichsverpflichteten und dem vormaligen Eigentümer der Fläche (d.h. seinem Rechtsvorgänger) ist er aber nicht gebunden, insbesondere also nicht zur Durchführung eines Ausgleichs verpflichtet.[485]

---

483 Zu diesen Stufen der Ausgleichssicherung und der insoweit doppelten Funktion des § 1a Abs. 3 BauGB siehe unten § 6 C. I. (S. 107).

484 *Berger*, in: *Jauernig*, BGB § 903 Rn. 3.

485 Hierzu auch: *Lau*, Naturschutz in der Bauleitplanung, Rn. 379. Dieses Risiko besteht im Übrigen ebenso im „klassischen" Vertragsnaturschutz (vgl. *Fritz*, UPR 1997, 439 (443)).

Auch für den vertraglich zum Ausgleich Verpflichteten besteht dann keine Möglichkeit mehr, den Ausgleich gegen den Willen des neuen Eigentümers durchzuführen. Die Leistung ist ihm rechtlich unmöglich geworden. Dies führt zwar nicht zur Nichtigkeit des Vertrags gem. § 59 Abs. 1 VwVfG[486], da § 275 Abs. 1 BGB lediglich die Leistungspflicht des Schuldners ausschließt. Auch § 59 Abs. 2 Nr. 1 i.V.m. § 44 Abs. 2 Nr. 4 VwVfG führt nicht zur Nichtigkeit, da dieser nur die Fälle objektiver, nicht aber subjektiver Unmöglichkeit erfasst.[487] Die Gemeinde kann ihren vertraglich bestehenden Ausgleichsanspruch jedoch nicht durchsetzen, da der Vertragspartner die Leistung wegen Unmöglichkeit verweigern kann. Sie hat allenfalls einen Schadensersatzanspruch, welcher aber ebenfalls nicht zur Herstellung des geplanten Ausgleichszustandes führt. Sofern sich im Bebauungsplan auch keine (ausreichenden) Festsetzungen für einen Ausgleich auf der entsprechenden Fläche finden, besteht für die Gemeinde grundsätzlich keine Möglichkeit, den geplanten Ausgleich tatsächlich durchzuführen.

Dieses Kernproblem muss durch entsprechende vertragliche Ausgestaltung bewältigt werden.[488]

2. Ausfall des Vorhabenträgers

Darüber hinaus kann der Vorhabenträger auch aus anderen Gründen ausfallen. Einer bloßen Weigerung kann mit einer Leistungsklage auf Durchführung begegnet werden. Ist der Vorhabenträger jedoch insolvent, ist eine solche nicht zielführend. Da die Gemeinde im Rahmen der Vollstreckung ohnehin zur Selbstvornahme berechtigt ist[489], ergeben sich die Probleme hier vor allem auf der Ebene der Refinanzierung[490].

In diesem Zusammenhang stellt sich die Frage, ob die Gemeinde dazu verpflichtet ist, bei fehlgeschlagener Kompensati-

---

486 Ein Vertrag, der eine materielle Ausgleichspflicht des Vertragspartners vorsieht, ist immer öffentlich-rechtlicher Natur, siehe oben § 5 A. II. 3. c) aa) (S. 66 f.).

487 *Bonk*, in: *Stelkens/Bonk/Sachs*, VwVfG § 59 Rn. 27.

488 So auch *Böhme/Bruns/Bunzel/Herberg/Köppel*, Flächen- und Maßnahmenpools, S. 89 (für Poollösungen).

489 Siehe unten § 9 C. I. (S. 176 ff.).

490 Diese wird in § 12 (S. 220 ff.) behandelt.

on durch einen Privaten den Ausgleich *selbst durchzuführen*. Dies ist grundsätzlich zu bejahen.[491] Die Gemeinde ist nämlich materiell verpflichtet, die gesetzlichen Anforderungen des Naturschutzes zu erfüllen[492] und auch die Planung notfalls zu reparieren.[493] Da es sich bei der Bauleitplanung um eine pflichtige Selbstverwaltungsaufgabe handelt[494], besteht insofern eine gemeindliche Auffangverantwortung. Die Verantwortlichkeit des Vorhabenträgers nach dem Verursacherprinzip entbindet sie nicht von dieser Pflicht.[495] Gleiches gilt, wenn die Gemeinde von dem Vertrag als Ausgleichsinstrument Gebrauch macht und darüber einen Dritten verpflichtet. Diese Verpflichtung wirkt sich dann unmittelbar auf den Vertrag aus. Hat dieser allein die Funktion, den tatsächlichen Ausgleich herbeizuführen, muss dies bei der Ausgestaltung beachtet werden, insbesondere unter Berücksichtigung eines etwaigen Ausfalls des Vertragspartners. Notwendig sind deshalb Mechanismen, die es der Gemeinde notfalls erlauben, den Ausgleich selbst durchzuführen oder durchführen zu lassen.[496]

B. Zielrichtung der Sicherung

Die Sicherung der Ausgleichsmaßnahme kann zwei unterschiedlichen Zielen dienen: dem Zugriff (I.) und der Ausführung (II.). Diese beiden Ziele können nicht vollkommen trennscharf voneinander abgegrenzt werden. Vielmehr ist der Zugriff zwangsläufig zugleich Element der Durchführung.

---

491 So bereits *Quaas*, NVwZ 1995, 840 (841 f.) für den Fall des Scheiterns des Vertrags.

492 Die Verantwortungszuordnung gem. § 135a Abs. 1 BauGB an den Verursacher ist nur bei einem Ausgleich *durch Festsetzungen* unmittelbar anwendbar.

493 *Stüer*, NuR 2004, 11 (15), der insbesondere auf die Pflicht der Gemeinde gem. § 1 Abs. 3 BauGB hinweist, erforderliche Bauleitpläne aufzustellen.

494 Hierzu *Gaentzsch*, LKV 1992, 105 ff.

495 *Garbe*, Eingriffsregelung, S. 205.

496 So auch *Stüer*, NuR 2004, 11 (15).

I. Sicherung des Zugriffs

Eine (vertragliche) Verpflichtung zur Durchführung von Ausgleichsmaßnahmen ist nutzlos, wenn der Ausgleichspflichtige keine Möglichkeit hat, auf das Grundstück, welches der Maßnahmendurchführung dient, zuzugreifen. Es muss demnach sichergestellt werden, dass über den gesamten Zeitraum des Ausgleichs ein Zugriff auf die Ausgleichsfläche besteht.[497] Dabei spielt vor allem das Auseinanderfallen von Ausgleichspflichtigem und Eigentümer der Ausgleichsfläche eine Rolle, so z.B. wenn der ausgleichspflichtige Vorhabenträger den Ausgleich auf dem Grundstück eines Dritten durchführen soll. Hier muss sich der Dritte dem Ausgleichspflichtigen oder der Gemeinde gegenüber verpflichten, den Ausgleich auf seinem Grundstück zuzulassen (sofern er sich nicht selbst direkt zur Durchführung verpflichtet).[498] Der Zugriff ist dabei regelmäßig unproblematisch, wenn die Gemeinde selbst Eigentümer der Ausgleichsfläche ist. Im Übrigen stellt sich aber das Problem der Veräußerung der Ausgleichsfläche, da in einem solchen Fall der Zugriff auf das Grundstück verloren geht. Es ist also sicherzustellen, dass auch nach einem Eigentümerwechsel ein Zugriff auf das Grundstück möglich ist.

II. Sicherung der Ausführung

Neben dem Umstand, dass der Ausgleichsverpflichtete aufgrund seines gesicherten Zugriffs den Ausgleich tatsächlich durchführen *kann*, muss sichergestellt werden, dass die Ausgleichsmaßnahme auch *tatsächlich ausgeführt wird*[499] – notfalls gegen den Willen des Ausgleichsverpflichteten. Es geht also darum, inwieweit der Ausgleichsverpflichtete gezwungen werden kann, den Ausgleich auszuführen bzw. dieser über alternative Wege erreicht werden kann. Hier muss streng danach unterschieden werden, wer zur Ausführung des Ausgleichs gezwungen werden soll: die Gemeinde selbst oder ihr Vertragspartner.

---

497 Man könnte auch von einer Sicherung *für* den Ausgleichsverpflichteten sprechen, da dieser sich die Durchführungsmöglichkeit absichert.

498 Zur Person des Zugriffsberechtigten siehe unten § 8 A. II. 3. (S. 142 ff.).

499 *Burmeister*, Städtebauliche Verträge, Rn. 122.

Ob nach der planerischen Konzeption die Gemeinde oder der Vertragspartner für den Ausgleich verantwortlich ist, stellt eine Frage des Einzelfalls dar. Beide Varianten sind grundsätzlich zulässig. Die Kompensation durch die Gemeinde ist zumindest dann sinnvoll, wenn diese eine bessere Gewähr für eine fachlich ausreichende Unterhaltung des Ausgleichs bietet.[500]

1. Zwang gegenüber dem Vertragspartner

Vertragspartner der Gemeinde können sowohl der Vorhabenträger als auch ein Dritter sein. Hier muss für die Gemeinde eine Durchsetzungsmöglichkeit dahingehend bestehen, dass die vertraglich geschuldete Leistung tatsächlich erfüllt wird.

Ist der Vertragspartner zur Ausführung des Ausgleichs verpflichtet, kann die Gemeinde auf Vornahme des Ausgleichs klagen[501]. Das Beschreiten des Klagewegs und die anschließende Vollstreckung können aber langwierig sein, weshalb die Selbstvornahme der Gemeinde oder zumindest ein Selbstvornahmerecht vorteilhaft sein kann. Zur Verkürzung der Vollstreckung kann die Unterwerfung unter die sofortige Zwangsvollstreckung dienen. Dingliche Rechte sind für einen effektiven Zwang zur Ausführung hingegen nicht erforderlich, da die rein schuldrechtliche Verpflichtung diesbezüglich ausreichende Realisierungsmöglichkeiten bietet.

Das bereits angesprochene Problem der potenziellen Rechtsnachfolge[502] hat indirekte Auswirkungen auf den Zwang, der gegenüber einem Vertragspartner ausgeübt werden kann. Ist diesem die Ausführung einer geschuldeten Leistung nicht mehr möglich, kann er seine Pflichten insoweit nicht erfüllen. Hier sind Ausführungs- und Zugriffssicherung eng verzahnt, da die Ausführung nur über die Sicherstellung eines Zugriffs gewährleistet werden kann.

Im Übrigen bietet die bloße Sicherung der Ausführung beim Ausgleichsvertrag zwischen Gemeinde und einem zum Ausgleich Verpflichteten aber keine besonderen rechtlichen Schwierigkeiten. Die Gemeinde fungiert gegenüber dem Aus-

---

500 *Bunzel*, NuR 2004, 15 (18).

501 Hierzu unten § 9 C. I. (S. 176 ff.).

502 Siehe oben § 6 A. II. 1 (S. 100 f.) und B. I. (S. 104 f.).

gleichsverpflichteten als Kontrollinstanz auf Seiten des Naturschutzes und zwingt diesen zur Ausführung.

2. Zwang gegenüber der Gemeinde

Hat die Gemeinde sowohl Zugriff auf die Fläche und ist sie - wie im Regelfall - auch *gewillt*, den Ausgleich durchzuführen, stellen sich keine praktischen Probleme. Gibt die Gemeinde jedoch nach Erlass des Bebauungsplans die tatsächliche Realisierung des geplanten Ausgleichs wieder auf, so wird den gesetzlichen Anforderungen nicht Genüge getan. Dies gilt unabhängig davon, ob die Gemeinde den Ausgleich selbst durchführt oder einen Dritten hierzu vertraglich verpflichtet.

Diese Kontrolle der Gemeinde ist ein heikles Thema. Grundsätzlich wird man der Gemeinde nicht generell unterstellen, rechtswidrig handeln zu wollen.[503] Nichtsdestotrotz ist dies gerade im Rahmen der sonstigen geeigneten Maßnahmen, wenn etwa keinerlei Festlegung durch Vertrag oder Festsetzungen erfolgt, nicht undenkbar.[504] Gemeinden sind häufig „knapp bei Kasse" und darüber hinaus Schwankungen der politischen Zusammensetzung ihrer Organe unterworfen. Dieses Problem hat auch die Rechtsprechung gesehen und eine gewisse Bindung der Gemeinde gefordert.[505] Im Rahmen der Bauleitplanung findet abgesehen von der Behördenbeteiligung keine spezielle Kontrolle durch die Naturschutzbehörde statt. Auch eine Normenkontrolle hilft nicht weiter, da bei dieser lediglich der Bebauungsplan auf seine Rechtmäßigkeit überprüft werden kann, nicht aber, ob die Gemeinde den Ausgleich später tatsächlich durchführt oder nicht.

Um dem Risiko der Nichtverwirklichung entgegenzuwirken, bedarf es also einer gewissen Sicherung *gegen* die Gemeinde. Diese Diskussion soll dabei nur im Hinblick auf eine rechtliche Absicherung geführt werden. Es besteht immer (auch) das Risiko, dass die Gemeinde ihren bestehenden Verpflichtungen nicht nachkommt. Die letztendliche Kontrolle des gemeindli-

---

503 Vgl. *Stüer*, NuR 2004, 11 (15).

504 Kritisch auch: *Schmidt*, NVwZ 1998, 337 (341).

505 Vgl. insoweit BVerwG, Beschl. v. 18.11.1997 - 4 BN 26/97, juris OS 2 und Rn. 13 = ZfBR 1998, 158.

chen Handelns liegt bei der jeweiligen Kommunalaufsichtsbehörde, die aber regelmäßig von sich aus aktiv werden muss.[506]

Dieses Problem einer Sicherung *gegen* die Gemeinde taucht in der Rechtsprechung unter dem Stichwort eines „Mindestmaßes an rechtlicher Bindung" auf. Eine solche ist dem Ausgleich durch Festsetzung oder auch Vertrag immanent, da die Verpflichtung zum Ausgleich und dessen Inhalt festgelegt ist und diese Bindung von der Gemeinde nicht einseitig und ohne förmliches Verfahren beseitigt werden kann. Führt aber der von der Gemeinde gewählte Weg des Ausgleichs nicht zu einer solchen Bindung, wie es bei sonstigen geeigneten Maßnahmen durchaus der Fall sein kann, muss eine solche bis zu einem gewissen Grad zusätzlich begründet werden.[507]

III. Verhältnis der Sicherung von Zugriff und Ausführung

Die Sicherung kann also zwei Zielrichtungen verfolgen: Zum einen muss der Zugriff auf die Fläche gesichert werden, sodass der Ausgleichspflichtige[508] den Ausgleich durchführen kann (auch bei Rechtsnachfolge und Insolvenz). Zum anderen muss sichergestellt werden, dass der Ausgleichspflichtige die Maßnahmen auch tatsächlich ausführt, was insbesondere dann problematisch sein kann, wenn die Gemeinde Ausgleichspflichtiger ist. Beiden Zielen muss die Ausgestaltung des naturschutzrechtlichen Ausgleichs Rechnung tragen.

Zugriff und Ausführung stehen dabei in einem engen Zusammenhang und können nicht trennscharf voneinander gelöst werden. So ist der Zugriff des Ausgleichspflichtigen notwendige, aber nicht hinreichende Voraussetzung für eine tatsächliche Ausführung. Ohne Zugriff kann der Ausgleich nämlich nicht ausgeführt werden. Ein gesicherter Zugriff bedeutet aber nicht zugleich, dass die Ausgleichsmaßnahmen auch wirklich ausgeführt werden. Ist der Ausgleichspflichtige zugriffsberechtigt

---

506 *Köck*, NuR 2004, 1 (Fn. 7 und S. 3); vgl. *Stich*, BauR 2003, 1308 (1310), in Bezug auf Ökokonten. Wird der Bebauungsplan aus einem Flächennutzungsplan entwickelt, besteht gem. § 10 Abs. 2 BauGB auch keine präventive Kontrolle durch die Kommunalaufsichtsbehörden (*Schmidt*, NVwZ 1998, 337 (341)).

507 Hierzu ausführlich unten § 10 B. III. (S. 187 ff.).

508 Das ist zumindest hilfsweise auch die Gemeinde.

(z.B. als Eigentümer der Ausgleichsfläche) kann er aufgrund des Ausgleichsvertrags zur Ausführung verpflichtet werden. Will die Gemeinde den Ausgleich aber selbst nach eigenem Gutdünken durchführen, ist ein Mindestmaß an Bindung zu fordern. Diese Bindung geht - ähnlich wie die Vertragspflicht eines ausgleichspflichtigen Privaten, aber nicht ganz so strikt - über einen bloßen Zugriff hinaus und kann nicht durch diesen ersetzt werden. Das Eigentum der Gemeinde an der Ausgleichsfläche genügt für sich genommen den Anforderungen an die Sicherung des Ausgleichs also nicht.

Im Rahmen der Sicherungsinstrumente können die beiden Aspekte der Zugriffs- und Ausführungssicherung verschmelzen. So kann eine Zugriffssicherung zugunsten der Gemeinde gleichzeitig der tatsächlichen Ausführung dienen, weil ihr eine Selbstvornahme ermöglicht wird. Grundsätzlich gilt aber, dass eine reine Sicherung des Zugriffs die Sicherung der Ausführung nicht ersetzen kann und umgekehrt. Beide Aspekte sind bei der Bestimmung der Anforderungen zu beachten.

C. Die Sicherungsebenen

Bei der Sicherung des vertraglichen Ausgleichs kann nicht nur nach der Zielrichtung differenziert werden. Sie findet außerdem auf mehreren rechtlichen „Ebenen" statt.

I. Doppelte Funktion des § 1a Abs. 3 BauGB

Die in § 1a Abs. 3 BauGB genannten Maßnahmen (d.h. sowohl Festsetzungen als auch Verträge) haben eine doppelte Funktion. Zunächst legen sie materiell fest, welche Ausgleichsmaßnahmen durchzuführen sind (Inhalt des Ausgleichs). Darüber hinaus sollen die dort genannten Instrumente die tatsächliche Durchführung dieser festgelegten Maßnahmen absichern, indem sie den jeweils betroffenen Personenkreis verpflichten (Sicherung des Ausgleichs). Dieser besteht bei Festsetzungen im Bebauungsplan grundsätzlich aus allen Eigentümern von Grundstücken im betreffenden Plangebiet. Bei vertraglicher Lösung werden hingegen nur die jeweiligen Vertragspartner verpflichtet.

II. Weitergehende Sicherung auf zweiter Ebene

Durch die nicht grundstücks- sondern parteibezogene Bindung von Verträgen entsteht - wie bereits festgestellt - ein nicht unerhebliches Risiko, dass es zu Situationen kommt, in denen der Ausgleichsverpflichtete keinen Zugriff auf die Ausgleichsfläche hat. Während die inhaltlich ausgestaltende Funktion des § 1a Abs. 3 BauGB problemlos auch durch Vertrag substituiert werden kann, bedarf es zur Wahrnehmung der Sicherungsfunktion einer zweiten Ebene in Form von *weitergehenden Sicherungsmaßnahmen*. Im Rahmen der Sicherung durch (städtebaulichen) Vertrag sind deshalb zwei „Ebenen" zu unterscheiden: die schuldrechtlich verpflichtende und die weitergehend absichernde. Letztere muss die Verpflichtung gegen Störungen immunisieren und kann deshalb nicht eigenständig bestehen, sondern knüpft immer an die entsprechenden inhaltlichen Bestimmungen der zugrundeliegenden schuldrechtlichen Verpflichtungen an.

Daneben muss gegebenenfalls die (Re-)Finanzierung der Maßnahmen sichergestellt werden. Dies betrifft allerdings nicht mehr den naturschutzrechtlichen Ausgleich als solchen. Vielmehr hat die Gemeinde ein lediglich (aber erhebliches) wirtschaftliches Interesse an einer etwaigen Kostentragung durch einen privaten Investor. Die Refinanzierung steht dabei bis zu einem gewissen Grad zur Disposition der Gemeinde und ist für einen wirksamen Ausgleich (und damit die Wirksamkeit des Bebauungsplans) nicht unmittelbar relevant. Insoweit sind an die Sicherung andere Anforderungen zu stellen.[509]

D. Zusammenfassung

Bei der Bestimmung der Anforderungen an die Sicherung des Ausgleichs sind mehrere Aspekte relevant. Ausgangspunkt ist dabei grundsätzlich das von der Sicherung verfolgte Ziel. Dieses bestimmt sich nach den Risiken, welche abgesichert werden müssen, hier also der Gefahr, dass der Ausgleichspflichtige den Ausgleich nicht ausführen *kann* oder nicht ausführen *will* (Hintergrund der Sicherung, siehe § 6 A. (S. 98 ff.)).

---

509 Hierzu siehe unten § 12 B. (S. 231 ff.).

Um dem Ausgleich zum tatsächlichen Erfolg zu verhelfen, muss sowohl der Zugriff auf die Ausgleichsfläche als auch die tatsächliche Ausführung als solche sichergestellt sein. Diese beiden Zielrichtungen der Sicherung (siehe § 6 B. (S. 102 ff.)) lassen sich dabei nicht vollständig trennen, sondern bedingen sich bis zu einem gewissen Grad gegenseitig. Im Rahmen der Zugriffssicherung ist insbesondere die Gefahr eines Zugriffsverlusts durch Rechtsnachfolge zu eliminieren. Bei der Ausführungssicherung ist zwischen der Unwilligkeit des Vertragspartners und der Unwilligkeit der Gemeinde zu differenzieren, die jeweils eine entsprechende Bindung verlangen. Ein Zwang gegenüber der Gemeinde ist dabei - ebenso wie ein kollusives Zusammenwirken der Parteien des Ausgleichsvertrags - vor allem eine Frage der Kommunalaufsicht.

Zudem ist die doppelte Funktion des § 1a Abs. 3 BauGB zu berücksichtigen, der verlangt, dass auf einer ersten Stufe zunächst die konkrete Ausgleichsverpflichtung (beim Vertrag schuldrechtlich) festgelegt wird und dann auf einer zweiten Stufe weitergehend abgesichert wird (Sicherungsebenen, siehe § 6 C. (S. 107 f.).

§ 7 Der Ausgleich durch Bauleitpläne

Die Sicherung des Ausgleichs durch städtebaulichen Vertrag und sonstige geeignete Maßnahmen steht gleichwertig neben einem Ausgleich durch Darstellungen und Festsetzungen in Bauleitplänen, sodass es naheliegt, diese als Vergleichsmaßstab heranzuziehen. § 1a Abs. 3 Satz 2 BauGB betrifft sowohl den Flächennutzungs- als auch den Bebauungsplan. Vor allem letzterer kann dabei detaillierte Ausgleichsmaßnahmen enthalten. Auch in Literatur[510] und Rechtsprechung[511] wird davon ausgegangen, dass die tatsächliche Durchführung bei einem Vertrag ähnlich sicher sein muss wie beim Ausgleich durch Bauleitpläne. Unter Berücksichtigung der Ziele der Sicherung soll deshalb zunächst untersucht werden, auf welche Weise Darstellungen und Festsetzungen einen naturschutzrechtlichen Ausgleich gewährleisten.

A. Ausgleich im Flächennutzungsplan

Bereits im Flächennutzungsplan ist auf Vermeidung und Ausgleich von Eingriffen einzugehen.[512] Dadurch wird zum einen das nachfolgende Bebauungsplanverfahren entlastet. Zum anderen kann die Preisentwicklung gedämpft werden, sodass bei der späteren Flächenbeschaffung Kosten gespart werden können.[513] Der Umfang des naturschutzrechtlichen Eingriffs ist im Flächennutzungsplan lediglich zu schätzen.[514]

I. Darstellungsmöglichkeiten

Im Flächennutzungsplan können gem. § 5 Abs. 2 Nr. 10 BauGB Flächen für natur- und landschaftsschützende Maßnahmen

---

510 *Burmeister*, Städtebauliche Verträge, Rn. 122; *Krautzberger*, in: *Ernst/Zinkahn/Bielenberg/Krautzberger*, BauGB, § 1a Rn. 100.

511 OVG RhPf, Urt. v. 20.01.2003 - 8 C 11016/02, juris Rn. 42 = NVwZ-RR 2003, 629 (630); vgl. OVG NRW, Urt. v. 26.02.2015 - 2 D 1/13.NE, juris Rn. 113 = BauR 2015, 1776 (1784).

512 *Klinge*, BauR 1995, 289 (291).

513 *Mitschang*, in: *Battis/Krautzberger/Löhr*, BauGB § 5 Rn. 35a; *Tophoven*, Eingriffs- und Ausgleichsregelung, S. 125.

514 *Louis/Wolf*, NuR 2002, 455 (460).

dargestellt werden. Damit wird zum einen die Sicherung des Schutzes von Natur und Landschaft ermöglicht. Zum anderen wird das Städtebaurecht formal für die Integration von Landschaftsplänen (§ 9 BNatSchG) eröffnet.[515] Dabei ist aber zu beachten, dass die nach Nr. 10 dargestellten Flächen immer eines inneren Rechtfertigungszusammenhangs mit anderen Flächendarstellungen bedürfen, also z.B. dem Ausgleich von Eingriffen dienen müssen.[516] Auch die in den Nrn. 5, 7 und 9 genannten Grün-, Wasser-, Wald- und landwirtschaftlichen Flächen können dem Ausgleich dienen. Möglich ist überdies eine Ergänzung der nicht im Gesetz genannten Nutzungszwecke[517], da der Katalog des § 5 Abs. 2 BauGB nicht abschließend ist[518]. Die Gemeinde ist hinsichtlich des Darstellungsinhalts im Flächennutzungsplan wesentlich freier als im Bereich der Festsetzungen eines Bebauungsplans.

Der Flächennutzungsplan ist grundsätzlich für das gesamte Gemeindegebiet aufzustellen, § 5 Abs. 1 Satz 1 BauGB. Die Darstellung hat nur in Grundzügen als „grobmaschiges Grundkonzept" zu erfolgen.[519] Zwar ist im Einzelfall auch eine detailliertere Darstellung möglich[520], diese muss jedoch immer flächenhaft-partiell bleiben.[521] Insbesondere gem. § 5 Abs. 2 Nr. 10 BauGB können nur Flächen, nicht aber Maßnahmen zum Schutz von Natur und Landschaft dargestellt werden.[522] Letzte-

---

515 *Mitschang*, in: *Battis/Krautzberger/Löhr*, BauGB § 5 Rn. 34; *Tophoven*, Eingriffs- und Ausgleichsregelung, S. 124.

516 *Mitschang*, in: *Battis/Krautzberger/Löhr*, BauGB § 5 Rn. 35.

517 *Brohm*, in: *Erbguth*, FS Hoppe, S. 511 (518); *Mitschang*, in: *Battis/Krautzberger/Löhr*, BauGB § 5 Rn. 11.

518 *Weihrich*, NatSchLSA 1999, 33 (35); *Mitschang*, ZfBR 1999, 125 (130); *Louis/Wolf*, NuR 2002, 455 (462); *Jäde*, in: *Jäde/Dirnberger/Weiß*, BauGB § 5 Rn. 8.

519 *Schrödter*, in: *Schrödter*, BauGB § 5 Rn. 17; BVerwG, Urt. v. 15.03.1967 - IV C 205/65 = BVerwGE 26, 287 (292); BVerwG, Urt. v. 28.02.1975 - IV C 74/72 = BVerwGE 48, 70 (74).

520 *Jäde*, in: *Jäde/Dirnberger/Weiß*, BauGB § 5 Rn. 1; BVerwG, Urt. v. 18.08.2005 - 4 C 13.04, juris Rn. 18 = BVerwGE 124, 132 (138).

521 *Erbguth/Schubert*, Öffentliches Baurecht, § 5 Rn. 92.

522 *Mitschang*, ZfBR 1999, 125 (130) und in: *Battis/Krautzberger/Löhr*, BauGB § 5 Rn. 33; *Tophoven*, Eingriffs- und Ausgleichsregelung, S. 125. Offen gelassen von: BVerwG, Beschl. v. 26.04.2006 - 4 B 7/06, juris Rn. 7 = ZfBR 2006, 569 (570).

res verbleibt Aufgabe der Bebauungspläne (oder Verträge). Soll ein Ausgleich am Ort des Eingriffs erfolgen, kommt deshalb nur ein Ausgleich im Bebauungsplan (oder Vertrag) in Betracht.[523] Beim Ausgleich durch Darstellung im Flächennutzungsplan wird es hingegen regelmäßig zu einer räumlichen Trennung von Eingriff und Ausgleich kommen, da durch die gebietsbezogenen Regelungen eine gleichzeitige Darstellung von Baugebiet und Ausgleichsgebiet zwar rechtlich nicht ausgeschlossen, regelmäßig aber aufgrund der tatsächlichen Gegebenheiten nicht in Betracht kommt.[524] Der Flächennutzungsplan spielt also vor allem dann eine Rolle, wenn es um den Ausgleich an anderer Stelle als dem Eingriffsort geht.

Insofern ist auch eine Zuordnung von Ausgleichsflächen gem. § 8 Abs. 2a BauGB ausdrücklich möglich, wenn auch nicht zwingend[525]. Hat die Gemeinde jedoch eine Zuordnung durch Darstellung vorgenommen, so ist sie aufgrund des Entwicklungsgebots aus § 8 Abs. 2 BauGB daran gebunden und muss eine entsprechende Zuordnung im Bebauungsplan vornehmen. Die Zuordnung im Bebauungsplan kann dann Grundlage für eine Kostenerstattung nach §§ 135a ff. BauGB sein, nicht jedoch die bloßen Zuordnungsdarstellungen im Flächennutzungsplan.[526]

II. Rechtliche Wirkung

Ein Flächennutzungsplan ist keine Satzung, sondern ein Plan *sui generis*.[527] Er stellt keine Rechtsnorm dar[528], hat also keine

---

523 *Schmidt*, NVwZ 1998, 337 (339); *Erbguth/Schubert*, Öffentliches Baurecht, § 3 Rn. 63.

524 *Schmidt*, NVwZ 1998, 337 (339). Eine Darstellung des Ausgleichs am Ort des Eingriffs ist deshalb entbehrlich (*Louis/Wolf*, NuR 2002, 455 (463)).

525 *Louis/Wolf*, NuR 2002, 455 (465).

526 Zu allem: *Mitschang*, in: *Battis/Krautzberger/Löhr*, BauGB § 5 Rn. 35c.

527 *Schrödter*, in: *Schrödter*, BauGB § 10 Rn. 2; *Mitschang*, in: *Battis/Krautzberger/Löhr*, BauGB § 5 Rn. 45 f.

528 *Mitschang*, in: *Battis/Krautzberger/Löhr*, BauGB § 5 Rn. 45; *Schrödter*, in: *Schrödter*, BauGB § 5 Rn. 23; *Jäde*, in: *Jäde/Dirnberger/Weiß*, BauGB § 5 Rn. 2; *Stollmann*, Öffentliches Baurecht, § 5 Rn. 34.

rechtsverbindliche Außenwirkung[529]. Er wirkt lediglich gemeindeintern: Der Bebauungsplan ist gem. § 8 Abs. 2 Satz 1 BauGB aus ihm zu entwickeln. Der Flächennutzungsplan bereitet also den einen tatsächlichen Eingriff vorbereitenden Bebauungsplan vor. Die Darstellung im Flächennutzungsplan ist dabei für sich allein genommen noch keine hinreichende Maßnahme zur Sicherung des Ausgleichs.[530] Dies ist zu diesem Zeitpunkt auch noch nicht notwendig, da sich der zu erwartende Eingriff erst aus dem Bebauungsplan, nicht aber schon aus dem rein vorbereitenden Flächennutzungsplan ergibt.[531] § 5 Abs. 2 Nr. 10 BauGB eröffnet somit lediglich eine Möglichkeit zur vorsorglichen Sicherung von Flächen, die für einen Ausgleich vorgesehen sind.[532]

Nichtsdestotrotz kann es schon auf Ebene des Flächennutzungsplans zu Konflikten kommen. Es stellen sich insbesondere eigentumsrechtliche Probleme[533], da auf den betroffenen Grundstücken Wertminderungen zu erwarten sind, die von den jeweiligen Eigentümern in der Regel negativ aufgenommen werden. Ein konsensuales Vorgehen mit einer entsprechenden Entschädigung kann hier für größere Akzeptanz[534] sorgen. Da derartige Verträge aber lediglich vorbereitender Natur und - mangels auszugleichenden Eingriffs - keine wirklichen Ausgleichsverträge sind, wird hierauf im Folgenden nicht näher eingegangen.

III. Der Flächennutzungsplan als Vergleichsmaßstab

Der Flächennutzungsplan stellt der vertraglichen Sicherung gegenüber keinen geeigneten Vergleichsmaßstab dar. Zum einen sind die Regelungsziele zu unterschiedlich: Der Flächennutzungsplan bezweckt eine möglichst umfassende, flächenmäßige Dar-

---

529 Ausnahme: § 35 Abs. 3 Satz 3 BauGB (*Mitschang*, in: *Battis/Krautzberger/Löhr*, BauGB § 5 Rn. 46).

530 So auch: *Schmidt*, NVwZ 1998, 337 (338); *Mitschang*, in: *Battis/Krautzberger/Löhr*, BauGB § 5 Rn. 35a; HessVGH, Urt. v. 25.05.2000 - 4 N 2660/91 = ZfBR 2001, 129 (130).

531 *Söfker*, in: *Ernst/Zinkahn/Bielenberg/Krautzberger*, BauGB § 5 Rn. 59.

532 *Tophoven*, Eingriffs- und Ausgleichsregelung, S. 125.

533 *Brohm*, in: *Erbguth*, FS Hoppe, S. 511 (518).

534 Zur größeren Akzeptanz bei vertraglichen Lösungen siehe oben § 5 B. II. (S. 72).

stellung, während ein Vertrag grundsätzlich auf eine nichtflächenbezogene Regelung im konkreten Einzelfall zwischen den Parteien abzielt. Zudem ist die Sicherungswirkung eines bloßen Flächennutzungsplans schwach, da diesem grundsätzlich keine Außenwirkung zukommt und dieser teilweise sogar entbehrlich sein kann (vgl. § 8 Abs. 2 Satz 2 BauGB). Der Flächennutzungsplan kann hinsichtlich seiner Sicherungswirkung also allenfalls in Verbindung mit dem aus ihm entwickelten Bebauungsplan der vertraglichen Lösung gegenübergestellt werden.

B. Ausgleich im Bebauungsplan

Zweites „klassisches" Instrument der Bauleitplanung sind die Festsetzungen des Bebauungsplans. Der Bebauungsplan ist aus dem Flächennutzungsplan zu entwickeln (§ 8 Abs. 2 Satz 1 BauGB), darf aber im Einzelfall auch von diesem abweichen, solange die planerische Grundkonzeption nicht berührt ist.[535] Regelmäßig wird sich aber anbieten, die im Flächennutzungsplan zugeordneten Ausgleichsflächen auch im Bebauungsplan festzusetzen und dann zu konkretisieren.[536] Gegenüber dem Flächennutzungsplan sind die Festsetzungen eines Bebauungsplans wesentlich detaillierter. So kann z.B. eine Fläche nicht nur generell als Grünfläche ausgewiesen, sondern auch eine konkrete Bepflanzung vorgegeben werden.

I. Inhalt eines ausgleichenden Bebauungsplans

Der mögliche Inhalt eines Bebauungsplans ist im Gegensatz zu dem städtebaulicher Verträge und Flächennutzungspläne vom Gesetz formal vorgegeben. Dies betrifft auch den möglichen Inhalt und Umfang von Ausgleichsmaßnahmen. Auch zur Ausführungs- und Kostenverantwortlichkeit trifft das BauGB in Bezug auf die Festsetzungen Vorgaben, von denen aber durch Vertrag abgewichen werden kann.

---

535 *Stüer*, NuR 2004, 11 (13); *Mitschang*, in: *Battis/Krautzberger/Löhr*, BauGB § 8 Rn. 3.

536 *Louis/Wolf*, NuR 2002, 455 (463).

1. Ausgleich durch Festsetzungen

Im Bebauungsplan werden die planerischen Ziele durch Festsetzungen rechtsverbindlich festgelegt. Auf Grundlage dieser Festsetzungen erfolgen dann die weiteren Vollzugsmaßnahmen. § 1a Abs. 3 Satz 2 BauGB verzichtet auf die Nennung bestimmter Ausgleichsfestsetzungen, sodass die Gemeinde aus dem Festsetzungskatalog des § 9 BauGB frei wählen kann.[537] Die möglichen Festsetzungen sind in diesem Katalog aber abschließend aufgeführt.[538] Generell gilt dabei: Stellt die Festsetzung eine Belastung dar, so ist genau zu prüfen, ob nicht die Fläche, die daraus einen Vorteil zieht (im Fall des Ausgleichs also das Eingriffsgrundstück), selbst belastet werden könnte.[539]

a) Für den Ausgleich geeignete Festsetzungen

Grundsätzlich kommt für den Ausgleich jede der dort genannten Festsetzungsmöglichkeiten in Betracht.[540] Gleichwohl ist nur ein geringer Teil für den naturschutzrechtlichen Ausgleich geeignet.

aa)Flächen oder Maßnahmen gem. § 9 Abs. 1 Nr. 20 BauGB

Für Ausgleichsflächen kommen insbesondere Festsetzungen nach § 9 Abs. 1 Nr. 20 BauGB (Flächen oder Maßnahmen zum Schutz, zur Pflege und zur Entwicklung von Boden, Natur und Landschaft) in Betracht.[541] Während die Festsetzung von Flächen eine originäre Aufgabe der Bauleitplanung darstellt, geht es bei festgesetzten Maßnahmen - für die Bauleitplanung untypisch - um ein konkretes Tätigwerden.[542] Die Gemeinde kann also nicht nur die Bodennutzung flächenbezogen regeln, sondern auch Handlungsanweisungen in Bezug auf Schutz, Pflege

---

537 *Dirnberger*, in: *Jäde/Dirnberger/Weiß*, BauGB § 1a Rn. 18.

538 *Louis/Wolf*, NuR 2002, 455 (463); *Schrödter*, in: *Schrödter*, BauGB § 9 Rn. 16; *Söfker*, in: *Ernst/Zinkahn/Bielenberg/Krautzberger*, BauGB § 9 Rn. 12; BVerwG, Urt. v. 24.04.1970 - 4 C 53.67 = BauR 1970, 87 (88).

539 *Mitschang/Reidt*, in: *Battis/Krautzberger/Löhr*, BauGB § 9 Rn. 54 (im Zusammenhang mit § 9 Abs. 1 Nr. 9 BauGB); vgl. OVG NRW, Urt. v. 27.05.2013 - 2 D 37/12.NE, LS 8 = BeckRS 2013, 53700.

540 Siehe auch die Aufzählung bei *Mitschang*, WiVerw 1998, 20 (37).

541 *Tophoven*, Eingriffs- und Ausgleichsregelung, S. 130 bezeichnet die Vorschrift sogar als maßgebliche Regelung für die Festsetzung von Ausgleichsmaßnahmen.

542 *Mitschang/Reidt*, in: *Battis/Krautzberger/Löhr*, BauGB § 9 Rn. 109.

und Entwicklung vorgeben.[543] Hierbei muss das Bestimmtheitsgebot beachtet werden.[544] Es ist allerdings umstritten, wie weit der Begriff der Maßnahme zu verstehen ist. Es geht dabei vor allem um die Frage, inwieweit rein *verhaltensbezogene* Maßnahmen, insbesondere in Bezug auf Pflege und Bewirtschaftung, festgelegt werden können.

(1) Bedeutung für den Vergleichsmaßstab

Im Vergleich zu einer vertraglichen Regelung des Ausgleichs ist diese Frage in zweierlei Hinsicht relevant: Zum einen hätte eine weite Auslegung des Maßnahmenbegriffs zur Folge, dass ein wichtiger Vorteil der vertraglichen Regelung, nämlich die Möglichkeit der Festlegung von verhaltensbezogenen Handlungspflichten, geringer zu gewichten wäre. Denn Pflege- und sonstige Maßnahmen könnten dann auch in weitem Umfang im Bebauungsplan festgesetzt werden. Damit würde der Vertrag einen Großteil des Vorteils, welchen er durch seine größere inhaltliche Flexibilität innehat, verlieren. Es stellt sich dann nämlich die Frage, weshalb ein Vertrag vorzuziehen wäre, wenn Festsetzungen die gleichen inhaltlichen Möglichkeiten bieten würden.

Die inhaltliche Reichweite der Festsetzungen hat zudem Auswirkungen auf den Vergleichsmaßstab, welcher an eine vertragliche Sicherung zu legen ist. Sind bestimmte Maßnahmen ausschließlich durch Vertrag, nicht aber durch Festsetzungen möglich, rechtfertigt dies - zumindest bis zu einem gewissen Grad - der vertraglichen Sicherung immanente Defizite. Schließlich könnte die Maßnahme durch Festsetzung überhaupt nicht geregelt werden, sodass nur eine vertragliche Lösung verbleibt. Insofern kann auch nicht der identische Maßstab wie an eine Festsetzung im Bebauungsplan angelegt werden. Insofern bedarf es einer Transformation der bauleitplanerischen Sicherungsanforderungen für die vertragliche Sicherung.[545]

---

543 *Stüer*, NuR 2004, 11 (13); *Louis*, in: *Ramsauer*, Eingriffsregelung, S. 113 (120).

544 *Mitschang/Reidt*, in: *Battis/Krautzberger/Löhr*, BauGB § 9 Rn. 110; Beispiele bei *Söfker*, in: *Ernst/Zinkahn/Bielenberg/Krautzberger*, BauGB § 9 Rn. 158.

545 Zum anzuwendenden Maßstab siehe unten § 8 A. I. (S. 137 ff.).

(2) Reichweite der „Maßnahmen"

Folgt man einem weiten Verständnis des § 9 Abs. 1 Nr. 20 BauGB, so können auch rein verhaltensbezogene Maßnahmen festgesetzt werden.[546] Die Vertreter dieser Ansicht argumentieren, dass die Norm von „Maßnahmen" spricht, die weiter zu verstehen seien als bloße „Nutzungsregelungen". Auch der Normzweck spreche nicht dagegen: Es gebe keinen Grund, warum die naturschutzrechtlichen Ausgleichsregelungen bei der Inkorporation in das BauGB inhaltlich beschränkt worden sein sollten. Insofern könnten von § 9 Abs. 1 Nr. 20 BauGB auch nicht bodenbezogene Maßnahmen (z.B. Aufsammeln einer seltenen Eidechsenart vor Baubeginn) erfasst sein.[547] Allgemeine ökologische Erwägungen würden genügen, zumal sich die städtebauliche Rechtfertigung schon aus der untrennbaren Verknüpfung von Bauleitplanung und Naturschutz und der Integration der Naturschutzbelange in das Bauplanungsrecht ergebe.[548]

Die herrschende Ansicht versteht den Begriff der Maßnahme aber enger und lässt nicht sämtliche Festsetzung von verhaltensbezogenen Maßnahmen zu. Grundsätzlich ist zwar auch die Regelung von nichtbaulichen Formen der Bodennutzung gestattet, sofern diese mit der Bebauung in Verbindung steht.[549] Inhalt kann deshalb sowohl die Pflicht zur Abwehr von Beeinträchtigungen und Schädigungen (Schutz) als auch die Vornahme bestimmter Handlungen, um einen bestimmten Zustand zu erreichen und zu unterhalten (Pflege bzw. Entwicklung) sein.[550] Die Festsetzungen in § 9 Abs. 1 BauGB stellen aber ein städtebauliches Instrument dar und können somit nicht dazu eingesetzt werden, Regelungen zu treffen, nur weil diese als

---

546 Weitgehend etwa: *von Heyl*, BauR 1997, 232 (240).

547 Zu allem: *Patzelt*, ZUR 2014, 600 (601).

548 *Louis*, in: *Ramsauer*, Eingriffsregelung, S. 113 (119 f.); vgl. *Tophoven*, Eingriffs- und Ausgleichsregelung, S. 127 f.

549 *Tophoven*, Eingriffs- und Ausgleichsregelung, S. 128; BVerwG, Beschl. v. 03.12.1998 - 4 BN 24/98, juris Rn. 6 = NVwZ-RR 1999, 423; OVG NRW, Urt. v. 30.06.1999 - 7a D 144/97.NE, juris Rn. 74 = ZfBR 2000, 208 (212).

550 *Mitschang/Reidt*, in: *Battis/Krautzberger/Löhr*, BauGB § 9 Rn. 110; *Tophoven*, Eingriffs- und Ausgleichsregelung, S. 128 f.; Beispiele bei: *von Heyl*, BauR 1997, 232 (240).

ökologisch vorteilhaft angesehen werden. Es bedarf einer - bei durch Ausgleich bedingten Festsetzungen gegebenen - städtebaulichen Rechtfertigung[551], die wiederum einen bodenrechtlichen Bezug erfordert.[552] Rein zeitliche Vorgaben oder detaillierte Anforderungen an die Modalität der Pflegemaßnahmen sind aber aus städtebaulicher Perspektive nicht zu berücksichtigen und demnach von der Festsetzungsermächtigung des § 9 Abs. 1 Nr. 20 BauGB nicht gedeckt.[553]

Obwohl es durchaus Argumente für die Gegenposition gibt, wird für die weitere Untersuchung von der herrschenden Rechtspraxis ausgegangen. Demzufolge können insbesondere Verhaltenspflichten durch Festsetzungen nach § 9 Abs. 1 Nr. 20 BauGB nur eingeschränkt vorgegeben werden. Damit verbleibt für den vertraglichen Ausgleich ein großer Anwendungsbereich, nämlich sämtliche Maßnahmen ohne bodenrechtliche Relevanz (z.B. zeitliche Vorgaben, Betretungsverbote, Details zu den einzelnen Pflegemaßnahmen). Die Festsetzungen des § 9 Abs. 1 Nr. 20 BauGB können folglich vertragliche Regelungen nicht vollständig ersetzen. Dies ist im Rahmen eines Vergleichs der beiden Instrumente zu berücksichtigen.

bb) Bepflanzungen gem. § 9 Abs. 1 Nr. 25 BauGB

Konkretere Bepflanzungsmaßnahmen können gem. § 9 Abs. 1 Nr. 25 BauGB festgesetzt werden. Derartige Festsetzungen dürfen nicht für das gesamte Gemeindegebiet, dafür aber pauschal z.B. für nicht überbaubare Grundstücksflächen getroffen werden.[554] Das Anpflanzen kann auf bestimmte Arten, eine

---

551 *Schliepkorte*, ZfBR 1999, 66 (72); *Stüer*, NuR 2004, 11 (12); vgl. BVerwG, Beschl. v. 03.12.1998 - 4 BN 24/98, juris Rn. 6 = NVwZ-RR 1999, 423; OVG NRW, Urt. v. 30.06.1999 - 7a D 144/97.NE, juris Rn. 74 = ZfBR 2000, 208 (212 f.).

552 *Mitschang*, WiVerw 1998, 20 (36); *Gierke*, in: *Brügelmann*, BauGB § 9 Rn. 368; *Spannowsky*, in: BeckOK, BauGB § 9 Rn. 83; SaarlOVG, Urt. v. 29.04.2010 - 2 C 224/08, juris Rn. 52 = NuR 2010, 743 (746).

553 Ebenso: *Schink/Matthes-Bredelin*, ZfBR 2001, 155 (157 f.); *Tophoven*, Eingriffs- und Ausgleichsregelung, S. 130; *Schrödter*, in: *Schrödter*, BauGB § 9 Rn. 129; vgl. *Schliepkorte*, ZfBR 1999, 66 (71); OVG NRW, Urt. v. 30.06.1999 - 7a D 144/97.NE, LS 12 und juris Rn. 79 und 85 = ZfBR 2000, 208 (212 f.) zur Mahd einer Wiese in bestimmten zeitlichen Intervallen; dazu auch BT-Drs. 13/6392, S. 49.

554 *Mitschang/Reidt*, in: *Battis/Krautzberger/Löhr*, BauGB § 9 Rn. 151; BVerwG, Urt. v. 30.01.1976 - IV C 26/74 = BVerwGE 50, 114.

bestimmte Mischung oder eine bestimmte Dichte der Bepflanzung festgesetzt werden.[555] Auch die Art und Weise kann (und muss) eindeutig konkretisiert werden.[556] Auch die Erhaltung von Bepflanzungen kann gem. § 9 Abs. 1 Nr. 25b BauGB festgesetzt werden. Ausgeschlossen sind jedoch allgemeine Pflegemaßnahmen.[557]

Im Vollzug nehmen Bepflanzungen eine Sonderstellung ein: Die Befolgung kann dem betroffenen Eigentümer gem. § 178 BauGB direkt aufgegeben werden - auch ohne dass eine Baugenehmigung beantragt wurde.[558] Das Pflanzgebot des § 178 BauGB umfasst dabei jedoch lediglich die einmalige Anpflanzung von Bäumen, Sträuchern und sonstiger Bepflanzung, nicht aber langfristige Erhaltungsmaßnahmen.[559] Die Bepflanzung muss aus „städtebaulichen Gründen" erfolgen (§ 9 Abs. 1 Satz 1 BauGB), ist also auf den genutzten Flächen selbst möglich. Im Übrigen dürfen die Festsetzungen des § 9 Abs. 1 Nr. 25 nicht allein Gründen des Naturschutzes oder der Landschaftspflege dienen, was durch die Ausnahme dieser Festsetzungsmöglichkeiten auf landwirtschaftlichen oder Waldflächen verdeutlicht wird.[560] Demnach kommt die Anordnung der Pflege und Erhaltung einer Fläche an einem anderen Ort und nur deshalb, weil diese Fläche dem Ausgleich dient, nicht in Betracht.[561] Insofern stellt der Vollzug durch § 178 BauGB zwar eine Maßnahme zur Sicherung des naturschutzrechtlichen Ausgleichs dar[562], ist in seinem Umfang aber stark eingeschränkt. Insbesondere können Festsetzungen nach § 9 Abs. 1 Nr. 20 BauGB nicht durch Bescheid angeordnet werden,

---

555 *Schliepkorte*, ZfBR 1999, 66 (72); BVerwG, Beschl. v. 24.04.1991 - 4 NB 24/90, LS 2 und juris Rn. 8 = NVwZ 1991, 877 f.

556 *Louis*, in: *Ramsauer*, Eingriffsregelung, S. 113 (120).

557 *Mitschang/Reidt*, in: *Battis/Krautzberger/Löhr*, BauGB § 9 Rn. 155.

558 *Louis*, in: *Ramsauer*, Eingriffsregelung, S. 113 (121). Nichtsdestotrotz muss das Pflanzgebot im Falle einer Baugenehmigung als Nebenbestimmung aufgenommen werden, da anderenfalls ein baurechtswidriger Zustand auf dem Grundstück hingenommen wird.

559 *Stock*, in: *Ernst/Zinkahn/Bielenberg/Krautzberger*, BauGB § 178 Rn. 2.

560 *Mitschang/Reidt*, in: *Battis/Krautzberger/Löhr*, BauGB § 9 Rn. 152.

561 *Schmidt-Eichstaedt*, BauR 2010, 1865 (1869).

562 So auch: *Mitschang*, in: *Battis/Krautzberger/Löhr*, BauGB § 178 Rn. 4.

da sich das Pflanzgebot des § 178 BauGB nur auf § 9 Abs. 1 Nr. 25 BauGB bezieht.[563]

Demnach sind die Festsetzungen nach § 9 Abs. 1 Nr. 25 BauGB zwar in gewissem Maße handlungsbezogen, aber zugleich ergebnisorientiert. Die Festlegung von reinen Verhaltenspflichten (z.B. das bereits erwähnte Aufsammeln einer seltenen Eidechsenart) ist nicht möglich.

cc) Sonstige Festsetzungsmöglichkeiten

Klassische Festsetzungen im Bereich des Ausgleichs sind darüber hinaus Grünflächen (Nr. 15), Wasserflächen (Nr. 16) und Flächen für Wald (Nr. 18b).[564] Bei Grünflächen sind mehrere Zweckbestimmungen (z.B. Parkanlage, Spielplatz) möglich. Die Ausweisungen müssen hier bestimmt genug sein, insbesondere muss festgesetzt werden, ob es sich um eine private oder öffentliche Grünfläche handelt. Hier bietet sich gegebenenfalls die Einbeziehung eines Biotops an.[565] Durch die Ersetzung der „Flächen für Forstwirtschaft" mit der Formulierung „Flächen für Wald" wurde der Schwerpunkt auf den Wald in seiner ökologischen Funktion gelegt.[566] Ist die Fläche aber bislang noch kein Wald, kann der Eigentümer durch die Festsetzung gerade nicht zur Aufforstung gezwungen werden.[567]

Festsetzungen gem. § 9 Abs. 1 Nr. 9 und Nr. 10 BauGB kommen nur in Betracht, wenn keine andere Festsetzung des § 9 BauGB möglich ist.[568] In Bezug auf Nr. 9 muss der „besondere Nutzungszweck" im Bebauungsplan genannt werden. Nr. 10 verlangt (anders als die Nrn. 15, 18, 20 und 25) ein vollständiges Freihalten der Fläche, wobei dennoch eine positive Nutzungsbestimmung möglich ist.[569]

---

563 *Schrödter*, in: *Schrödter*, BauGB § 9 Rn. 126.

564 Vgl. *Söfker*, in: *Ernst/Zinkahn/Bielenberg/Krautzberger*, BauGB § 9 Rn. 234; Vgl. *Louis*, in: *Ramsauer*, Eingriffsregelung, S. 113 (115).

565 Zu allem: *Louis*, in: *Ramsauer*, Eingriffsregelung, S. 113 (116).

566 *Louis*, in: *Ramsauer*, Eingriffsregelung, S. 113 (117).

567 *Louis*, in: *Ramsauer*, Eingriffsregelung, S. 113 (118).

568 *Mitschang/Reidt*, in: *Battis/Krautzberger/Löhr*, BauGB § 9 Rn. 53.

569 *Mitschang/Reidt*, in: *Battis/Krautzberger/Löhr*, BauGB § 9 Rn. 55; a.A. wohl *Schrödter*, der in *Schrödter*, BauGB § 9 Rn. 66, den lediglich teilweisen Ausschluss einer Nutzung für zulässig hält.

dd) Zusammenfassung

Die genannten Optionen beziehen sich prinzipiell auf die Festsetzung von Flächen. Eine Festlegung detaillierter, rein verhaltensbezogener Maßnahmen kommt demnach nicht in Betracht. Betrachtet man also die Festsetzungsoptionen in ihrer Gesamtheit, so ermöglichen diese zwar eine Vielzahl an Optionen zur Durchführung der Kompensation. Nicht jedes gewünschte Ergebnis ist aber erreichbar. Für den vertraglichen Ausgleich verbleibt deshalb ein großer Anwendungsbereich, insbesondere für spezielle Einzellösungen.

b) Bestimmtheit

Generell gilt, dass die Festsetzungen bestimmt genug sein müssen, da sie anderenfalls einen effektiven Vollzug nicht gewährleisten können.[570] Übermäßige Anforderungen dürfen jedoch nicht gestellt werden[571], sodass z.B. verbindliche Festsetzungen über Bewirtschaftungs- und Pflegemodalitäten nicht erforderlich sind[572]. Nicht ausreichend ist jedoch eine pauschale Anordnung, dass Eingriffe in Natur und Landschaft auszugleichen sind.[573] Entsprechende Beschreibungen der Maßnahmen können auch in den Erläuterungen zum Flächennutzungsplan bzw. der Begründung zum Bebauungsplan erfolgen.[574] Hier besteht ein gewisser Gleichlauf mit der vertraglichen Lösung, die inhaltlich ebenfalls über die Planbegründung eingeführt wird. Festsetzungen haben als wesentlicher Planbestandteil jedoch einen etwas direkteren Anknüpfungspunkt, was im Ergebnis aber nicht ins Gewicht fällt.

---

570 *Von Bosse*, Eingriffsregelung, S. 165; *Schink/Matthes-Bredelin*, ZfBR 2001, 155 (157). Ausreichend z.B. die Anpflanzung „einheimischer Laubbäume" oder Verwendung „wasserdurchlässiger Materialien" (OVG NRW, Urt. v. 28.07.1999 - 7a D 42/98, LS 5 und juris Rn. 34 = ZfBR 2000, 205 (207)).

571 *Dirnberger*, in: *Jäde/Dirnberger/Weiß*, BauGB § 1a Rn. 18.

572 VGH BW, Urt. v. 20.07.2000 - 8 S 2592/99, juris Rn. 23 = VBlBW 2001, 58 (maßgeblicher Teil nicht abgedruckt).

573 *Dirnberger*, in: *Jäde/Dirnberger/Weiß*, BauGB § 1a Rn. 18; OVG Bln-Bbg, Urt. v. 20.11.2009 - 2 A 19.07, juris Rn. 27 = BauR 2010, 828 (nur LS).

574 *Louis*, in: *Ramsauer*, Eingriffsregelung, S. 113 (119).

2. Reichweite

Festsetzungen in einem Bebauungsplan beziehen sich nur auf das von ihm überplante Gebiet. Damit wäre ein Ausgleich grundsätzlich auf das vom Bebauungsplan erfasste Gebiet beschränkt. §§ 1a Abs. 3 Satz 3 und 200a Satz 2 BauGB ermöglichen es jedoch, den Ausgleich auch an anderer Stelle als am Ort des Eingriffs zu regeln. Dies ist sogar über die Grenzen des Bebauungsplangebiets hinaus möglich. So gibt § 9 Abs. 1a Satz 1 BauGB der Gemeinde die Möglichkeit Ausgleichsfestsetzungen auch außerhalb des Geltungsbereichs des Eingriffsbebauungsplans, mithin also im Bereich eines anderen Bebauungsplans festzusetzen. Beim Vorhabenträger wird ein derartiges Vorgehen meist auf eine höhere Akzeptanz treffen, da dieser an einer möglichst weitreichenden Ausnutzung seines Baugrundstücks interessiert ist.[575] Vor Einführung des § 9 Abs. 1a BauGB wurde ein derartiges Ergebnis über einen zweigeteilten Bebauungsplan erreicht. Die Festsetzung von Ausgleichsmaßnahmen außerhalb des *Gemeindegebiets* ist hingegen mit hoheitlichen Mitteln nicht möglich.

a) Zweigeteilter Bebauungsplan

Bei dieser, durch die Rechtsprechung[576] anerkannten, Konstruktion eines Bebauungsplans mit zweigeteiltem Geltungsbereich liegt *de iure* ein einziger Bebauungsplan vor, der in einem Verfahren aufgestellt wird, aber zwei unterschiedliche Gebiete betrifft. Mit Einführung des § 9 Abs. 1a Satz 1 BauGB wurde diese Hilfskonstruktion entbehrlich, wenn auch nicht unzulässig.[577]

b) Ausgleichsbebauungsplan gem. § 9 Abs. 1a BauGB

Die Konstruktion des zweigeteilten Bebauungsplans wurde vom Gesetzgeber aufgegriffen und zum Ausgleichsbebauungs-

---

575 *Weihrich*, NatSchLSA 1999, 33 (37).

576 BVerwG, Beschl. v. 09.05.1997 - 4 N 1/96, juris Rn. 26 = BVerwGE 104, 353 (insbesondere 359).

577 *Battis/Krautzberger/Löhr*, NVwZ 1997, 1145 (1154); *Lüers*, UPR 1997, 348 (351); *ders.* DVBl. 1998, 433 (440); *Schliepkorte*, ZfBR 1999, 66 (72); *Mitschang/Reidt*, in: *Battis/Krautzberger/Löhr*, BauGB § 9 Rn. 160; zweifelnd: *Schink*, DVBl. 1998, 609 (613).

plan weiterentwickelt.[578] Anders als beim zweigeteilten Bebauungsplan erfolgt der Ausgleich gem. § 9 Abs. 1a Satz 1 BauGB in zwei rechtlich verschiedenen (und auch in verschiedenen Verfahren aufgestellten) Bebauungsplänen.[579] Praktisch ist es sinnvoll, die Planverfahren parallel durchzuführen.[580]

Die Ausgleichsflächen des Ausgleichsbebauungsplans können dann gem. § 9 Abs. 1a Satz 2 BauGB den Eingriffen zugeordnet werden. Auch Sammelzuordnungen[581] sind dabei möglich. Die Zuordnung muss durch die Festsetzungen selbst erfolgen und kann nicht den zugrundeliegenden Unterlagen, z.B. der Planbegründung, überlassen werden.[582] Aufgrund dieser Zuordnung kommt es zu einer inhaltlichen Verknüpfung der beiden Pläne[583], die bzgl. ihrer Wirksamkeit voneinander abhängen[584] („planungsrechtliche Schicksalsgemeinschaft"[585]). Die Einzelheiten dieser Verknüpfung sind dabei umstritten. Klar ist aber, dass die Verknüpfung nicht in Form einer Bedingung besteht, da die Geltung eines Bebauungsplans nicht von einer Bedingung (z.B. der Wirksamkeit eines anderen Bebauungsplans) abhängig gemacht werden kann.[586] Dies ist nicht mit der *ipso-jure*-Nichtigkeitslehre von Normen in Einklang zu bringen

---

578 *Uechtritz*, NVwZ 1997, 1182 (1185); *Brohm*, in: *Erbguth*, FS Hoppe, S. 511 (519).

579 *Tophoven*, Eingriffs- und Ausgleichsregelung, S. 174 f. und NVwZ 2004, 1052 (1053).

580 *Tophoven*, NVwZ 2004, 1052 (1057); *Mitschang/Reidt*, in: *Battis/Krautzberger/Löhr*, BauGB § 9 Rn. 160; vgl. auch *Schink*, DVBl. 1998, 609 (613 f.), der vorschlägt, die Pläne formell in einem gemeinsamen Verfahren zu verbinden. Ebenso: *Battis/Krautzberger/Löhr*, NVwZ 1997, 1145 (1153).

581 Hier wird auf eine individuelle Zuordnung verzichtet und eine pauschale Zuordnung vorgenommen. Zusammenhängende Ausgleichsmaßnahmen können so mehreren festgesetzten Bauflächen zugeordnet werden. Siehe hierzu: *Tophoven*, Eingriffs- und Ausgleichsregelung, S. 135 f.

582 *Schmidt*, NVwZ 1998, 337 (340).

583 *Battis/Krautzberger/Löhr*, NVwZ 1997, 1145 (1153); *Patzelt*, ZUR 2014, 600 (601).

584 *Brohm*, in: *Erbguth*, FS Hoppe, S. 511 (519); *Mitschang/Reidt*, in: *Battis/Krautzberger/Löhr*, BauGB § 9 Rn. 160.

585 *Erbguth/Schubert*, Öffentliches Baurecht, § 3 Rn. 69.

586 *Battis/Krautzberger/Löhr*, NVwZ 1997, 1145 (1153).

und bringt überdies erhebliche Probleme in Bezug auf die Rechtssicherheit mit sich.[587]

In den maßgeblichen Vorschriften (§§ 1a Abs. 3 Satz 3, 9 Abs. 1a Satz 1 BauGB) finden sich keine unmittelbaren Hinweise auf das Verhältnis zueinander. Jedoch verlangen diese, dass bereits in der Abwägung zum Eingriffsbebauungsplan Überlegungen zu einem Ausgleichsbebauungsplan angestellt werden, sodass diese beiden Pläne folglich miteinander verbunden sind.[588] Der eine Bebauungsplan kann regelmäßig nämlich nur rechtmäßig sein, wenn es der andere auch ist.[589] Nach herrschender Meinung kann die Wirksamkeit der beiden Pläne deshalb nicht voneinander abgekoppelt werden.[590] Diese konditionale Verknüpfung hat zur Folge, dass gegebenenfalls beide Pläne nichtig sind.[591]

Auf der Ebene des Planvollzugs stellt sich die Frage, inwieweit der Eingriffsbebauungsplan ohne Wirksamkeit des Ausgleichsbebauungsplans vollziehbar ist.[592] Dies ist letztendlich eine Frage der Normverwerfungskompetenz der Behörden: Da eine solche nicht besteht[593], ist der Eingriffsbebauungsplan zu vollziehen, auch wenn der Ausgleichsbebauungsplan von der Gemeinde aufgehoben worden ist. Dies führt zu dem unbefriedigenden Ergebnis, dass sich ein Eingriff ohne adäquaten Ausgleich realisieren lässt. Zur Lösung wird deshalb vorgeschlagen, das Genehmigungsverfahren auszusetzen und der Gemeinde den Plan zur Entscheidung über dessen Wirksamkeit vorzulegen (Rechtsgedanke des § 94 VwGO) bzw. einen Normenkontrollantrag zu stellen oder die Kommunalaufsichtsbe-

---

587 *Tophoven*, NVwZ 2004, 1052 (1054).

588 *Battis/Krautzberger/Löhr*, NVwZ 1997, 1145 (1153); *Lüers*, DVBl. 1998, 433 (440); *Bunzel/Reitzig*, DÖV 1998, 995 (999); *Tophoven*, Eingriffs- und Ausgleichsregelung, S. 193 und NVwZ 2004, 1052 (1053).

589 *Battis/Krautzberger/Löhr*, NVwZ 1997, 1145 (1153).

590 *Schink*, DVBl. 1998, 609 (613); *Tophoven*, NVwZ 2004, 1052 (1053).

591 *Tophoven*, NVwZ 2004, 1052 (1054); a.A. *Lüers*, DVBl. 1998, 433 (440).

592 Hierzu: *Tophoven*, NVwZ 2004, 1052 (1055).

593 *Schrödter*, in: *Schrödter*, BauGB § 9 Rn. 227 und § 10 Rn. 11; BVerwG, Urt. v. 21.11.1986 - 4 C 22/83, LS 1 und juris Rn. 8 = BVerwGE 75, 142 (143).

hörde anzurufen.[594] Im Normenkontrollverfahren muss der Eingriffsbebauungsplan miteinbezogen werden, auch wenn nur der Ausgleichsbebauungsplan angegriffen wird.[595]

Da die bestehenden Unsicherheiten zu rechtlichen Risiken führen[596], ist es in der Praxis empfehlenswert, den Ausgleich auf Flächen außerhalb des Plangebiets (zusätzlich) vertraglich zu regeln, da diese - zumindest bei Beachtung ihrer rechtlichen Voraussetzungen[597] - schon wegen ihres konsensualen Charakters und der aufgrund ihrer inhaltlichen Flexibilität geringeren materiellen Anforderungen eine höhere Rechtssicherheit zur Folge haben. Noch weitergehender wird der Ausgleichsbebauungsplan aufgrund der vertraglichen Regelungsmöglichkeiten teilweise sogar als überflüssig bezeichnet.[598] Dies mag übertrieben sein, nichtsdestotrotz wird der Ausgleichsvertrag jedoch häufig eine sinnvolle Alternative sein.

c) Gemeindeexterne Maßnahmen

Ausgleichsmaßnahmen in einem Bebauungsplan außerhalb des eigenen Gemeindegebiets können nur in Verbindung mit einer vertraglichen Regelung festgesetzt und zugeordnet werden[599], da die Hoheitsbefugnis der Gemeinde auf deren Gemeindegebiet beschränkt ist und sie somit nicht außerhalb planerisch tätig werden kann. Hier kommen aber Verträge zwischen den gemeindlichen Hoheitsträgern in Betracht.[600]

3. Ausgleichsverantwortlichkeit

Die Verantwortlichkeit für die Durchführung des Ausgleichs und die Kostentragung ergibt sich aus den §§ 135a ff. BauGB. § 135a Abs. 1 BauGB bestimmt, dass bei einem Ausgleich die festgesetzten Maßnahmen vom Vorhabenträger auszuführen sind und legt damit das Verursacherprinzip für den natur-

---

594 Hierzu: *Tophoven*, Eingriffs- und Ausgleichsregelung, S. 203 ff. und NVwZ 2004, 1052 (1056); *Erbguth/Schubert*, Öffentliches Baurecht, § 3 Rn. 76.

595 *Tophoven*, NVwZ 2004, 1052 (1056 f.).

596 *Louis/Wolf*, NuR 2002, 455 (463).

597 Zu diesen sogleich in § 8 (S. 106 ff.).

598 So *Schmidt*, NVwZ 1998, 337 (340).

599 *Muckel/Ogorek*, Öffentliches Baurecht, § 5 Rn. 112.

600 Siehe hierzu unten § 11 C. IV. (S. 210 ff.).

schutzrechtlichen Ausgleich im Bauplanungsrecht ausdrücklich fest.[601] Dies gilt aber nur soweit die Maßnahmen auf dem Eingriffsgrundstück selbst durchzuführen sind. Ist die Ausgleichsmaßnahme auf einem gem. § 9 Abs. 1a BauGB zugeordneten Grundstück „an anderer Stelle" durchzuführen, so „soll" gem. § 135a Abs. 2 Satz 1 BauGB die Gemeinde die Ausgleichmaßnahmen „anstelle und auf Kosten" des Vorhabenträgers durchführen. „Soll" bedeutet dabei, dass die Gemeinde grundsätzlich zur Durchführung verpflichtet ist, wenn die Maßnahme nicht auf andere Weise gesichert ist.[602] Grund des Gesetzgebers für diese Regelung war, dass die Durchführung des Ausgleichs auf jeden Fall sichergestellt werden sollte.[603]

Die Gemeinde soll zudem die erforderlichen Flächen bereitstellen, sofern dies nicht auf „andere Weise gesichert" ist. Was darunter im Einzelnen zu verstehen ist, sagt das Gesetz nicht. In Betracht kommt die Sicherung durch gemeindlichen Grundbesitz, mittels städtebaulicher Instrumente (z.B. Bodenordnung gem. §§ 45 ff. BauGB oder Enteignung § 87 BauGB) oder aufgrund eines Vertrags.[604] Das Eigentum der Gemeinde ist also nicht notwendig, es genügen auch sonstige gesicherte Nutzungsverhältnisse. Als anderweitige Sicherung kommen dabei vor allem städtebauliche Verträge gem. § 11 Abs. 1 Satz 2 Nr. 2 BauGB in Betracht.[605] Durch diese kann der Zugriff auf ein Ausgleichsgrundstück sichergestellt werden, wenn sich dieses z.B. in privater Hand befindet. Dabei ist umstritten, ob ein Pachtvertrag ausreicht oder eine dingliche Sicherung notwendig ist.[606]

Der Zeitraum innerhalb dessen die Maßnahme durchgeführt werden muss, ist in § 135a BauGB nicht festgelegt. Es ist ledig-

---

601 *Mitschang*, in: *Battis/Krautzberger/Löhr*, BauGB § 135a Rn. 2; *Brohm*, in: *Erbguth*, FS Hoppe, S. 511 (521).

602 *Mitschang*, in: *Battis/Krautzberger/Löhr*, BauGB § 135a Rn. 3.

603 *Brohm*, in: *Erbguth*, FS Hoppe, S. 511 (522).

604 *Wagner*, in: *Ernst/Zinkahn/Bielenberg/Krautzberger*, BauGB § 135a Rn. 7; zu den einzelnen Möglichkeiten: *Mitschang*, ZfBR 2005, 644 (647 ff.).

605 *Kuschnerus*, BauR 1998, 1 (11); *Mitschang*, ZfBR 2005, 644 (649) und in: *Battis/Krautzberger/Löhr*, BauGB § 135a Rn. 3; *Quaas*, NVwZ 1995, 840 (841), noch zum städtebaulichen Vertrag gem. § 6 BauGBMaßnG; vgl. auch *Brohm*, in: *Erbguth*, FS Hoppe, S. 511 (522).

606 Zu dieser Frage unten § 14 A. (S. 264 f.).

lich geregelt, dass diese bereits vor den (Eingriffs-)Baumaßnahmen und einer Zuordnung vorgenommen werden können, § 135a Abs. 2 Satz 2 BauGB.

II. Sicherungswirkung des Bebauungsplans

Durch die Festsetzung in einem Bebauungsplan wird der Ausgleich zwar rein formal angeordnet. Zu diesem Zeitpunkt haben aber weder der Eingriff noch ein entsprechender Ausgleich[607] tatsächlich stattgefunden. Kommt es schließlich zum Eingriff durch Bebauung, muss sichergestellt werden, dass die Ausgleichsmaßnahme auch faktisch durchgeführt wird. Für die Sicherungswirkung kommt es deshalb darauf an, inwiefern der Bebauungsplan die Ausgleichsverpflichteten zur Befolgung der von ihm aufgestellten Vorgaben zwingt.

1. Die Bindungswirkung von Bebauungsplänen

Bebauungspläne sind Satzungen (§ 10 Abs. 1 BauGB) und als solche Rechtsnormen.[608] Den Geboten des Bebauungsplans hat der Bauherr deshalb auch ohne ausdrückliche Anordnung nachzukommen.[609] Wird ein bauplanungsrechtlich relevantes Vorhaben ausgeführt (z.B. ein Neubau oder eine relevante Nutzungsänderung), so ist der Vorhabenträger schon kraft Gesetzes verpflichtet, die Festsetzungen des Bebauungsplans zu befolgen, um die materielle Baurechtmäßigkeit zu wahren. Dies gilt unabhängig von Rechtsfolgetatbeständen gegenüber dem jeweiligen Eigentümer des überplanten Grundstücks. Hier liegt ein erheblicher Vorteil bauleitplanerischer Festsetzungen gegenüber einem Vertrag. Diese zwingen immer denjenigen zur Befolgung des festgelegten Ausgleichs, der jeweils Zugriff auf das entsprechende Grundstück hat.

---

607 Es sei denn, es wird auf ein vorhandenes Öko-Konto zurückgegriffen.

608 *Krautzberger*, UPR 2006, 1 (3); *Stock*, in: *Ernst/Zinkahn/Bielenberg/Krautzberger*, BauGB § 10 Rn. 29; *Stollmann*, Öffentliches Baurecht, § 5 Rn. 36.

609 *Tophoven*, Eingriffs- und Ausgleichsregelung, S. 133 f.; vgl. *Stüer*, NuR 2004, 11 (12).

Ein Bebauungsplan wirkt grundsätzlich zeitlich unbegrenzt.[610] Dennoch sind auch Bebauungspläne nicht auf unendliche Dauer angelegt.[611] Ein Bebauungsplan kann wegen Funktionslosigkeit unwirksam werden, wenn zu häufig von dessen Festsetzungen abgewichen wird (entgegenstehendes Gewohnheitsrecht)[612] oder der Plan aufgrund entgegenstehender tatsächlicher Verhältnisse auf Dauer undurchführbar ist[613]. Zudem sind Bebauungspläne nicht „politiksicher".[614] Sie können jederzeit in einem formellen Verfahren wieder abgeändert oder aufgehoben werden.

2. Vollzug der bauplanerischen Festsetzungen

Festsetzungen eines Bebauungsplans sind zwar grundsätzlich zwingend, vollziehen sich aber nicht selbst.[615] Sie greifen nur dann, wenn tatsächlich gebaut wird. Der Grundstückseigentümer ist aber zu Änderung der aktuellen Nutzungen, um sich den Festsetzungen anzupassen, nicht verpflichtet.[616] Für sich genommen „sichern" planerische Festsetzungen die Durchführbarkeit der Ausgleichsmaßnahmen deshalb nicht.[617] Ihre Befolgung muss gegebenenfalls durch weitere hoheitliche Maßnahmen durchgesetzt werden. Da es für den Erfolg des Ausgleichs aber darauf ankommt, dass dieser *tatsächlich* durchgeführt wird, ist bei Bestimmung der Sicherungswirkung die Durchsetzbarkeit der bauplanerischen Vorgaben entscheidend. Eine rechtliche Verpflichtung wäre nämlich wenig effektiv, wenn sie nicht erzwungen werden könnte.

a) Baupflicht und Baugebot

Grundsätzlich bedarf ein Bauvorhaben der Genehmigung. Eine solche Baugenehmigung wird nur dann erteilt, wenn keine zu

---

610 Vgl. *Dürr/Leven/Speckmaier*, Baurecht, Rn. 75.

611 *Tennie*, Dingliche Rechte, S. 147; *Ramsauer*, in: *Ramsauer*, Eingriffsregelung, S. 170 (171).

612 *Oehmen*, in: BeckOK, BauGB § 10 Rn. 6.

613 *Erbguth/Schubert*, Öffentliches Baurecht, § 5 Rn. 175; BVerwG, Beschl. v. 07.02.1997 - 4 B 6/97, juris OS und Rn. 6 = NVwZ-RR 1997, 513 f.

614 *Tidick*, in: *Ramsauer*, Eingriffsregelung, S. 161 (165).

615 *Stüer*, NuR 2004, 11 (12).

616 *Schrödter*, in: *Schrödter*, BauGB § 9 Rn. 6; vgl. *Stüer*, NuR 2004, 11 (12).

617 *Köck*, NuR 2004, 1 (4).

beachtenden öffentlich-rechtlichen Vorschriften entgegenstehen.[618] Auch die Festsetzungen des Bebauungsplans sind materielle Voraussetzungen für die Genehmigungserteilung[619], sodass ein Bauvorhaben die dort genannten Ausgleichsmaßnahmen zu beachten hat. Der Bebauungsplan gibt damit durch seine Regelungen ein „Raster" für die Bebaubarkeit vor, ordnet jedoch Ausgleichsmaßnahmen nicht direkt an. Eine „Baupflicht" besteht also grundsätzlich nicht. Über das Baugebot gem. § 176 Abs. 1 BauGB (bzw. das Bauantragsgebot gem. § 176 Abs. 7 BauGB) kann der Eigentümer jedoch zur Bebauung oder Anpassung verpflichtet werden. Diese Verpflichtung bezieht sich aber nur auf die Errichtung einer baulichen Anlage[620], nicht jedoch auf die Durchführung naturschützender Maßnahmen. Solche können allenfalls über die Spezialregelung des Pflanzgebots gem. § 178 BauGB angeordnet werden. Die Errichtung oder Änderung einer baulichen Anlage stellt aber regelmäßig einen Eingriff und keine Kompensationsmaßnahme dar. Für die Durchsetzung der Ausgleichsverpflichtungen ist das Baugebot damit ungeeignet.

b) Anordnungen nach den Landesbauordnungen

Da ohne tatsächliche Bebauung auch kein Eingriff erfolgt, kann – zumindest bei einem Ausgleich am Ort des Eingriffs – häufig an die Baugenehmigung angeknüpft werden. Erfolgt die Ausführung des Bauvorhabens nicht mit dieser im Einklang (und damit entgegen den Vorgaben des Bebauungsplans), so kann die Gemeinde entsprechende Anordnungen erlassen. Diese finden sich in den jeweiligen Landesbauordnungen.[621] In Betracht kommt z.B. eine Baueinstellung oder sogar der Abbruch des baurechtswidrig errichteten Gebäudes. Diese Mittel sind aber auf die Verhinderung eines nicht den Vorschriften entsprechenden Bauvorhabens zugeschnitten, nicht aber auf die aktive Durchsetzung einer bestimmten Ausgleichsmaßnahme.

---

618 Vgl. § 58 Abs. 1 Satz 1 LBO-BW.

619 *Schlotterbeck*, in: *Schlotterbeck/Hager/Busch/Gammerl*, LBO-BW § 58 Rn. 57.

620 Vgl. *Stock*, in: *Ernst/Zinkahn/Bielenberg/Krautzberger*, BauGB § 176 Rn. 2.

621 Z.B. §§ 64, 65 LBO-BW.

c) Nebenbestimmungen

Im Baugenehmigungsverfahren kann die Baugenehmigungsbehörde einzelne Maßnahmen zwangsweise über Nebenbestimmungen gem. § 36 VwVfG durchsetzen.[622] Eine solche rechtliche „Sicherung“ über Nebenbestimmungen war im Bereich von Ausgleichsmaßnahmen schon bei § 8a BNatSchG 1993 üblich.[623] Im Bereich des naturschutzrechtlichen Ausgleichs ist dabei regelmäßig die Auflage zweckmäßig. Diese verpflichtet den Begünstigten des Hauptverwaltungsakts (also der Baugenehmigung) zu einem Tun, Dulden oder Unterlassen und kann selbständig hoheitlich durchgesetzt werden.[624] Dabei können nur Auflagen bzgl. solcher Maßnahmen ausgesprochen werden, die auch im Bebauungsplan vorgesehen sind.[625]

Dies ist unproblematisch, wenn der Ausgleich auf dem Eingriffsgrundstück durchgeführt wird, also der durch den Hauptverwaltungsakt (die Baugenehmigung) Begünstigte und der durch den Ausgleich Belastete identisch sind. Die Baugenehmigung wird unter der Auflage erteilt, näher spezifizierte Maßnahmen (die sich schon aus den Festsetzungen ergeben) durchzuführen. Kommt der Ausgleichspflichtige dem nicht nach, kann mit Mitteln des Verwaltungszwangs vollstreckt werden.[626] In der Praxis stellt sich allerdings das Problem, dass eine Durchsetzung über Nebenbestimmungen häufig wenig wirkungsvoll und deren Befolgung nur schwer kontrollierbar ist.[627]

---

622 Ausdrücklich für Ausgleichsmaßnahmen: *Weihrich*, NatSchLSA 1999, 33 (36); *Möller*, Ausgleichsflächen, S. 103; *von Bosse*, Eingriffsregelung, S. 166. Allgemein: *Erbguth/Schubert*, Öffentliches Baurecht, § 3 Rn. 74; *Dirnberger*, in: BeckOK, BauGB § 1a Rn. 30.1.

623 Vgl. *Tidick*, in: *Ramsauer*, Eingriffsregelung, S. 161 (166).

624 *Kopp/Ramsauer*, VwVfG § 36 Rn. 68; *Henneke*, in: *Knack/Henneke*, VwVfG § 36 Rn. 65.

625 *Dirnberger*, in: *Jäde/Dirnberger/Weiß*, BauGB § 1a Rn. 14; vgl. *Büchner/Schlotterbeck*, Baurecht, Band 2, Rn. 162 (S. 60).

626 *Stelkens*, in: *Stelkens/Bonk/Sachs*, VwVfG § 36 Rn. 84.

627 *Weihrich*, NatSchLSA 1999, 33 (36); *Tophoven*, Eingriffs- und Ausgleichsregelung, S. 133 f. Zu den Kontrolldefiziten (auch bei Verträgen) siehe unten § 7 B. II. 3. (S. 133).

d) Sonderfall des Ausgleichs an einem anderen Ort

Schwieriger stellt sich die Rechtslage dar, wenn der Ausgleich nicht auf dem Eingriffsgrundstück, sondern an einem anderen Ort stattfindet. Auch solche Festsetzungen sind gem. § 9 Abs. 1a BauGB grundsätzlich zulässig.

aa)Verpflichtung des Eigentümers

Da der Eigentümer des Ausgleichsgrundstücks typischerweise keine Baugenehmigung oder einen sonstigen Hauptverwaltungsakt erhält, an den eine entsprechende Nebenbestimmung geknüpft werden könnte, fällt diese Möglichkeit grundsätzlich weg. Auch eine eigenständige Anordnung kommt außerhalb der §§ 176 ff. BauGB meist nicht in Betracht. So kann z.B. eine Abrissverfügung hinsichtlich bestehender Bauten oft schon aus Bestandsschutzgründen nicht erfolgen.[628] Im Übrigen ist der Eigentümer zur Vornahme des Ausgleichs grundsätzlich nicht verpflichtet, sodass eine entsprechende Anordnung schon aus diesen Gründen scheitern dürfte.

bb)Verpflichtung des Vorhabenträgers

Der Vorhabenträger ist demgegenüber zwar zur Durchführung der Ausgleichsmaßnahmen grundsätzlich verpflichtet.[629] Mangels Berechtigung zum Zugriff auf das Ausgleichsgrundstück wäre eine entsprechende Auflage wegen rechtlicher Unmöglichkeit aber unwirksam. In Betracht käme allenfalls (ähnlich den Fällen der Obdachloseneinweisung) eine Verknüpfung der Auflage mit einer Duldungsverfügung gegenüber dem Eigentümer des Ausgleichsgrundstücks. Hierzu bedürfte es einer entsprechenden Ermächtigungsgrundlage, welche die wohl herrschende Meinung in der baurechtlichen Generalklausel sieht (z.B. § 47 Abs. 1 Satz 2 LBO-BW).[630] Voraussetzung einer solchen wäre aber, dass sie der Einhaltung der baurechtlichen Vorschriften dient. Da Festsetzungen selbst jedoch grundsätzlich nicht zu ihrer Durchführung verpflichten, sondern lediglich eine entgegenstehende Bebauung ausschließen (vgl. § 30 Abs. 1 BauGB), führt der mangelnde Ausgleich an sich nicht zu

---

628 Dies hätte - ohne eine entsprechende vertragliche Regelung - im Übrigen die Rechtswidrigkeit des (Ausgleichs-)Bebauungsplans zur Folge, da der Ausgleich nicht durchgeführt werden kann.

629 Hierzu siehe oben § 7 B. I. 3. (S. 125 f.).

630 *Decker*, in: *Simon/Busse*, BayBauO Art. 76 Rn. 410 m.w.N.

einem baurechtswidrigen Zustand. Dieser entsteht vielmehr gerade durch die Genehmigung des nicht ausgleichbaren Vorhabens. Es ist aber unzulässig, diesem durch den Eingriff in Rechte Dritter zum Erfolg zu verhelfen. Rechtslogische Konsequenz wäre vielmehr die Versagung der Baugenehmigung, deren Voraussetzungen nicht vorliegen.[631] Eine Nebenbedingung in Verbindung mit einer Duldungsverfügung ist deshalb als kritisch zu betrachten.

cc) Verpflichtung der Gemeinde

Sofern eine Zuordnung der Festsetzungen außerhalb des Ausgleichsgrundstücks erfolgt ist, richtet sich diese deshalb nach den insoweit spezielleren[632] Regelungen der §§ 9 Abs. 1a, 135a Abs. 2 BauGB. Diese übertragen die Verantwortlichkeit für Ausgleichsmaßnahmen an anderer Stelle auf die Gemeinde, sodass die Verwirklichung des Ausgleichs grundsätzlich nicht auf den Bauherrn abgewälzt werden kann.[633] Hierdurch wird das Baugenehmigungsverfahren vom Vollzug der Ausgleichsregelung abgekoppelt, sodass die Baugenehmigung nicht mehr von der Durchführung der Ausgleichsmaßnahmen abhängig gemacht werden kann.[634] Schon aus diesem Grund sind entsprechende Nebenbestimmungen unzulässig. Die Gemeinde ist deshalb grundsätzlich auf die ihr zur Verfügung stehenden Durchsetzungsmöglichkeiten angewiesen.[635] Zur ebenfalls er-

---

631 Die Frage eines solchen „Vollzugsdefizits" wird in der Literatur deshalb unter der Frage erörtert, inwieweit dennoch eine Baugenehmigung erteilt werden muss (siehe *Schrödter*, in: *Schrödter*, BauGB § 135a Rn. 15 ff., der die Frage nach einer etwaigen Duldungsverfügung aber gerade nicht aufwirft, sondern – sofern es an einer Übertragung der Verantwortlichkeit der Gemeinde durch zugeordnete Festsetzungen fehlt – gegebenenfalls eine bedingte Baugenehmigung verlangt).

632 Vgl. *Wagner*, in: *Ernst/Zinkahn/Bielenberg/Krautzberger*, BauGB § 135a Rn. 3 und *Mitschang*, in: *Battis/Krautzberger/Löhr*, BauGB § 135a Rn. 2, die für eine Durchsetzung über Nebenbestimmungen deshalb lediglich beim Ausgleich auf dem Eingriffsgrundstück Raum sehen.

633 *Wagner*, in: *Ernst/Zinkahn/Bielenberg/Krautzberger*, BauGB § 135a Rn. 8. Dies kann allenfalls über städtebauliche Verträge erreicht werden. Zu den (vertraglichen) Möglichkeiten der Übertragung der Verantwortung siehe oben § 7 B. I. 3. (S. 125).

634 *Schrödter*, in: *Schrödter*, BauGB § 135a Rn. 1.

635 Siehe oben § 7 B. II. 2. a) (S. 128 f.).

forderlichen Flächenbereitstellung[636] können dann wiederum Ausgleichsverträge notwendig sein.

e) Verfahren ohne Baugenehmigung

Problematisch sind überdies die Fälle, in denen es keiner Baugenehmigung bedarf, weil z.B. ein bloßes Kenntnisgabeverfahren (Anzeigeverfahren) genügt. Hier fehlt es ebenfalls an einem Bescheid, welcher mit Nebenbestimmungen verbunden werden kann. Zwar sind auch in dieser Situation die Festsetzungen des Bebauungsplans aber zwingend.[637] Die Baurechtsbehörde kann also gem. § 47 Abs. 1 Satz 2 LBO-BW gegen ein Vorhaben einschreiten, welches dazu im Widerspruch steht.[638] Eine Anordnung konkreter Ausgleichsmaßnahmen kommt jedoch nicht in Betracht.[639]

3. Kontrolldefizite

Im Übrigen besteht das Risiko, dass die festgesetzten Maßnahmen vom Ausgleichsverpflichteten nur unzureichend durchgeführt werden und dies von der Gemeinde unbemerkt bleibt.[640] Dieses rein tatsächliche Problem ist aber kein Sonderfall des Ausgleichs durch Festsetzungen im Bebauungsplan. Auch beim Ausgleich durch Vertrag besteht das Risiko, dass der Vorhabenträger seinen Verpflichtungen nicht nachkommt. Ein Unterschied zu der baurechtlichen Verpflichtung besteht hier grundsätzlich nicht. Vertraglich können aber Kontrollrechte der Gemeinde oder Berichtspflichten des Vorhabenträgers vereinbart werden, was jedoch ebenfalls kein Garant für einen reibungslosen Ausgleich ist. Im Gegenteil beinhalten zusätzliche Pflichten des Vorhabenträgers immer auch Konfliktpotenzial. Insgesamt wiegen die etwaigen Vorteile eines vertraglichen Vorgehens in diesem Aspekt nicht besonders schwer. Faktische Kontrolldefizite stellen vielmehr ein generelles Problem dar, welches weder den vertraglichen noch den Festsetzungsausgleich der jeweili-

---

636 Siehe hierzu oben § 7 B. I. 3. (S. 125 f.).

637 *Stüer*, NuR 2004, 11 (12).

638 Vgl. *Büchner/Schlotterbeck*, Baurecht, Band 2, Rn. 127 (S. 44).

639 Bedenken äußert auch *Mitschang*, Belange von Natur und Landschaft, S. 221.

640 *Thum*, UPR 2006, 289 (294 f.); *Schmidt-Siegmann*, Eingriffsregelung, S. 104; *von Bosse*, Eingriffsregelung, S. 167.

gen Alternative gegenüber als vorteilhaft erscheinen lässt. Hier kommt es jeweils in gleichem Maße auf die „Kontrollschärfe" der Gemeinde selbst an.

III. Der Bauleitplan als Vergleichsmaßstab

Als Vergleichsmaßstab für die Sicherung durch Verträge ist die Sicherung durch Bauleitpläne demnach nur bedingt geeignet.

Die Wirkungsweise dieser beiden Instrumente ist schon aufgrund der nahezu konträren Rechtsnatur völlig anders gelagert. Der Bebauungsplan[641] gibt als Gesetz im materiellen Sinn die bei einer Bebauung zu beachtenden Regeln vor. Verträge sind demgegenüber keine hoheitlichen Instrumente, sondern basieren auf einer Verpflichtung kraft einvernehmlicher Absprache. Dies zeigt sich bereits an der jeweiligen inhaltlichen Ausgestaltung. Bauleitplanerische Festsetzungen steuern die Nutzung eines Grundstücks und sind dabei grundsätzlich nicht auf Handlungsanweisungen gerichtet. Der Bebauungsplan benennt, was auf einem Grundstück gestattet ist, verpflichtet aber gerade nicht dazu, eine bestimmte Maßnahme durchzuführen. Vertragliche Vereinbarungen sind demgegenüber auf konkrete Handlungspflichten gerichtet, sollen aber nicht abstrakt vorgeben, was erlaubt ist und was nicht. Generell stellen städtebauliche Verträge deshalb fast schon einen „Fremdkörper" im System der Bauleitplanung dar. Diese Unterschiede zeigen sich auch im Vollzug. Die Durchsetzung einer Handlung hängt beim Bebauungsplan - mit Ausnahme des Pflanzgebots in § 178 BauGB - grundsätzlich von der Erteilung einer Baugenehmigung ab. Im Übrigen besteht keine durchsetzbare Verpflichtung eine konkrete Maßnahme durchzuführen.

Auch Ausgleichsfestsetzungen sind deshalb nicht frei von Risiken. Soweit Ausgleichsmaßnahmen auf dem Eingriffsgrundstück selbst stattfinden, bieten Nebenbestimmungen zwar regelmäßig ein effektives Vollzugsmittel und sichern hierdurch die tatsächliche Ausführung des Ausgleichs ab (§ 7 B. II. 2. c) (S. 130 ff.)). Die Defizite des Bebauungsplans

---

[641] Dies gilt grundsätzlich auch für den Vorhaben- und Erschließungsplan, der allerdings eng mit der Einvernehmlichkeit des Durchführungsvertrags verknüpft ist. Zu den Besonderheiten siehe unten § 9 B. (S. 174 ff.).

zeigen sich dann aber in besonderen Konstellationen, so z.B. wenn der Ausgleich nicht am Ort des Eingriffs stattfinden soll (§ 7 B. I. 2. und II. 2. d) (S. 122 ff. und 131 f.)). Dieser Fall wurde vom Gesetzgeber zwar bedacht und im BauGB geregelt, bedarf gegebenenfalls aber zusätzlicher Maßnahmen (z.B. Flächenbeschaffung durch Verträge, siehe § 7 B. II. 2. d) cc) (S. 132)). Darüber hinaus bieten die Festsetzungsmöglichkeiten des § 9 BauGB gegenüber vertraglichen Lösungen eine geringere Variabilität. Beides ist bei der Bewertung von vertraglichen Lösungen zu berücksichtigen: Nicht nur können Bauleitpläne alleine eine hundertprozentige Sicherung ebenfalls nicht gewährleisten. Teilweise sind deren Festsetzungen sogar unbrauchbar, um einen effektiven Ausgleich zu ermöglichen - es fehlt dann an einem Alternativverhältnis.[642] Das macht einen direkten Vergleich zwischen Festsetzungen und vertraglicher Sicherung schwierig. Denn wenn das Ziel durch bauplanerische Festsetzungen überhaupt nicht erreicht werden kann, darf das zielführende vertragliche Mittel nicht an einer ungeeigneten Variante gemessen werden.

Nichtsdestotrotz kann auf den Vergleich vertraglicher Ausgleichslösungen mit Festsetzungen nicht verzichtet werden. Wie schon der Wortlaut des § 1a Abs. 3 Satz 4 BauGB („Anstelle von Darstellungen und Festsetzungen [...]") zeigt, sind städtebauliche Verträge und sonstige geeignete Maßnahmen nicht nur gleichrangig, sondern fungieren gleichzeitig als Ersatz für Darstellungen und Festsetzungen, dem Standardinstrument der Bauleitplanung. Wenn auch die spezifische Wirkungsweise von Bauleitplänen durch einen Vertrag schon aufgrund der unterschiedlichen Rechtsnatur nicht erreicht werden kann, so muss doch zumindest berücksichtigt werden, aus welchen Gründen diese ihr (durchaus hohes) Sicherungsniveau erreichen. Dies lässt sich beim Bebauungsplan durch den Flächenbezug erklären. Die Festsetzungen legen den Ausgleich nicht nur ihrem Inhalt nach fest[643], sondern verpflichten immer den jeweiligen Eigentümer der Ausgleichsfläche, unabhängig von Rechtsnachfolge oder abweichender Verträge zwischen Privaten und gewährleisten hierdurch auch einen dauerhaften Zugriff[644]

642 Vgl. *Tennie*, Dingliche Rechte, S. 166.

643 Zu den Ebenen der Sicherung siehe oben § 6 C. (S. 107 f.).

644 Siehe hierzu oben § 6 B. I. (S. 102 f.).

(§ 7 B. II. 1. (S. 127 f.)). Hier liegt der rechtskonstruktive Vorteil eines bauleitplanerischen Vorgehens gegenüber rein vertraglichen Lösungen, deren Defizite in diesem Bereich überwunden werden müssen.

Da der Bebauungsplan das „Standard-Modell" für die Erreichung der Sicherungsziele (Zugriff und tatsächliche Ausführung) darstellt, sind die Lösungsalternativen an diesem zu messen.

§ 8 Anforderungen an die vertragliche Sicherung

Ziel der Sicherung ist die Herbeiführung des tatsächlichen Ausgleichs unter besonderer Berücksichtigung einer Rechtsnachfolgesicherheit. Wie soeben festgestellt, erreichen Bauleitpläne dieses Ziel über eine dauerhafte Anknüpfung an Flächen, unabhängig vom jeweiligen Eigentümer. Daraus lassen sich bestimmte Anforderungen an die Sicherung durch einen Ausgleichsvertrag ableiten. Dies betrifft nicht nur den inhaltlichen Umfang, sondern auch den zeitlichen Rahmen der Sicherung.

A. Inhaltlicher Umfang der Sicherung

Im Unterschied zum naturschutzrechtlichen Ausgleich im BNatSchG besteht beim planerischen Ausgleich regelmäßig eine größere zeitliche Differenz zwischen der Entscheidung über den Ausgleich und dessen tatsächlicher Ausführung, die vor dem Eingriff nicht stattfinden muss. Teilweise ist die Verwirklichung eines geplanten Vorhabens sogar ungewiss. Da über den bauleitplanerischen Ausgleich also unter Umständen lange vor seiner Verwirklichung entschieden wird, spielt die Absicherung für diesen Zeitraum eine gewichtige Rolle. Zunächst stellt sich deshalb die Frage, wie umfangreich eine solche Sicherung sein muss und inwieweit „Lücken" zulässig sind.

I. Maßstab der Sicherung

Zur Bestimmung der maßgeblichen Anforderungen an die Sicherung ist zunächst festzulegen, wo die Ober- und Untergrenzen liegen, d.h. welche Funktionen die Sicherung mindestens erfüllen muss und wann die Grenze des Zumutbaren überschritten ist.

1. Vollabsicherung

Die theoretisch mögliche Obergrenze einer Vollabsicherung wäre dann gegeben, wenn der geplante Ausgleich unter allen denkbaren Gesichtspunkten mit vollständiger Gewissheit ausgeführt werden würde, seine Nicht-Ausführung also quasi undenkbar ist. Rein praktisch würde – unter Berücksichtigung der beiden Sicherungskomponenten des Zugriffs und der Durchführung - folgende Lösung dem Idealfall zumindest nahekommen: Die Gemeinde selbst führt den Ausgleich auf in ihrem Eigentum stehenden Flächen durch. Dieser wird zusätzlich durch einen Vertrag mit der Naturschutzbehörde abgesichert, in welchem sich die Gemeinde zur Durchführung der Maßnahmen verpflichtet, sodass sie notfalls zur Ergreifung von Maßnahmen gezwungen werden kann. Die Gemeinde hätte dann zum einen umfassenden Zugriff auf die Fläche. Zum anderen bestünde hinsichtlich der Durchführung ein durchsetzbarer Zwang durch die Naturschutzbehörde. Dieser Idealfall ist aber unter Umständen überhaupt nicht zu erreichen, nämlich wenn die Ausgleichsflächen nicht im Gemeindeeigentum stehen und auch nicht beschafft werden können, sondern allenfalls eine dingliche Sicherung in Betracht kommt. Sicherungsmaßnahmen müssen aber realisierbar sein.[645] Ist dies nicht möglich, sind sie unzulässig. Gegebenenfalls kann also eine solche „Vollabsicherung" überhaupt nicht erreicht werden.

2. Der Bebauungsplan im Vergleich

Der Sicherungsgrad, welchen Bebauungspläne in Verbindung mit Baugenehmigungen bieten, stellt die Obergrenze dessen dar, was durch Verträge erreicht werden muss. Da der Ausgleich durch städtebauliche Verträge und sonstige geeignete Maßnahmen einen Ersatz für dessen Festsetzungen darstellt, müssen diese als Ausgleichsinstrumente nicht sicherer sein.

Auch bauleitplanerische Festsetzungen können eine Verwirklichung des Ausgleichs nicht garantieren. So kann es auf der Ebene der Vollstreckung zu Hindernissen kommen. Etwaige Defizite reichen zwar nicht so weit, um die Sicherungswirkung von Festsetzungen als quasi nonexistent zu qualifizieren. Nichtsdestotrotz bestehen kleinere Lücken in der Sicherungswirkung, die hinzunehmen sind. Es ist beim Ausgleich durch Festsetzungen aber grundsätzlich legitim, davon auszugehen, dass der Betroffene die Vorgaben des Bebauungsplans befolgen wird. Die Sicherungswirkung bezieht sich vor allem auf die rechtlich bindende Wirkung und weniger auf die tatsächlich vollziehende Ebene.

645 BVerwG, Beschl. v. 16.03.1999 - 4 BN 17/98, juris Rn. 7 = ZfBR 1999, 349 (351).

Eine vertragliche Lösung kann also nicht schon deshalb ausscheiden, weil sie keine Garantie der Durchführung bietet. Die Sicherung muss aber auf rechtlich bindender Ebene lückenlos sein. Hinsichtlich des Vollzugs ist es hingegen eine Frage des Einzelfalls, ob die vertragliche Gestaltung für die Prognose ausreicht, dass Plan und Vertrag die planbedingten Konflikte bewältigen (unter Berücksichtigung des wirtschaftlichen Interesses des Investors und der bestehenden Geschäftsbeziehungen mit der Gemeinde).[646] Gewisse Unsicherheiten beim letztendlichen Vollzug sind deshalb zu akzeptieren.

3. Effektivität

Obwohl es letztendlich um die faktische Durchführung geht, ist die Sicherung also nach ihrer Wirksamkeit auf rechtlicher Ebene zu beurteilen. Entscheidendes Kriterium ist die Effektivität der Sicherung vor dem Hintergrund einer etwaigen Rechtsnachfolge unter rein rechtlichen Gesichtspunkten. Insofern kann auch nicht auf den „Grad" der Sicherung abgestellt werden: Eine graduell teilweise Sicherung (wie z.B. der Ausgleich nur teilweise erfolgen kann) ist nicht zielführend. Entweder ist dieser gesichert oder er ist es nicht, weil die Ausgleichspflicht umgangen werden kann. Deshalb helfen auch Überlegungen zum Grad des Ausgleichs nicht weiter. Dieser erfordert zwar keine Vollkompensation, wohl aber eine effektive Absicherung. Der Bestimmung der Anforderungen kann deshalb nur zugrunde gelegt werden, ob die gewählte Ausgestaltung des Ausgleichsvertrags (inklusive weitergehender Sicherungsmittel) geeignet ist, den Ausgleich „umgehungssicher" zu gewährleisten. Dabei kommt es dann nur auf die rechtlichen Maßstäbe, nicht aber auf etwaige faktische Kontroll- oder Vollziehungshindernisse an, sofern diese nicht ohnehin schon im gewählten Instrument selbst begründet sind.

Dieses Erfordernis einer effektiven, rechtlich lückenlosen Sicherung definiert die „Untergrenze", also dasjenige, was mindestens notwendig ist. Die Obergrenze hingegen bestimmt sich nicht nach Sicherungsgesichtspunkten, sondern, da der Ausgleich durch Vertrag erfolgt, nach den Prinzipien der Angemessenheit[647]. Eine generelle Grenzziehung ist demnach nicht mög-

---

646 *Kamp*, Steuerung der Bebaubarkeit, S. 268.

647 Hierzu unten § 11 D. II. 2. (S. 216).

lich, sondern muss für den jeweiligen Einzelfall vorgenommen werden.

Diese rechtliche Perspektive bedeutet auch, dass die tatsächliche Herstellung von Kompensationsmaßnahmen direktes Ziel des Sicherungsmittels sein muss. Das schließt bloße „Motivatoren", also Mittel, die den Betroffenen lediglich durch wirtschaftliche oder tatsächliche Nachteile zu einem gewissen Verhalten zwingen, zunächst aus. Derartige Prognosen sind zu ungewiss, um einen Ausgleich zu gewährleisten, zumal bloße Versäumnisse dennoch geschehen können. Indirekte Sicherungsmittel, die primär gerade nicht auf Kompensation (gegebenenfalls durch Selbstvornahme) abzielen, sind damit allenfalls zweitrangig geeignet. Sofern andere Mittel greifbar und zumutbar sind, ist diesen der Vorzug einzuräumen.

II. Die notwendige Sicherung

Vor dem Maßstab der effektiven Absicherung in rechtlicher Hinsicht ist zu bestimmen, welche Funktionen notwendig sind, um die relevanten Defizite, die dem Vertrag gegenüber dem Bebauungsplan innewohnen, zu kompensieren.

1. Auszugleichende Defizite

Wie oben[648] festgestellt, ist Ausgangspunkt der Sicherung, dass der Ausgleichspflichtige den Ausgleich nicht ausführen *kann* oder nicht ausführen *will*. Das besondere Risiko der vertraglichen Lösung gegenüber Bauleitplänen liegt dabei im Fehlen eines dauerhaften Zugriffs auf die Ausgleichsfläche. Die tatsächliche Ausführung lässt sich regelmäßig durch klageweise Verfolgung der vertraglichen Ansprüche erreichen. Besteht aber kein Zugriff des Ausgleichsverpflichteten, ist zugleich eine Ausführung nicht möglich. Insoweit muss eine vom Risiko der Rechtsnachfolge unabhängige Sicherung des Zugriffs bestehen, da anderenfalls der Ausgleich nicht gewährleistet ist. Beim Bebauungsplan stellt sich dieses Problem nicht, weil er flächenbezogen wirkt. Er ordnet einem bestimmten Grundstück bestimmte Ausgleichsmaßnahmen zu. In dieser dauerhaften und damit rechtlich umgehungssicheren Zuordnung (nicht hingegen in der späteren Vollziehung) liegt der Sicherungsvorteil des

---

[648] Siehe zusammenfassend § 6 D (S. 108 f.).

Bebauungsplans. Dieses Defizit des Vertrags muss durch dessen Ausgestaltung überwunden werden.

2. Anknüpfung an das Grundstück über dingliche Rechte

Um einer vertraglichen Ausgleichslösung Tauglichkeit zu verleihen, muss der Flächenbezug des Bebauungsplans „imitiert“ werden. Innerhalb des Vertrags muss also eine Sicherung an das Ausgleichsgrundstück selbst geknüpft und eben nicht nur die beteiligten Parteien gebunden werden. Eine derartige Anknüpfung kann beim Ausgleichsvertrag lediglich über dingliche Rechte geschehen. Im Gegensatz zu schuldrechtlichen Pflichten, die jeweils nur den Vertragspartner verpflichten, wirken dingliche Rechte absolut, also gegenüber jedermann.[649] Sie können direkt an Grundstücken bestehen[650] und entfallen auch nicht beim Erwerb des Grundstücks durch einen Dritten.[651] Sie sind also von Vereinbarungen zwischen Veräußerer und Erwerber unabhängig und damit rechtsnachfolgesicher. In Beständigkeit und Durchsetzungsfähigkeit stehen sie Festsetzungen im Bebauungsplan dabei grundsätzlich in nichts nach.[652] Für die Wirksamkeit eines vertraglichen Ausgleichs ist deshalb regelmäßig eine dingliche Sicherung erforderlich.[653]

---

649 *Baur/Stürner*, Sachenrecht, § 2 Rn. 2; *Westermann/Gursky/Eickmann*, Sachenrecht, § 1 Rn. 5 und § 2 Rn. 2; *Wilhelm*, Sachenrecht, Rn. 65.

650 Siehe z.B. §§ 1018, 1030, 1090, 1113, 1191 BGB. Vgl. auch die Übersicht 1 bei *Baur/Stürner*, Sachenrecht, § 3 Rn. 46.

651 Dingliche Rechte bedürfen für ihre Aufhebung einer entsprechenden einseitigen, abstrakten Willenserklärung des Rechtsinhabers (*Westermann/Gursky/Eickmann*, § 76 Rn. 3). Vgl. auch § 876 Sätze 1 und 2 BGB, die bei Aufhebung der Belastung an einem Grundstück die Zustimmung des Berechtigten erfordern.

652 *Tennie*, Dingliche Rechte, S. 16 und 131, in Bezug auf Dienstbarkeiten. Zur Sicherungswirkung von dinglichen Rechten siehe unten § 13 A. (S. 235 f.).

653 So z.B. auch: *Böhme/Bruns/Bunzel/Herberg/Köppel*, Flächen- und Maßnahmenpools, S. 88; *Dirnberger*, in: *Jäde/Dirnberger/Weiß*, BauGB § 1a Rn. 27; NdsOVG, Urt. v. 25.06.2008 - 1 KN 132/06, juris Rn. 22 = NuR 2008, 714 (715). Für die in Betracht kommenden dinglichen Rechte siehe unten § 13 B. bis G. (S. 239 ff.).

3. Inhaber der Sicherheit

Die Sicherung des Ausgleichs muss, wie bereits festgestellt[654], sowohl den Aspekt des Zugriffs als auch der Ausführung umfassen. Eine dingliche Sicherheit gewährleistet dabei zunächst einmal den Zugriff, wobei über diesen dann wiederum die Ausführung gewährleistet werden kann. Hierbei kommt es entscheidend darauf an, zu wessen Gunsten das dingliche Recht vereinbart wird. Je nach Konstellation kommen dabei mehrere potenzielle Berechtigte in Betracht: die Gemeinde, ein anderer Hoheitsträger oder auch ein von diesen abweichender Ausgleichsverpflichteter (z.B. der Vorhabenträger, bei einem mehrseitigen Vertrag aber auch ein Dritter).

a) Zugunsten eines ausgleichspflichtigen Privaten

Ist der Vorhabenträger zum Ausgleich verpflichtet, scheint es aus Sicht der Zugriffssicherung zunächst notwendig, dass dieser ein dingliches Recht an der Ausgleichsfläche innehat. Dies kann entweder sein Eigentum am Grundstück sein oder ein beschränktes dingliches Recht an einem fremden Grundstück. Evident scheint dies vor allem beim Ausgleich auf fremdem Grundstück: Durch ein dingliches Recht wird sichergestellt, dass der Vorhabenträger auch dann noch auf das Grundstück zugreifen kann, wenn der Eigentümer es veräußert. Das dingliche Recht wirkt dann auch gegenüber dem neuen Eigentümer. Ein solches Vorgehen verfolgt aber nur scheinbar das Ziel der Zugriffssicherung. So ist es dem pflichtigen Vorhabenträger nämlich ohne Weiteres möglich, die vereinbarte Sicherung im Einvernehmen mit dem belasteten Eigentümer wieder aufzuheben.[655] Dies kann die Gemeinde nicht verhindern. Zwar kann sie den Vorhabenträger im Ausgleichsvertrag dazu verpflichten, das dingliche Recht nicht aufzuheben. Gleichwohl hindert dies ein vertragswidriges Verhalten nicht, sondern führt allenfalls zu Schadensersatz oder Zahlung einer Vertragsstrafe. Das dingliche Recht hingegen ist aufgehoben, der Zugriff des Ausgleichspflichtigen besteht nicht mehr.

---

654 Siehe oben § 6 B. (S. 102 ff.).

655 Dieses Risiko sieht auch *Möller*, Ausgleichsflächen, S. 106, die jedoch auf schuldrechtlicher Ebene bleibt und das Risiko einer Veräußerung der Fläche außer Acht lässt.

Das wird besonders deutlich, wenn man sich den Ausgleich des Vorhabenträgers auf seinem eigenen Grundstück vor Augen hält. Gerade eine hier drohende Weiterveräußerung ist Anlass für die Notwendigkeit der Sicherung. Wenn aber das (stärkere) umfassende dingliche Recht des Eigentums den Ausgleich nicht gewährleistet, kann es erst recht nicht ein (schwächeres) beschränktes dingliches Recht. Das Problem einer möglichen Umgehung bleibt bestehen. Damit sind sämtliche Sicherungen, deren Aufhebung dem Ausgleichspflichtigen ohne Kontrolle der Gemeinde rechtlich möglich ist, als unzureichend zu qualifizieren. Dies gilt unabhängig davon, ob der Vorhabenträger selbst oder ein Dritter zum Ausgleich verpflichtet ist.

b) Zugunsten eines Hoheitsträgers

Um eine effektive Zugriffssicherung zu ermöglichen, muss das dingliche Recht demnach zugunsten der Gemeinde oder eines anderen Hoheitsträgers (z.B. der Naturschutzbehörde) bestehen.[656] Dies hindert entweder die Weiterveräußerung vollständig (bei hoheitlichem Eigentum) oder gibt dem Berechtigten bei einer Weiterveräußerung des Grundstücks zumindest noch einen gewissen Zugriff, um den Ausgleich entweder selbst vorzunehmen oder dies dem ausgleichsverpflichteten Vorhabenträger zu ermöglichen.

Selbstverständlich verbleibt das Restrisiko, dass die Gemeinde auf ihr dingliches Recht verzichtet oder das Ausgleichsgrundstück veräußert. An derartigen Hindernissen kann die Tauglichkeit der Sicherung aber - wie ausgeführt - nicht gemessen werden, da sie aus rechtlicher Perspektive nicht lückenlos verhindert werden können. Dennoch wäre ein solches Vorgehen - jedenfalls soweit der geplante Ausgleich damit vereitelt wird - unzulässig und durch die Kommunalaufsichtsbehörde zu rügen. Letztendlich ist dies deshalb eine Frage der Kontrolle der Gemeinde[657], die im Vergleich zur Sicherung gegenüber einem Privaten weit weniger stark ausgeprägt sein muss. Rechtmäßiges Verhalten der Gemeinde ist bis zu einem

---

[656] So auch: *Lau*, Naturschutz in der Bauleitplanung, der einen Vertrag zwischen Vorhabenträger und Eigentümer zutreffender Weise für nicht ausreichend hält. Wohl ebenso: *Reidt*, in: *Battis/Krautzberger/Löhr*, BauGB § 11 Rn. 48, der in Rn. 67 auf die Risiken des Fehlens einer solchen Sicherung hinweist.

[657] Siehe oben § 6 B. II. 2. (S. 105 f.).

gewissen Grad zu unterstellen und muss nicht durch dingliche Rechte abgesichert werden. Eine Belastung eines gemeindlichen Ausgleichsgrundstücks z.B. zugunsten der Naturschutzbehörde erfordert das Gesetz auch beim Ausgleich durch Festsetzungen gerade nicht.

Auf eine Zugriffssicherung der Gemeinde kann dementsprechend dann verzichtet werden, wenn der Zugriff eines anderen Hoheitsträgers dauerhaft gesichert ist (z.B. die Ausgleichsfläche im Eigentum der Nachbargemeinde steht) und die ausgleichspflichtige Gemeinde mit diesem einen Ausgleichsvertrag geschlossen hat. Dessen Regelung der Ausgleichspflicht bzw. -maßnahmen verpflichtet den hoheitlichen Vertragspartner, das Ausgleichsgrundstück nicht anderweitig zu verwenden und bewirkt hierdurch das erforderliche Maß an rechtlicher Bindung. Da anderen Hoheitsträgern das gleiche Vertrauen[658] wie der ausgleichsverantwortlichen Gemeinde entgegengebracht werden kann, ist das Erfordernis einer zusätzlichen Absicherung des gemeindlichen Zugriffs unnötig.

Ein zusätzliches Zugriffsrecht des zum Ausgleich verpflichteten Privaten ist daneben nicht notwendig, da die Gemeinde diesem über ihr eigenes Recht regelmäßig den Zugriff ermöglichen kann. Des Weiteren kann sie den Ausgleich notfalls auch einfach selbst ausführen und damit die notwendige Kompensation herbeiführen. Ein eigenes Recht des Ausgleichsverpflichteten ist somit entbehrlich, nicht aber unzulässig.

4. Das Erfordernis der tatsächlichen Realisierung

Entscheidend für die Sicherung der Ausführung ist, dass eben nicht nur ein Zugriff besteht, sondern welchen Inhalt die Zugriffsrechte haben. Wie oben ausgeführt ist das Ziel eine tatsächliche und nicht lediglich eine finanzielle Kompensation. Insbesondere sieht das BauGB auch keine Ersatzzahlungen als Kompensationsleistungen vor.[659] Dem müssen auch die dinglichen Rechte Rechnung tragen.

Zunächst ist zu berücksichtigen, dass ein dingliches Recht der Gemeinde zwar insgesamt eine stärkere Rechtsposition einräumt, in Bezug auf den Vertragspartner aber zunächst kei-

658 Siehe hierzu § 6 B. II. 2. (S. 105) und § 10 B. III. (S. 187 ff.).

659 Siehe oben § 4 A. IV. (S. 51).

nen Vorteil bringt. Dessen Verpflichtungen können schon aufgrund des Vertrags (notfalls klageweise) durchgesetzt werden[660] - nur eben dann nicht, wenn ihm dies unmöglich ist. Diese Lücke zu schließen ist Aufgabe der dinglichen Rechte. Berücksichtigt man, dass Ziel kein finanzieller, sondern ein tatsächlicher Ausgleich ist, schränkt dies den Bereich in Frage kommender Sicherungsmittel ein: In Betracht kommen nur dingliche Rechte, die dem Berechtigten auch einen Zugriff und nicht nur die Verwertung ermöglichen. Ob der von diesem Recht belastete Grundstückseigentümer dabei durch dieses Recht zur Ausführung oder nur zur Duldung von Maßnahmen gezwungen wird, ist unerheblich. Wie oben festgestellt[661], ist die tatsächliche Durchführung durch die Gemeinde der Durchführung durch einen Privaten gleichgestellt. Wer diese letztendlich übernimmt ist regelmäßig lediglich eine Frage der Zweckmäßigkeit. Wird der Eigentümer aber nicht unmittelbar dinglich gezwungen, so muss die Gemeinde selbst den Ausgleich durchführen bzw. dies dem gewillten Ausgleichspflichtigen ermöglichen können. Eine bloße Grundstücksverwertung ist demgegenüber lediglich auf einen finanziellen Gewinn, nicht aber auf Herstellung der Kompensation gerichtet und damit für eine Sicherung ungeeignet. Zwar mag im Einzelfall eine drohende Verwertung den Eigentümer zum Handeln motivieren. Derart indirekt wirkende Instrumente sind wegen ihrer Unsicherheit jedoch unzulässig, sofern zumutbare, direktere Mittel bestehen.

B. Zeitpunkt der Sicherung

Es ist umstritten, inwieweit eine dingliche Sicherung zugunsten der Gemeinde von Anfang an bestehen muss.[662] Die Entscheidung über den Ausgleich ist Teil der Abwägung. Gem. § 214 Abs. 3 Satz 1 BauGB ist für die Abwägung der Zeitpunkt der Beschlussfassung über den Plan maßgebend. Zu diesem Zeitpunkt muss eine Prognose gerechtfertigt sein, anderenfalls ist der Plan fehlerhaft.[663] Die Sicherung muss grundsätzlich also

660 Zur Durchsetzung der Rechte siehe unten § 9 C. I. (S. 176 ff.).

661 Siehe § 4 A. III. (S. 50 f.).

662 *Schrödter*, in: *Schrödter*, BauGB § 1a Rn. 89.

663 *Kamp*, Steuerung der Bebaubarkeit, S. 268.

beim Satzungsbeschluss vorliegen.[664] Fehlt es nämlich z.B. an Vereinbarungen, so konnten diese nicht Bestandteil der Abwägung gewesen sein.[665] Der Vertrag und die zugehörigen Sicherungsmittel müssen zu diesem Zeitpunkt grundsätzlich also *bindend* vorliegen. Die bloße *mündliche* Zusage des Grundstückseigentümers, die vorgesehenen Maßnahmen rechtzeitig vor Baubeginn vornehmen zu wollen und mit einer (schriftlichen) vertraglichen Bindung einverstanden zu sein, genügt deshalb nicht.[666]

I. Einschränkung hinsichtlich des endgültigen Vorliegens von Sicherungsmitteln

Da in der bauleitplanerischen Abwägung jedoch - auch im Bereich des naturschutzrechtlichen Ausgleichs - Prognosen zulässig sind, bedeutet dies nicht, dass sämtliche Verträge und zugehörige Sicherungsmittel bei Satzungsbeschluss *fertiggestellt* vorliegen müssen.[667] Dies würde schon aufgrund der häufig längeren Dauer bis zur Eintragung dinglicher Rechte das Bauleitplanverfahren unnötig in die Länge ziehen. Vor diesem Hintergrund ist es deshalb in gewissem Umfang zuzubilligen, dass die Sicherungsmittel erst bis zum Zeitpunkt des Inkrafttretens des Bebauungsplans endgültig bestehen.[668] So hat es auch die Rechtsprechung für ausreichend erachtet, dass ein Vertrag *nach* Beschlussfassung, aber noch *vor* Inkrafttreten des Bebauungsplans abgeschlossen wird, wenn zuvor die Verwaltung mit dem Abschluss eines solchen beauftragt wurde.[669] Bei Sat-

---

664 *Ohms*, BauR 2000, 983 (987); *Stich*, ZfBR 2003, 643 (649); *Bunzel/Coulmas/Schmidt-Eichstaedt*, Städtebauliche Verträge, S. 107; VGH BW, Urt. v. 08.07.2002 - 3 S 2016/01, LS 1 und juris Rn. 42 = BWGZ 2003, 49 (50); NdsOVG, Urt. v. 21.07.1999 - 1 K 3526/97, juris Rn. 21 = ZfBR 2000, 269 (272); OVG NRW, Urt. v. 26.02.2015 - 2 D 1/13.NE, juris Rn. 113, LS 4 = BauR 2015, 1776 (1784).

665 *Reidt*, UPR 2008, 410 (412); *Birk*, Städtebauliche Verträge, Rn. 507.

666 OVG NRW, Urt. v. 26.02.2015 - 2 D 1/13.NE, juris Rn. 113, LS 4 = BauR 2015, 1776 (1784).

667 So auch *Kamp*, Steuerung der Bebaubarkeit, S. 232, die sogar eine bloße Entwurfsfassung für ausreichend hält.

668 So auch: *Schrödter*, in: *Schrödter*, BauGB § 1a Rn. 89.

669 BVerwG, Beschl. v. 21.02.2000 - 4 BN 43/99, juris Rn. 5 = ZfBR 2000, 424 f.; BVerwG, 06.10.2011 - 4 BN 19.11, juris Rn. 3 = BauR 2012, 222 f. (zu einem Vorhaben- und Erschließungsplan); strenger offen-

zungsbeschluss darf aber keine wesentliche Unklarheit mehr bezüglich des Vertrags(-inhalts) bestehen. Es gilt nämlich dennoch, dass die der planerischen Konfliktlösung dienenden Inhalte schon vor Satzungsbeschluss feststehen müssen, da sie anderenfalls der planerischen Abwägung nicht zugrunde gelegt werden können.[670] Es muss deshalb zumindest ein rechtsverbindliches und für die Gemeinde einseitig annehmbares Vertragsangebot vorliegen.[671] Gleiches gilt für die Vereinbarung dinglicher Rechte am Ausgleichsgrundstück. Die Prognose ist hinreichend sicher, wenn lediglich die Eintragung als formaler und auf normalem Wege nicht mehr zu verhindernder Akt für das Wirksamwerden aussteht, im Übrigen aber rechtsverbindlich die notwendigen (Eintragungs-)Bewilligungen erteilt wurden. Praktisch sollte im Übrigen die Gemeindevertretung in der Beschlussfassung des Bebauungsplans verpflichtet werden, den Bebauungsplan erst in Kraft zu setzen, wenn die notwendigen Sicherheiten endgültig[672] vorliegen.[673]

Da städtebauliche Verträge regelmäßig nur unter der Bedingung des Inkrafttretens des Bebauungsplans wirksam werden[674], entstünde hier ansonsten auch ein kurioses Problem: Müsste zum Zeitpunkt des Satzungsbeschlusses der Vertrag bereits vollwirksam vorliegen und ist dies aufgrund der aufschiebenden Bedingung nicht der Fall, wäre die Abwägung fehlerhaft, mit der Folge, dass der Bebauungsplan rechtswidrig wäre. Mangels wirksamen Bebauungsplans könnte wiederum der Vertrag nicht wirksam werden. Bei der Bewertung, ob eine ausreichende Sicherung des Ausgleichs zum Zeitpunkt des Satzungsbeschlusses besteht, ist deshalb auf die Sicherung als übergeordnete Wertung (d.h. ihren Inhalt) und gerade nicht auf deren bloße technische Ausführung abzustellen[675].

---

bar noch: NdsOVG, Urt. v. 17.12.1998 - 1 K 4008/97, juris Rn. 14 = NVwZ-RR 1999, 570 (537).

670 *Reidt*, UPR 2008, 410 (412); *ders.*, in: *Bracher/Reidt/Schiller*, Bauplanungsrecht, Rn. 1077.

671 *Reidt*, in: *Battis/Krautzberger/Löhr*, BauGB § 11 Rn. 91.

672 D.h. auch eingetragen sind.

673 *Schrödter*, in: *Schrödter*, BauGB § 1a Rn. 89.

674 Hierzu unten § 11 B. (S. 206 f.).

675 Zum nicht ganz eindeutigen Begriff der Sicherung oben § 6 A. I. (S. 98 f.).

II. Eingriff durch die Gemeinde

Teilweise legt die Rechtsprechung noch weiter gelockerte Maßstäbe an. So wurde es bei der Planung einer Gemeindestraße als Ortsumgehung als ausreichend erachtet, dass die Gemeinde zum Zeitpunkt des Satzungsbeschlusses noch nicht Eigentümerin der Ausgleichsfläche war.[676] Dies sei hier deshalb zulässig, weil die Gemeinde für den Eingriff selbst verantwortlich sei und kein Zweifel bestehe, dass mit der Umsetzung erst begonnen werde, sobald die Gemeinde Zugriff auf die Kompensationsflächen erlangt habe. Diese Argumentation ist hier zutreffend. Da die Ausgleichspflicht grundsätzlich erst mit dem tatsächlichen Eingriff entsteht, ist das Bedürfnis nach Sicherung an diesen geknüpft. Ist die Gemeinde ausschließlich selbst für den Eingriff verantwortlich, kann ein derartiges Vorgehen also zulässig sein, wenn es sich nach den für eine Sicherung gegen die Gemeinde geltenden Maßstäben richtet. Notwendig ist insoweit also eine gewisse Bindung der Gemeinde.

III. Ausführung der Ausgleichsmaßnahmen

Davon zu trennen ist die Frage, wann die Ausgleichsmaßnahmen ausgeführt werden müssen. Dies muss grundsätzlich nicht vor dem tatsächlichen Eingriff geschehen. Eine Regelung, die es dem Ausgleichspflichtigen ermöglicht schon vor dem Eingriff mit den Kompensationsmaßnahmen zu beginnen, ist grundsätzlich jedoch unbedenklich.[677]

C. Sicherungsdauer

Naturschutzrechtliche Ausgleichsmaßnahmen beschränken sich häufig nicht auf ihre einmalige Herstellung. Vielmehr können sie als Pflegemaßnahmen auch langfristiger oder sogar dauerhafter Natur[678] sein (z.B. Aufforsten eines Waldes oder regelmäßiges Mähen eines Rasens). Dementsprechend stellt sich die Frage, über welchen Zeitraum hinweg ein Vorhabenträger zum

---

676 OVG NRW, Urt. v. 18.12.2009 – 7 D 124/07.NE, 7 D 128/08.NE, LS 10 und juris Rn. 195 ff., insbesondere Rn. 200 = BauR 2010, 1717 (1721).

677 So auch: *Grziwotz*, Vertragsgestaltung, Rn. 383, der insoweit von einem „privaten Ökokonto" spricht.

678 Vgl. *Berchter*, Eingriffsregelung, S. 225.

Ausgleich verpflichtet werden kann bzw. sogar muss. Die Ausgleichsverantwortung der Gemeinde[679] besteht demgegenüber (gegebenenfalls subsidiär) immer auf unbegrenzte Zeit, da sie bauleitplanerisch den Eingriff auf unbestimmte Zeit zugelassen hat. Ihr obliegt es damit, notfalls auch dauerhaft für eine entsprechende Kompensation zu sorgen. Verhältnismäßigkeits- oder Angemessenheitsbedenken spielen bei einem Hoheitsträger grundsätzlich keine Rolle.

I. Herstellungs-, Entwicklungs- und Unterhaltungspflege

Bei Pflegemaßnahmen ist zwischen Herstellungs- und Entwicklungspflege sowie Unterhaltungspflege (oder auch: Erhaltungspflege) zu unterscheiden.[680] Während erstere auf Fertigstellung einer Kompensationsmaßnahme abzielen, betrifft die – regelmäßig notwendige[681] – Unterhaltungspflege die Erhaltung bestehender Strukturen. Sie scheidet als Kompensationsmaßnahme aus, sofern sie nur konservierenden Charakter hat, die ökologische Wertigkeit also nicht gesteigert wird.[682] Demgegenüber sind Herstellungs- und Entwicklungspflege[683] originärer Bestandteil der Kompensation.[684]

Die Herbeiführung des Ausgleichs kann einen längeren Zeitraum in Anspruch nehmen.[685] Derartige Maßnahmen der Herstellungs- und Entwicklungspflege sind *langfristiger* Natur, haben aber ein absehbares Ende. Maßnahmen der Unterhaltungspflege können demgegenüber theoretisch „für die Ewigkeit" durchgeführt werden, also auch *dauerhafter* Natur sein. Praktisch bedeutet Dauerhaftigkeit jedoch nicht zwangsläufig auch Unendlichkeit, da weder Bebauungspläne noch Dienst-

679 Zu dieser oben § 6 A. II. 2. (S. 101 f.).

680 *Bunzel*, NuR 2004, 15 ff.; *Stüer*, NuR 2004, 11 (13).

681 *Küpfer/Arnold*, BWGZ 2015, 1119 (1121).

682 *Bunzel*, NuR 2004, 15 (16); *Jessel*, UPR 2004, 408 (411); VGH BW, Urt. v. 17.05.2001 - 8 S 2603/00, LS 2 und juris Rn. 27 = BauR 2002, 430 (431).

683 Letztendlich trennt diese beiden Begriffe vor allem der zeitliche Umfang. Beide sind auf die Fertigstellung des Ausgleichs, nicht aber auf die weitere Erhaltung gerichtet. Zum Unterschied zur Unterhaltungspflege siehe sogleich § 8 C. II. (S. 150).

684 *Bunzel*, NuR 2004, 15 (16).

685 Vgl. *Schmidt-Eichstaedt*, BauR 2010, 1865 (1869 f.).

barkeiten auf unendliche Dauer angelegt sind.[686] Unterhaltungspflegemaßnahmen haben aber keinen bestimmten oder bestimmbaren Endzeitpunkt, sind also regelmäßig nicht befristet. Die Herstellungsdauer des Ausgleichs ist in der Abwägung zu berücksichtigen.[687]

Die Vereinbarung einer kurzzeitigen Aufwuchspflege ist unproblematisch.[688] Herstellungs- und Entwicklungspflegemaßnahmen werden jedoch häufig über einen langen Zeitraum hinweg notwendig sein (z.B. kann die Aufforstung eines Waldes leicht 20 bis 30 Jahre oder noch länger in Anspruch nehmen). Da die Fertigstellung aber absehbar ist, sind derartige Verpflichtungen grundsätzlich zulässig, wobei die zeitliche Grenze eine Frage des Einzelfalls ist. Die Ansichten reichen von bis zu 5 Jahren[689] bis hin zu 30 oder gar 50 Jahren bei Aufforstungsmaßnahmen.[690] Da sich in der Neufassung der Mustersatzung für die Kostenerstattung des § 135c BauGB der Kommunalen Spitzenverbände die Anlage mit den Angaben zur Dauer nicht mehr findet, ist die Dauer der Entwicklungspflege nach den fachlichen Standards zu bestimmen, was bei Verträgen bereits zuvor der Praxis entsprach.[691] Berücksichtigt man, dass der Eingriff dauerhaft ist und größere Einzelvorhaben regelmäßig für mehrere Jahrzehnte Bestand haben sollen, erscheint ein Zeitrahmen von bis zu 50 Jahren als durchaus zumutbar.

II. Notwendigkeit dauerhafter Ausgleichsmaßnahmen

Da auch das durch den Bebauungsplan geschaffene Baurecht auf Dauer besteht, sind grundsätzlich auch die Ausgleichsmaßnahmen auf Dauer anzulegen.[692] Könnte eine Ausgleichsmaß-

---

686 *Tennie*, Dingliche Rechte, S. 147. Siehe auch oben § 7 B. II. 1. (S. 127).

687 *Louis/Wolf*, NuR 2002, 455 (460).

688 *Birk*, Städtebauliche Verträge, Rn. 544; vgl. *ders.* VBlBW 1998, 81 (82); *Burmeister*, Städtebauliche Verträge, Rn. 122.

689 *Birk*, Städtebauliche Verträge, Rn. 544.

690 Hierzu: *Bunzel*, NuR 2004, 15 (18).

691 *Bunzel/Coulmas/Schmidt-Eichstaedt*, Städtebauliche Verträge, S. 109.

692 *Jessel*, UPR 2004, 408 (411); *Wolf*, NuR 2004, 6 (9); *Schrödter*, in: *Schrödter*, BauGB § 1a Rn. 72; *Bunzel/Coulmas/Schmidt-Eichstaedt*, Städtebauliche Verträge, S. 109; Nds. OVG, Urt. v. 14.09.2000 – 1 K 5414/98, juris Rn. 30 = ZfBR 2001, 134 (136); OVG RhPf, Urt. v. 20.01.2003 – 8 C 11016/02, juris Rn. 42 = NVwZ-RR 2003, 629 (631).

nahme später wieder rückgängig gemacht werden, würde die Kompensationspflicht dadurch ausgehöhlt. Ein derartiger Ausgleich wäre letztendlich wertlos. Dementsprechend verlangt auch die Rechtsprechung[693] überwiegend eine auf Dauer angelegte rechtliche Absicherung. Dies darf aber nicht missverstanden werden. Gemeint ist damit zunächst lediglich, dass der Gemeinde ein dauerhafter Zugriff möglich sein muss, nicht jedoch, dass der Vorhabenträger auch dauerhaft zu Pflegemaßnahmen verpflichtet werden muss.

Es stellt sich dann aber die Frage, inwieweit ein „dauerhafter Ausgleich" überhaupt möglich ist. Geht man davon aus, dass der Ausgleich ein punktuelles und kein dauerhaftes Ereignis darstellt[694], sind nämlich auch *dauerhafte Eingriffe*[695] (also insbesondere die Eröffnung von Bauflächen) in dem Moment ausgeglichen, in dem die zugehörige Ausgleichsmaßnahme (gegebenenfalls über einen längeren Zeitraum hinweg) fertig hergestellt ist. Weitergehende Unterhaltungspflegemaßnahmen sind demnach in ihrer Dauer nicht an die korrelierende bauliche Nutzung gebunden. Denn welches Schicksal die Fläche nach dem hergestellten Ausgleich nimmt, hängt von ihrem allgemeinen Status ab.[696] Wenn es noch *weiterer* Pflegemaßnahmen be-

---

Dies stellt also den Maßstab dar, an dem die Gemeinde die Eignung der Kompensation messen muss. A.A. *Lau*, Naturschutz in der Bauleitplanung, Rn. 382; *Schmidt-Eichstaedt*, BauR 2010, 1865, der darauf hinweist, dass Ausgleichsflächen dann einem stärkeren Schutz unterlägen als Naturschutzgebiete oder ein Bannwald. Kritisch auch: *Stich*, UPR 2001, 177 (178) und WiVerw 2002, 65 (90), der darauf hinweist, dass die Erhaltung des Ausgleichs im BNatSchG und BauGB nicht ausdrücklich genannt wird, die Beseitigung gleichwohl wieder als Eingriff auffasst.

693 So z.B. VGH BW, Urt. v. 14.09.2001 - 5 S 2869/99, LS 5 und juris Rn. 64 = BauR 2002, 738 (744); OVG RhPf, Urt. v. 06.03.2002 - 8 C 11470/01, juris Rn. 25 = BauR 2002, 1205 (1206); Urt. v. 20.01.2003 - 8 C 11016/02, juris Rn. 42 = NVwZ-RR 2003, 629 (631); HessVGH, Urt. v. 25.06.2009 - 4 C 1347/08.N, LS 2 und juris Rn. 55 = NuR 2009, 646 (649); OVG NRW, Urt. v. 20.01.2012 - 2 D 141/09.NE, juris Rn. 149 ff.

694 *Schmidt-Eichstaedt*, BauR 2010, 1865 (1873); *Schrödter*, in: *Schrödter*, BauGB § 1a Rn. 73.

695 Im Gegensatz zu *zeitlich begrenzten Eingriffen*, wie z.B. Kiesabbau (*Schmidt-Eichstaedt*, BauR 2010, 1865 (1866)).

696 *Schmidt-Eichstaedt*, BauR 2010, 1865 (1867 f. und 1873 f.).

darf, um die Ausgleichsfläche zu erhalten, ist dies keine Frage der *Fertigstellung* des Ausgleichs, sondern der *Eignung* der Fläche für den Ausgleich.

Dauerhafte Pflegemaßnahmen haben demnach aber Einfluss auf den Ausgleichs*wert* der Fläche. Dieser erhöht sich, wenn mit naturfreundlicher Pflege zu rechnen ist[697], was wiederum in die Abwägung miteinfließt[698]. Wenn aber der Ausgleichswert durch Unterhaltungspflegemaßnahmen erhöht wird und dies in die Abwägung miteinfließt, so sind diese Pflegemaßnahmen Bestandteil der Abwägungsentscheidung. Unter Umständen wird die Eignung der Fläche sogar erst durch entsprechende dauerhafte Pflegemaßnahmen herbeigeführt. Die Abwägung ist dann aber fehlerhaft, wenn die Durchführung der dort berücksichtigten Maßnahmen (also auch der werterhöhenden Pflege) nicht gesichert ist. Wenn man nämlich die werterhöhende Funktion dauerhafter Pflegemaßnahmen anerkennt, dann muss auch deren Bestehen gesichert werden - anderenfalls würde der hergestellte Ausgleich nachträglich wieder an Wert verlieren. Nach dem punktuellen Ausgleichsbegriff spielt eine nachträgliche Veränderung zwar grundsätzlich keine Rolle - im Rahmen der bauleitplanerischen Prognoseentscheidung muss diese aber berücksichtigt und gegebenenfalls verhindert werden. Der punktuelle Ausgleichsbegriff schließt einen „dauerhaften Ausgleich" damit nicht aus und macht auch die dauerhafte Sicherung nicht entbehrlich.

III. Vertragliche Verpflichtung zur Pflege

Sind dauerhafte Pflegemaßnahmen notwendig, stellt sich im Anschluss die Frage, ob deren Übernahme freiwillig vereinbart werden kann. Schließlich erhält der Vorhabenträger als „Gegenleistung" ein grundsätzlich dauerhaftes Baurecht (das auch bei Wegfall des zugrundeliegenden Bebauungsplans wegen Bestandsschutzes weiterbesteht).

1. Verbot einer dauerhaften Verpflichtung

Es stellt sich zunächst die Frage, ob sich aus dem Gesetz oder der Natur des Ausgleichs ein Vertragsinhaltsverbot dahinge-

697 *Bunzel*, NuR 2004, 15 (18).

698 *Bunzel*, NuR 2004, 15 (16).

hend ergibt, dass die Vereinbarung dauerhafter Pflegemaßnahmen unzulässig ist.

a) Aus § 135a Abs. 3 BauGB

Auf den ersten Blick sprechen die Regelungen des § 135a Abs. 3 BauGB i.V.m. § 128 Abs. 1 Nr. 2 BauGB, die es der Gemeinde gestatten die *entstandenen* Kosten nach Durchführung des Ausgleichs zu erheben, gegen die Abrechnung erst *später entstehender* (Pflege-)Kosten. Es besteht jedoch Einigkeit dahingehend, dass die Gemeinde weitere Kosten als Folgekosten gem. § 11 Abs. 1 Satz 2 Nr. 3 BauGB einfordern kann.[699] Insofern besteht vertragliche Gestaltungsfreiheit, sodass aus der Beschränkung des § 135a Abs. 3 BauGB gerade keine Einschränkung der vertraglichen Möglichkeiten abgeleitet werden kann.

b) Aus dem BNatSchG

Blickt man vergleichend ins BNatSchG, so stellt man fest, dass § 15 Abs. 4 BNatSchG, der gerade von Unterhaltung und Sicherung im jeweils erforderlichen Zeitraum spricht, durch § 18 Abs. 2 Satz 1 BNatSchG ausgeschlossen ist.[700] Demnach scheint der Ausgleich im BauGB lediglich die Durchführung selbst, nicht aber nachfolgende, längerfristige Pflegemaßnahmen zu umfassen, sodass diese auch vertraglich nicht vereinbart werden können.[701] Dem kann aber nicht gefolgt werden. Da § 1a Abs. 3 BauGB den Ausgleich eines baulichen Eingriffs, d.h. zunächst die Absicherung vor dem Hintergrund dessen bauleitplanerischer Zulassung, regelt, lassen sich die Maßstäbe des BNatSchG nicht übertragen. Der Eingriff aufgrund eines Bebauungsplans ist immer ein dauerhafter, sodass sich die Frage nach dem „erforderlichen Zeitraum" überhaupt nicht stellt. Der Ausgleich muss immer auf Dauer gesichert werden. Aus dem Fehlen einer vergleichbaren Regelung im BauGB kann deshalb nicht auf ein Vertragsinhaltsverbot geschlossen werden. Im Gegenteil zeigt schon die Monitoring-Regelung des § 4c BauGB, dass das BauGB in Bezug auf Bauleitpläne weitergehende

---

699 Hierzu unten § 12 A. III. (S. 225).

700 *Birk*, Städtebauliche Verträge, Rn. 544.

701 So: *Bank*, in: *Brügelmann*, BauGB § 11 Rn. 75 (in Bezug auf Kostentragung).

Maßnahmen („[...] geeignete Maßnahmen zur Abhilfe [...]") kennt und auch fordert.

c) Aus dem punktuellen Ausgleichsbegriff

Aus der punktuellen Natur des Ausgleichs wird teilweise die Konsequenz gezogen, dass der Ausgleichspflichtige nicht zu dauerhaften Pflegemaßnahmen herangezogen werden darf.[702] Dieser Schluss ist aber nicht zwingend. Wird der Ausgleich durch Vertrag geregelt und geht die Abwägungsentscheidung von einer (werterhöhenden) dauerhaften Pflege aus, so findet eben gerade kein rein punktueller Ausgleich statt. Steht dies aber fest, ist nicht ersichtlich, weshalb sich der Vertragspartner grundsätzlich nicht freiwillig zur Maßnahmendurchführung verpflichten dürfen sollte. Auch die Gegner eines dauerhaften Ausgleichs gehen teilweise deshalb davon aus, dass dauerhafte Pflegemaßnahmen zwar nicht gefordert, eine derartige Verpflichtung aber freiwillig übernommen werden kann.[703]

Verneint man die Möglichkeit einer Verpflichtung zum dauerhaften Ausgleich, dann stellt sich zudem die Frage, ob eine Fläche zum Ausgleich verwendet werden darf, die ohne eine bestimmte Pflege ihre Ausgleichsfunktion nicht erfüllen kann, bei deren Fehlen also für die Kompensation ungeeignet ist. Teilweise wird hier eine dauerhafte Pflegeverpflichtung ausnahmsweise für zulässig gehalten.[704] Der Fall, dass eine Ausgleichsfläche ohne Pflege *ungeeignet* ist, liegt hinsichtlich des *Inhalts* des Ausgleichs aber nur graduell anders, als wenn die Fläche ohne Pflege nur *weniger geeignet* ist. Entscheidend ist die potenzielle Werterhöhung durch dauerhafte Pflege. Warum in dem einen Fall die dauerhafte Verpflichtung zulässig sein soll

---

702 So: *Schrödter*, in: *Schrödter*, BauGB § 1a Rn. 73; vgl. *Lau*, Naturschutz in der Bauleitplanung, Rn. 404 mit der Argumentation, dass erhaltende Pflegemaßnahmen dem allgemeinen Naturschutz zuzurechnen seien. A.A. aber *Wolf*, NuR 2004, 6 (9), *Stüer*, NuR 2004, 11 (13); *Bunzel*, NuR 2004, 15 (17), die alle von einer notwendigen Verpflichtung auf Dauer ausgehen (zumindest bei einem Ausgleich auf dem Eingriffsgrundstück).

703 So z.B. *Schmidt-Eichstaedt*, BauR 2010, 1865 (1866 ff.).

704 So *Lau*, Naturschutz in der Bauleitplanung, Rn. 382, sowie *Schrödter*, in: *Schrödter*, BauGB § 1a Rn. 73, der beispielhaft die Festsetzung einer Beweidung durch Schafe (vgl. OVG NRW, Urt. v. 30.06.1999 – 7a D 144/97.NE = ZfBR 2000, 208) nennt.

und im anderen nicht, erschließt sich nicht - zumal der ausnahmsweise Ausgleich auf einer an sich ungeeigneten Fläche aus Sicht des Naturschutzes wesentlich bedenklicher ist als die bloße Werterhöhung einer bereits geeigneten Fläche. Auch aus diesem Grund überzeugt es nicht, der Gemeinde die Möglichkeit, den Vertragspartner dauerhaft zu verpflichten, nur aufgrund der punktuellen Natur des Ausgleichs abzusprechen.

Eine vertragliche Übernahme von Pflegemaßnahmen oder -kosten ist deshalb grundsätzlich zulässig.[705] Diese stellen aber Folgelasten dar und sind nicht mehr Teil der Ausgleichsmaßnahme selbst.[706]

d) Abschlussfreiheit der Gemeinde

Richtigerweise ist die Gemeinde aber auch nicht *verpflichtet*, den Vorhabenträger dauerhaft zu Pflegemaßnahmen heranzuziehen. Vielmehr muss dieser zur Durchführung des Ausgleichs überhaupt nicht verpflichtet werden. Die Gemeinde kann dies (gegen Kostenerstattung) auch selbst tun. Sind dauerhafte Pflegemaßnahmen aber ein Gesichtspunkt der Abwägung gewesen, muss deren Durchführung auch sichergestellt werden und zwar über den gesamten, bei der Abwägung berücksichtigten Zeitraum. Kommt die Ausgleichsmaßnahme nur deshalb in Betracht, weil ihr Wert durch dauerhafte Pflege erheblich erhöht wurde, muss diese auch sichergestellt werden. Dazu gehört gegebenenfalls eine dauerhafte Verpflichtung des Vertragspartners oder eben (nur) ein dauerhafter Zugriff der Gemeinde.

2. Einschränkungen der vertraglichen Pflichten

Inwieweit eine dauerhafte Verpflichtung zulässig ist, richtet sich also nach den allgemeinen Vorschriften für (städtebauliche) Verträge, insbesondere der Angemessenheit und Verhältnismäßigkeit.

a) Im Vergleich: Zivilrechtliches Vertragsrecht

Betrachtet man zunächst vergleichsweise die zivilrechtlichen Möglichkeiten, so stellt man fest, dass dem Zivilrecht dauerhafte Verpflichtungen grundsätzlich nicht fremd sind. Verträge

705 So auch: *Birk*, Städtebauliche Verträge, Rn. 545.

706 *Bunzel/Coulmas/Schmidt-Eichstaedt*, Städtebauliche Verträge, S. 109.

können auf unbegrenzte Zeit abgeschlossen werden und insbesondere dingliche Rechte bieten Rechtsschutz auf Dauer. Allerdings können Dauerschuldverhältnisse unter gewissen Umständen einseitig beendet werden. Werden diese auf unbegrenzte Zeit geschlossen, kommt eine ordentliche oder außerordentliche Kündigung in Betracht. Während ein Ausschluss der ordentlichen Kündigung gesetzlich oder vertraglich möglich ist, kann die außerordentliche Kündigung (gegebenenfalls nach § 314 BGB) nicht durch Parteivereinbarung abbedungen werden.[707] Letztere greift allerdings nur bei Vorliegen eines wichtigen Grundes, d.h. wenn einer Partei die Fortsetzung des Vertragsverhältnisses nicht zugemutet werden kann (§ 314 Abs. 1 Satz 2 BGB). Von einer dinglichen Verpflichtung kann sich der Verpflichtete gegebenenfalls durch Veräußerung des belasteten Gegenstands lösen, wobei es hier der Mitwirkung des erwerbenden Dritten bedarf.

Eine Korrekturmöglichkeit bei einer übermäßigen Bindung bietet überdies die Sittenwidrigkeit nach § 138 BGB.[708] Ziel ist hier die Wahrung der wirtschaftlichen Bewegungsfreiheit[709], sodass eine direkte Übertragung der Maßstäbe auf den Ausgleichsvertrag nicht in Betracht kommt: Bei diesem wird der Vertragspartner zwar dauerhaft verpflichtet, nicht jedoch in seiner wirtschaftlichen Bewegungsfreiheit beschnitten. Insbesondere ist er in seiner Privatautonomie nicht eingeschränkt. Für eine solche Sittenwidrigkeit gelten überdies strenge Anforderungen, wobei allein die fehlende Überschaubarkeit des letztendlichen Leistungsumfangs einer Verpflichtung nicht entgegensteht. Diese ist vielmehr typisches Risiko eines Dauerschuldverhältnisses.[710]

Aus zivilrechtlicher Perspektive ist die Vereinbarung von dauerhaften Verpflichtungen also grundsätzlich möglich. Diese können zwar einseitig beendet werden, gegebenenfalls jedoch nur bei Hinzutreten besonderer Umstände.

---

707 *Brox/Walker*, Allgemeines Schuldrecht, § 17 Rn. 15, 19.

708 Siehe z.B. BGH, Urt. v. 27. 02. 1985 - VIII ZR 85/84 = NJW 1985, 2693 zu übermäßig langen Bierlieferungsverträgen.

709 *Armbrüster*, in: MüKo, BGB § 138 Rn. 75.

710 *Gaier*, in: MüKo, BGB § 314 Rn. 5.

b) Angemessenheit

Städtebauliche bzw. öffentlich-rechtliche Verträge[711] müssen gem. § 56 Abs. 1 Satz 2 VwVfG bzw. § 11 Abs. 2 BauGB dem Gebot der Angemessenheit Rechnung tragen. Dieses ist Bestandteil und Konkretisierung des Verhältnismäßigkeitsprinzips und verlangt, dass die Gegenleistung nicht außer Verhältnis zu Bedeutung und wirtschaftlichem Wert der Leistung der Behörde steht und auch sonst keine unzumutbare Belastung für den Vertragspartner darstellt.[712] Da der dauerhaften Ausgleichsverpflichtung des Vertragspartners ein dauerhaftes Baurecht gegenübersteht, erscheint dies zunächst angemessen. Und auch wenn sich der Vertragspartner nicht einseitig vom Vertrag lösen kann: Die Gemeinde kann dies ebenfalls nicht. Leistung und Gegenleistung stehen demnach nicht außer Verhältnis. Insbesondere ist die Gemeinde an das von ihr geschaffene Baurecht ebenfalls dauerhaft gebunden.

aa) Angemessenheit wegen Schaffung der rechtlichen Voraussetzungen?

Eine Gegenleistung des Bürgers ist überdies grundsätzlich angemessen, wenn er mit dieser die gesetzlich zwingend vorgeschriebenen Voraussetzungen seiner Begünstigung schafft.[713] Dies trifft auf den Ausgleichvertrag zu: Nur aufgrund der (dauerhaft) übernommenen Pflegemaßnahmen erreicht das Ausgleichsgrundstück den ökologischen Wert den es braucht, um einer rechtmäßigen Kompensation zu dienen. Dabei ist jedoch zu berücksichtigen, dass als Alternative grundsätzlich immer auch die Pflege durch die Gemeinde (gegen Kostenerstattung) in Betracht kommt. Dazu muss lediglich eine dauerhafte Absicherung des Grundstücks erfolgen. Wenn aber die bloße dauerhafte *Einschränkung* des Grundstücks (die grundsätzlich auch durch Festsetzungen erfolgen könnte) ebenso die gesetzlichen Voraussetzungen herbeiführen kann, dann ist eine zusätzliche *Verpflichtung zum aktiven Tun* gerade nicht zwin-

---

711 Zur Rechtsnatur von Ausgleichsverträgen siehe unten § 5 A. II. 3. (S. 65 ff.).

712 *Bonk/Neumann*, in: *Stelkens/Bonk/Sachs*, VwVfG § 56 Rn. 54; *Schliesky*, in: *Knack/Henneke*, VwVfG § 56 Rn. 25.

713 *Schliesky*, in: *Knack/Henneke*, VwVfG § 56 Rn. 25; vgl. BVerwG, Urt. v. 06.07.1973 – IV C 22.72, juris Rn. 24 = BVerwGE 42, 331 (339).

gend notwendig für die Schaffung der Voraussetzungen. Hier stellt sich aber die Frage, ob die Verpflichtung zur aktiven Vornahme von Pflegemaßnahmen gegenüber der bloßen Duldung gegen Kostenerstattung überhaupt eine schwerwiegendere Belastung darstellt. Dies kann nicht pauschal beantwortet werden und ist eine Frage des Einzelfalls. Möglicherweise kann es für den Vorhabenträger attraktiver sein, sich selbst um den Ausgleich zu kümmern. Häufig wird er ohnehin die Maßnahmen nicht persönlich durchführen, sondern einen Fachmann beauftragen. Die Verpflichtung zur Selbstdurchführung gibt ihm zwar Verantwortung, im Gegenzug aber auch Kontrolle. Soweit Ausgleichsverträge der Schaffung der rechtlichen Voraussetzungen dienen, ist dies also regelmäßig zumindest ein Indiz für ihre Angemessenheit.

bb) Unzumutbarkeit wegen unüberschaubarer Risiken?

Eine dauerhafte Bindung könnte aber eine unzumutbare Belastung für den Vertragspartner darstellen.[714] Zwar entspricht es der gesetzgeberischen Wertung, dass der Vorhabenträger den Ausgleich vollständig zu tragen hat.[715] Führt man sich dann vor Augen, dass sich die notwendigen Pflegemaßnahmen potenziell tatsächlich bis in alle Ewigkeit hinziehen könnten, kommen schnell Zweifel an der Verhältnismäßigkeit auf. Zu berücksichtigen ist dabei auch, dass die Fläche ihre Bedeutung für den Ausgleich nicht einfach wieder verliert. Selbst wenn die konkrete Ausgleichsfunktion entfällt, muss der Verlust erneut kompensiert werden. Die Gemeinde muss hier wieder eine Lösung finden und wird dabei den bisherigen Vertragspartner erneut einbinden - schließlich würde dieser anderenfalls von seiner Vertragspflicht befreit, was nicht im Interesse der Gemeinde liegt. Die Pflicht zur Pflege wird deshalb bei einer Neuüberplanung der Ausgleichsflächen nicht einfach entfallen. Daneben besteht das Risiko einer Änderung der Umweltbedingungen und dadurch auch der Pflegenotwendigkeiten. Dies macht die Unberechenbarkeit zukünftiger Entwicklungen deutlich. Dieses Prognoserisiko ist Dauerschuldverhältnissen aber immanent. Dem tragen § 60 Abs. 1 VwVfG (Anpassung und

---

714 So *Lau*, Naturschutz in der Bauleitplanung, Rn. 404, für die Überwälzung von Kosten.

715 Vgl. *Stüer/König*, ZfBR 2000, 528 (533), unter Verweis auf § 135a Abs. 1 BauGB.

Kündigung in besonderen Fällen) sowie der ergänzend anwendbare[716] § 314 BGB Rechnung. Hier besteht weitgehend Gleichlauf mit zivilrechtlichen Verträgen. Außerdem ist zu berücksichtigen, dass der Vertragspartner zwar als Partei, nicht aber höchstpersönlich gebunden ist. Er muss zwar für den Ausgleich einstehen, kann und wird diesen aber auch durch Dritte durchführen lassen. Letztendlich entsteht ihm damit lediglich ein Kostenrisiko. Die fehlende Überschaubarkeit der Risiken macht den Vertrag damit noch nicht unzumutbar.

cc) Vergleich mit Festsetzungen

Betrachtet man vergleichend den Ausgleich durch Festsetzungen, so führt auch dieser zu einer dauerhaften Bindung. Im Gegensatz zu einer parteibezogenen und somit an die Person anknüpfenden vertraglichen Vereinbarung, steht es dem durch die Ausgleichsfestsetzung Belasteten aber regelmäßig frei nicht zu bauen bzw. das belastete Grundstück zu veräußern. Er wird aber gerade nicht als Person auf Dauer gebunden. Überträgt man dies auf den Ausgleichsvertrag, müsste es dem dauerhaft zum Ausgleich Verpflichteten möglich sein, seine Verpflichtung ohne Mitwirkung der Gemeinde zu „veräußern". Dies ist aber rechtlich außerhalb einer Kündigung, für die es einer Vereinbarung oder besonderer Umstände bedarf, nicht möglich und läge auch nicht im Interesse der Gemeinde, welche dann den von ihr gewählten Vertragspartner verlöre.[717] Hier bedarf es also entsprechender vertraglicher Vereinbarungen unter Mitwirkung der Gemeinde.

In gewisser Hinsicht führt ein dauerhafter Vertrag deshalb zu einer stärkeren Bindung als Festsetzungen. Dies ist grundsätzlich nicht erforderlich, aber auch nicht unzulässig. Gegenüber hoheitlichen Festsetzungen beinhaltet eine vertragliche Bindung nämlich immer das Element der Freiwilligkeit. Auch im Bereich städtebaulicher bzw. öffentlich-rechtlicher Verträge

---

716 Anders als § 313 BGB findet § 314 BGB keine vollständige Entsprechung in § 60 VwVfG und ist deshalb über § 62 S. 2 VwVfG ergänzend anwendbar (*Sanden*, NVwZ 2009, 491 (495); *Bonk/Neumann*, in: *Stelkens/Bonk/Sachs*, VwVfG § 60 Rn. 8b).

717 Davon abzugrenzen ist die Frage, inwieweit der Vertragspartner seine vertraglichen Pflichten an einen etwaigen Rechtsnachfolger weitergeben muss. Dies liegt typischerweise im Interesse der Gemeinde.

handelt ein privater Vertragspartner als eigenverantwortliches Rechtssubjekt und kann sich deshalb grundsätzlich in gleichen Umfang binden wie im Zivilrecht. Insofern ist dem Vertragspartner deshalb zu unterstellen, dass er die Vorteile und Nachteile des Dauerschuldverhältnisses für sich abgewogen hat. Nicht zuletzt besteht meist ein erhebliches Interesse an einem schnellen Zustandekommen des Projekts.[718] Dies und die späteren Möglichkeiten der Vertragsanpassung berücksichtigend, ist die grundsätzliche Zulässigkeit auch einer unbefristeten, dauerhaften Verpflichtung zur Vornahme von Pflegemaßnahmen zu bejahen. Es ist den Parteien aber anzuraten, sich vor Vertragsschluss bzgl. etwaiger Beendigungsmöglichkeiten (wie z.B. Kündigung mit Ablösezahlung) Gedanken zu machen. Im Übrigen sind wieder die Umstände des Einzelfalls zu berücksichtigen. So kann eine faktische Zwangslage des Vorhabenträgers oder eine strikte Weigerung der Gemeinde, den Ausgleich anderweitig zu regeln, obwohl dies möglich wäre, zur Unangemessenheit führen.

dd) Kompromisslösung

Eine mögliche Kompromisslösung findet sich in einem Fall des OVG NRW[719]. Hier war die aktive Ausgleichspflicht zunächst auf 30 Jahre befristet und der Abschluss eines neuen Vertrags fakultativ. Kommt kein neuer Vertrag zustande, übernimmt die Gemeinde die Durchführung der Pflegemaßnahmen, der entsprechende Zugriff war auf Dauer dinglich gesichert. Hier stellt sich natürlich die Frage, über welchen Zeitraum eine aktive Pflicht bestehen muss bzw. längstens bestehen darf. Die erste Frage ist vor dem Hintergrund, dass die Gemeinde den Ausgleich selbst durchführen darf und auch auf eine Refinanzierung verzichten kann, schnell beantwortet. Wenn der Vertragspartner überhaupt nicht verpflichtet werden muss, dann ist auch eine bloße kurzzeitige Verpflichtung zulässig. Die Maximaldauer der Verpflichtung ist eine Frage des Einzelfalls, wobei unter Anlegung der für langfristige Ausgleichsmaßnahmen geltenden Maßstäbe 30 Jahre problemlos zulässig sein dürften.

---

718 *Stüer/König*, ZfBR 2000, 528 (532), die auch dafür plädieren bei der Bewertung der Angemessenheit nicht zu kleinlich zu verfahren.

719 Urt. v. 20.01.2012 – 2 D 141/09.NE, juris Rn. 156.

D. Zusammenfassung

Der Ausgleich muss über den gesamten Zeitraum des Eingriffs, das heißt dauerhaft, gesichert sein. Die vertragliche Sicherung muss dabei ähnlich effektiv sein wie die Sicherung durch Festsetzungen, zur Imitation des Flächenbezugs bieten sich dabei dingliche Rechte an. Gewährleistet werden müssen sowohl die zeitlich begrenzten, herstellenden Pflegemaßnahmen (Herstellungs- und Entwicklungspflege) als auch die dauerhaften Unterhaltungspflegemaßnahmen. Die Verpflichtung zur Vornahme dieser Pflegemaßnahmen kann grundsätzlich unbefristet auf den Vertragspartner übertragen werden. Ausgleichsmaßnahmen und deren Sicherung müssen bei Beschluss des Bebauungsplans ihrem wesentlichen Inhalt nach und spätestens bei Inkrafttreten vollständig, d.h. vor allem bindend, vorliegen.

Kapitel 3 – Vertragliche und sonstige Instrumente zur Sicherung des Ausgleichs

Unter Berücksichtigung der im vorigen Kapitel aufgestellten Anforderungen gilt es nun, die neben Festsetzungen in Frage kommenden Sicherungsinstrumente zu überprüfen. Dazu gehören neben (städtebaulichen) Verträgen und sonstigen geeigneten Maßnahmen auch die weitergehenden Sicherungsmöglichkeiten, die auf vertraglicher Ebene bestehen.

§ 9 Städtebauliche Verträge

§ 1a Abs. 3 Satz 4 Var. 1 BauGB besagt ausdrücklich, dass ein naturschutzrechtlicher Ausgleich durch städtebauliche Verträge erfolgen kann. In der Praxis tritt der städtebauliche Vertrag immer häufiger an die Stelle der Bauleitplanung.[720] Teilweise wird sogar von einem „Siegeszug kooperativer Handlungsformen“[721] gesprochen. Dies mag übertrieben sein, zumindest ist aber eine Tendenz weg vom hoheitlichen Handeln zu erkennen.[722] Auf jeden Fall ist der städtebauliche Vertrag in der kommunalen Planungspraxis nicht mehr wegzudenken.[723] Dies berücksichtigend, zeigt sich auch in der Rechtsprechung zu städtebaulichen Verträgen mittlerweile deutlich eine vertragserhaltende Tendenz.[724]

---

720 *Finkelnburg/Ortloff/Kment*, Öffentliches Baurecht, § 11 Rn. 2; vgl. *Köck*, NuR 2004, 1 (4).

721 So *Grziwotz*, JuS 1998, 807; *Krautzberger*, in: *Willoweit*, Rechtswissenschaft und Rechtsliteratur, S. 1037 (1045).

722 *Fritz*, UPR 1997, 439; *Brohm*, JZ 2000, 321; *Ohms*, BauR 2000, 983.

723 *Lüers*, DVBl. 1998, 433 (445); *Reidt*, BauR 2008, 1541; *Krautzberger*, Baugesetzbuch, in: *Willoweit*, Rechtswissenschaft und Rechtsliteratur, S. 1037 (1046); zur Relevanz auch: *Krautzberger*, UPR 2006, 1 (1 und 3).

724 *Birk*, VBlBW 2016, 89.

A. Der Ausgleichsvertrag als städtebaulicher Vertrag

Bei dem Begriff „städtebaulicher Vertrag" i.S.d. § 11 BauGB handelt es sich um einen Sammelbegriff, der ganz unterschiedliche Erscheinungsformen vertraglichen Handelns im Städtebau umfasst.[725] Die von städtebaulichen Verträgen geregelten Sachverhalte umfassen unter anderem Bodenordnung, Planung, Erschließung, Kostentragung und insbesondere eben auch den naturschutzrechtlichen Ausgleich. Meist stehen sie im Zusammenhang mit zukünftigen Baumaßnahmen und einem parallel aufgestellten Bebauungsplan.[726] Der hier verwendete Begriff „Ausgleichsvertrag"[727] ist damit nicht deckungsgleich, da dieser auch nicht-städtebauliche Verträge (z.B. Verträge zwischen Hoheitsträgern) umfasst und andererseits städtebauliche Verträge selbstverständlich nicht zwangsläufig einen naturschutzrechtlichen Ausgleich zum Inhalt haben.

I. Qualifikation als städtebaulicher Vertrag

§ 1a Abs. 3 Satz 4 BauGB ist nur dann einschlägig, wenn die Durchführung des Ausgleichs durch einen städtebaulichen Vertrag erfolgt. Ist dies nicht der Fall, kommt eine Sicherung des Ausgleichs allenfalls durch sonstige geeignete Maßnahmen gem. § 1a Abs. 3 Satz 4 Var. 2 BauGB in Betracht. Wann ein städtebaulicher Vertrag vorliegt, bestimmt sich nach § 11 BauGB. Der Begriff des städtebaulichen Vertrags ist dort allerdings nicht eindeutig definiert[728], sondern wird durch eine nicht abschließende Aufzählung beispielhafter Kategorien verdeutlicht.[729] Entscheidend für einen städtebaulichen Vertrag ist,

---

725 *Lahnor*, Städtebauliche Verträge, S. 16; *Kirchmeier*, in: *Ferner/Kröninger/Aschke*, BauGB § 11 Rn. 2.

726 *Lahnor*, Städtebauliche Verträge, S. 17.

727 Hierzu oben § 5 A. I. (S. 60 f.).

728 Zur Schwierigkeit einer genauen Definition: *Hamann*, Verwaltungsvertrag, S. 26 f., der dort den städtebaulichen Vertrag als „Handlungsform" bezeichnet.

729 Siehe z.B. *Krautzberger*, UPR 2006, 1; *Reidt*, UPR 2008, 410 (411 f.); *Quaas/Kukk*, in: *Schrödter*, BauGB § 11 Rn. 9; *Muckel*, Öffentliches Baurecht, § 5 Rn. 191. Dies zeigt schon die Verwendung des Begriffs „insbesondere" (*Bick*, DVBl. 2001, 154 (158)).

dass durch ihn eine Frage des Städtebaurechts[730], also der baulichen und sonstigen Nutzung von Grundstücken[731], geregelt werden soll. Kein städtebaulicher Vertrag liegt bei reinen Grundstücksgeschäften ohne städtebauliche Pflichten oder zivilrechtlichen Werk- oder Dienstleistungsverträgen vor, bei denen es keinen Vorhabenträger gibt, welcher der Gemeinde Aufgaben abnimmt.[732] Der Überschrift des vierten Kapitels des BauGB lässt sich entnehmen, dass Vertragspartner der Gemeinde ein „Privater" sein muss.[733] Demnach ist ein Vertrag lediglich zwischen Gemeinde und Naturschutzbehörde kein städtebaulicher Vertrag i.S.d. § 11 BauGB. Er kann jedoch als öffentlich-rechtlicher Vertrag eine sonstige geeignete Maßnahme i.S.d. § 1a Abs. 3 Satz 4 Var. 2 BauGB darstellen.

1. Der Ausgleichsvertrag als städtebaulicher Vertrag

Es stellt sich die Frage, ob nicht sämtliche Ausgleichsverträge als städtebauliche Verträge qualifiziert werden können. Schließlich verfolgen Ausgleichsverträge allesamt das Ziel, die nach der naturschutzrechtlichen Ausgleichsregelung in der Bauleitplanung notwendigen Maßnahmen zu regeln und zu sichern. Der naturschutzrechtliche Ausgleich ist ein städtebauliches Anliegen.[734] Das zeigt sich schon daran, dass die Ausweisung von Baugebieten untrennbar mit dem naturschutzrechtlichen Ausgleich verbunden ist.[735] Zumindest soweit der Vertrag also die Ausgleichsmaßnahmen selbst bestimmt und damit (auch)

---

730 *Bönker*, in: *Hoppe/Bönker/Grotefels*, Öffentliches Baurecht, § 13 Rn. 5; *Quaas/Kukk*, in: *Schrödter*, BauGB § 11 Rn. 4; vgl. *Reidt*, UPR 2008, 410 (412), der von einer „legitimen städtebaulichen Zielsetzung" spricht.

731 *Reidt*, in: *Battis/Krautzberger/Löhr*, BauGB § 11 Rn. 1.

732 *Lenz/Würtenberger*, BauGB-Verträge, S. 19; *Hoffmann*, in: BeckOK, BauGB § 11 Rn. 2.

733 *Hoffmann*, in: BeckOK, BauGB § 11 Rn. 6; *Hamann*, Verwaltungsvertrag, S. 24.

734 *Louis/Wolf*, NuR 2002, 455 (463); BVerwG, Beschl. v. 09.11.1994 – 4 NB 34/94, juris Rn. 3 = BauR 1995, 65 (66).

735 *Schmidt-Eichstaedt*, DÖV 1995, 95 (98), noch zu § 6 Abs. 3 BauGB-MaßnG und § 8a BNatSchG 1993, der jedoch Zweifel äußert, soweit die Maßnahme vom Baugebiet getrennt stattfindet (z.B. im Außenbereich). Diese Zweifel dürften in Anbetracht der umfassenden Regelung im BauGB und der ausdrücklichen Lockerung des räumlichen Zusammenhangs ausgeräumt sein.

Festsetzungen ersetzt oder ergänzt, ist die städtebauliche Natur zu bejahen.

Die Frage stellt sich deshalb eher in Hinblick auf rein zugriffssichernde und beschaffende Verträge, wie z.B. den Kauf oder die Pacht eines Ausgleichsgrundstücks. Diese beinhalten nicht zwangsläufig eine Verpflichtung zur Durchführung einer Ausgleichsmaßnahme oder ein Verbot der Bebaubarkeit, vielmehr wird ein Verwendungszweck gegebenenfalls überhaupt nicht deutlich gemacht. Mittelbar wird dadurch zwar die Bebaubarkeit geregelt, wenn die Gemeinde entsprechende Ausgleichsmaßnahmen selbst vornimmt und dadurch eine anderweitige Bebauung (faktisch) ausgeschlossen wird. Der Vertrag selbst regelt die Bebaubarkeit aber gerade nicht, sondern ordnet lediglich die Besitzverhältnisse und entsprechende Befugnisse neu.

Dies ist vergleichbar mit dem sog. „Weilheimer Modell"[736], dessen städtebaurechtliche Natur sich aus § 11 Abs. Satz 2 Nr. 2 BauGB („Deckung des Wohnbedarfs") ergibt. Auch bei diesem wird lediglich die rechtsgeschäftliche Verfügungsmacht des Vertragspartners beschnitten. Ein rein zugriffssichernder Vertrag dient dabei der Sicherung der mit der Bauleitplanung verfolgten Ziele (§ 11 Abs. 1 Satz 2 Nr. 2 BauGB).[737] Betrachtet man jedoch die Interessen der Parteien, so fällt auf, dass die städtebauliche Relevanz, d.h. insbesondere, inwiefern an anderer Stelle Baurecht geschaffen wird, für den Vertragspartner gegebenenfalls unerheblich ist. Sein Interesse ist lediglich auf Vergütung, nicht aber auf städtebauliche Belange gerichtet. Dies scheint zunächst vergleichbar mit der Position eines Fachunternehmers (z.B. einem Landschaftsgärtner), der mit der Durchführung von Maßnahmen beauftragt und quasi als „Werkzeug" ohne eigenes Interesse an dem Ausgleich tätig wird. Dieses mangelnde Ausgleichsinteresse ist als bloße Motivation aber unerheblich. Die Sicherungsfunktion des Vertrags verknüpft diesen über die Ausgleichsentscheidung in der Abwägung unmittelbar mit dem Bebauungsplan.[738] Die Grundstücksbe-

---

736 Zu diesem *Quaas/Kukk*, in: *Schrödter*, BauGB § 11 Rn. 7; BVerwG, Urt. v. 11.02.1993 - 4 C 18/91 = BVerwGE 92, 56.

737 Zur Einordnung unter die Kategorien des § 11 Abs. 1 Satz 2 BauGB siehe sogleich unter § 9 A. II. (S. 169 ff.).

738 Siehe hierzu oben § 5 D. (S. 82).

schaffung zur Sicherung des Ausgleichs erfolgt damit nicht losgelöst von städtebaulichen Maßnahmen und ist damit nicht als reiner Beschaffungsvertrag zu qualifizieren.[739]

Im Übrigen ist die Qualifikation eines Vertrags als „städtebaulich" nicht von praktischer Bedeutung, da diese im Übrigen als „sonstige geeignete Maßnahmen"[740] Eignung für den Ausgleich haben können.

2. Einordnung innerhalb von § 11 BauGB

Die meisten städtebaulichen Ausgleichsverträge lassen sich unter eine der Kategorien des § 11 Abs. 1 Satz 2 BauGB subsumieren. Die exakte Einordnung hängt vom vertraglichen Inhalt ab und ist auch nicht immer ganz eindeutig möglich. So lassen sich z.B. Verpflichtungen zur Ausarbeitung der Planung unter § 11 Abs. 1 Satz 2 Nr. 1 BauGB subsumieren. Näher liegt jedoch die Einordnung unter § 11 Abs. 1 Satz 2 Nr. 2 BauGB.[741] Dafür spricht schon, dass in der Nr. 2 die „Durchführung des Ausgleichs im Sinne des § 1a Absatz 3" ausdrücklich genannt wird[742]. Zudem geht es bei Ausgleichsverträgen gerade um die *Sicherung* der Ausgleichsmaßnahmen und somit um die *Förderung* der bauleitplanerischen Absichten. Diese beiden Ziele werden in Nr. 2 ausdrücklich aufgeführt. Betrachtet man den Ausgleichsvertrag aus Perspektive seiner Sicherungswirkung ist dies auch plausibel. Mit der Bauleitplanung wird auch das Ziel des Ausgleichs (mit)verfolgt. Diesen zu gewährleisten sichert der Vertrag ab. Darüber hinaus handelt es sich bei Ausgleichsverträgen häufig um festsetzungsersetzende oder -

---

739 Vgl. *Hoffmann*, in: BeckOK, BauGB § 11 Rn. 2; vgl. *Birk*, Städtebauliche Verträge, Rn. 8.

740 Hierzu siehe unten § 10 C. II. (S. 194 f.).

741 Siehe z.B. *Weihrich*, NatSchLSA 1999, 33 (37); *Louis/Wolf*, NuR 2002, 455 (464); *Burmeister*, Städtebauliche Verträge, Rn. 122; *Berchter*, Eingriffsregelung, S. 268; *Busse/Dirnberger/Pröbstl/Schmidt*, Eingriffsregelung, S. 175.

742 Dies dient der Klarstellung des insoweit zulässigen Regelungsgehalts (BT-Drs. 13/7589, S. 12). Systematisch wäre eine Subsumtion unter § 11 Abs. 1 Satz 2 Nr. 1 BauGB wohl zutreffender (*Mitschang*, BauR 2003, 183 (190); *Bunzel/Coulmas/Schmidt-Eichstaedt*, Städtebauliche Verträge, S. 106; *Busse/Dirnberger/Pröbstl/Schmidt*, Eingriffsregelung, S. 175 f.).

ergänzende Verträge, welche ebenfalls unter § 11 Abs. 1 Satz 2 Nr. 2 BauGB fallen[743]. Die Norm ist also einschlägig, soweit der Inhalt des Ausgleichs durch Vertrag geregelt wird. Soweit die Kostentragung und Refinanzierung geregelt werden, ist (zusätzlich) § 11 Abs. 1 Satz 2 Nr. 3 BauGB einschlägig.[744]

Ein einziger Vertrag kann damit unter mehrere Kategorien des § 11 Abs. 1 BauGB fallen. Auf eine konkrete Einordnung kann dabei schon deshalb verzichtet werden, weil § 11 Abs. 1 Satz 2 BauGB ohnehin keine abschließende Aufzählung beinhaltet und damit offen für neue Regelungsinhalte ist. Ebenfalls überflüssig ist die Schaffung einer eigenen Kategorie zugeordnet für den Ausgleichsvertrag[745], welche die Kategorien der „Bauplanungsverträge" mit derjenigen der „Baureifmachungsverträge"[746] verbindet. Dafür spricht zwar, dass die Elemente nahezu jeden Ausgleichsvertrags sowohl vorbereitender als auch sichernder Natur sind und eine Abgrenzung nahezu unmöglich ist. Die Schaffung einer zusätzlichen Kategorie vereinfacht die Einordnung aber gerade nicht. Da die in § 11 Abs. 1 BauGB genannten Beispiele in ihren rechtlichen Voraussetzungen und Folgen identisch sind und sich insbesondere auch nicht gegenseitig ausschließen, genügt es, dass der Ausgleichsvertrag zumindest einer dieser Kategorien unterfällt.

II. Weitere systematische Einordnung

Die weitere systematische Einordnung städtebaulicher Verträge ist eine in Wissenschaft[747] und Rechtsprechung[748] bereits ausführlich diskutierte Frage. Nach allgemeiner Auffassung kann diese aufgrund der vielfältigen Ausgestaltungsmöglichkeiten von städtebaulichen Verträgen nicht generell festgelegt werden, sondern ist eine Frage des Einzelfalls nach den allgemeinen

---

743 *Krautzberger*, in: *Ernst/Zinkahn/Bielenberg/Krautzberger*, BauGB § 11 Rn. 136; *Burmeister*, Städtebauliche Verträge, Rn. 122.

744 *Bunzel/Coulmas/Schmidt-Eichstaedt*, Städtebauliche Verträge, S. 107.

745 Vgl. *Birk*, Städtebauliche Verträge, Rn. 486.

746 Die Terminologie im Bereich des § 11 BauGB ist uneinheitlich (vgl. *Reidt*, UPR 2008, 410 f.). Gemeint sind hier Verträge gem. § 11 Abs. 1 Satz 2 Nr. 1 und Nr. 2 BauGB.

747 Z.B. *Oerder*, NVwZ 1997, 1190 (1191); *Brohm*, JZ 2000, 321.

748 Z.B. BVerwG, Urt. v. 11.02.1993 – 4 C 18/91 = BVerwGE 92, 56.

Kriterien.[749] Maßgeblich ist § 11 BauGB, die §§ 54 ff. VwVfG sind aber anwendbar, soweit dieser keine abweichende Regelung enthält.[750] Die Besonderheit des § 11 BauGB liegt in der Spezifizierung der Regelungsgegenstände sowie der Konkretisierung des Koppelungsverbots in Abs. 2 Satz 2.[751]

1. Vertragsart – Einordnung innerhalb des § 54 VwVfG

Ein Großteil der Ausgleichsverträge ist öffentlich-rechtlicher Natur.[752] Bei öffentlich-rechtlichen Verträgen i.S.d § 54 VwVfG wird grundsätzlich zwischen subordinations- und koordinationsrechtlichen Verträgen unterschieden.[753] Subordinationsrechtliche Verträge sind solche, die eine Behörde mit einem Partner schließt, an den sie sonst einen Verwaltungsakt richten würde oder gegenüber dem zumindest ein hoheitliches Über-/Unterordnungsverhältnis besteht.[754] Bei koordinationsrechtlichen Verträgen ist hinsichtlich des Vertragsgegenstands keine der Parteien der anderen übergeordnet.[755] Die herrschende Ansicht qualifiziert deshalb nur Verträge zwischen Behörden bzw. ihren Rechtsträgern oder – in Ausnahmefällen – Verträge zwischen zwei Privaten als koordinationsrechtlich.[756] Demnach sind städtebauliche Verträge mit privaten Vorhabenträgern[757] grundsätzlich als subordinationsrechtliche Verträge einzuord-

---

749 *Quaas/Kukk*, in: *Schrödter*, BauGB § 11 Rn. 6; *Lenz/Würtenberger*, BauGB-Verträge, S. 20.

750 *Lorz*, DÖV 2002, 177 (179).

751 *Lorz*, DÖV 2002, 177 (180).

752 Zur Einordnung siehe oben § 5 A. II. (S. 61 ff.).

753 Statt aller: *Kopp/Ramsauer*, VwVfG § 54 Rn. 2, 47.

754 *Brohm*, JZ 2000, 321 (326); *Kopp/Ramsauer*, VwVfG § 54 Rn. 48.

755 *Kopp/Ramsauer*, VwVfG § 54 Rn. 47.

756 *Scherzberg*, JuS 1992, 205 (208); *Bonk*, in: *Stelkens/Bonk/Sachs*, VwVfG § 54 Rn. 5 f.; *Ipsen*, Allgemeines Verwaltungsrecht, Rn. 793; *Maurer*, Allgemeines Verwaltungsrecht, § 14 Rn. 12; a.A. *Kopp/Ramsauer*, VwVfG § 54 Rn. 49, welcher die Anknüpfung an die Rechtsnatur der Vertragspartner für verfehlt hält, da es auch zwischen Privaten und Hoheitsträgern Bereiche gibt, in denen kein Über-/Unterordnungsverhältnis besteht. Ähnlich auch: *Schliesky*, in: *Knack/Henneke*, VwVfG § 54 Rn. 57.

757 Ist Vertragspartner der Gemeinde hingegen eine Behörde oder eine andere Gemeinde, so liegt ein koordinationsrechtlicher Vertrag vor.

nen.[758] Diese Unterscheidung ist insbesondere für die Anwendbarkeit der §§ 55, 56, 59 Abs. 2 und 61 VwVfG von Bedeutung. Bei städtebaulichen Verträgen wird eine etwaige Unsicherheit durch die Sondervorschrift des § 11 Abs. 2 BauGB entschärft. Dieser ordnet ausdrücklich das Angemessenheits- (Abs. 2 Satz 1) und Koppelungsverbot (Abs. 2 Satz 2) an und sorgt hierdurch für eine Absicherung des Vertragspartners, selbst wenn man den entsprechenden Vertrag nicht als Austauschvertrag i.S.d. § 56 VwVfG qualifiziert. Im Übrigen werden gerade bei einem Austauschvertrag die Anforderungen des § 56 Abs. 1 Satz 1 VwVfG erfüllt sein, da die Durchführung naturschutzrechtlicher Ausgleichsmaßnahmen immer der Erfüllung öffentlicher Aufgaben dient. Eine weitere Folge der Qualifizierung als subordinationsrechtlicher Vertrag ist die strenge Nichtigkeitsfolge des § 59 Abs. 2 VwVfG, sodass aus Sicht der Gemeinde in diesem Bereich besondere Vorsicht geboten ist.

Im Gespräche ist mittlerweile noch eine weitere Gruppe: die sog. *kooperations*rechtlichen[759] Verträge.[760] Dabei geht es um gemeinsame Durchführung von Aufgaben und Projekten durch Behörden und Private, wobei der Private unmittelbar in die Erfüllung von Hoheitsaufgaben eingebunden wird.[761] Es ist seit längerem geplant[762], diesen Vertragstyp selbständig im Gesetz zu regeln.[763] Die geplante Anpassungspflicht als Alternative zur Nichtigkeit des Vertrags[764] hätte dabei nur geringe Auswirkun-

---

758 So z.B. auch Naturschutzverträge (*Frenz*, NuR 2011, 257 (262)).

759 Dieser Begriff wurde teilweise bereits zuvor verwendet, um subordinationsrechtliche Verträge zu bezeichnen, bei denen zwischen den Vertragspartnern eine faktische Gleichordnung besteht (z.B. Gemeinde und finanzkräftiger Vorhabenträger); vgl. *Ipsen*, Allgemeines Verwaltungsrecht, Rn. 794.

760 *Schmitz*, DVBl. 2005, 17; *Gurlit*, in: *Ehlers/Pünder*, Allgemeines Verwaltungsrecht, § 29 Rn. 8; *Kopp/Ramsauer*, VwVfG § 54 Rn. 49a; vgl. BVerwG, Urt. v. 16.05.2000 - 4 C 4/99, juris Rn. 19 = BVerwGE 111, 162 (166).

761 *Kopp/Ramsauer*, VwVfG § 54 Rn. 49a.

762 Musterentwurf der Konferenz des Verwaltungsverfahrensrechtsreferenten des Bundes und der Länder vom 21./22.04.2004; siehe *Schmitz*, DVBl. 2005, 17 (21).

763 *Kopp/Ramsauer* § 54 Rn. 49a und 2a; *Bonk*, in: *Stelkens/Bonk/Sachs*, VwVfG § 54 Rn. 14.

764 Zu den geplanten Änderungen siehe *Stelkens*, NWVBl. 2006, 1 (6).

gen auf den Ausgleichsvertrag, da eine nachträgliche „Rettung" des Vertrags die Nichtigkeit des Bebauungsplans bei Satzungsbeschluss nicht verhindern kann[765]. Inwiefern ein städtebaulicher Vertrag als Kooperationsvertrag zu betrachten sein wird, hängt von dessen Inhalt ab. Eine Einbindung in die Erfüllung von Hoheitsaufgaben (die nicht mit einer Beleihung gleichzusetzen ist[766]) kann z.B. durch Erbringung von Planungsleistungen wie Bebauungsplan-Entwürfen durch den Vorhabenträger stattfinden. Auch die Durchführung von Ausgleichsmaßnahmen an anderer Stelle, die gem. 135a Abs. 2 Satz 1 BauGB von der Gemeinde durchzuführen sind, stellen eine hoheitliche Aufgabe dar, sodass ein Ausgleichsvertrag kooperationsrechtlicher Natur sein kann. Auch im Hinblick auf den Streit, ob Verträge mit Privaten koordinationsrechtlicher Natur sein können, ist eine derartige Regelung begrüßenswert. Damit würde nämlich eine ohnehin bereits existierende Kategorie öffentlichrechtlicher Verträge gesetzlich verankert werden, was zusätzlich für Rechtsklarheit sorgt.

2. Ausgleichsverträge als festsetzungsersetzende Verträge

Es besteht Einigkeit dahingehend, dass Ausgleichsverträge keine Festsetzungen erfordern, sondern diese entbehrlich machen[767] und damit festsetzungsersetzende bzw. -ergänzende Verträge sind.[768]

a) Festsetzungsersetzende und -ergänzende Verträge

Eine festsetzungs*ersetzende* Vereinbarung liegt vor, wenn Regelungen in die vertragliche Vereinbarung aufgenommen werden, die auch durch Festsetzungen im Bebauungsplan nach § 9

---

765 Zum Verhältnis zwischen Vertrag und Bebauungsplan sowie nachträglicher Änderung siehe oben § 5 D. (S. 82 ff.).

766 Vgl. § 54 Abs. 3 HS 2 des soeben genannten Entwurfs; *Schmitz*, DVBl. 2005, 17 (22).

767 *Mitschang*, BauR 2003, 183 (185); *Burmeister*, Städtebauliche Verträge, Rn. 122; *Bunzel/Coulmas/Schmidt-Eichstaedt*, Städtebauliche Verträge, S. 106; *Busse/Dirnberger/Pröbstl/Schmid*, Eingriffsregelung, S. 176; *Quaas*, NVwZ 1995, 840 (842), noch zum städtebaulichen Vertrag gem. § 6 BauGBMaßnG.

768 *Reidt*, UPR 2008, 410 (412).

BauGB oder der BauNVO erfolgen könnten.[769] Eine festsetzungs*ergänzende* (oder festsetzungs*erweiternde*) Vereinbarung liegt dann vor, wenn das BauGB keine entsprechende Festsetzungsmöglichkeit bietet, sondern der vertragliche Inhalt schon überhaupt nicht im Bauleitplan geregelt werden könnte.[770] Festsetzungsergänzende Vereinbarungen sind dabei regelmäßig unproblematischer, da sie alternativlos sind. Die getroffenen Regelungen können nämlich überhaupt nicht durch Festsetzungen im Bebauungsplan getroffen werden, sodass eine Notwendigkeit für die vertragliche Regelung besteht.

b) Vorwegbindung und Konfliktbewältigung

Bei festsetzungsersetzenden Verträgen, welche direkten Einfluss auf die Abwägung haben, stellt sich das Problem der Vorwegbindung des Plangebers.[771] Es ist grundsätzlich Aufgabe der Gemeinde, die sich bei der Bauleitplanung stellenden Konflikte in der Abwägung zu bewältigen (Konfliktbewältigungsgebot).[772] Dabei darf sie sich nicht durch vorherige Bindung in ihrer Abwägungsfreiheit beschneiden.[773] Das Vorwegbindungsverbot des § 1 Abs. 3 Satz 2 HS 2 BauGB verbietet der Gemeinde, sich zu einer Planaufstellung zu verpflichten. Ebenso wenig darf sie sich zu einer Nichtplanung verpflichten, da sie sich auch dadurch ihrer Aufhebungs- und Änderungskompetenz entledigt[774]. Bereits die bloße Verkürzung des Abwägungsvorgangs kann zu einem Abwägungsfehler führen.[775] Jeglicher Verpflichtung der Gemeinde in Bezug auf die Bauleitplanung vor dem Beschluss des Bauleitplans ist aber das Risiko immanent, dass sich diese auf die Abwägung auswirkt. Grundsätzlich hat die Rechtsprechung festsetzungsersetzende Verträ-

---

769 *Reidt*, UPR 2008, 410 (411); *Birk*, VBlBW 2016, 89; *Kamp*, Steuerung der Bebaubarkeit, S. 9, die auch von einem „teilweisen Planersatz" spricht.

770 *Reidt*, UPR 2008, 410 (411); *Birk*, VBlBW 2016, 89 (89 und 91); *Kamp*, Steuerung der Bebaubarkeit, S. 10.

771 *Reidt*, UPR 2008, 410 (411).

772 *Battis*, in: *Battis/Krautzberger/Löhr*, § 1 Rn. 115.

773 *Hoppe*, in: *Hoppe*, Öffentliches Baurecht, § 7 Rn. 123 f.

774 *Kamp*, Steuerung der Bebaubarkeit, S. 72 f.

775 *Bönker*, in: *Hoppe/Bönker/Grotefels*, Öffentliches Baurecht, § 5 Rn. 129.

ge für zulässig erklärt.[776] Allerdings sind noch viele Fragen, gerade hinsichtlich des Konfliktbewältigungsgebots, offen.[777]

c) In Bezug auf Ausgleichsverträge

Das Problem der Vorwegbindung stellt sich grundsätzlich auch in Bezug auf Ausgleichsverträge. Der naturschutzrechtliche Ausgleich ist ein wichtiger Belang der Abwägung, ein Fehler kann zur Nichtigkeit des Bebauungsplans führen. Gleichwohl dienen gerade Ausgleichsverträge als Beispiel dafür, dass der Gesetzgeber die vertragliche Festsetzungsersetzung in bestimmten Bereichen für zulässig hält.[778] Die Möglichkeit des Ausgleichsvertrags wird in § 1a Abs. 3 Satz 4 BauGB nämlich ausdrücklich „anstelle" von Festsetzungen zugelassen. Ausgleichsverträge werden zwar in der Abwägung berücksichtigt, sind in ihrer Wirksamkeit aber durch das Inkrafttreten des Bebauungsplans bedingt und stellen die Lösung und nicht die Ursache des Konflikts dar. Sie engen den Entscheidungsspielraum der Gemeinde nicht ein, sondern erweitern ihn. Insofern wird sich deshalb das Problem der Vorwegbindung in der Regel nicht stellen.[779]

III. Der nicht städtebauliche Ausgleichsvertrag

§ 1a Abs. 3 Satz 4 Var. 1 BauGB erfasst seinem Wortlaut nach ausschließlich „vertragliche Vereinbarungen nach § 11", d.h. *städtebauliche* Verträge. Wie oben[780] festgestellt, müssen Ausgleichsverträge aber nicht zwangsläufig städtebaulicher Natur sein: So sind z.B. Verträge zwischen Hoheitsträgern keine städtebaulichen Verträge i.S.d. § 11 BauGB. Diese Verträge können aber „sonstige geeignete Maßnahmen" gem. § 1a Abs. 3 Satz 4

---

776 BVerwG, Urt. v. 05.07.1974 - IV C 50/72 = BVerwGE 45, 309 (Flachglas-Entscheidung); vgl. BVerwG, Beschl. v. 09.05.1997 - 4 N 1/96, juris Rn. 28 = BVerwGE 104, 353 (360 f.).

777 *Reidt*, UPR 2008, 410; siehe hierzu auch *Kamp*, Steuerung der Bebaubarkeit, insbesondere S. 94, 106, 193.

778 *Birk*, VBlBW 2016, 89 (90), der in Bezug auf § 1a Abs. 3 Satz 4 BauGB von einem „Musterbeispiel" für eine festsetzungsersetzende vertragliche Öffnungsklausel spricht.

779 So auch: *Birk*, Städtebauliche Verträge, Rn. 486; zur Gesamtproblematik: *ders.*, in: *Berkemann* u.a., FS Schlichter, S. 113 ff.

780 § 9 A. I. 1. (S. 165 ff.).

Var. 2 BauGB darstellen.[781] Die Differenzierung in § 1a Abs. 3 Satz 4 BauGB mag eher darin begründet liegen, dass in diesem Bereich des Baurechts typischerweise städtebauliche Verträge mit Privaten geschlossen werden, zumal gerade Ausgleichsverträge in § 11 Abs. 1 Satz 2 Nr. 2 BauGB ausdrücklich genannt werden. Auswirkungen hat diese Differenzierung jedoch keine. Hinsichtlich der Sicherungswirkung besteht kein Unterschied zwischen städtebaulichen und nicht städtebaulichen Verträgen. Deren rechtliche Verbindlichkeit ist identisch. Auch in Bezug auf Inhalt und Zustandekommen besteht kein besonderer Unterschied zwischen den einzelnen Vertragsarten. Entscheidend ist vielmehr, ob im Einzelfall eine effektive Sicherung erreicht wird.

B. Durchführungsvertrag i.S.d. § 12 BauGB

Im Rahmen von Großprojekten, die den Hauptanwendungsfall für Ausgleichsverträge darstellen, erfreut sich der vorhabenbezogene Bebauungsplan immer größerer Beliebtheit.[782] Bei einem solchen Vorgehen ist neben dem Vorhaben- und Erschließungsplan ein Durchführungsvertrag[783] zwingend, § 12 Abs. 1 Satz 1 BauGB. Dieser ist ein „gesetzlich ausgeformtes und privilegiertes Modell“[784] des städtebaulichen Vertrags im Sinne des § 11 Abs. 4 BauGB[785] und bezieht sich stets auf ein konkretes Investitionsvorhaben.[786] Gem. § 12 Abs. 3 Satz 2 BauGB finden die §§ 135a bis c BauGB keine Anwendung. Der Durchführungsvertrag muss deshalb zwangsläufig abschließende Regelungen hinsichtlich der Kostentragung (für Herstellung, Unter-

---

781 Hierzu unten § 10 C. II. (S. 194 f.).

782 *Burmeister*, VBlBW 2002, 245, der diesen als „Vorzeigeinstrument“ einer Public-Private-Partnership bezeichnet.

783 Dieser Durchführungsvertrag ist öffentlich-rechtlicher Natur (*Krautzberger*, UPR 2006, 1 (4)).

784 *Krautzberger*, UPR 2006, 1 (2).

785 *Bönker*, in: *Hoppe/Bönker/Grotefels*, Öffentliches Baurecht § 13 Rn. 174; *Krautzberger*, UPR 2006, 1 (2 und 4); zum möglichen Inhalt: *Busse/Grziwotz*, Vorhaben- und Erschließungsplan, Rn. 262 ff.

786 *Krautzberger*, UPR 2006, 1 (4); vgl. *Kukk*, in: *Schrödter*, BauGB § 12 Rn. 15 und 18; *Busse/Grziwotz*, Vorhaben- und Erschließungsplan, Rn. 9.

haltung und Pflege) treffen.[787] Neben der Kostentragungspflicht des Investors beinhaltet der Durchführungsvertrag auch dessen Bauverpflichtung.[788] Ein nicht innerhalb der Frist durchgeführter Plan soll von der Gemeinde aufgehoben werden, § 12 Abs. 6 Satz 1 BauGB.

Neben dem vom Vorhabenträger vorzulegenden Vorhaben- und Erschließungsplan und dem Durchführungsvertrag bedarf es als drittem Element der gemeindlichen Satzung über den vorhabenbezogenen Bebauungsplan. Im Verfahren handelt es sich lediglich um eine formelle Beteiligung des Vorhabenträgers. Die planerische Abwägung und der Erlass des Bebauungsplans bleiben der Gemeinde vorbehalten und erfolgen gerade nicht durch den Vorhaben- und Erschließungsplan des Privaten.[789]

Der Vorhaben- und Erschließungsplan ist gem. § 12 Abs. 3 Satz 1 BauGB Bestandteil des vorhabenbezogenen Bebauungsplans, sodass dessen Festsetzungen maßgeblich sind. Die Gemeinde kann im Bebauungsplan auch keine davon abweichenden Festsetzungen treffen.[790] Der Vorhabenträger ist bei Aufstellung des Vorhaben- und Erschließungsplans auch nicht an den Festsetzungskatalog des § 9 BauGB und der BauNVO gebunden, § 12 Abs. 3 Satz 2 BauGB.[791] Damit sind in Bezug auf den naturschutzrechtlichen Ausgleich flexible und auf den Einzelfall zugeschnittene Festsetzungen möglich. Eine Regelung des Ausgleichs durch Vertrag wird damit aber nicht unbedingt entbehrlich. Denn die Festsetzungen des Vorhaben- und Erschließungsplans sind nur in dessen Geltungsgebiet möglich. Für einen ausgelagerten Ausgleich bedarf es wiederum einer vertraglichen Lösung. In Bezug auf die (weitere) Absicherung besteht dabei ein Gleichlauf zwischen den Anforderungen an die Sicherung des „normalen“ Vertragsausgleichs

---

787 Vgl. *Stich*, ZfBR 2001, 80 (83); *Kukk*, in: *Schrödter*, BauGB § 12 Rn. 30 ff. Zu den Auswirkungen auf die Kostentragungspflicht siehe unten § 12 A. II. 2. b) (S. 224 f.).

788 *Krautzberger*, UPR 2006, 1 (4); *Kukk*, in: *Schrödter*, BauGB § 12 Rn. 28; *Burmeister*, VBlBW 2002, 245 (246).

789 *Krautzberger*, UPR 2006, 1 (4).

790 *Kukk*, in: *Schrödter*, BauGB § 12 Rn. 45.

791 Es besteht ein „Festsetzungserfindungsrecht“ (*Burmeister*, VBlBW 2002, 245 (246)).

am Ort des Eingriffs und des Ausgleichs im Vorhaben- und Erschließungsplan (zwangsläufig ebenfalls am Ort des Eingriffs). Denn auch beim vorhabenbezogenen Bebauungsplan muss der Vorhabenträger (dinglichen) Zugriff auf die zu bebauenden Grundstücke haben.[792] Aus der speziellen Konstellation beim vorhabenbezogenen Bebauungsplan ergeben sich keine Besonderheiten. Die Ausführungen zur vertraglichen Sicherung gelten damit auch für den Durchführungsvertrag i.S.d. § 12 BauGB.

Der vorhabenbezogene Bebauungsplan i.S.d. § 12 BauGB ist dabei nicht die einzige Möglichkeit einer kooperativen Planung. Auch ein „normales" Bauleitplanverfahren kann auf private Initiative eines Vorhabenträgers eingeleitet und von diesem flankierend begleitet werden. [793] Im Unterschied dazu ist der Vorhabenträger beim Vorhaben- und Erschließungsplan jedoch zur Durchführung verpflichtet. Grundsätzlich stehen der Gemeinde beide Wege offen.[794] Eingriffe in Natur und Landschaft sind in jedem Fall zu kompensieren.

C. Sicherung durch Vertrag

§ 1a Abs. 3 Satz 4 BauGB spricht davon, dass die *Durchführung* des Ausgleichs auch durch Vertrag erfolgen kann. Entsprechend seiner Doppelfunktion legt er (ähnlich einer Festsetzung) die vorzunehmende Ausgleichsmaßnahme fest und konkretisiert diese. Zugleich wird durch die rechtliche Verpflichtung zur Durchführung der Ausgleich abgesichert.

I. Durchsetzung und Vollstreckung

Verträge (auch städtebauliche) verpflichten die Vertragspartner zu einem Handeln, Dulden oder Unterlassen. Bei Nichtbefolgung müssen die jeweiligen Vertragspflichten klageweise

792 *Kukk,* in: *Schrödter,* BauGB § 12 Rn. 38; *Krautzberger,* in: *Ernst/Zinkahn/Bielenberg/Krautzberger,* BauGB § 12 Rn. 63.

793 *Burmeister,* VBlBW 2002, 245.

794 Es besteht ein rechtlicher Gleichrang zwischen normalem Bebauungsplan und Vorhaben- und Erschließungsplan (*Busse/Grziwotz,* Vorhaben- und Erschließungsplan, Rn. 36).

durchgesetzt werden.[795] Der Rechtsweg und die anzuwendenden Prozessvorschriften richten sich danach, ob ein öffentlich-rechtlicher oder ein zivilrechtlicher Vertrag vorliegt.

1. Beim öffentlich-rechtlichen Vertrag

Der Großteil der Ausgleichsverträge ist öffentlich-rechtlicher Natur.[796] Bei öffentlich-rechtlichen Verträgen ist der Weg zu den Verwaltungsgerichten eröffnet, § 40 Abs. 1 VwGO. Eine Durchsetzung durch Verwaltungsakt ist auch bei einem öffentlich-rechtlichen Vertrag nicht möglich.[797] Die Gemeinde muss sich den Vollstreckungstitel gerichtlich beschaffen. Die Vollstreckung des Titels richtet sich dann gem. § 169 Abs. 1 VwGO nach dem VwVG des Bundes.[798] Für die Vollstreckung von Handlungen, Duldungen und Unterlassungen stehen die Zwangsmittel Ersatzvornahme (§ 10 VwVG), Zwangsgeld (§ 11 VwVG) und unmittelbarer Zwang (§ 12 VwVG) zur Verfügung. Für vertretbare Handlungen bietet sich regelmäßig die Ersatzvornahme, für unvertretbare Handlungen die Festsetzung von Zwangsgeld an.[799] Die Selbstvornahme durch den Gläubiger (also durch die Gemeinde) ist eine Maßnahme des unmittelbaren Zwangs, funktional aber der Ersatzvornahme zuzurechnen.[800] Diese stellt deshalb nicht die *ultima ratio* dar, sondern ist das Zwangsmittel der Wahl, wenn die Gemeinde die Kapazitäten für eine eigene Ausführung hat. Dies gilt insbesondere für Ausgleichsmaßnahmen. Diese sind vertretbare Handlungen, wenn sie auf einem Grundstück der Gemeinde oder des Vorha-

---

795 Statt aller: *Bull/Mehde*, Allgemeines Verwaltungsrecht, Rn. 875.

796 Zur Rechtsnatur von Ausgleichsverträgen siehe oben § 5 A. II. (S. 61 ff.).

797 Auch nicht beim subordinationsrechtlichen Vertrag (*Finkelnburg/Ortloff/Kment*, Öffentliches Baurecht, § 11 Rn. 19). So bereits: *Schmidt-Aßmann/Krebs*, Rechtsfragen städtebaulicher Verträge, S. 163.

798 *Heckmann*, in: *Sodan/Ziekow*, VwGO § 169 Rn. 1; *Pietzner/Möller*, in: *Schoch/Schneider/Bier*, VwGO § 169 Rn. 13.

799 Vgl. *Heckmann*, in: *Sodan/Ziekow*, VwGO § 169 Rn. 71 und 76; *Pietzner/Möller*, in: *Schoch/Schneider/Bier*, VwGO § 169 Rn. 110 f; *Mosbacher*, in: *Engelhardt/App/Schlatmann*, VwVG § 10 Rn. 6 sowie *Troidl*, in: *Engelhardt/App/Schlatmann*, VwVG § 11 Rn. 6.

800 *Heckmann*, in: *Sodan/Ziekow*, VwGO § 169 Rn. 80 und vgl. Rn. 71; *Pietzner/Möller*, in: *Schoch/Schneider/Bier*, VwGO § 169 Rn. 109; *Mosbacher*, in: *Engelhardt/App/Schlatmann*, VwVG § 12 Rn. 2.

benträgers durchgeführt werden sollen, da ihre wirtschaftliche Bedeutung aus Sicht des Gläubigers nicht davon abhängt, dass sie gerade der Schuldner vornimmt[801]. Dies gilt nicht, wenn die Maßnahmen auf dem Grundstück eines Dritten durchgeführt werden sollen, da die Ausführung von dessen Zustimmung abhängt.[802] Eine Ersatzvornahme ist dann nur möglich, wenn der Dritte seine Zustimmung erklärt hat oder wiederum ein Titel gegen ihn vorliegt.[803] Die Vollstreckung der Kostenerstattung (also einer Geldforderung) richtet sich nach § 169 Abs. 1 Satz 1 VwGO i.V.m. §§ 1 ff. VwVG und ist von der konkreten Kombination von Ausgleichspflichten, Ausgleichsort und Inhaber der Flächen unabhängig.

Daneben können sich die Parteien im öffentlich-rechtlichen Vertrag der sofortigen Zwangsvollstreckung gem. § 61 Abs. 1 Satz 1 des jeweiligen LVwVfG unterwerfen. Der Vertrag wird hierdurch zum Vollstreckungstitel[804], sodass sich die Gemeinde diesen nicht erst in einem Prozess erstreiten muss. Die Vollstreckung richtet sich gem. § 61 Abs. 2 Satz 1 LVwVfG nach den Vorschriften des jeweiligen LVwVG.[805] Bei einem koordinationsrechtlichen Vertrag ist die Unterwerfung ausgeschlossen.[806] Da Ausgleichsverträge mit Privaten jedoch subordinationsrechtlicher Natur sind, kommt die Unterwerfung regelmäßig in Betracht.

---

801 *Gruber*, in: MüKo, ZPO § 887 Rn. 9; vgl. *Lackmann*, in: *Musielak/Voit*, ZPO § 887 Rn. 8.

802 *Gruber*, in: MüKo, ZPO § 887 Rn. 11.

803 Vgl. BGH, Beschl. v. 27.11.2008 - I ZB 46/08, juris Rn. 8 = NJW-RR 2009, 443 f.

804 *Weber*, KommP spezial 2008, 41 (43); zur Zwangsvollstreckungsunterwerfung auch: *Grziwotz*, Vertragsgestaltung, Rn. 151 ff.

805 So beim baden-württembergischen LVwVfG. Die Zwangsmittel finden sich in den §§ 23 bis 26 LVwVG-BW. Die obigen Ausführungen gelten entsprechend.

806 *Schliesky*, in: *Knack/Henneke*, VwVfG § 61 Rn. 5; *Kopp/Ramsauer*, VwVfG § 61 Rn. 4; *Weber*, KommP spezial 2008, 41 (43).

2. Beim zivilrechtlichen Vertrag

Bei rein zivilrechtlichen Verträgen ist grundsätzlich der ordentliche Rechtsweg zu beschreiten.[807] Die Vollstreckung des erlangten Titels richtet sich bei zivilrechtlichen Verträgen nach den §§ 704 ff. ZPO. Da Verträge mit materieller Verpflichtung zur Durchführung von Ausgleichmaßnahmen jedoch immer öffentlich-rechtlicher Natur sind[808], betrifft dies allenfalls die Vollstreckung von Flächenbeschaffungsverträgen (d.h. Kauf oder Pacht). Hier sind regelmäßig Willenserklärungen (§ 894 ZPO) oder nicht vertretbare Handlungen (§ 888 ZPO) zu vollstrecken.

II. Weitergehende Sicherungsmittel

Grundsätzlich bietet die Zwangsvollstreckung ausreichend Möglichkeiten, dem naturschutzrechtlichen Ausgleich tatsächlich zum Erfolg zu verhelfen, dies aber nur, wenn auch eine entsprechende vertragliche Verpflichtung besteht. Ein Vertrag wirkt aber nur zwischen den Parteien, die ihn geschlossen haben, nicht aber gegenüber Dritten.[809] Um die Vertragserfüllung und die dafür notwendigen Voraussetzungen darüber hinaus abzusichern, bedarf es weiterer Sicherungsmittel.[810] Hier gibt es eine Vielzahl an zivil- und öffentlich-rechtlichen Möglichkeiten. Eine besondere Rolle spielen dabei dinglich wirkende Sicherungsmittel[811]. Andere Sicherungsmöglichkeiten sind Vertragsstrafen oder Sicherheitsleistungen.[812] Diese weitergehenden Sicherungsmittel können und sollten - gegebenenfalls kombiniert - direkt im Vertrag vereinbart werden.

Die weitergehenden Sicherungsmittel können ebenfalls vollstreckt werden und erweitern die Möglichkeiten der Gemeinde. Ist diese z.B. dinglich an einem Grundstück berechtigt, kann sie

---

807 Hierzu und auch zu den Ausnahmen ausführlich: *Stelkens*, Verwaltungsprivatrecht, S. 1024 ff.

808 Siehe oben § 5 A. II. 3. c) aa) (S. 66 f.).

809 Zu dieser zweiten Sicherungsebene siehe oben § 6 C. (S. 107 f.).

810 Hierzu schon oben § 6 A. II. 1. (S. 100 f.) und § 8 A. II. 2. (S. 140 f.).

811 Z.B. Grundpfandrechte, Dienstbarkeiten, Baulast. Zu diesen siehe unten § 13 (S. 235 ff.).

812 *Burmeister*, Städtebauliche Verträge, Rn. 122. Hierzu siehe unten § 14 C. und D. (S. 267 f. und 269 f.).

die Duldung des Eigentümers erzwingen.[813] Ist sie Eigentümerin und Besitzerin des Grundstücks, erübrigt sich die Vollstreckung sogar vollständig, da sie das umfassende Verfügungsrecht über dieses ausübt und dem Ausgleich direkt selbst zum Erfolg verhelfen kann.[814] Die jeweilige Sicherungs- d.h. auch Vollstreckungswirkung der weitergehenden Sicherungsmittel wird unter § 13 (S. 235 ff.) bei diesen gesondert untersucht.

---

813 Zu dieser Möglichkeit bei der Dienstbarkeit siehe unten § 13 C. I. 2. (S. 246).

814 Zur dinglichen Sicherung durch Eigentum siehe unten § 13 B. (S. 239 f.).

§ 10 Sonstige geeignete Maßnahmen

Neben städtebaulichen Verträgen kommt eine Durchführung des Ausgleichs gem. § 1a Abs. 3 Satz 4 Var. 2 BauGB auch durch sonstige geeignete Maßnahmen in Betracht. Diese stehen in § 1a Abs. 3 BauGB gleichwertig neben der Möglichkeit städtebauliche Verträge abzuschließen.[815] Hintergrund der Regelung war die weitere „Flexibilisierung bei der Festsetzung von Ausgleichsmaßnahmen"[816]. Den Gemeinden sollte zusätzlich die Möglichkeit gegeben werden, auf von ihr bereit gestellten Flächen Maßnahmen zu treffen, ohne dass gesonderte Festsetzungen oder ein weiterer Ausgleichsbebauungsplan notwendig sind.[817] Sie zielen auf einen Ausgleich weitgehend „ohne jede formale rechtliche Sicherung in einem Bebauungsplan oder städtebaulichen Vertrag"[818] ab. Bei einer Bereitstellung der Flächen durch die Gemeinde und einer dadurch implizierten Verfügungsgewalt über diese, erscheint eine komplizierte Sicherung durch bauleitplanerische Maßnahmen überflüssig. Insoweit bringt man den Gemeinden aber ein hohes Maß an Vertrauen entgegen, einen geplanten Ausgleich auch tatsächlich durchzuführen.[819] Dies ist vor dem Hintergrund, dass die Gemeinde im staatlichen Aufbau zunächst als organisatorische Einheit gesehen wird sowie ihrer Funktion als Hoheitsträger nachvollziehbar. Berücksichtigt man aber, dass auch die Gemeinde und ihre Organe politisch geprägt sind und gegebenenfalls sehr unterschiedliche Interessen ausbalancieren, sind die auch von der Rechtsprechung[820] vorgebrachten Bedenken hin-

---

815 BVerwG, Urt. v. 19.09.2002 - 4 CN 1/02, juris Rn. 51 = BVerwGE 117, 58 (67); OVG RhPf, Urt. v. 20.01.2003 - 8 C 11016/02, juris Rn. 42 = NVwZ-RR 2003, 629 (630); OVG NRW, Urteil v. 21.04.2015 - 10 D 21/12.NE, juris Rn. 192 = BauR 2015, 1785 (maßgeblicher Teil nicht abgedruckt).

816 BT-Drs. 13/7589, S. 12.

817 BT-Drs. 13/7589, S. 12.

818 So *Weihrich*, NatSchLSA 1999, 33 (37), noch zu § 1a Abs. 3 Satz 3 BauGB 1998.

819 Siehe hierzu oben § 6 B. II. 2. (S. 105 f.).

820 BVerwG, Urt. v. 19.09. 2002 - 4 CN 1/02, juris Rn. 52 = BVerwGE 117, 58 (68).

sichtlich einer vollkommen fehlenden Bindung[821] angebracht und dürfen nicht unberücksichtigt gelassen werden.

Die sonstigen geeigneten Maßnahmen sind ebenso wie der Ausgleich durch städtebauliche Verträge Bestandteil der Abwägung und müssen als solcher im Bebauungsplan oder den zugehörigen Unterlagen ihren Niederschlag gefunden haben, d.h. auch in der Planbegründung konkret benannt und vom Rat beschlossen werden[822]. Insoweit gilt das oben[823] Gesagte entsprechend.

A. Begriff der sonstigen geeigneten Maßnahmen

Zunächst einmal ist zu klären, was unter dem Begriff der „sonstigen geeigneten Maßnahmen" zu verstehen ist. Der Gesetzeswortlaut spricht insgesamt von „sonstigen geeigneten Maßnahmen zum Ausgleich auf von der Gemeinde bereitgestellten Flächen", § 1a Abs. 3 Satz 4 Var. 2 BauGB.

I. Von der Gemeinde bereitgestellte Flächen

In der Gesetzesbegründung ist von einer Erleichterung des Ausgleichs, soweit dieser auf „gemeindeeigenen Flächen"[824] vorgenommen wird, die Rede. Die herrschende Ansicht geht zutreffend davon aus, dass die Flächen nicht zwangsläufig im Eigentum der Gemeinde stehen müssen[825], sondern eine dauerhafte Verfügungsbefugnis genügt.[826] Die Gemeinde muss in Bezug auf das Grundstück also zumindest Bestimmungsrechte

---

821 Hierzu sogleich unten § 10 B. III. (S. 187 ff.).

822 *Schink/Matthes-Bredelin*, ZfBR 2001, 155 (158); NdsOVG, Urt. v. 21.07.1999 - 1 K 3526/97, juris Rn. 19 = ZfBR 2000, 269 (271 f.).

823 Vor allem § 5 D. (S. 82 ff.).

824 BT-Drs. 13/7589, S. 12.

825 Dieses reicht aber auf jeden Fall aus (vgl. *Dirnberger*, in: *Jäde/Dirnberger/Weiß*, BauGB § 1a Rn. 28).

826 *Louis/Wolf*, NuR 2002, 455 (464); *Birk*, Bauplanungsrecht in der Praxis, Rn. 587; BVerwG, Urt. v. 19.09.2002 - 4 CN 1/02, juris Rn. 52 = BVerwGE 117, 58 (68) (m.w.N.); OVG NRW, Urt. v. 18.12.2009 - 7 D 124/07.NE, 7 D 128/08.NE, juris LS 10 und Rn. 197 = BauR 2010, 1717 (1721); OVG Bln-Bbg, Urt. v. 25.02.2010 - OVG 2 A 18.07, juris Rn. 46.

haben.[827] Entscheidend ist, dass die Gemeinde auf die Fläche dauerhaft *zugreifen* kann. Hier zeigt sich bei den sonstigen geeigneten Maßnahmen schon im Gesetz der Aspekt der Zugriffssicherung.

Vergleicht man die Formulierung mit dem Ausgleich durch „vertragliche Vereinbarungen nach § 11" (§ 1a Abs. 3 Satz 4 Var. 1 BauGB) erweckt die ausdrückliche Nennung der Flächenbereitstellung den Eindruck, dass es beim Ausgleich durch städtebauliche Verträge keines (zwischengeschalteten) Zugriffs der Gemeinde bedürfe, der Vertragspartner also selbst für die Sicherstellung des Zugriffs verantwortlich sei. Wie oben[828] festgestellt, bedarf es aber immer eines rechtsnachfolgesicheren Zugriffs auch der Gemeinde. Insofern kommt dem Zusatz der „bereitgestellten Flächen" hinsichtlich der Sicherung keine besondere Bedeutung zu, dieser betont nur noch einmal die Notwendigkeit eines Zugriffs. Der Ausgleich durch sonstige geeignete Maßnahmen unterliegt also in Bezug auf die Zugriffssicherung den gleichen Anforderungen wie der Ausgleich durch einen städtebaulichen Vertrag. Das wird besonders deutlich, wenn man sich vor Augen hält, dass die Gemeinde den Vorhabenträger auch zum Ausgleich auf *in ihrem Eigentum* stehenden Flächen verpflichten kann - nämlich durch städtebaulichen Vertrag. Hier verwischen die Grenzen zwischen (städtebau-)vertraglicher Lösung und sonstigen geeigneten Maßnahmen. § 1a Abs. 3 Satz 4 Var. 2 BauGB fordert deshalb nicht mehr an Sicherung, aber auch nicht weniger.

II. Sonstige Maßnahmen

Der Wortlaut „*sonstige* geeignete Maßnahmen" verzichtet auf eine Aufzählung oder Definition der in Betracht kommenden Maßnahmen. Vielmehr stellt er eine Art Auffangtatbestand für sämtliche Möglichkeiten dar, welche sich für den naturschutzrechtlichen Ausgleich eignen. Eine derartige Vorschrift ist für das BauGB, welches die Instrumente der Bauleitplanung abschließend regelt[829], eher untypisch. Da der Inhalt des Aus-

---

827 *Brohm*, in: *Erbguth*, FS Hoppe, S. 511 (525); *Louis/Wolf*, NuR 2002, 455 (464).

828 Siehe § 8 A. II. 3. b) (S. 143 ff.).

829 *Söfker*, in: *Ernst/Zinkahn/Bielenberg/Krautzberger*, BauGB § 1 Rn. 18; vgl auch § 1 Abs. 2 BauGB).

gleichs aber ohnehin eine Frage des Einzelfalls ist und häufig Flexibilität erfordert, ist dies aber unbedenklich. Es entsprach dem Wunsch des Gesetzgebers mit dem BauROG die Ausgleichsmöglichkeiten der Gemeinde zu erweitern.[830] Bereits die Möglichkeit städtebauliche Verträge einzusetzen vergrößert dabei den Handlungskatalog der Gemeinden zumindest inhaltlich nahezu unbegrenzt. Im Übrigen geht es um die bloße *Sicherung* des Ausgleichs. Diese hat für sich genommen (anders als z.B. der Ausgleichs*inhalt*) für den Einzelnen und die Belange von Natur- und Landschaftsschutz ohnehin keine unmittelbare Bedeutung.

Die sonstigen geeigneten Maßnahmen sind damit bewusst inhaltsoffen ausgestaltet. Eine Negativabgrenzung lässt sich lediglich dahingehend vornehmen, dass (selbstverständlich) Darstellungen und Festsetzungen in Bauleitplänen sowie die in § 1a Abs. 3 Satz 4 Var. 1 BauGB genannten städtebaulichen Verträge nicht erfasst sind. Letzteres begrenzt den Umfang der sonstigen geeigneten Maßnahmen auf solche Ausgleichsmaßnahmen, welche die Gemeinde *selbst* durchführt. Wird nämlich ein Dritter (z.B. der Vorhabenträger) zu deren Herstellung und Pflege verpflichtet, ist dies nur durch städtebaulichen Vertrag möglich, sodass § 1a Abs. 3 Satz 4 Var. 1 BauGB einschlägig ist. Darüber hinaus ist eine exakte Klärung der Rechtsnatur von sonstigen geeigneten Maßnahmen weder gewollt noch möglich und auch unnötig. Die in der Rechtsprechung akzeptierten Fälle betreffen dabei die Selbstverpflichtung der Gemeinde durch textliche Festlegung und nach außen gerichtete Anordnungen. Im Übrigen können aber eben auch Verträge, die nicht städtebaulicher Natur sind, sonstige geeignete Maßnahmen sein.

III. Geeignetheit

Nach der allgemeinen Terminologie des öffentlichen Rechts ist eine Maßnahme „geeignet“, wenn sie die Wahrscheinlichkeit erhöht, dass dem angestrebten Ziel zum Erfolg verholfen wird.[831] Dem Begriff kommt in diesem Zusammenhang keine besondere Bedeutung zu. Auch städtebauliche Verträge müssen

---

830 Vgl. BVerwG, Urt. v. 19.09.2002 – 4 CN 1/02, juris Rn. 52 = BVerwGE 117, 58 (68).

831 *Grzeszick*, in: *Maunz/Dürig*, GG Art. 20 Rn. 112.

natürlich geeignet sein, den Ausgleich zu sichern. Wenn überhaupt kann man dem Begriff nur die Betonung entnehmen, dass die verwendeten Instrumente dem Ausgleich *effektiv*[832] zum Erfolg verhelfen müssen. Zusätzliche Anforderungen lassen sich hieraus nicht ableiten.

B. Anforderungen an sonstige geeignete Maßnahmen

Nachdem das Gesetz nichts Näheres darüber besagt, welche sonstigen Maßnahmen geeignet sind und deshalb für einen Ausgleich in Betracht kommen, richtet sich deren jeweilige Eignung nach den allgemeinen Anforderungen an die Ausgleichssicherung. Insbesondere die Rechtsprechung hat sich häufiger mit sonstigen geeigneten Maßnahmen befasst und dabei zwei Hauptkriterien aufgestellt: tatsächliche Durchführbarkeit und rechtliche Bindung.

I. Ansicht der Rechtsprechung

Bezüglich der Anforderungen an sonstige geeignete Maßnahmen gehen die Gerichte grundsätzlich davon aus, dass die potenziellen Maßnahmen so stark von den konkreten Gegebenheiten abhängen, dass kein Raum für verallgemeinerungsfähige Feststellungen besteht.[833] Nichtsdestotrotz gibt die Rechtsprechung[834] einen gewissen Überprüfungsrahmen vor: Zum einen muss die Maßnahme *bei realistischer Betrachtung durchführbar sein*. Zum anderen muss ein *Mindestmaß an rechtlicher Bindung* der Gemeinde bestehen. Beides ergibt sich daraus, dass die sonstigen geeigneten Maßnahmen gleichwertig neben Festset-

---

832 Vgl. oben § 8 A I. 3. (S. 139.).

833 BVerwG, Urt. v. 19.09.2002 - BVerwG 4 CN 1/02, juris Rn. 51 = BVerwGE 117, 58 (67); Beschl. v. 18.07.2003 - 4 BN 37/03, juris Rn. 5 = NVwZ 2003, 1515;

834 Siehe z.B. BVerwG, Urt. v. 19.09.2002 - 4 CN 1/02, juris Rn. 51 = BVerwGE 117, 58 (67); Beschl. v. 18.07.2003 - 4 BN 37/03, juris Rn. 6 = NVwZ 2003, 1515 f.; OVG Bln-Bbg, Urt. v. 26.11.2010 - OVG 2 A 32.08, juris OS 4 und Rn. 46; OVG NRW, Urt. v. 18.12.2009 - 7 D 124/07.NE, 7 D 128/08.NE, juris Rn. 195 = BauR 2010, 1717 (1721); Urt. v. 20.01.2012 - 2 D 141/09.NE, juris Rn. 147; zuletzt: Urt. v. 21.04.2015 - 10 D 21/12.NE, juris Rn. 192 = BauR 2015, 1785 (maßgeblicher Teil nicht abgedruckt). Eine Übersicht bietet *Köck*, NuR 2004, 1 (4).

zungen und vertraglichen Vereinbarungen stehen und damit deren Sicherungsgrad entsprechen müssen. Es zeigt sich aber zugleich, dass eine vertragliche Verpflichtung gerade nicht notwendig ist, sondern auch eine anderweitige, einseitige Selbstverpflichtung genügen kann. Beide Voraussetzungen müssen kumulativ vorliegen. So reicht die bloße Flächenbereitstellung ohne weitere planerische oder vertragliche Absicherung nicht aus.[835]

II. Tatsächliche Durchführbarkeit bei realistischer Betrachtung

In rechtlicher Hinsicht beinhaltet das Erfordernis der tatsächlichen Durchführbarkeit bei realistischer Betrachtung auch das Erfordernis der Zugriffssicherung.[836] Zwar muss das Vorhaben auch aus rein tatsächlicher, naturschutzfachlicher Perspektive durchführbar sein. Zugleich kommt eine Realisierung aber nur in Betracht, wenn die Gemeinde über den gesamten Zeitraum Zugriff auf die Ausgleichsfläche hat. Im Gesetz ist dies dadurch verankert, dass die „sonstigen geeigneten Maßnahmen" nur auf „von der Gemeinde bereitgestellten Flächen" stattfinden können. Wie bereits ausgeführt, muss die Fläche nicht zwangsläufig im Eigentum der Gemeinde stehen, eine dauerhafte Verfügungsbefugnis genügt. Hier ist insbesondere umstritten, inwieweit dies durch einen (langfristigen) Pachtvertrag erreicht werden kann.[837] Eine (nicht vertragliche) Erklärung eines Dritten, die in seinem Eigentum stehenden Ausgleichsflächen zur Verfügung zu stellen, genügt zumindest nicht, da bei einer bloßen Absichtserklärung die dauerhafte Bereitstellung nicht gewährleistet ist, zumal es sogar schon an einer schuldrechtlichen Verpflichtung fehlt.[838] Die Fläche muss *vor* der Durchführung der Maßnahme bereitgestellt werden. Eine nachträgliche Bereitstellung kommt nur in Betracht, wenn bei Durchführung

---

835 OVG RhPf, Urt. v. 08.05.2013 - 8 C 10635/12 –, juris Rn. 66 f. = BRS 81 Nr. 35, S. 256 (268); vgl. BayVGH, Urt. v. 07.11.2006 - 14 N 04.107, juris, Rn. 26 f. Auch das Eigentum der Gemeinde genügt also nicht (*Schink*, DVBl. 1998, 609 (614).

836 Ausdrücklich: OVG NRW, Urteil vom 27. Mai 2013 - 2 D 37/12.NE –, juris Rn. 92 ff.; OVG NRW, Urt. v. 18.12.2009 - 7 D 124/07.NE, 7 D 128/08.NE, juris Rn. 195 ff.

837 Siehe hierzu unten § 14 A. (S. 264 f.).

838 OVG Bln-Bbg, Urt. v. 25.02.2010 - OVG 2 A 18.07, juris Rn. 45 f.

der Maßnahme bereits feststand, dass diese zum Ausgleich dienen soll (wie z.B. bei einem Ökokonto).[839]

III. Mindestmaß an rechtlicher Bindung

Daneben stellt sich die Frage, welche Anforderungen an das Mindestmaß an rechtlicher Bindung zu stellen sind. Die rechtliche Bindung betrifft dabei den Aspekt der *Ausführungssicherung* gegen die ausgleichsverpflichtete Gemeinde. Es geht also nicht um die Frage, ob die Gemeinde auf die Ausgleichsflächen zugreifen kann, sondern inwieweit sie gebunden ist, dies tatsächlich zu tun. Bei der Bindung ist der Plangeber aber nicht auf ein bestimmtes Vorgehen festgelegt.[840] Fest steht dabei nur, dass diese Bindung nicht zwangsläufig über einen Vertrag erreicht werden muss.[841] Hierfür spricht schon die Gegenüberstellung mit (städtebaulichen) Verträgen in § 1a Abs. 3 Satz 4 BauGB. Die geringere Anforderung an die Bindung rechtfertigt sich daraus, dass der Gemeinde als Hoheitsträger ein höheres Vertrauen entgegengebracht wird, als einem privaten Vorhabenträger. Dass auch dieses nicht uneingeschränkt besteht, zeigen die folgenden Ausführungen.

1. Misstrauen gegenüber der Gemeinde

Wenn die Gemeinde den Ausgleich selbst durchführt, stellt sich zunächst die Frage, weshalb es überhaupt einer Ausführungssicherung bedarf. Immerhin ist die Gemeinde staatlicher Hoheitsträger und an Recht und Gesetz - und damit auch an ihre Bauleitplanung - gebunden. Hintergrund des Erfordernisses einer rechtlichen Bindung kann also nur ein gewisses Misstrauen gegenüber der Gemeinde sein. Es stellt sich insofern die Frage, inwieweit dieses Misstrauen gerechtfertigt ist. Organe der Gemeinde sind der Bürgermeister und der Gemeinderat (§ 23 GemO-BW).[842] In allen Ländern gibt es dabei mindestens ein direkt gewähltes, kollegial organisiertes Vertretungsorgan (in

---

839 *Louis/Wolf*, NuR 2002, 455 (464).

840 OVG NRW, Urt. v. 21.04.2015 - 10 D 21/12.NE, juris Rn. 192 = BauR 2015, 1785 (maßgeblicher Teil nicht abgedruckt).

841 *Köck*, NuR 2004, 1 (4); BVerwG, Urt. v. 19.09.2002 - 4 CN 1/02, juris Rn. 51 = BVerwGE 117, 58 (67).

842 Dies ist in sämtlichen Gemeindeordnungen ähnlich geregelt. Eine Übersicht findet sich bei *Burgi*, Kommunalrecht, § 10 Rn. 7.

BW ist das der Gemeinderat), welches die wichtigsten Beschlüsse fasst.[843] Als Vertreter des (Gemeinde-)Volks[844] auf Zeit unterliegen diese Organe politischen Schwankungen. Aufgrund der langen Dauer, die Bauprojekte und teilweise auch Ausgleichsmaßnahmen gegebenenfalls benötigen, muss damit gerechnet werden, dass sich die politischen Verhältnisse oder Ansichten innerhalb der Gemeindeverwaltung ändern. Es ist daher dafür zu sorgen, dass getroffene Entscheidungen nicht ohne Weiteres revidiert werden können.

Doch selbst ohne eine derartige Änderung darf nicht außer Acht gelassen werden, dass Ausgleichsmaßnahmen gerade für kleine Gemeinden eine nicht unerhebliche (vor allem finanzielle) Belastung darstellen können, die per se keinen wirtschaftlichen Gegenwert in sich trägt. Das Risiko, dass ein planerisch nicht festgelegter Ausgleich nie ausgeführt wird, ist nicht von der Hand zu weisen.[845] Es besteht zwar eine gewisse Kontrolle, da bei Nichtdurchführung der Maßnahmen durch die Gemeinde[846] kommunalaufsichtsrechtlich eingegriffen werden kann.[847] Ob dies immer wirkungsvoll ist, hat das BVerwG jedoch bezweifelt.[848]

Nichtsdestotrotz kann und muss bei einer Gemeinde zumindest bis zu einem gewissen Grad Rechtstreue vermutet werden.[849] Ein bestimmtes Maß an Selbstkontrolle ist einem

---

843 *Burgi*, Kommunalrecht, § 10 Rn. 2 f; *Ehlers*, in: *Mann/Püttner*, Handbuch der kommunalen Wissenschaft und Praxis, § 21 Rn. 1.

844 Vgl. *Ehlers*, in: *Mann/Püttner*, Handbuch der kommunalen Wissenschaft und Praxis, § 21 Rn. 12: „Die Ratsmitglieder sind keine Ehrenbeamten […]".

845 Dies zeigt auch die rechtstatsächliche Untersuchung von *Bosse*, Eingriffsregelung, S. 275 ff. (Ergebnisse).

846 Dies gilt auch in Bezug auf die Verpflichtungen aus Vertrag mit einem privaten Vorhabenträger.

847 *Brohm*, in: *Erbguth*, FS Hoppe, S. 511 (529). Ausführlich zu deren Möglichkeiten: *Lau*, Kontrolle des Schutzes von Natur und Landschaft, S. 131 ff.

848 BVerwG, Urt. v. 19.09.2002 - BVerwG 4 CN 1/02, juris Rn. 52 = BVerwGE 117, 58 (68); vgl. bereits Beschl. v. 18.11.1997 - 4 BN 26/97, juris OS 2 und Rn. 13 = ZfBR 1998, 158. Auch nach *Lau*, Kontrolle des Schutzes von Natur und Landschaft, S. 340 sieht nach empirischer Untersuchung der Praxis Verbesserungsbedarf.

849 *Stüer*, NuR 2004, 11 (15).

Kollegialorgan immanent. Anders als ein Privater ist die Gemeinde als Hoheitsträger auch nicht rein wirtschaftlich motiviert, sondern in ihrem Tun der Allgemeinheit verpflichtet. Das tatsächliche Risiko einer „ausgleichsunwilligen" Gemeinde besteht dabei bei allen Ausgleichsinstrumenten, auch einem Vertrag und sogar Festsetzungen im Bauleitplan. Nimmt die Gemeinde ihre Rolle als „naturschutzrechtliche Kontrollinstanz" nicht ernst und verzichtet sie auf die faktische Ausführung, so erfolgt keine Kompensation[850] – unabhängig davon über welches Mittel diese gesichert ist. Das bedeutet aber, dass beim Herausarbeiten der Anforderungen all diejenigen Risiken außer Acht gelassen werden müssen, die ebenso beim Ausgleich durch Vertrag oder Festsetzungen auftreten. Von sonstigen geeigneten Maßnahmen kann kein höheres Sicherungsniveau erwartet werden. Im Hinblick auf kommunalaufsichtsrechtliche Kontrolle bedeutet das aber zugleich, dass eine bloße Untätigkeit der Kommunalaufsichtsbehörden keine Rolle spielen kann. Es kommt somit lediglich darauf an, dass diese rechtlich in der Lage ist, gegen rechtswidriges Verhalten der Gemeinde vorzugehen.

2. Anforderungen an die rechtliche Bindung

Um – soweit möglich – die Anforderungen an die Ausführungssicherung gegenüber der Gemeinde im Sinne eines Mindestmaßes an rechtlicher Bindung zu bestimmen, bietet es sich an, die von der Rechtsprechung behandelten Fälle zu untersuchen und deren Gemeinsamkeiten herauszuarbeiten. Anschließend muss überprüft werden, ob durch diese Anforderungen nicht ein Risiko abgesichert werden soll, welches sich ebenso beim Ausgleich durch Vertrag oder Festsetzungen zeigt, da diese gerade nicht abgesichert werden müssen.

a) Einzelfälle der einseitigen Bindung

Die Problematik der rechtlichen Bindung stellt sich typischerweise bei einseitigen Erklärungen der Gemeinde. Einer einseitigen Erklärung fehlt es nämlich – im Gegensatz zu einem Ver-

[850] Zu den rechtssoziologischen Erfahrungen: *Lau*, Kontrolle des Schutzes von Natur und Landschaft, S. 20 f. m.w.N.

trag - an einer rechtlichen Bindung nach außen.[851] Insbesondere eine unverbindliche Absichtserklärung genügt nicht, da sie keine objektive verlässliche und bindende Grundlage darstellt - es besteht das Risiko, dass sich die Gemeinde im Nachhinein von dieser Erklärung wieder lossagt.[852] Es kommt dabei auch nicht darauf an, inwieweit eine solche bloße Absichtserklärung möglicherweise glaubwürdig ist.[853] Die Gemeinde muss verbindlich erklärt haben, die Ausgleichsmaßnahme durchzuführen[854], d.h. ihr Wille muss durch die Handlung oder Erklärung eindeutig festgelegt werden.[855]

aa) Textliche Festlegung

Selbstverpflichtungen können grundsätzlich in Betracht kommen, wenn sie auf konkreten textlichen „Festlegungen"[856] basieren (einen dauerhaften Zugriff natürlich vorausgesetzt).[857] Die Festlegungen müssen aber einen gewissen Konkretisierungsgrad erreichen, insbesondere nach Art und Umfang präzise sein[858]. Das beinhaltet zumindest eine genaue Festlegung, auf welcher Fläche und mit welcher Maßnahme die Beeinträchtigung auszugleichen ist.[859]

---

851 BVerwG, Beschl. v. 18.11.1997 - 4 BN 26/97, juris OS 2 und Rn. 13 = ZfBR 1998, 158; sowie vorgehend ebenso: OVG RhPf, Beschl. v. 14.08.1997 - 1 C 10518/96 = NuR 1998, 383.

852 *Jessel*, UPR 2004, 408 (411); OVG NRW, Urt. v. 21.04.2015 - 10 D 21/12.NE, juris Rn. 192 f. = BauR 2015, 1785 (maßgeblicher Teil nicht abgedruckt).

853 BVerwG, Urt. v. 19.09.2002 - 4 CN 1/02, juris Rn. 54 = BVerwGE 117, 58 (69).

854 *Busse*, KommJur 2009, 241 (248), für den Fall, dass die Gemeinde Eigentümerin der Fläche ist.

855 *Louis/Wolf*, NuR 2002, 455 (464).

856 Diese sahen eine Ersatzaufforstung auf einer Fläche von ca. 26,43 ha überwiegend außerhalb des Geltungsbereichs des Bebauungsplans vor.

857 So zuletzt im Fall des OVG NRW, Urt. v. 21.04.2015 - 10 D 21/12.NE, juris Rn. 196 ff. = BauR 2015, 1785 (maßgeblicher Teil nicht abgedruckt).

858 BVerwG, Urt. v. 19.09.2002 - 4 CN 1/02, juris Rn. 52 = BVerwGE 117, 58 (68); VGH BW, Urt. v. 21.01.2002 - 8 S 1388/01, juris Rn. 37 = VBlBW 2002, 203 (205).

859 BayVGH, Urt. v. 06.08.2001 -15 N 99.463, juris Rn. 106, der dies für ausreichend erachtet.

Eine solche textliche Festlegung kann in einem Flächennutzungs- oder Landschaftsplan[860] oder auch einem Regionalplan[861] getroffen werden. Die aus diesen überörtlichen Verpflichtungen erwachsende Bindung genügt. Insbesondere die Änderung des Flächennutzungsplans unterliegt einem Genehmigungserfordernis, sodass eine gewisse Kontrolle besteht.[862] Teilweise wird bereits die Festlegung der Maßnahmen in der Begründung des Bebauungsplans für ausreichend erachtet.[863] Dies ist zutreffend, da sich die Gemeinde hierdurch selbst bindet und durch kommunalaufsichtsrechtliche Maßnahmen verpflichtet werden kann.[864] Dies genügt für ein Mindestmaß an rechtlicher Bindung. Denn - noch einmal - die Durchführungskontrolle bzgl. des Ausgleichs liegt ohnehin bei der Gemeinde.

bb) Beschluss und Anordnung

In Betracht kommt aber auch ein Beschluss[865], der genau festlegt, auf welcher bereitgestellten Fläche mit welchen Maßnahmen die Eingriffe ausgeglichen werden. In Übereinstimmung mit dem soeben angesprochenen Konkretisierungserfordernis, reicht eine vage und stichwortartige Beschreibung der einzelnen Maßnahmen dafür nicht aus. Notwendig ist vielmehr eine „genaue, naturschutzfachlich fundierte Beschreibung der im Einzelnen auf der jeweiligen Fläche geplanten Maßnahmen ähnlich wie in einer vertraglichen Vereinbarung", bei der „deutlich werden muss, mit welcher Maßnahme welcher Eingriff in welches Schutzgut ausgeglichen werden soll". Eine Bezugnahme auf ein naturschutzfachliches Gutachten ist

---

860 *Louis/Wolf,* NuR 2002, 455 (464); NdsOVG, Urt. v. 22.03.2001 - 1 K 2294/99, juris Rn. 18 = BauR 2001, 1542 (1546).

861 So im Fall BVerwG, Urt. v. 19.09.2002 - 4 CN 1/02 = BVerwGE 117, 58.

862 *Lau,* Naturschutz in der Bauleitplanung, Rn 386; vgl. BVerwG, Urt. v. 19.09.2002 - 4 CN 1/02, juris Rn. 52 = BVerwGE 117, 58 (68).

863 HessVGH, Urt. v. 25.06.2009 - 4 C 1347/08.N, juris Rn. 55 = NuR 2009, 646 (649); zweifelnd aber: VGH BW, Urt. v. 21.01.2002 - 8 S 1388/01, juris Rn. 37 = VBlBW 2002, 203 (205).

864 *Lau,* Naturschutz in der Bauleitplanung, Rn. 386.

865 *Louis/Wolf,* NuR 2002, 455 (464); vgl. *Schrödter,* in: *Schrödter,* BauGB § 1a Rn. 92.

grundsätzlich möglich und hängt von dessen Qualität und Detailliertheit ab.[866]

Auch eine Beauftragung des Bürgermeisters durch den Gemeinderat, gegenüber der Naturschutzbehörde, die Durchführung der Kompensation sicherzustellen, kann ausreichen, wenn die naturschutzrechtliche Unterschutzstellung die Flächen einer naturschutzfachlichen Aufwertung vorbehält und der Siedlungsentwicklung entzieht.[867] Hier „entledigt" sich die Gemeinde bis zu einem gewissen Grad ihrer Bestimmungsbefugnis über die Flächen und verhindert dadurch eine einseitige Lossagung vom geplanten Ausgleich. Hierbei ist jedoch zu beachten, dass der Bürgermeister formell und materiell rechtmäßig angewiesen wird und seine Anordnung ihrerseits rechtsfehlerfrei ist. Generell wird ein verbindliches Einschalten der Naturschutzbehörde regelmäßig zu einer ausreichenden Sicherung der Ausführung führen. Im Übrigen kann diese aber auch eine Sicherung durch Festsetzungen oder Ausgleichsvertrag mit einem Privaten nicht durchsetzen. Diese Befugnis steht allenfalls den mit der Kommunalaufsicht betrauten Behörden zu.[868]

b) Gemeinsame Anforderungen

Betrachtet man diese Möglichkeiten gemeinsam, so lassen sich zwei maßgebliche Kriterien ableiten. Zunächst bedarf es einer textlich niedergelegten Konkretisierung, durch welche sich die Maßnahmen exakt bestimmen lassen. Um darüber hinaus zu verhindern, dass sich die Gemeinde einseitig von ihrer Ausgleichsabsicht lossagt, muss eine etwaige Aufhebung dieser Festlegung einer Kontrolle unterliegen, sodass eine rechtliche

---

866 Zu allem, auch zu den Zitaten: OVG RhPf, Urt. v. 08.05.2013 – 8 C 10635/12.OVG, juris Rn. 67 = DVBl. 2013, 1051 (nicht vollständig abgedruckt).

867 BVerwG, Beschl. v. 18.07.2003 – 4 BN 37/03, juris Rn. 6 = NVwZ 2003, 1515 (1516). Dem Fall lag ein bereits vor Jahren beschlossenes, aber noch nicht umgesetztes Nutzungskonzept zugrunde (die Ausgleichsflächen sollten aufgeforstet und zu einem Naturwald entwickelt werden).

868 *Louis/Wolf*, NuR 2002, 455 (464), die auf das insoweit unzutreffende Urteil des NdsOVG, Urt. v. 21.07.1999 – 1 K 3526/97, juris Rn. 18 = ZfBR 2000, 269 (271) hinweisen.

Überprüfung möglich ist[869]. Eine Festlegung kann deshalb in Plänen oder auch in förmlichen und bindenden Beschlüssen oder Anordnungen erfolgen. Bedarf die Aufhebung wiederum einer gewissen Form, kann die Rechtswidrigkeit dieser Maßnahme festgestellt werden. Zwar wird das wiederum regelmäßig vom Einschreiten der Kommunalaufsichtsbehörden abhängen. Dieses Risiko ist aber kein Sonderfall der sonstigen geeigneten Maßnahmen, sondern besteht generell beim Ausgleich in der Bauleitplanung.

C. Ausgleichsverträge und sonstige geeignete Maßnahmen

I. Kongruenz mit den allgemeinen Sicherungsanforderungen

Die von der Rechtsprechung aufgestellten Anforderungen der Realisierbarkeit und des Mindestmaßes an rechtlicher Bindung entsprechen den oben[870] herausgearbeiteten Zielen der Sicherung. Die Voraussetzungen sind dabei grundsätzlich deckungsgleich. Zwar scheinen die Anforderungen an die Ausführungssicherung bei sonstigen geeigneten Maßnahmen auf den ersten Blick etwas gelockert, weil nur ein *Mindestmaß* an rechtlicher Bindung gefordert wird. Dies wäre aber ein Trugschluss, da die Abforderungen bei einem Ausgleich durch städtebauliche Verträge insofern nicht strenger sind. Hier ergibt sich die textliche Verkörperung lediglich bereits aus dem Vertrag, nämlich in Form der Ausgleichsverpflichtung, sodass die Voraussetzung des Mindestmaßes „miterfüllt" ist.

Hinsichtlich des Zugriffs (bzw. der „tatsächlichen Durchführbarkeit bei realistischer Betrachtung") besteht ebenfalls kein Unterschied, obwohl das Gesetz bei sonstigen geeigneten Maßnahmen eine Bereitstellung der Flächen erfordert. Da hierdurch lediglich – wie auch beim Ausgleich nach § 1a Abs. 3 Satz 4 Var. 1 BauGB – eine dauerhafte Verfügungsbefugnis, d.h. eine dauerhafte Sicherung und nicht zwangsläufig Gemeinde*eigentum* gefordert wird, kommt dieser Formulierung keine zusätzliche Bedeutung zu. Die Differenzierung zwischen den Varianten des § 1a Abs. 3 Satz 4 BauGB besteht deshalb nur in

869 So auch: *Lau*, Naturschutz in der Bauleitplanung, Rn. 386.

870 Siehe § 6 B. (S. 102 ff.).

der Wahl des Instruments, nicht aber in Bezug auf die Anforderungen an die Sicherung. Die Sicherung durch „vertragliche Vereinbarungen nach § 11" gem. § 1a Abs. 3 Satz 4 Var. 1 BauGB ist damit nur ein Spezialfall einer geeigneten Maßnahme, daneben bestehen eben die „sonstigen".

II. Der Vertrag als sonstige geeignete Maßnahme

Sonstige geeignete Maßnahmen stehen dem Gesetzeswortlaut nach in einem Alternativverhältnis zu den unmittelbar davor genannten „vertraglichen Vereinbarungen nach § 11 BauGB". Die ausdrückliche Bezugnahme auf § 11 BauGB könnte dabei bedeuten, dass der Ausgleich *ausschließlich* durch städtebauliche Verträge gem. § 11 BauGB, nicht aber auch durch *sonstige zivil- oder öffentlich-rechtliche Verträge* geregelt werden darf. Es ist aber nicht nachvollziehbar, weshalb nur ein städtebaulicher Vertrag und nicht auch ein anderer Vertrag für den Ausgleich genutzt werden kann. Städtebauliche Verträge unterscheiden sich von sonstigen öffentlich-rechtlichen Verträgen durch ihre städtebauliche Zielsetzung, im Übrigen sind die Anforderungen und Rechtsfolgen jedoch nahezu identisch. Die Qualifikation als städtebaulicher Vertrag folgt lediglich dessen Sinn und Zweck, gibt diesem aber gerade keine besondere Eignung.

Berücksichtigt man zusätzlich, dass Ziel der Einführung des § 1a Abs. 3 Satz 4 Var. 2 BauGB war, der Gemeinde möglichst viele Möglichkeiten an die Hand zu geben, lässt sich diese Differenzierung eher damit erklären, dass städtebauliche Vereinbarungen mit Privaten den Hauptanwendungsfall der Ausgleichsverträge darstellen und diese zudem ausdrücklich im BauGB geregelt sind. Die noch verbleibenden Verträge, d.h. vor allem Vereinbarungen mit Behörden, sind deshalb als sonstige geeignete Maßnahmen zu qualifizieren.[871] Da städtebauliche Verträge und sonstige geeignete Maßnahmen aber gleichwertig nebeneinanderstehen, ist diese Unterscheidung jedoch nicht zwingend.

In der Praxis wird die Differenzierung in § 1a Abs. 3 Satz 4 BauGB teilweise mit unnötiger Schärfe berücksichtigt. So hat sich das OVG RhPf ausdrücklich gegen eine „Rettung" miss-

---

871 Zur Qualifikation von Ausgleichsverträgen als städtebauliche Verträge siehe oben § 9 A. I. 1. (S. 165 ff.).

lungener städtebaulicher Verträge über sonstige geeignete Maßnahmen ausgesprochen. Habe sich die Gemeinde ausdrücklich für eine Regelung durch (städtebaulichen) Vertrag gem. § 11 BauGB entschieden, komme eine Sicherung über sonstige geeignete Maßnahmen nicht mehr in Betracht.[872] Diese strenge Abgrenzung ist aber nicht notwendig. Da sonstige geeignete Maßnahmen und städtebauliche Verträge gleichwertige Instrumente darstellen, ist es unerheblich, welche der beiden Varianten gewählt wird. Maßgeblich ist ausschließlich die Frage, ob eine ausreichende Sicherung vorliegt, nicht aber, welche Gesetzesvariante die Gemeinde ursprünglich nutzen wollte und ob tatsächlich dann die Voraussetzungen einer anderen erfüllt sind. Die etwaige „Rettung" des Ausgleichs ist eine Frage der Fehlerhaftigkeit und Reparatur des Plans. Wollte die Gemeinde hingegen einen städtebaulichen Vertrag abschließen und ist dieser eigentlich als sonstige geeignete Maßnahme zu qualifizieren, ist dies unschädlich.

Im Übrigen wird auch die Trennung zwischen städtebaulichen und sonstigen (zivilrechtlichen und öffentlich-rechtlichen) Verträgen nicht immer strikt eingehalten.[873] Eine saubere Trennung zwischen den beiden Varianten des § 1a Abs. 3 Satz 4 BauGB ist dabei - wie ausgeführt - in der Praxis aber auch nicht notwendig, da die Sicherungsanforderungen im Ergebnis die gleichen sind. Nicht städtebauliche, vertragliche Lösungen sind als sonstige geeignete Maßnahmen grundsätzlich ebenso zur Sicherung geeignet. Schon aus Gründen der Rechtssicherheit kann deshalb ein Vertrag zwischen Gemeinde und Naturschutzbehörde sinnvoll sein.[874] Ein solcher führt nämlich zur rechtlichen Bindung der Gemeinde und ist zur Sicherung aus-

---

872 OVG RhPf, Urt. v. 06.11.2013 - 8 C 10607/13, juris Rn. 46 f. = BauR 2014, 673 (674).

873 So im eben genannten Fall des OVG RhPf, Urt. v. 06.11.2013 - 8 C 10607/13, juris Rn. 46 f. = BauR 2014, 673 (674), welches zusätzlich verkennt, dass schon der gewählte Vertrag kein *städtebaulicher* i.S.d. § 11 BauGB ist, da er nicht mit der Gemeinde geschlossen werden sollte. Insofern konnte dieser ohnehin nur eine sonstige geeignete Maßnahme darstellen.

874 *Birk*, Bauplanungsrecht in der Praxis, Rn. 587. Ein solcher ist dann eben kein städtebaulicher Vertrag i.S.d. § 11 BauGB, da diese nicht mit einem anderen Hoheitsträger geschlossen werden können.

reichend[875]. Alternativ kann diese die Fläche unter Schutz stellen[876] und damit gemeindlicher Willkür entziehen.

---

875 So auch: *Louis/Wolf*, NuR 2002, 455 (464); *Busse*, KommJur 2009, 241 (248); *Schrödter*, in: *Schrödter*, BauGB § 1a Rn. 94.

876 *Busse*, KommJur 2009, 241 (248); BVerwG, Beschl. v. 18.07.2003 - 4 BN 37/03, juris Rn. 6 = NVwZ 2003, 1515 (1515 f.).

§ 11 Inhalt und Ausgestaltung der Ausgleichsverträge

Hinsichtlich des Inhalts der Ausgleichsverträge besteht in der Praxis aufgrund der zahlreichen Möglichkeiten[877] eine hohe Diversität.[878] Eine abschließende Festlegung des zulässigen Inhalts ist deshalb nicht möglich, vielmehr bestimmt sich dieser immer nach dem Einzelfall. Nichtsdestotrotz lassen sich typische Inhalte[879] eines Ausgleichsvertrags bestimmen und kategorisieren. Wie bereits festgestellt, kommen diesem mehrere Funktionen zu: Zum einen kann er anstelle von Darstellungen und Festsetzungen den Ausgleich regeln, die notwendigen Maßnahmen damit also selbst bestimmen. Zum anderen sichert er durch seine schuldrechtliche Verpflichtung die Durchführung der Maßnahmen mit ab. Dies kann auch in bloßer Ergänzung der bauleitplanerischen Festsetzungen geschehen. Rein zugriffssichernd kann er als „Ersatz" für fehlendes Eigentum der Gemeinde an der Ausgleichsfläche fungieren. Daneben spielen Kostenvereinbarungen in der Praxis eine gewichtige Rolle. Die jeweilige Funktion des Vertrags bedingt dann seine inhaltliche Ausgestaltung und determiniert die jeweiligen sicherungsrechtlichen Anforderungen.

A. Vertragsinhalte

Wesentlicher Vorteil von vertraglichen Lösungen gegenüber dem Katalog des § 9 BauGB ist die Vertragsfreiheit[880], wenngleich diese eine gebundene ist[881]. Der mögliche Inhalt ist also nicht abschließend bestimmt. Dies bedeutet aber nicht zugleich,

---

877 So schon *Quaas*, NVwZ 1995, 840 (842).

878 *Mitschang*, ZfBR 2005, 644 (649).

879 Vgl. die Aufzählung bei *Bunzel/Coulmas/Schmidt-Eichstaedt*, Städtebauliche Verträge, S. 108 f.

880 *Berchter*, Eingriffsregelung, S. 269; zu den Grenzen siehe: *Stüer/König*, ZfBR 2000, 528 (531 ff.).

881 *Bunzel/Coulmas/Schmidt-Eichstaedt*, Städtebauliche Verträge, S. 20; vgl. *Chatziathanasiou/Towfigh*, DVBl. 2013, 84 (88). Zum Grundsatz der gesetzesdirigierten Vertragsgestaltung: *Schmidt-Aßmann*, in: *Lenz*, FS Gelzer, S. 117 (122).

dass auch jedweder Inhalt zulässig ist. Die Regeln über städtebauliche Verträge sind zu beachten, gleiches gilt für die Vorschriften über öffentlich-rechtliche Verträge (sofern der Ausgleichsvertrag jeweils als solcher zu qualifizieren ist). Insbesondere muss der Vertrag hinreichend konkret sein, entweder durch Bezugnahme oder detaillierte Nennung der einzelnen Leistungspflichten.[882] Auch die Erfordernisse des Angemessenheitsgebots sind zu beachten.

In einem Ausgleichsvertrag sind grundsätzlich drei Kategorien von Regelungen denkbar: Ausgleichsmaßnahmen, weitere Sicherungsmittel und Kostenregelungen. Dabei muss nicht jeder Vertrag zwangsläufig sämtliche dieser Regelungsarten beinhalten. So ist auch ein reiner Kostenvertrag denkbar. Regelmäßig wird aber die Verpflichtung zu Ausgleichsmaßnahmen mit der Vereinbarung weiterer Sicherungsmittel einhergehen (müssen). Inhalt ist dabei regelmäßig eine Verpflichtung des Vertragspartners der Gemeinde. Die Pflichten der Gemeinde wiederum stehen meist im Zusammenhang mit der Schaffung von Baurecht.

I. Ausgleichsmaßnahmen

Aufgrund der (allerdings gebundenen[883]) Vertragsfreiheit ist die inhaltliche Ausgestaltung der Ausgleichsmaßnahmen im Prinzip unbegrenzt. Je nach Einzelfall kann eine passende Lösung gefunden werden. Unter Ausgleichsmaßnahmen im weiteren Sinn kann dabei nicht nur die Herstellung und Pflege verstanden werden, sondern auch andere vertragliche Gestaltungen, die eine Kompensation bezwecken. Nachfolgend soll eine - sicher nicht abschließende - Übersicht über verschiedene Ausgestaltungsmöglichkeiten gegeben werden.

1. Herstellungs-, Pflege- und Vermeidungsmaßnahmen

Typischer Vertragsinhalt ist die Verpflichtung des Vertragspartners der Gemeinde (also in der Regel des Vorhabenträgers) zur Durchführung bestimmter naturschützender Maßnahmen. Diese kann Vorgaben über Herstellung und Pflege, aber auch zur Unterlassung beeinträchtigender Verhaltensweisen beinhal-

---

882 *Berchter*, Eingriffsregelung, S. 269 (mit Beispiel auf den S. 269 ff.).

883 Siehe soeben § 11 A. (S. 197) mit Nachweisen in Fn. 881.

ten. Welche Maßnahmen im Einzelnen notwendig sind, ergibt sich regelmäßig aus dem Umweltbericht. Diese Maßnahmen sind dann im Vertrag vollzugs- und überprüfungsfähig festzulegen, sodass die Gemeinde ihre Erfüllung klageweise durchsetzen kann.[884] Diese Festlegung kann durch Bezugnahme auf den Plan oder die zugehörigen Unterlagen oder durch Aufstellung der Leistungspflichten direkt im Vertrag erfolgen.[885] Die einzelnen Maßnahmen müssen zudem bestimmten Grundstücken zugeordnet werden.[886] Da der Ausgleich durch Verträge dem Ausgleich durch Festsetzungen gegenüber gleichwertig ist, kann dies auch durch Zuordnungsfestsetzungen im Eingriffsbebauungsplan erfolgen.[887]

Je nach Ausgestaltung ersetzen die vertraglichen Pflichten dann die ansonsten notwendigen Regelungen im Bebauungsplan. Im Gegensatz zu dessen Festsetzungen gibt es aber keinen abschließenden Katalog an möglichen Regelungen. Zudem müssen die Maßnahmen nicht zwangsläufig bodenrechtliche Relevanz aufweisen.[888] So kann der Vorhabenträger auch zu rein verhaltensbezogenen Maßnahmen (z.B. das bereits oben[889] erwähnte Aufsammeln einer seltenen Eidechsenart) verpflichtet werden. Regelungen über den exakten Zeitpunkt der Vornahme der Ausgleichsmaßnahmen sind nicht notwendig, gleichwohl aber sinnvoll. Dabei ist auch eine Verknüpfung der Ausgleichsmaßnahme mit dem Eingriff nicht zu beanstanden.[890]

2. Selbstvornahme

Kommt der Vertragspartner seiner Ausgleichspflicht nicht nach, muss die Gemeinde den Ausgleich notfalls selbst vornehmen. Ein Zugriffsrecht, welches die Selbstvornahme ermöglicht, kann sich dabei nicht erst im Rahmen der Zwangsvollstreckung ergeben, sondern bereits im Vertrag selbst angelegt

---

884 *Birk*, Städtebauliche Verträge, Rn. 540.

885 *Bunzel/Coulmas/Schmidt-Eichstaedt*, Städtebauliche Verträge, S. 110.

886 *Birk*, Städtebauliche Verträge, Rn. 541.

887 *Ohms*, BauR 2000, 983 (990).

888 Zum Streit im Rahmen des § 9 Abs. 1 Nr. 20 BauGB siehe oben § 7 B. I. 1. a) aa) (2) (S. 117 ff.).

889 Siehe oben § 7 B. I. 1. a) aa) (2) und bb) (S. 117 und 118).

890 *Birk*, Städtebauliche Verträge, Rn. 542 mit Formulierungsbeispielen.

sein. Für die Ausgestaltung von öffentlich-rechtlichen Verträgen muss mangels ausdifferenzierten Vorschriften auf die Vertragstypen des BGB zurückgegriffen werden.[891] Die Herstellung und Pflege von Ausgleichsmaßnahmen stellt dabei meist eine werkvertragsähnliche Konstruktion dar, sodass sich ein Selbstvornahmerecht aus den §§ 633, 634 Nr. 2, 637 BGB i.V.m. § 62 Satz 2 VwVfG (entsprechend) ergibt.[892]

Daneben kann ein Selbstvornahmerecht auch vertraglich vereinbart werden.[893] Die Ausgestaltungsmöglichkeiten sind vielfältig. Zum einen obliegt die Durchführung von Ausgleichsmaßnahmen der Gemeinde ohne weitere Vereinbarung, wenn lediglich eine Kostentragung vereinbart wird. Daneben kann ein Selbstvornahmerecht aber auch erst bedingt, z.B. durch Fristablauf, entstehen. Die Gemeinde greift also erst ein, wenn der Vertragspartner den Ausgleich nicht innerhalb der vereinbarten Frist durchführt. Eine dritte Möglichkeit ist es, dem Vertragspartner ein Ablöserecht zuzugestehen. Grundsätzlich ist dann die Gemeinde (gegen Kostenerstattung) zur Durchführung des Ausgleichs verpflichtet. Der Vertragspartner kann aber den Ausgleich selbst anstelle der Gemeinde (und so gegebenenfalls für ihn günstiger) fristgerecht anzeigen und durchführen. Keine dieser Varianten begegnet besonderen Bedenken. Denn wenn sowohl eine Ausgleichspflicht des Vertragspartners als auch eine Durchführung durch die Gemeinde gestattet ist, müssen auch Ausführungsmodalitäten zwischen diesen beiden „Extrempositionen" zulässig sein. Da hier lediglich schuldrechtliche Pflichten vereinbart werden, bedarf es wiederum einer dinglichen Zugriffssicherung.

3. Vergleichsverträge

Im Rahmen des Vertragsnaturschutzes häufig sinnvolle[894] Vergleichsverträge gem. § 55 VwVfG kommen beim naturschutz-

---

891 *Grziwotz*, Vertragsgestaltung, Rn. 180.

892 *Birk*, VBlBW 2016, 89 (90); *ders.* Städtebauliche Verträge, Rn. 87 und 326 f. (allerdings für den Erschließungsvertrag). Ebenso für die Verpflichtung einer Ökoagentur zur Funktionssicherung und Pflege: *Diederichsen*, NuR 2010, 843 (847); hierzu auch: *Grziwotz*, Vertragsgestaltung, Rn. 174.

893 *Grziwotz*, Vertragsgestaltung, Rn. 174.

894 Hierzu: *Frenz*, NuR 2011, 257 (260).

rechtlichen Ausgleich in der Bauleitplanung weniger in Betracht. Diese dienen nämlich der Beseitigung einer tatsächlichen oder rechtlichen Unsicherheit, insbesondere, wenn z.B. nicht klar ist, inwieweit der Vertragspartner zu bestimmten Maßnahmen verpflichtet ist. In der Bauleitplanung muss der Sachverhalt, insbesondere die Belange von Umwelt, Natur und Landschaft, jedoch umfassend ermittelt werden. Die Parteien können sich nicht über das Niveau des Eingriffs und den notwendigen Grad an Kompensation verständigen. Der Eingriff ist im Rahmen des Planungsverfahrens pflichtgemäß zu bestimmen, die Kompensation richtet sich wiederum nach dem ermittelten Eingriff.

4. Ökokonten

Auch Ökokonten können grundsätzlich durch (städtebauliche) Verträge geregelt werden. Das Ökokonto muss dabei nicht zwangsläufig von der Gemeinde selbst geführt werden[895], dessen Führung kann auch auf einen anderen Inhaber übertragen werden.[896] Als Inhaber kommen gemeindliche Unternehmen, private Dritte oder - auf interkommunaler Ebene - Arbeitsgemeinschaften in Betracht.[897] Zugleich stellt sich die Frage, inwieweit (über vertragliche Regelungen) auf ein durch einen Dritten angelegtes Ökokonto zurückgegriffen werden kann. Dagegen spricht, dass auch in der Bauleitplanung das Verursacherprinzip gilt, grundsätzlich also der verursachende Vorhabenträger die Kompensation durchführen muss.[898] Dieser ist aber nur für den Ausgleich verantwortlich, das Verursacherprinzip verlangt nicht auch eine *persönliche* Durchführung des Ausgleichs. Er kann also auch auf eine durch einen Dritten als Ökokonto aufgewertete und noch nicht verwendete Fläche zurückgreifen. Für den Erfolg des Ausgleichs durch diesen Zugriff ist er dann verantwortlich, nicht aber der Dritte.

Im Idealfall ist die Gemeinde selbst Eigentümerin der für das Ökokonto genutzten Flächen. Dies wird sich aber nicht immer

---

895 *Wolf*, NuR 2004, 6 (11); *Oloff*, Ökokonto, S. 310; vgl. *Bunzel*, NuR 2004, 15 (19).

896 *Oloff*, Ökokonto, S. 97; vgl. *Diederichsen*, NuR 2010, 843.

897 *Oloff*, Ökokonto, S. 311; zur Kompensationsleistung als Dienstleistung schon *Bunzel*, NuR 2004, 15 (19).

898 Hierzu: *Schink/Matthes-Bredelin*, ZfBR 2001, 155 (158).

realisieren lassen, sodass auch Grundstücke im Eigentum Dritter genutzt werden müssen.[899] Hier bedarf es vertraglicher Vereinbarungen.[900] Hoheitliche Maßnahmen sind nämlich nicht geeignet, um Flächen für das Ökokonto zu beschaffen, da sie sich nicht durch den Zweck des Ökosparkontos rechtfertigen lassen. Dieser zielt nämlich lediglich darauf ab, kommunales Eigentum für ein Kompensationsguthaben bereitzustellen, dessen Verwendung noch nicht endgültig feststeht.[901] Er geht damit über die allgemeinen Belange der §§ 1 Abs. 6 Nr. 7a, 1a Abs. 3 Satz 1 BauGB nicht hinaus und genügt deshalb nicht zur Rechtfertigung, den Bodenvorrat für ein Ökokonto zu vergrößern.[902] Auch das Wohl der Allgemeinheit erfordert keine hoheitlichen Maßnahmen.[903] Auch im Bereich der Ökokontierung haben Ausgleichsverträge damit einen erheblichen Anwendungsbereich.

Dabei kommt eine Vielzahl von Beteiligten in Betracht: Die Gemeinde, eine Nachbargemeinde, der „Inhaber" des Ökokontos, der Vorhabenträger und weitere Dritte - ein mehrseitiger Vertrag ist ohne Weiteres denkbar. Die inhaltliche Ausgestaltung[904] ist ebenso vielgestaltig. Der Vertrag muss zum einen Regelungen zur Bevorratung beinhalten. Diese umfassen den Zugriff auf die Ausgleichsgrundstücke. Es bedarf also einer Verpflichtung des Inhabers zur Bereithaltung für die Eingriffskompensation bzw. einer Vereinbarung, dass die durchgeführten Maßnahmen als Ausgleichsmaßnahmen zur Verfügung stehen[905]. Etwaige Fremdeigentümer sind miteinzubeziehen. Notwendig sind überdies Vereinbarungen über die Bewertung der Ausgleichsflächen und die Dokumentation der durchgeführten Maßnahmen. Problematisch ist darüber hinaus die Absicherung, dass die Gemeinde das Ökokonto für einen Ausgleich tatsächlich nutzt, da diesbezüglich kein Anspruch des

[899] Vgl. die Ansicht von *Schäfer*, laut: *Finke*, NuR 2001, 32 (33) zu Flächenpools.

[900] *Oloff*, Ökokonto, S. 198.

[901] *Oloff*, Ökokonto, S. 195, 314.

[902] *Oloff*, Ökokonto, S. 163 ff.

[903] *Oloff*, Ökokonto, S. 185 ff.

[904] Zu dieser: *Oloff*, Ökokonto, S. 98 ff.

[905] *Louis*, NuR 2004, 714 (718).

Inhabers besteht.[906] Eine Vereinbarung, nach welcher die Geeignetheit und Nutzung einer potenziellen Kompensation im Vorfeld verbindlich festgelegt wird, ist unzulässig, da der Eingriff zu diesem Zeitpunkt noch überhaupt nicht feststeht und das Ökokonto gerade dem Zweck dient, Kompensationen *unabhängig* vom späteren Eingriff zu sammeln.[907] Im Übrigen würde eine derartige verbindliche Festlegung dem Abwägungsgebot des § 1 Abs. 7 BauGB widersprechen. Vereinbart werden kann deshalb allenfalls die Pflicht der Gemeinde bei konkretem Kompensationsbedarf zunächst die Eignung des Ökokontos zu überprüfen, obgleich das Risiko der Verwertbarkeit hierdurch nicht völlig aufgehoben wird.[908]

Auch beim vertraglichen Ökokonto besteht das Risiko einer Unterbrechung des Zugriffs, sodass es ebenfalls besonderer Vorkehrungen bedarf.[909] Bei vor dem Ausgleich liegenden Abreden zwischen dem Kontoführenden oder -inhaber und dem Eigentümer einer Ausgleichsfläche genügen jedoch zunächst schuldrechtliche Vereinbarungen. Auf dem Ökokonto werden die Flächen zunächst ausschließlich für eine *potenzielle* Kompensation gesammelt, über deren Eignung zum Ausgleich bestimmter Eingriffe aber noch nicht entschieden ist. Solange das Planungsstadium des § 1a Abs. 3 BauGB noch nicht erreicht ist und deshalb auch noch keine konkrete Ausgleichsentscheidung gefällt werden muss, besteht eine wesentliche Unsicherheit dahingehend, ob die Ausgleichsfläche überhaupt benötigt wird. In diesem Stadium ist eine weitere Sicherung über die schuldrechtliche Verpflichtung somit nicht zwingend erforderlich.[910] Soll die angesparte Fläche aber schließlich für den Ausgleich verwendet werden, muss die ausreichende Sicherung zum maßgeblichen Zeitpunkt[911] bestehen.

---

906 *Britz*, UPR 1999, 205 (207).

907 *Britz*, UPR 1999, 205 (208).

908 *Oloff*, Ökokonto, S. 100 ff.

909 So auch *Oloff*, Ökokonto, S. 198, die dann auf S. 315 als Sicherungsmittel den Pachtvertrag und den Nießbrauch vorschlägt. Eine planerische Sicherung des Ökokontos durch Darstellungen und Festsetzungen in Bauleitplänen ist wiederum nicht erforderlich (*Oloff*, Ökokonto, S. 214 ff., 315).

910 So auch: *Busse/Dirnberger/Pröbstl/Schmidt*, Eingriffsregelung, S. 140.

911 Siehe oben § 8 B. (S. 145 ff.).

II. Sicherungsmaßnahmen

Inhalt eines Vertrags kann bzw. muss neben Anordnung und Bestimmung der Ausgleichsmaßnahmen auch eine zusätzliche Sicherung dieser geplanten Maßnahmen sein. Eine Überprüfung der in Frage kommenden Sicherungsmittel erfolgt im Einzelnen in den §§ 13 (S. 235 ff.) und 14 (S. 264 ff.).

1. Zugriffssicherung durch Flächenbeschaffung

Die Zugriffsicherung erfolgt durch Flächenbeschaffung. Neben hoheitlichen Instrumenten kann diese insbesondere auch durch Verträge vorgenommen werden. Ausgehend von dem hier weit angelegten Begriff der Flächenbeschaffung (bzw. Flächenbereitstellung) kommen neben Kaufverträgen auch Pachtverträge und sogar dingliche Rechte in Betracht. Auch letztere entstehen durch (dingliches) Rechtsgeschäft und aufgrund einer vertraglichen Verpflichtung. Angesichts der Bedeutung des Flächenzugriffs wird die Beschaffung der Flächen deshalb immer dann Bestandteil des Ausgleichs durch Verträge oder sonstige geeignete Maßnahmen sein, wenn diese nicht schon bereits im Eigentum der Gemeinde stehen.

2. Ausführungs- und Kostensicherung

Auch die tatsächliche Ausführung und das Kostenrisiko können abgesichert werden. Insbesondere wenn der Ausgleich durch einen Privaten erfolgen soll, bieten sich vertragliche Ausgestaltungen an, mit denen dieser zur Ausführung der Maßnahmen „motiviert" wird. In Betracht kommen hierzu schuldrechtliche Vereinbarungen, die den Vertragspartner zu einem bestimmten Verhalten zwingen (z.B. Rechtsnachfolgeverpflichtung mit Vertragsstrafe). Das finanzielle Risiko der Gemeinde kann z.B. durch Grundpfandrechte oder Bürgschaften abgesichert werden. Die Gemeinde kann eine Sicherung nur verlangen, wenn ein öffentliches Interesse betroffen ist. Dies trifft auf die Durchführung von Ausgleichsmaßnahmen, die ja dem Natur- und Landschaftsschutz dienen, zweifelsohne zu, sodass die Sicherung von Maßnahmen nach § 1a Abs. 3, die auf den Vorhabenträger übertragen wurden, vorbehaltlos zulässig ist.[912]

Wie oben angesprochen kann die Verwendung solcher „Motivatoren" praktisch sinnvoll sein. Aus städtebaulicher bzw. naturschutzrechtlicher Perspektive notwendig sind sie wegen der bereits durchsetzbaren vertraglichen Verpflichtungen allerdings nicht. In rein praktischer Hinsicht ist daneben aber eine effektive Vollzugskontrolle durch Monitoring notwendig.[913]

III. Kostenregelungen

Aus wirtschaftlicher Perspektive ist für die Gemeinde die Kostentragung durch den Vorhabenträger relevant. Diese ist nicht nur vor dem Hintergrund tendenziell leerer Gemeindekassen[914] von hoher Bedeutung, sondern entspricht auch dem gesetzlichen Gedanken des Verursacherprinzips. Wird die Ausgleichsmaßnahme durch den Vorhabenträger durchgeführt, trägt dieser grundsätzlich die dafür notwendigen Kosten. Hierzu bedarf es nur bei Abweichungen einer ausdrücklichen vertraglichen Regelung. Die Aufnahme einer entsprechenden Klarstellung („auf eigene Kosten") im Vertrag kann aber sinnvoll sein.

Führt hingegen die Gemeinde den Ausgleich durch, kann sie den Vorhabenträger durch Vertrag zur Kostentragung verpflichten. In diesem Fall ist die Nennung der geplanten Maßnahmen im Kostenvertrag oder zumindest eine Bezugnahme notwendig, da anderenfalls der (Kosten-)Vertrag nicht hinreichend bestimmt ist. Der Vorhabenträger muss wissen, für welche Maßnahmen er die Kosten übernimmt, anderenfalls kann er diese nicht kalkulieren. Aus dem Vertrag muss sich also ergeben, welche Maßnahmen zum Ausgleich vorgesehen sind. Hierbei kommen insbesondere die Übernahme der Kosten für Planung, Erwerb, Freilegung und natürlich für die ökologischen Maßnahmen selbst in Betracht.[915] Inhalt und Sicherung

---

912 *Chatziathanasiou/Towfigh*, DVBl. 2013, 84 (90), für die Bürgschaft.

913 *Burmeister*, Städtebauliche Verträge, Rn. 122.

914 Zur defizitären Finanzsituation siehe etwa den Kommunalen Finanzreport 2013 der Bertelsmann Stiftung, S. 57.

915 *Busse*, KommJur 2009, 241 (247 f.).

der Kostenverträge werden ausführlich im sogleich folgenden § 12 (S. 220 ff.) behandelt.

B. Gegenleistung und Bedingung

Häufig obliegt es beim Ausgleichsvertrag der Gemeinde, dem Vorhabenträger die Verwirklichung seines Projekts durch Schaffung von Baurechten zu ermöglichen. Das von der Gemeinde zu schaffende Baurecht ist dabei rechtlich aber nicht als Gegenleistung gegenüber der Leistung ihres Vertragspartners einzuordnen.[916] Eine (vertragliche) Verpflichtung zum Erlass oder der Änderung eines Bebauungsplans (Normsetzungsvertrag) ist gem. § 1 Abs. 3 Satz 2 BauGB ausgeschlossen.[917] Auch über das Instrumentarium der Zusicherung gem. § 38 VwVfG kann eine Pflicht zur Schaffung von Baurecht nicht erreicht werden.[918] Nichtsdestotrotz geht es in städtebaulichen Verträgen regelmäßig gerade um die Schaffung von Planungsrecht.[919] Ein Gegenseitigkeitsverhältnis i.S.d. § 320 ff. BGB besteht aber lediglich dann, wenn sich jede Partei nur deshalb verpflichtet, weil und damit es die andere auch tut.[920] Nachdem die Gemeinde sich hinsichtlich ihres Primäranspruchs (Aufstellung eines Bebauungsplans) aber nicht verpflichten *kann*, besteht kein reines Gegenseitigkeitsverhältnis.[921]

Häufig bestehen zwar zusätzliche Leistungspflichten der Gemeinde außerhalb des Planungsrechts, wie z.B. Informationspflichten. Auch diese Gegenleistungen stehen aber nicht in einem Synallagma zur Ausgleichsleistung. Der Vorhabenträger schließt den Vertrag nicht ab, um Informationsansprüche zu erhalten oder ein Bauleitplanverfahren lediglich einzuleiten. Diese Inhalte stellen bloße Nebenpflichten dar, die nicht in einer gegenseitigen Zweckbindung stehen.

---

916 *Burmeister*, Städtebauliche Verträge, Rn. 6.

917 Gleiches gilt schon für die Verpflichtung zur Durchführung eines Bauleitplanverfahrens (VGH BW, Urt. v. 15.12.1994 - 5 S 870/93, LS 2 und juris Rn. 40).

918 *Haentjens*, LKV 2011, 17 (18).

919 *Bick*, DVBl. 2001, 154 (156).

920 *Medicus/Petersen*, Bürgerliches Recht, Rn. 213.

921 *Birk*, Städtebauliche Verträge, Rn. 61; *Stüer/König*, ZfBR 2000, 528 (532) sprechen von einem „hinkenden Synallagma".

Der Ausgleichsvertrag ist aber auch nicht als rein einseitig verpflichtender Vertrag einzuordnen, da eine solche Konstruktion weder dem Willen der Parteien noch den tatsächlichen Verpflichtungen der Gemeinde entspricht.[922] Der vertraglichen Leistung des Vorhabenträgers liegt vielmehr die Erwartung zugrunde, dass ein entsprechendes Baurecht entsteht. In der Praxis wird deshalb die Schaffung eines solchen Rechts regelmäßig - auch ohne ausdrückliche Vereinbarung - als (konkludente) Wirksamkeitsvoraussetzung in Form einer Bedingung i.S.d. § 358 BGB angesehen.[923] Der gegenseitige Austauschvertrag setzt aber nicht zwangsläufig eine synallagmatische Verknüpfung i.S.d. §§ 320 ff. BGB voraus; es genügt auch eine konditionale oder kausale Verbindung.[924] Demnach handelt es sich bei städtebaulichen Verträgen regelmäßig um bedingte gegenseitige Verträge: Die Schaffung von Planungsrecht ist Bedingung des ansonsten gegenseitigen Vertrags.[925] Aufgrund dieser aufschiebenden Bedingung wird der Ausgleichsvertrag erst dann wirksam, wenn der zugehörige Bebauungsplan in Kraft tritt. Das Risiko fehlgehender Aufwendungen, wenn der Bebauungsplan nicht in Kraft tritt, trägt dabei meist der Investor.

Derartige Verträge, welche den Zweck haben, den Hoheitsträger zu einer mit öffentlich-rechtlichen Mitteln zu bewirkenden Leistung zu veranlassen (insbesondere die Planung zu beeinflussen), werden als hinkende Austauschverträge bezeichnet und sind öffentlich-rechtlicher Natur.[926] Ist Hintergrund der Planung die bloße Sicherstellung der Planung durch Flächenbeschaffung, ohne dass der Vertragspartner die Planung der Gemeinde beeinflussen will, ist der Vertrag hingegen als zivilrechtlich zu qualifizieren.[927]

---

922 *Birk*, Städtebauliche Verträge, Rn. 62.

923 *Burmeister*, Städtebauliche Verträge, Rn. 6.

924 *Grüneberg*, in: *Palandt*, BGB Einf. v. § 320 Rn. 7; *Bonk/Neumann*, in: *Stelkens/Bonk/Sachs*, VwVfG 56 Rn. 20, zu einem solchen hinkenden Austauschvertrag.

925 *Birk*, Städtebauliche Verträge, Rn. 64 ff.

926 *Ehlers/Schneider*, in: *Schoch/Schneider/Bier*, VwGO § 40 Rn. 352.

927 Siehe hierzu oben § 5 A. II. 3. c) bb) (S. 67 ff.).

C. Vertragskonstellationen

Der Ausgleichsvertrag wird immer mit der Gemeinde als Planungsträger geschlossen.[928] Hinsichtlich des Vertragspartners sind hingegen vier Varianten denkbar[929]: Der Vorhabenträger als Verursacher, der Eigentümer der Ausgleichsfläche, eine Behörde oder eine Nachbargemeinde. Die Varianten stehen dabei nicht zwangsläufig in einem Exklusivverhältnis. So kann z.B. der Vorhabenträger oder auch die Nachbargemeinde zugleich Eigentümer der Ausgleichsfläche sein.

I. Vertrag mit dem Vorhabenträger als Verursacher

Regelmäßig ist eine Vereinbarung mit dem Vorhabenträger, welchem der Eingriff zugutekommt, notwendig. Kann der Ausgleich auf einem in seinem Eigentum stehenden Grundstück (möglicherweise sogar dem Eingriffsgrundstück selbst) ausgeführt werden, kann er problemlos direkt zu konkreten Maßnahmen verpflichtet werden. Dieser Fall kommt in der Praxis jedoch eher selten vor. Grundstücke mit einem Überangebot an Platz sind Mangelware. Insbesondere bei Vorhaben im Innenbereich sind die Investoren aus Gründen der Wirtschaftlichkeit meist gezwungen, die Grundstücke vollständig zu bebauen und die vorhandenen Möglichkeiten auszureizen. Regelmäßig wird deshalb ein Ausgleich nur auf anderen Grundstücken in Betracht kommen, die dann wiederum meist nicht im Eigentum des Vorhabenträgers stehen.

II. Vertrag mit dem Inhaber der Ausgleichsfläche

Ist der Ausgleich nicht auf dem Eingriffsgrundstück möglich und stehen der Gemeinde keine eigenen Flächen zur Verfügung, muss auf Flächen im Privateigentum Dritter zurückgegriffen werden. Eine Flächenbeschaffung kann entweder hoheitlich durch Enteignung (§§ 85 ff. BauGB) oder Umlegung (§§ 45 ff. BauGB)[930] oder eben auch durch Vertrag erfolgen. Teilweise wird angenommen, dass der Vertragspartner nicht

---

928 *Birk*, Städtebauliche Verträge, Rn. 549.

929 *Ohms*, BauR 2000, 983 (986).

930 Zu diesen hoheitlichen Erwerbsformen: *Möller*, Ausgleichsflächen, S. 65 ff.

zwangsläufig auch Eigentümer des Grundstücks sein muss, sondern lediglich sichergestellt sein müsse, dass die Fläche für den Ausgleich zur Verfügung stehe.[931] Das ist dem Grundgedanken nach richtig, jedoch kann die notwendige Sicherstellung nur durch eine Bindung der Fläche selbst erreicht werden. Ein Vertrag lediglich mit einem (dinglich) Zugriffsberechtigten reicht nicht aus, denn dieser kann seine Zugriffsberechtigung wieder verlieren. Eine effektive Sicherung besteht nur bei einem direkten und nicht von einem Dritten abgeleiteten Zugriffsrecht der Gemeinde. Dafür ist aber ein Vertrag mit dem Eigentümer der Fläche notwendig. Das Grundstück kann diesem dann entweder abgekauft, von diesem gepachtet und/oder mit einem dinglichen Recht gesichert werden. Der Eigentümer kann sich grundsätzlich auch verpflichten, die Ausgleichsmaßnahmen - gegen entsprechende Entschädigung - selbst durchzuführen.

Gegebenenfalls ist die betroffene Fläche bereits im Bebauungsplan mit Festsetzungen versehen, welche in Verbindung mit einem naturschutzrechtlichen Ausgleich stehen (z.B. Festsetzung als Grünfläche). Zumindest kann aber eine solche drohen, wenn der Ausgleich nicht auf andere Art und Weise geregelt werden kann. Da die Inanspruchnahme einer Fläche für Ausgleichsmaßnahmen aber regelmäßig einen nicht unerheblichen Wertverlust nach sich zieht, hat die Gemeinde häufig eine günstige Verhandlungsposition. Dies ist bei der Zulässigkeit des Vertragsinhalts zu berücksichtigen: Der Vertrag darf den Eigentümer nicht ungerechtfertigt benachteiligen und muss insbesondere *angemessen* sein. Die Gemeinde darf ihre Machtstellung nicht ausnutzen um einen Privaten zum Abschluss eines Vertrags zu zwingen.

III. Vertrag mit einer Behörde

Ausgleichsverträge können auch mit einer Behörde geschlossen werden[932], wobei sich als Vertragspartner regelmäßig die Naturschutzbehörde anbietet, gegenüber der sich die Gemeinde zu bestimmten Maßnahmen verpflichtet. Ein solcher Vertrag kann

---

931 So: *Bunzel/Reitzig*, DÖV 1998, 995 (999).

932 *Burmeister*, Städtebauliche Verträge, Rn. 122; *Louis/Wolf*, NuR 2002, 455 (464); BVerwG, Beschl. v. 18.11.1997 - 4 BN 26/97, juris OS 2 und Rn. 9 = ZfBR 1998, 158.

als sonstige geeignete Maßnahmen i.S.d. § 1a Abs. 3 Satz 4 Var. 2 BauGB sinnvoll sein, um das erforderliche Mindestmaß an rechtlicher Bindung - insbesondere bei Fehlen eines weiteren geeigneten Vertragspartners - zu erreichen. Praktisch bedeutet ein solcher Vertrag vor allem eine erhöhte Rechtssicherheit für die planende Gemeinde. Im Übrigen trägt sie dem Erfordernis eines aktiv-kooperativen Zusammenwirkens der verschiedenen Kompetenzträger[933] Rechnung.

IV. Vertrag mit einer Nachbargemeinde

Ein Ausgleich kann auch auf einer Fläche außerhalb des Gemeindegebiets erfolgen. Da der „Eingriffsgemeinde" in diesem Bereich keine Hoheitsbefugnis mehr zukommt, verbleibt ihr nur noch die Möglichkeit des Abschlusses eines Vertrags mit der Gemeinde, in deren Gebiet der Ausgleich stattfinden soll.[934] Letztere muss sich dazu verpflichten, die Fläche nicht selbst zu überplanen, für Ausgleichsmaßnahmen zu nutzen oder generell widersprechende Nutzungen nicht zuzulassen.[935] Es stellt sich allerdings die Frage, weshalb die Nachbargemeinde ihr Gebiet überhaupt zur Verfügung stellen sollte.[936] Regelmäßig wird die „Eingriffsgemeinde" durch die Baugebietsausweisung vermehrte Steuereinnahmen haben, die „Ausgleichsgemeinde" erleidet durch den Verlust von Bauland jedoch lediglich Nachteile. Dies muss durch eine entsprechende Gegenleistung der „Eingriffsgemeinde" ausgeglichen werden. Denkbar sind hier als simpelster Fall einmalige oder wiederkehrende Ausgleichszahlungen. Voraussetzung für sämtliches interkommunales Vorgehen ist daneben die Bereitschaft zu einer (intensiven) Abstimmung. Hier kommt auch die vertragliche Vereinbarung einer kommunalen Arbeitsgemeinschaft in Betracht.[937] In Verbindung mit der zeitlichen Flexibilisierung sind zudem interkommunale Flächenpools denkbar.[938]

---

933 Zu diesem: *Brohm*, in: *Erbguth*, FS Hoppe, S. 511 (515 f.).

934 *Bunzel/Reitzig*, DÖV 1998, 995 (997). Dies gilt auch in Bezug auf Folgekostenverträge: *Ohms*, BauR 2000, 983 (985).

935 *Köck*, NuR 2004, 1 (4); *Birk*, Städtebauliche Verträge, Rn. 541, 551.

936 So auch: *Schmidt*, NVwZ 1998, 337 (339).

937 *Bunzel/Reitzig*, DÖV 1998, 995 (1003).

938 Hierzu: *Wolf*, NuR 2004, 6 (11) m.w.N.

Teilweise wird vertreten, dass ein Vertrag mit der Nachbargemeinde für die Sicherung des Ausgleichs nicht ausreicht.[939] Ein solcher Vertrag sei wegen eines Verstoßes gegen § 1 Abs. 3 BauGB[940] sogar nichtig, da sich die Nachbargemeinde nicht zum Erlass oder Beibehalten bestimmter Festsetzungen verpflichten dürfe. In Betracht komme deshalb lediglich ein gemeinsamer Flächennutzungsplan sowie eine Vereinbarung gem. § 204 Abs. 1 Satz 4 BauGB. Diese Argumentation greift aber zu kurz. Durch den Vertrag über einen Ausgleich auf eigenem Gemeindegebiet schließt die Gemeinde den Erlass von Festsetzungen zwar zunächst aus. Dies nimmt ihr aber nicht die Möglichkeit einer abweichenden Planung. Ebenso besteht bei der Nachbargemeinde nach wie vor das Recht, ihr Gebiet zu überplanen, der Vertrag nimmt ihr dieses Recht nicht und zielt auch nicht darauf ab. Vielmehr muss die Nachbargemeinde bei Überplanung der Ausgleichsflächen auf die Eingriffsgemeinde lediglich Rücksicht nehmen und sich mit dieser absprechen, wobei das Risiko des Fehlgehens des Ausgleichs aber letztendlich auf Seiten der Eingriffsgemeinde liegt. Der Vertrag führt nicht zu einem Planungsverbot, sondern - wie es in seiner Natur liegt - zu einer Abstimmungspflicht. Anderenfalls würde dessen Anwendungsmöglichkeit unnötigerweise eingeschränkt werden.

Fraglich ist zudem, wie weit solche interkommunalen Verträge in räumlicher Hinsicht reichen dürfen: Kann nur die unmittelbar angrenzende Nachbargemeinde oder eine Gemeinde des gesamtes Landes- oder sogar Bundesgebiets Vertragspartner sein? Dies bestimmt sich durch § 200a Satz 2 BauGB. Nach diesem ist ein unmittelbarer räumlicher Zusammenhang zwischen Eingriff und Ausgleich nicht erforderlich, „soweit dies mit [...] den Zielen [...] des Naturschutzes und der Landschaftspflege vereinbar ist". Bei einer Ausgleichsmaßnahme, die mehrere hundert Kilometer vom Eingriffsort entfernt durchgeführt wird, ist dies regelmäßig nicht mehr der Fall. Zwar ist es auch aus naturschutzfachlicher Perspektive häufig sinnvoller und effizienter, Ausgleichsmaßnahmen an anderer Stelle durchzuführen. Es kommt aber gerade nicht auf den nötigen Aufwand, sondern auf den Einfluss auf die Umgebung

939 So: *Brohm*, in: *Erbguth*, FS Hoppe, S. 511 (526 f).

940 Damals noch § 2 Abs. 3 BNatSchG.

an (räumlich-funktionaler Zusammenhang). Entscheidend ist deshalb nicht, dass an einem weit entfernten Ort *mehr* für die Natur getan werden kann. Der Ausgleich erfordert dies schon gar nicht. Die Kompensation zielt auf Wiederherstellung, nicht aber auf Verbesserung der naturschutzrechtlichen Belange ab. Der Ausgleich an anderer Stelle kann also nur zum Ziel haben, dass *geringere Maßnahmen* notwendig sind, nicht aber, dass insgesamt ein höheres Niveau erreicht wird. Die bloße *Vermeidung* von Aufwand allein genügt aber nicht für die städtebauliche Rechtfertigung i.S.d. § 200a Satz 2 BauGB. Demgegenüber bedarf es eines räumlich-funktionalen Zusammenhangs, welcher im Bereich des Ausgleichs in der Bauleitplanung aber gelockert ist.[941] Ausgangspunkt des Ausgleichs ist das naturschutzrechtliche Gefüge am Eingriffsort. Je weiter die Ausgleichsmaßnahme von diesem entfernt ist, desto weniger wirkt sie regelmäßig auf diesen zurück und desto weniger ist sie für einen Ausgleich geeignet.

Demnach kann nicht beliebig im gesamten Bundesgebiet auf Ausgleichsflächen zurückgegriffen werden. Auch das Landesgebiet kann nicht pauschal als Grenze genommen werden. Demgegenüber muss die Reichweite des Ausgleichs aber nicht starr auf die angrenzenden Gemeinden beschränkt werden. Vielmehr kann die Reichweite nur im jeweiligen Einzelfall anhand der Region unter ihrer natürlichen Ausprägung bestimmt werden. Während es z.B. bei mehreren Gemeinden, die sich alle im Gebiet eines Waldes befinden, sinnvoll ist, auf diesen bezogene Ausgleichsmaßnahmen interkommunal gebündelt zu regeln, kann dies bei angrenzenden Gemeinden unzulässig sein, wenn die Maßnahmendurchführung im fremden Gemeindegebiet als nicht sinnvoll erscheint. Tendenziell wird aufgrund des räumlichen Zusammenhangs bei angrenzenden Gemeinden ein interkommunaler Ausgleich aber städtebaulich vertretbar sein.

Die Möglichkeit, Flächen außerhalb des Gemeindegebiets vertraglich heranzuziehen, schließt weiterführend das Argument aus, auf dem eigenen Gemeindegebiet stünden keine Ausgleichsflächen zur Verfügung.[942] Dem könnte zwar entgegengehalten werden, dass außerhalb des Gemeindegebiets auch

---

941 Siehe hierzu oben § 4 A. II. 1. (S. 44 f.).

942 So *Ohms*, BauR 2000, 983 (985).

Ausgleichs*festsetzungen* nicht möglich sind. Dies überzeugt aber nicht. Zum einen besteht für die Gemeinde die Möglichkeit, den Ausgleich in Absprache mit der Nachbargemeinde durch Eingriffs- und Ausgleichsbebauungspläne oder einen gemeinsamen Flächennutzungsplan auch außerhalb ihres eigenen Gebiets festzusetzen.[943] Des Weiteren kann es auch auf dem eigenen Gemeindegebiet zu Fällen kommen, in denen über Festsetzungen der Ausgleich nicht erreicht werden kann. Dies gestattet es der Gemeinde aber nicht, auf eine Kompensation zu verzichten. Für ebendiese Fälle besteht nämlich die vertragliche Alternative. Diese ist zwar funktionales Äquivalent der Festsetzungen, von deren potenzieller Einsetzbarkeit aber nicht abhängig. § 1a Abs. 3 Satz 4 BauGB erweitert das Instrumentarium der Gemeinde nicht nur in Fällen, in denen auch Festsetzungen zum gewünschten Ausgleichsziel führen, sondern gerade über diese Fälle hinaus. Insofern erschwert diese Handlungsvielfalt aber gegebenenfalls ein „Wegwägen" der Belange des Natur- und Landschaftsschutzes.

V. Mehrparteienkonstellationen

Vertragliche Regelungen sind nicht nur als Zwei-Personen-Verhältnis möglich, vielmehr können beliebig viele Personen als Vertragspartei miteinbezogen werden. In Betracht kommt z.B. ein dreiseitiger Vertrag zwischen dem Vorhabenträger, dem Eigentümer der Ausgleichsfläche und der Gemeinde.[944] Dies hat den Vorteil, dass innerhalb des Vertrags auch die Rechte und Pflichten der beiden Privaten untereinander mitgeregelt werden können. Auch kann sich der Dritte gegenüber dem Vorhabenträger zur Durchführung des Ausgleichs verpflichten.[945] Der Vorhabenträger muss jedoch wiederum der Gemeinde gegenüber verpflichtet sein. Anderenfalls hätte diese keinen durchsetzbaren Anspruch auf Durchführung des Ausgleichs.

---

943 *Bunzel/Reitzig*, DÖV 1998, 995 (999 ff.).

944 So auch: *Bunzel/Coulmas/Schmidt-Eichstaedt*, Städtebauliche Verträge, S. 108.

945 Vgl. *Wolf*, NuR 2004, 6 (9), zum Fall eines Vertrags mit einem Landwirt, welcher eine „Extensivierung der Nutzung" gegen Entgelt zum Inhalt hat. Zur Thematik auch: *Bunzel*, NuR 2004, 15 (19).

Inwieweit sich solche dreiseitigen Verträge in der Praxis behaupten, dürfte indes fraglich sein. Häufig wird es für die Gemeinde ein wesentlich höherer Aufwand sein, zwei verschiedene Vertragspartner an einen Tisch zu bringen, weshalb die Abwicklung in zwei getrennten Vertragsverhältnissen gegebenenfalls schneller und effizienter ist. Ein dreiseitiger Vertrag ist dabei auch nicht zwingend, da sämtliche Rechte und Pflichten auch durch mehrere Verträge geregelt werden können. Ein einziger Vertrag kann allerdings sich widersprechenden Vereinbarungen entgegenwirken. Letztendlich hängt es von den Umständen des Einzelfalls und den beteiligten Parteien ab, welcher Weg sich als sinnvoller erweist.

Als zusätzliche Partei neben Gemeinde, Eigentümer und Vorhabenträger kommt immer auch die Naturschutzbehörde in Betracht, wobei dies bei der Verpflichtung eines Privaten regelmäßig keinen zusätzlichen Nutzen bringt.

D. Sonstige Voraussetzungen

I. Formell

Verträge können grundsätzlich formfrei geschlossen werden. Es bedarf jedoch der Schriftform, wenn es sich um einen städtebaulichen Vertrag i.S.d. § 11 BauGB (§ 11 Abs. 3 BauGB) oder einen öffentlich-rechtlichen Vertrag (§ 57 VwVfG) handelt. Damit sind nur solche Verträge formfrei, welche rein zivilrechtlicher Natur sind und keine Frage des Städtebaurechts regeln. Beinhaltet der Vertrag ein Grundstücksgeschäft wie z.B. eine Übertragung oder Belastung, so sind die Formvorschriften der § 311b Abs. 1 Satz 1 BGB und §§ 873, 925 BGB einschlägig. Dies betrifft vor allem Flächenbeschaffungsverträge. Weiterhin sind die Anforderungen der jeweiligen Gemeindeordnung zu beachten, die häufig zumindest die Schriftform vorsehen.[946] Es wird sich deshalb kaum ein Ausgleichsvertrag finden lassen, der nicht mindestens schriftformbedürftig ist. Formwidrig geschlossene Verträge sind gem. § 125 Satz 1 BGB i.V.m. § 59 Abs. 1 VwVfG nichtig. Generell sollten sämtliche Verträge aus

---

946 Z.B. § 54 Abs. 1 GemO-BW: Verpflichtungserklärungen bedürfen der Schrift- oder elektronischen Form und sind vom Bürgermeister zu unterzeichnen.

Dokumentationsgründen und der höheren Rechtsklarheit wegen zumindest schriftlich geschlossen werden. Die Entscheidung über den Ausgleich und damit auch über den entsprechenden Ausgleichsvertrag obliegt dem Gemeinderat[947], der nach entsprechender Einbindung den Bürgermeister mit der Unterzeichnung beauftragt (vgl. § 54 Abs. 1 S. 2 GemO-BW). Dabei kann die Entscheidung über den Abschluss zunächst auf einen Ausschuss oder den Bürgermeister delegiert werden. Zwar obliegt die Entscheidung über einen Bebauungsplan als Satzung dem „Gemeinderatsvorbehalt", § 39 Abs. 2 Nr. 3 GemO-BW. Da der Gemeinderat den Ausgleichsvertrag aber im Rahmen der Abwägung beim Satzungsbeschluss berücksichtigen muss und damit „genehmigt", sind vorhergehende Ausarbeitung, Verhandlung und Abschluss durch einen Ausschuss oder den Bürgermeister unbedenklich und häufig sogar zweckdienlich.

Im Bauleitplanverfahren müssen die Verträge selbst nicht ausgelegt, sondern nur ihre wesentlichen Inhalte veröffentlicht werden.[948] Die einzelnen Kompensationsmaßnahmen müssen aber in der Planbegründung genannt werden.[949]

II. Inhaltlich

Der Inhalt von Ausgleichsverträgen muss hinreichend bestimmt sein. Sofern sie als städtebauliche Verträge zu qualifizieren sind, unterliegen sie zudem den Beschränkungen des § 11 Abs. 2 BauGB, welcher die Angemessenheit (§ 11 Abs. 2 Satz 1 BauGB) und das Koppelungsverbot (§ 11 Abs. 2 Satz 2 BauGB) ausdrücklich vorschreibt. Für nicht städtebauliche, öffentlich-rechtliche Subordinationsverträge ergeben sich diese Anforderungen aus dem Verhältnismäßigkeitsprinzip bzw. § 56 Abs. 1 VwVfG. Da der Großteil der Ausgleichsverträge unter eine dieser beiden Kategorien fällt, sind diese Anforderungen nahezu immer zu beachten.

---

947 Siehe hierzu oben § 4 A. I. 3. a) aa) (S. 37).

948 *Reidt*, UPR 2008, 410 (413); vgl. BVerwG, Urt. v. 18.09.2003 - 4 CN 3/02, juris Rn. 24 = BVerwGE 119, 45 (53).

949 *Reidt*, UPR 2008, 410 (413).

1. Bestimmtheit

Verstöße gegen das Bestimmtheitserfordernis haben gravierende Folgen: Zu unbestimmte Verträge können nicht durchgesetzt werden, sodass der Vertrag nicht zur Regelung des Ausgleichs geeignet ist. Das Bestimmtheitserfordernis ist deshalb vor allem in Bezug auf die durchzuführenden Kompensationsmaßnahmen zu beachten. Dabei ist grundsätzlich auch ein Verweis auf detaillierte Pläne möglich.[950]

2. Angemessenheit

Gem. § 11 Abs. 2 Satz 1 BauGB bzw. 56 Abs. 1 Satz 2 VwVfG müssen die vereinbarten Leistungen den gesamten Umständen nach angemessen sein. Das ist dann der Fall, wenn sie den Anforderungen des Übermaßverbots bzw. Verhältnismäßigkeitsprinzips entsprechen.[951] Der wirtschaftliche Wert von Leistung und Gegenleistung muss also in einem vertretbaren Verhältnis stehen.[952] Folge eines Verstoßes gegen das Angemessenheitsgebot ist die Nichtigkeit des Vertrags, § 59 Abs. 2 Nr. 4 VwVfG.[953] Inwieweit eine vertragliche Regelung angemessen ist, obliegt dabei gerade nicht der Disposition der Parteien.[954] Im Rahmen des naturschutzrechtlichen Ausgleichs bei einem Großprojekt werden - auch in Anbetracht der einschneidenden Folge eines Verstoßes - jedoch großzügigere Maßstäbe anzulegen sein[955],

---

950 Zur Bestimmtheit siehe auch oben § 4 A. I. 3. a) bb) (S. 37 f.).

951 *Busse*, KommJur 2009, 241 (242). Die h.M. sieht in der Angemessenheit ein rein staatsgerichtetes Kriterium (siehe z.B. *Hamann*, Verwaltungsvertrag, S. 152). A.A. *Chatziathanasiou/Towfigh*, DVBl. 2013, 84 (88), die in der Angemessenheit auch ein Untermaßverbot sehen, welches es der Gemeinde verbietet, zu nachteiligen Konditionen zu kontrahieren. Eine Übersicht der unterschiedlichen Ansichten zur Angemessenheit findet sich bei *Lahnor*, Städtebauliche Verträge, S. 137 ff.

951 *Reidt*, in: *Battis/Krautzberger/Löhr*, BauGB § 11 Rn. 75.

952 *Chatziathanasiou/Towfigh*, DVBl. 2013, 84 (88); *Reidt*, in: *Battis/Krautzberger/Löhr*, BauGB § 11 Rn. 75.

953 *Chatziathanasiou/Towfigh*, DVBl. 2013, 84 (89); vgl. *Burmeister*, Städtebauliche Verträge, Rn. 58.

954 *Schmidt-Eichstaedt*, DÖV 1995, 95 (101).

955 *Hien*, in: *Berkemann u.a.*, FS Schlichter, S. 129 (137); so auch *Grziwotz*, Vertragsgestaltung, Rn. 327.

da der Ausgleich ja gerade Voraussetzung für die Schaffung des Baurechts ist und damit auch im Interesse des Vorhabenträgers liegt. Weitaus strengere Maßstäbe gelten deshalb allerdings, wenn nicht der Verursacher, sondern ein Dritter (z.B. der Eigentümer des Ausgleichsgrundstücks) zu einer Leistung verpflichtet wird. In der Praxis führen diese Unsicherheiten aber zu einem starken Bedürfnis nach kautelarjuristischer Absicherung.[956]

3. Koppelungsverbot

Dieses besteht sowohl bei einem öffentlich-rechtlichen als auch bei einem zivilrechtlichen Vertrag.[957] Ein Verstoß führt zur Nichtigkeit.[958] Das Koppelungsverbot hat zweierlei Ausprägung: Zum einen gebietet es, dass die Leistung des Privaten im sachlichen Zusammenhang mit der vertraglichen Leistung der Gemeinde stehen muss.[959] Da die Ausgleichsmaßnahme ja gerade Voraussetzung für die Schaffung des Bebauungsplans ist, bestehen hier keine Bedenken. Zum anderen ist die Vereinbarung einer Gegenleistung unzulässig, wenn der Vertragspartner auch ohne diese einen Anspruch auf die Leistung der Gemeinde hätte (vgl. § 11 Abs. 2 Satz 2 BauGB).[960] Dies ist bei Ausgleichsverträgen nicht der Fall. Zwar darf ein Bebauungsplan gem. § 1 Abs. 3 Satz 1 BauGB nur dann erlassen werden, wenn dieser „erforderlich" ist, also ein Bedürfnis für die Aufstellung besteht. Ein Anspruch Einzelner besteht aber nicht (vgl. § 1 Abs. 3 Satz 2 BauGB), sodass der Vertragspartner nie schon einen Anspruch auf die Schaffung des Planungsrechts haben kann. Im Übrigen verpflichtet sich die Gemeinde gerade auch nicht zur Aufstellung des Bebauungsplans. Dieser ist lediglich

---

956 *Chatziathanasiou/Towfigh*, DVBl. 2013, 84 (89); vgl. *Kemper*, Finanzwirtschaft 2002, 13 (18).

957 *Tennie*, Dingliche Rechte, S. 82; BVerwG, Urt. v. 11.02.1993 – 4 C 18/91, juris Rn. 34 = BVerwGE 92, 56 (65).

958 *Stüer*, NuR 2004, 11 (14); *Finkelnburg/Ortloff/Kment*, Öffentliches Baurecht, § 11 Rn. 12.

959 *Busse*, KommJur 2009, 241 (242); *Finkelnburg/Ortloff/Kment*, Öffentliches Baurecht, § 11 Rn. 12; BVerwG, Urt. v. 06.07.1973 – IV C 22/72, juris Rn. 24 = BVerwGE 42, 331 (338 f.).

960 *Krautzberger*, UPR 2006, 1 (2); *Busse*, KommJur 2009, 241 (242).

Geschäftsgrundlage des Vertrags.[961] Bei Ausgleichsverträgen ist ein Verstoß gegen das Koppelungsverbot daher nur schwer denkbar.

III. Rechtsfolgen fehlerhafter Verträge

Ein fehlerhafter Vertrag ist nicht in allen Fällen auch zwangsläufig nichtig. Dies ergibt sich schon daraus, dass § 59 VwVfG die Fälle der Nichtigkeit festlegt. Ein Ausgleichsvertrag ist aber insbesondere nichtig, wenn ein Verstoß gegen die Angemessenheit oder das Koppelungsverbot vorliegt.[962] Im Übrigen ist ein öffentlich-rechtlicher Vertrag gem. § 59 Abs. 1 VwVfG nichtig, wenn er nach den Vorschriften des BGB nichtig ist (z.B. Formnichtigkeit gem. § 125 BGB) oder wenn einer der Fälle des § 59 Abs. 2 VwVfG einschlägig ist. Für rein zivilrechtliche Verträge ergibt sich die Nichtigkeit aus den Vorschriften des BGB. § 59 Abs. 1 VwVfG ist nicht einschlägig, wenn sich die Parteien nicht geeinigt haben (z.B. wegen Dissens, fehlender Geschäftsfähigkeit oder Anfechtung der zugrundeliegenden Willenserklärung).[963] Der Vertrag ist dann schon überhaupt nicht zustande gekommen. Die Nichtigkeit (oder Nichtexistenz) des Vertrags hat dann regelmäßig auch die Nichtigkeit des Bebauungsplans zur Folge.[964]

Leidet der Vertrag an einem Fehler, der nicht zur Nichtigkeit führt, sondern ist er lediglich rechtswidrig, so ist er grundsätzlich zu erfüllen und stellt eine wirksame Rechtsgrundlage dar.[965] Es besteht kein Kündigungs-, Rücktritts- oder Anfechtungsrecht.[966] Grundsätzlich hat die bloße Rechtswidrigkeit eines Vertrags deshalb keine Auswirkung auf den Bebauungsplan. Dies gilt jedoch nicht, wenn der Vertrag nicht in der Lage ist, den naturschutzrechtlichen Ausgleich hinreichend zu regeln und abzusichern. Da es hier an der notwendigen Kompensation

---

961 Ausführlich oben § 11 B. (S. 206 f.).

962 Siehe soeben § 11 D. II. 2. und 3. (S. 216 und 217).

963 *Kopp/Ramsauer*, VwVfG § 59 Rn. 8a.

964 Siehe oben § 5 D. I. 2. (S. 85 ff.).

965 *Schliesky*, in: *Knack/Henneke*, VwVfG § 59 Rn. 2. Dies ist verfassungsrechtlich unbedenklich (*ders.* in: *Knack/Henneke*, VwVfG § 59 Rn. 4 ff.; *Kopp/Ramsauer*, VwVfG § 59 Rn. 2).

966 *Bonk/Neumann*, in: *Stelkens/Bonk/Sachs*, VwVfG § 59 Rn. 10.

fehlt, hat eine fehlerhafte Regelung des Ausgleichs die Nichtigkeit des Bebauungsplans zur Folge.[967] Insofern ist die Nichtigkeit des Ausgleichsvertrags hinreichende, aber nicht notwendige Voraussetzung für die Nichtigkeit des Bebauungsplans.

967 Siehe oben § 5 D. I. 2. (S. 85 ff.).

§ 12 Kosten des Ausgleichs

Aufgrund der Kostenintensivität eines planerischen Ausgleichs[968] ist aus Perspektive der Gemeinde regelmäßig bedeutsam, wer letztendlich die entstehenden Kosten trägt. Grundsätzlich gilt, dass die Gemeinde bei einem Bauvorhaben entstehende Aufwendungen für die kommunale Infrastruktur aus eigenen Einnahmen bestreiten muss.[969] Entsteht einem Einzelnen aber ein Sondervorteil, so kann dies z.B. die gesonderte Erhebung von Erschließungsbeiträgen rechtfertigen.[970] Auch bei Ausgleichsverträgen entsteht dem Vertragspartner regelmäßig ein solcher Vorteil. Durch den Bebauungsplan werden ihm Baurechte geschaffen und dadurch sein Bauvorhaben ermöglicht. Zudem ist beim naturschutzrechtlichen Ausgleich grundsätzlich der Verursacher für die Kompensation, d.h. auch die Kostentragung[971], verantwortlich. Dementsprechend ordnen § 135a Abs. 1 und Abs. 2 Satz 1 BauGB die Kostentragungspflicht des Verursachers implizit bzw. ausdrücklich an.

Nachfolgend soll die Refinanzierung nach den gesetzlichen Vorschriften sowie die vertragliche Kostenerstattung und deren Absicherung erörtert werden.

A. Rechtsgrundlage und Inhalt der Kostenerstattung

Die Kostenerstattung kann – je nachdem wie der Ausgleich geregelt wird – auf eine gesetzliche oder eine vertragliche Rechtsgrundlage gestützt werden. Dies hängt insbesondere davon ab, ob der Ausgleich selbst durch Festsetzungen oder durch Vertrag erfolgt.

Fraglich ist dabei, inwieweit der Umfang der Kostenübernahme durch einen Vorhabenträger öffentlich gemacht werden muss. Die Frage ob bauleitplanerische (Ausgleichs-) Maßnah-

---

968 Die Kosten umfassen unter anderem Planung, Flächenbeschaffung, Herstellung und Pflege von Ausgleichsmaßnahmen sowie anschließendes Monitoring. Siehe auch unten § 12 A. III. 2. (S. 229 ff.).

969 *Busse*, KommJur 2009, 241 (244).

970 *Grziwotz*, KommJur 2009, 293 (294).

971 *Stüer*, NuR 2004, 11 (15); vgl. *Bunzel*, NuR 2004, 15 (16).

men finanziell abgesichert sind, sodass diese in absehbarer Zeit ins Werk gesetzt werden können, ist eine Frage der Erforderlichkeit der Planung.[972] Auch zu dieser muss sich die gem. § 3 Abs. 2 Satz 1 BauGB auszulegende Bebauungsplanbegründung verhalten.[973] Zumindest die wesentlichen Umstände der Finanzierung, d.h. auch der Grad einer Fremdfinanzierung, sind damit offenzulegen. Demgegenüber ist nicht zu fordern, dass die tatsächliche Höhe der Kompensationskosten öffentlich gemacht wird.[974] Zwar ist die damit einhergehende Intransparenz nicht ganz unbedenklich. Da jedoch die vorzunehmenden Ausgleichsmaßnahmen und damit auch deren objektiver Wert offengelegt werden müssen, ist hinreichende Transparenz für die Bürger sichergestellt. Rein wirtschaftliche Zusatzfaktoren auf Seiten des Vorhabenträgers (wie z.B. günstigere Herstellungsmöglichkeiten im Rahmen der Verwirklichung des Vorhabens) spielen grundsätzlich keine Rolle, da sie in keinem Bezug zu öffentlichen Belangen stehen. Insofern fehlt es an einem öffentlichen Interesse hinsichtlich deren Kenntnis.

I. Kostenerstattung nach den §§ 135a bis c BauGB

§ 135a Abs. 1 BauGB ordnet an, dass festgesetzte Maßnahmen vom Vorhabenträger durchzuführen sind. „Durchzuführen" beinhaltet dabei zugleich die Kostentragungspflicht des Vorhabenträgers.[975] § 135a Abs. 2 BauGB greift, wenn der Ausgleich nicht am Ort des Eingriffs erfolgen soll und eine Zuordnung des Ausgleichsgrundstücks gem. § 5 Abs. 2a BauGB oder § 9 Abs. 1a BauGB stattgefunden hat.[976] Die Gemeinde „soll" in diesem Fall den Ausgleich selbst durchführen (§ 135a Abs. 2 Satz 1 BauGB). Hier besteht aber keine Wahlfreiheit dahingehend, dass auf einen Ausgleich verzichtet werden könnte. Es soll lediglich in atypischen Fällen ermöglicht werden, dass der Vorhabenträger (wenn er z.B. zugleich Eigentümer der Ausgleichsfläche ist) den Ausgleich selbst vornimmt. Führt die Gemeinde den Ausgleich durch, ist der Vorhabenträger nach § 135a Abs. 2 Satz 1 BauGB zur Kostentragung verpflichtet.

972 BVerwG, Urt. v. 21.03.2002 - 4 CN 14/00 = NVwZ 2002, 1509.

973 *Spannowsky*, in: BeckOK, BauGB § 9 Rn. 177.

974 Zur Praxis siehe: *Thum*, UPR 2006, 289 (295).

975 *Stüer*, NuR 2004, 11 (13); *Bunzel*, NuR 2004, 15 (16).

976 *Erbguth/Schubert*, Öffentliches Baurecht, § 3 Rn. 67.

Diese Entkoppelung der Durchführungs- von der Kostenverantwortlichkeit stellt eine weitere Flexibilisierung der Ausgleichsregelung in der Bauleitplanung dar.[977] Erfolgt der Ausgleich an anderer Stelle durch den Verursacher selbst, so ist dieser bereits nach § 135a Abs. 1 BauGB mit der Durchführung zugleich zur Kostentragung verpflichtet. Damit ist innerhalb des § 135a BauGB entsprechend den Grundsätzen des Verursacherprinzips[978] geregelt, dass der Vorhabenträger in jedem Fall die Kosten trägt.

Gegebenenfalls muss die Kostenlast auf mehrere durch die Festsetzung Begünstigte verteilt werden, was sich insbesondere bei Sammelmaßnahmen anbietet. Hierdurch wird das Verursacherprinzip modifiziert.[979] Die Verteilungsmaßstäbe ergeben sich dabei aus § 135b BauGB, der entsprechend § 135a Abs. 2 BauGB Grundsätze über die Kostenverteilung in Bezug auf die Ausgleichsmaßnahmen an anderer Stelle beinhaltet. Die Gemeinde kann dabei nur einzelne oder auch alle Maßstäbe anlegen.[980] § 135c BauGB statuiert ein Satzungsrecht der Gemeinde, mit dem diese unter anderem die grundsätzliche Ausgestaltung der Kostenerstattung regeln kann. Der Erlass einer solchen Satzung ist für die Refinanzierung aber nicht zwingend erforderlich.[981]

Die Kostentragungspflicht entsteht mit Herstellung der Ausgleichsmaßnahme (§ 135a Abs. 2 Satz 3 BauGB). Eine Geltendmachung durch die Gemeinde ist aber erst nach Zuordnung der Ausgleichsfläche möglich, sobald Eingriffsgrundstücke genutzt werden können (§ 135a Abs. 3 Satz 1 BauGB).

II. Abgrenzung zwischen § 135a BauGB und vertraglicher Kostenerstattung

Ob eine Kostenerstattung durch Vertrag möglich ist, bestimmt sich sowohl nach dem Anwendungsbereich des § 135a BauGB

977 *Wolf*, NuR 2004, 6 (10).

978 *Schmidt*, NVwZ 1998, 337 (341).

979 *Brohm*, in: *Erbguth*, FS Hoppe, S. 511 (523).

980 *Brohm*, in: *Erbguth*, FS Hoppe, S. 511 (524).

981 HessVGH, Beschl. v. 20.08.1198 - 6 G 1244/98; a.A. *Schrödter*, in: *Schrödter*, BauGB § 135c Rn. 1.

einer anderen Refinanzierungsform umgehen. Dieses Ergebnis entspricht auch der Verpflichtung der Gemeinde, nachhaltig zu wirtschaften und einen ausgeglichenen Haushalt zu gewährleisten, die es ihr typischerweise vorgibt, die ihr gesetzlich eingeräumten Möglichkeiten zur Refinanzierung auszuschöpfen.[988] Ihr ist es zudem nicht verwehrt, den Vertragspartner darauf hinzuweisen, dass sie ohne Übernahme bestimmter Kosten eine Planung nicht in Angriff nehmen könne.[989]

Gänzlich auf eine Refinanzierung kann die Gemeinde jedoch beim Vorhaben- und Erschließungsplan verzichten, da die §§ 135 a bis c keine (auch nicht entsprechende) Anwendung finden und die Gemeinde insofern von dessen Wertungen freigestellt ist. Dies trägt der notwendigen Flexibilität im Rahmen von Großprojekten, die für die Gemeinde häufig besondere Vorteile bieten, Rechnung. Hier besteht demnach volle Dispositionsbefugnis der Parteien. Gleiches gilt für die Kosten einer Unterhaltungspflege, die von den §§ 135a bis c BauGB nicht erfasst sind.[990]

III. Kostenerstattung durch Vertrag

Anstatt die Maßnahme durch Kostenbescheid zu refinanzieren, kann die Gemeinde demnach eine Ablöse- oder Folgekostenvereinbarung[991] treffen. Beim vertraglichen Ausgleich stellt dies sogar das einzige Refinanzierungsmittel dar. In dieser Möglichkeit der vertraglichen Weitergabe der entstehenden Kosten an die Grundstückseigentümer wird teilweise die hervorragende Bedeutung städtebaulicher Verträge für den naturschutzrechtli-

988 *Kunze/Bronner/Katz*, GemO § 78 Rn. 6 (für gesetzliche Erzielung von Erträgen und Einzahlungen).

989 *Schmidt-Eichstaedt*, DÖV 1995, 95 (101); BVerwG, Urt. v. 06.07.1973 - IV C 22.72, juris Rn. 30 = BVerwGE 42, 331 (343).

990 Vgl. *Birk*, VBlBW 1998, 81 (83). Siehe auch unten § 12 A. III. 2. a) (S. 229 f.).

991 Derartige Verträge sind öffentlich-rechtlicher Natur (*Grziwotz*, KommJur 2009, 293 (294); *Dirnberger*, in: *Jäde/Dirnberger/Weiß*, BauGB § 11 Rn. 8; *Bonk*, in: *Stelkens/Bonk/Sachs*, VwVfG § 54 Rn. 147; BVerwG, Urt. v. 06.07.1973 - IV C 22.72, juris Rn. 18 = BVerwGE 42, 331 (333), welches aber noch an die enge Verbindung zum Bauleitplan anknüpft.).

chen Ausgleich gesehen.[992] Die Finanzierung durch Vertrag hat insbesondere bei investiven Vorhaben den Vorteil einer höheren Akzeptanz des Betroffenen, für den sich das Vorhaben „rechnen" muss.[993] Es entspricht deshalb der allgemeinen Auffassung, dass die Finanzierung durch Vertrag der Finanzierung durch Kostenbescheide tendenziell vorzuziehen ist.[994] Auch in der Praxis überwiegt deshalb die Refinanzierung durch Vertrag.[995]

Die Rechtsgrundlage zur Vereinbarung von Kostenverträgen ist § 11 Abs. 1 Satz 2 Nr. 3 BauGB. Danach können Kosten oder Aufwendungen übernommen werden, wenn sie städtebauliche Maßnahmen darstellen, was bei Ausgleichsmaßnahmen unzweifelhaft der Fall ist. Insbesondere wenn der Verursacher eines Eingriffs selbst Beteiligter eines Vertrags nach § 1a Abs. 3 Satz 4 BauGB ist, können ihm ohne Weiteres die Kosten vertraglich auferlegt werden.[996] Führt der Vorhabenträger den Ausgleich und eine anschließende Pflege selbst durch, bedarf es grundsätzlich keiner speziellen Kostenregelung – diese ist der (vertraglichen) Ausgleichsverpflichtung immanent.

1. Inhaltliche Ausgestaltung

Da die §§ 135b und c BauGB unmittelbar an § 135a BauGB anknüpfen, finden diese lediglich beim Ausgleich durch Festsetzungen Anwendung. Die Kostenerstattung muss deshalb im Vertrag selbst eindeutig geregelt werden. Die Verteilungsmaßstäbe des § 135b BauGB sind dabei zwar sinnvollerweise[997] zu berücksichtigen, der Vertrag muss aber kein „kleinlicher Nach-

---

992 So z.B. von: *Birk*, Städtebauliche Verträge, Rn. 537.

993 *Mitschang*, ZfBR 2005, 644 (649).

994 So z.B. *Busse/Dirnberger/Pröbstl/Schmidt*, Eingriffsregelung, S. 171; *Thum*, UPR 2006, 289 (296); zustimmend unter Hinweis auf die praktischen Schwierigkeiten: *Mitschang*, ZfBR 2005, 644 (649, 656). Auf die hohe praktische Relevanz von Kostenverträgen weisen *Bunzel*, NuR 2004, 15 (17) und *Schäfer*, laut: *Finke*, NuR 2001, 32 (34) hin.

995 *Böhme/Bruns/Bunzel/Herberg/Köppel*, Flächen- und Maßnahmenpools, S. 140.

996 *Ohms*, BauR 2000, 983 (990), der eine Kostenauferlegung sogar für geboten hält.

997 *Busse/Dirnberger/Pröbstl/Schmidt*, Eingriffsregelung, S. 173, 177 f.

vollzug der gesetzlichen Regelungen"[998] sein, sondern kann durchaus davon abweichende Regelungen beinhalten.[999]

Für die Kostenerstattung bieten sich in der Praxis einmalige Ablösezahlungen an.[1000] Dies ist bei Herstellungsmaßnahmen, die einmaliger Natur sind, unproblematisch. Bei langfristigen Maßnahmen, die wiederkehrenden Aufwand erfordern, müssen gegebenenfalls mehrere Zahlungen geleistet werden. Auch die Kosten für dauerhafte Erhaltungsmaßnahmen kann der Vorhabenträger durch einmalige Ablösezahlung begleichen.[1001] Dieser Betrag muss dann so angelegt werden, dass die Zinsen für die Durchführung der Erhaltungsmaßnahmen ausreichen.[1002] Dies erfordert eine entsprechende Prognoseentscheidung der Gemeinde zum Zeitpunkt des Ausgleichs[1003]. War diese Prognoseentscheidung zu diesem Zeitpunkt ordnungsgemäß, erweist sie sich aber später als falsch, hat dies grundsätzlich keine Auswirkungen auf den Bebauungsplan. Der Vertrag kann aber rechtswidrig sein, sodass die Parteien zur Vertragsanpassung verpflichtet sind.

Bei einer Durchführung durch die Gemeinde können etwaige Rechnungen ohne deren Zwischenfinanzierung an den Kostenpflichtigen durchgereicht werden.[1004]

Gem. § 11 Abs. 1 Satz 2 Nr. 3 BauGB müssen die entstehenden Kosten „Voraussetzung oder Folge des geplanten Vorhabens" sein.[1005] Dies ist dabei nicht im Sinne einer naturwissenschaftlichen Kausalität zu verstehen, vielmehr hat die Gemeinde einen gewissen Spielraum bei der Entscheidung.[1006] Im

---

998 *Stüer*, NuR 2004, 11 (14).

999 *Bunzel*, NuR 2004, 15 (15 und 16); vgl. schon *Quaas*, NVwZ 1995, 840 (843); vgl. BVerwG, Beschl. v. 09.05.1997 - 4 N 1/96, juris Rn. 28 = BVerwGE 104, 353 (360 f.).

1000 *Birk*, Städtebauliche Verträge, Rn. 545, der ausdrücklich zu einer solchen Ablösung rät. Vgl. auch *Bunzel/Coulmas/Schmidt-Eichstaedt*, Städtebauliche Verträge, S. 202.

1001 *Busse/Dirnberger/Pröbstl/Schmidt*, Eingriffsregelung, S. 178.

1002 Zu allem: *Bunzel*, NuR 2004, 15 (18).

1003 Zu diesem Zeitpunkt siehe § 8 B. (S. 145 ff.).

1004 Thum, UPR 2006, 289 (295).

1005 *Grziwotz*, KommJur 2009, 293 (295); *Schmidt-Eichstaedt*, DÖV 1995, 95 (97), noch zu § 6 Abs. 3 BauBG-MaßnG.

1006 *Oerder*, BauR 1998, 22 (31).

Rahmen des naturschutzrechtlichen Ausgleichs ist die Verknüpfung aber regelmäßig unproblematisch, da das Bauvorhaben den für die Ausgleichsverpflichtung ursächlichen Eingriff darstellt. Der Ausgleich (und dessen Finanzierung) stehen immer in einem rechtlichen Kausalitätsverhältnis mit dem Eingriff.[1007] Folgekosten stellen damit keine Gegenleistung für die gemeindliche Planung, sondern eine Art Aufwendungsersatz dar.[1008]

Die Folgekosten müssen durch die Gemeinde konkretisiert werden. Es bedarf hier allerdings keiner centgenauen Berechnung, vielmehr kann auf Erfahrungswerte zurückgegriffen werden, wobei die Berechnung immer transparent, nachvollziehbar und kontrollierbar sein muss.[1009] Dies ist auch eine Frage der Angemessenheit, da nur die Tragung solcher Kosten angemessen ist, welche der notwendige Ausgleich umfasst. Einen „überschießenden" Ausgleich muss der Vorhabenträger nicht finanzieren (vgl. § 135a Abs. 3 Satz 2 BauGB „zur *Deckung* ihres Aufwands").[1010]

Der Abschluss eines Folgekostenvertrags ist dann unzulässig, wenn dem Privaten das Baurecht bereits zusteht (§ 11 Abs. 2 Satz 2 BauGB).[1011] Da die Ausgleichsentscheidung und der Abschluss des dafür notwendigen Vertrags jedoch bereits auf Planungsebene, also vor Schaffung entsprechender Baurechte, stattfinden, stellt sich dieses Problem beim Ausgleichsvertrag nicht. Der Vertragspartner der Gemeinde ist ja gerade an der Schaffung von Baurechten interessiert. Bestünden diese bereits, hätte er keine Motivation einen Ausgleichs-(Kosten-)vertrag abzuschließen.

1007 Hierzu: *Schmidt-Eichstaedt*, DÖV 1995, 95 (98), noch zu § 6 Abs. 3 BauBG-MaßnG.

1008 BVerwG, Urt. v. 14.08.1992 - 8 C 19/90 = BVerwGE 90, 310 (311), mit Verweis auf BVerwG, Urt. v. 06.07.1973 - IV C 22/72 = BVerwGE 42, 331; *Grziwotz*, KommJur 2009, 293 (294); *Schmidt-Eichstaedt*, DÖV 1995, 95 (97).

1009 *Grziwotz*, KommJur 2009, 293 (295).

1010 *Dirnberger*, in: *Jäde/Dirnberger/Weiß*, BauGB § 135a Rn. 21.

1011 *Grziwotz*, KommJur 2009, 293 (296); BGH, Beschl. v. 13.06.1991 - III ZR 143/90 = BayVBl. 1991, 700. Zum Koppelungsverbot siehe oben § 11 D. II. 3. (S. 217).

Ist der Kostenvertrag nichtig, erhält der Vorhabenträger seine finanzielle „Gegenleistung“ zurück[1012] und darf auch die von der Gemeinde erbrachte Planungsleistung regelmäßig behalten.[1013] Soweit die Nichtigkeit eines Ausgleichsvertrags aber zugleich auch die Nichtigkeit des Bebauungsplans zur Folge hat, bleiben die Baurechte des Vorhabenträgers nicht bestehen.

2. Erstattungsfähige Kosten

Die Kosten des Ausgleichs können dem Verursacher insgesamt auferlegt werden.[1014] Das bedeutet aber nicht, dass auch sämtliche mit dem Ausgleich in Verbindung stehende Kosten abwälzbare Folgekosten sind.

a) Kosten für Pflegemaßnahmen

Ebenso wie bei der Durchführung von Pflegemaßnahmen[1015] stellt sich bei den Kosten die Frage, inwieweit der Vertragspartner zu deren Tragung verpflichtet werden muss bzw. kann. Auch bei Pflegekosten handelt es sich um Folgelasten i.S.d. § 11 Abs. 1 Satz 2 Nr. 3 BauGB mit der Folge strenger Kausalität und Angemessenheit.[1016] Zusätzliche finanzielle Leistungen können vom Vorhabenträger nicht verlangt werden.[1017] Der Abwägungsentscheidung über Pflegekosten ist eine Prognose zugrunde zu legen, welche Maßnahmen über welchen Zeitraum erforderlich sind.

Die Übernahme der Kosten für Herstellungspflege muss der Verursacher beim Ausgleich nach gesetzlichen Vorschriften schon nach § 135a Abs. 1 und Abs. 2 BauGB übernehmen, sodass diese unproblematisch auch in einem städtebaulichen

---

1012 Bei unrechtmäßigen Zahlungen an die Gemeinde, hat deren Vertragspartner einen an das zivilrechtliche Bereicherungsrecht angelehnten öffentlich-rechtlichen Erstattungsanspruch (*Grziwotz*, KommJur 2009, 293 (297)).

1013 *Stüer*, NuR 2004, 11 (14).

1014 *Stüer/König*, ZfBR 2000, 528 (533).

1015 Gemeint sind wiederum Herstellungs-, Entwicklungs- und Unterhaltungspflege. Zu den Begriffen siehe oben § 8 C. I. (S. 149).

1016 *Birk*, Städtebauliche Verträge, Rn. 545; *Schmidt-Eichstaedt*, BauR 2010, 1865 (1867); *Stüer*, NuR 2004, 11 (14); hierzu auch: *Bunzel*, NuR 2004, 15 (18).

1017 *Stich*, in: *Kormann*, Das neue Bundesbaurecht, S. 9 (22).

Vertrag vereinbart werden können (und müssen).[1018] Dies gilt auch, wenn sich diese über einen längeren Zeitraum hinziehen, der Endzeitpunkt aber bestimmbar ist (Entwicklungspflege).

Problematischer ist wiederum, inwiefern auch *dauerhafte Erhaltungsmaßnahmen* erstattungsfähig sind.[1019] Insbesondere zur Angemessenheit gilt das oben bei § 8 C. (S. 148 ff.) Gesagte entsprechend. Hinzu kommt jedoch, dass sich der Umfang der Kostentragungslast nach den Grundsätzen des Erschließungsbeitragsrechts richtet.[1020] § 128 Abs. 1 Nr. 2 BauGB sieht aber lediglich eine Überwälzung der Herstellungs-, nicht aber weiterer Pflegekosten vor, sodass letztere eigentlich von der Gemeinde getragen werden müssten[1021] und nicht an den Vorhabenträger weitergegeben werden können. Geht man dementsprechend davon aus, dass die Tragung von Unterhaltungspflegekosten nicht vereinbart werden kann, schafft man jedoch das Risiko einer gemeindlichen Präferenz für Ausgleichsmaßnahmen mit geringem Pflegeaufwand.[1022] Außerdem ergibt sich die Anwendbarkeit des Erschließungsbeitragsrechts aus der Ähnlichkeit des § 135a Abs. 3 Satz 2 BauGB mit § 127 Abs. 1 BauGB (auf welchen sich § 128 Abs. 1 Nr. 2 BauGB bezieht). Die *vertragliche* Regelung des Ausgleichs unterliegt aber noch nicht einmal § 135a BauGB, sodass die Grundsätze des Erschließungsbeitragsrechts auf die vertragliche Kostenerstattung gerade keine zwingende Anwendung finden. Insofern geben diese Grundsätze also nicht vor, was Inhalt eines Kostenvertrags sein kann. Die Vereinbarung der Refinanzierung von Unterhaltungspflegemaßnahmen durch Vertrag ist demnach zulässig.[1023]

1018 *Stüer*, NuR 2004, 11 (14).

1019 Hierzu: *Mitschang*, ZfBR 2005, 644 (651).

1020 *Stüer*, NuR 2004, 11 (13); *Wolf*, NuR 2004, 6 (10).

1021 *Wolf*, NuR 2004, 6 (10); *Stüer*, NuR 2004, 11 (13); *Bunzel*, NuR 2004, 15 (17 f.); *Thum*, UPR 2006, 289 (295); *Dirnberger*, in: *Jäde/Dirnberger/Weiß*, BauGB § 135a Rn. 18.

1022 Hierzu: *Wolf*, NuR 2004, 6 (10).

1023 Ebenso: *Bunzel*, NuR 2004, 15 (17); *Busse/Dirnberger/Pröbstl/Schmidt*, Eingriffsregelung, S. 178; *Bunzel/Coulmas/Schmidt-Eichstaedt*, Städtebauliche Verträge, S. 194; *Thum*, UPR 2006, 289 (295); kritisch: *Mitschang*, BauR 2003, 183 (193).

b) Planungs-, Beschaffungs- und Personalkosten

Neben den Kosten für Herstellung und Unterhaltung des Ausgleichs, können auch die Kosten für die Beschaffung der Flächen umgelegt werden.[1024] Gleiches gilt für Planungsmaßnahmen Dritter sowie Geldbeschaffungskosten.[1025] Allgemeine Personal- und Sachkosten können hingegen grundsätzlich nicht übergewälzt werden.[1026] Die Gemeinde muss Personal- und Sachmittel ohnehin zur Verfügung stellen. Teilweise werden jedoch spezifische Leistungen erbracht. So muss z.B. die Gemeinde im Rahmen von Ökokonten unter Umständen kontinuierlich Mittel zum Managen des Kontos bereitstellen. Eine Umlegung von Personalkosten, die für Mitarbeiter entstehen, die ausschließlich in diesem speziellen Bereich tätig sind (z.B. im Flächenmanagement), ist möglich.[1027]

B. Sicherung

Auch die Kostentragung durch den Vorhabenträger kann abgesichert werden. Dabei geht es nicht mehr um die Durchführung der Ausgleichsmaßnahmen, sondern um deren (Re-)Finanzierung. Der Hintergrund ist weniger bau- und naturschutzrechtlich, sondern vielmehr wirtschaftlich. In der Praxis hat die Refinanzierung dennoch eine wichtige Bedeutung für die Gemeinde.

I. Gegenstand der Sicherung

Der inhaltliche Unterschied zur Sicherung der Durchführung des Ausgleichs liegt darin, dass nicht die tatsächliche Ausführung von Handlungen und der Zugriff auf ein Grundstück, sondern lediglich die Zahlung eines Geldbetrags gewährleistet werden muss. Dies ist generell unkomplizierter, insbesondere

---

1024 *Dirnberger*, in: *Jäde/Dirnberger/Weiß*, BauGB § 135a Rn. 18. Hierzu gehören sowohl die Kosten eines Erwerbs als auch einer sonstigen dinglichen Sicherung (*Wagner*, in: *Ernst/Zinkahn/Bielenberg/Krautzberger*, BauGB § 135a Rn 14).

1025 *Schrödter*, in: *Schrödter*, BauGB § 135c Rn. 4.

1026 *Mitschang*, BauR 2003, 183 (193); *Dirnberger*, in: BeckOK, BauGB § 135a Rn. 12.

1027 *Thum*, UPR 2006, 289 (296); in diese Richtung auch: *Schrödter*, in: *Schrödter*, BauGB § 135c Rn. 4.

da viele zivilrechtliche Sicherungsinstrumente darauf ausgelegt sind, dem Insolvenzrisiko des Vertragspartners Rechnung zu tragen. Bei Großvorhaben besteht zudem das Risiko einer Einstellung der Baumaßnahmen und das nachfolgende Entstehen einer Bauruine. Die Gemeinde muss zwar grundsätzlich nicht für die Verwirklichung des Projekts einstehen.[1028] Ein Eingriff liegt aber regelmäßig bereits vor - auch wenn das Bauvorhaben noch nicht fertiggestellt ist. Da die Gemeinde materiell für die Herstellung des rechtmäßigen (Ausgleichs-)Zustands verantwortlich ist, muss sie Ausfallrisiken prognostizieren und gegebenenfalls verhindern. Letztendlich bleiben bei einem insolventen Vertragspartner Durchführung und Finanzierung deshalb bei ihr „hängen".

Die Sicherung muss angemessen sein.[1029] Dies hängt wiederum davon ab, inwieweit ein öffentliches Interesse betroffen ist.[1030] Es ist also zu differenzieren, was genau durch das Sicherungsmittel gewährleistet werden soll. Das kann zum einen die *Durchführung des Vorhabens selbst* sein, wie z.B. der Bau eines Wohnkomplexes oder eines Kaufhauses, die nur dann im öffentlichen Interesse liegen, wenn damit soziale Zwecke verfolgt werden. Bei der finanziellen Absicherung des *naturschutzrechtlichen Ausgleichs* ist dies hingegen unproblematisch, da die Kompensation ausschließlich dem öffentlichen Interesse, nämlich den Belangen von Natur- und Landschaftsschutz dient und in dieser Hinsicht regelmäßig angemessen sein wird. Sowohl Durchführung als auch (Re-)Finanzierung sind damit problemlos sicherbar.[1031] Bei einer Kumulation von Sicherungsmitteln muss allerdings darauf geachtet werden, dass keine Übersicherung stattfindet und die Grenze der Angemessenheit nicht überschritten wird.

Als Mittel zur Absicherung gegen Insolvenz des Vertragspartners kommen vor allem Bürgschaften und Grundpfandrechte in Betracht. Ungeeignet sind hingegen zugriffsgewährende Nutzungsrechte (Dienstbarkeit, Nießbrauch) oder sonsti-

---

1028 *Chatziathanasiou/Towfigh*, DVBl. 2013, 84 (90).

1029 *Chatziathanasiou/Towfigh*, DVBl. 2013, 84 (88) zur Vertragserfüllungsbürgschaft.

1030 *Chatziathanasiou/Towfigh*, DVBl. 2013, 84 (90).

1031 Ebenso: *Chatziathanasiou/Towfigh*, DVBl. 2013, 84 (90).

ge „Ausführungsmotivatoren" wie Vertragsstrafen, da diese nicht auf finanzielle Absicherung gerichtet sind.

II. Notwendigkeit der Sicherung

Die Sicherung der Zahlung dient lediglich den finanziellen Interessen der Gemeinde. Der naturschutzrechtliche Ausgleich ist davon nur mittelbar betroffen, wobei die finanzielle Absicherung diesen gerade nicht bedingt. Auch bei einem Ausfall des Vertragspartners kann die Gemeinde nicht auf Durchführung des Ausgleichs verzichten, weil ihr selbst finanzielle Mittel fehlen. Die Absicherung dient also gerade keinen städtebaulichen Interessen und ist aus naturschutzrechtlicher Perspektive nicht zwingend geboten. Zwar kann die Gemeinde auf eine Refinanzierung nicht vollständig verzichten.[1032] Jede bauleitplanerische Maßnahme muss aber finanziert werden. Die Refinanzierung muss deshalb lediglich den generellen Anforderungen an eine gesicherte Finanzierung, insbesondere aus dem Gebot der Erforderlichkeit der Planung[1033], genügen. Spezifische Anforderungen erwachsen aus dem Bezug zum Ausgleich jedoch nicht. Eine fehlende oder mangelhafte Absicherung der Refinanzierung führt deshalb - außerhalb der generellen Erforderlichkeitsanforderungen - nicht zur Unzulässigkeit des vertraglichen Ausgleichs. Sie führt auch nicht zu Unwirksamkeit lediglich des Kostenvertrags, zumal das Fehlen einer Sicherung für den Vertragspartner regelmäßig keine Belastung, sondern eine Begünstigung darstellt. Nichtsdestotrotz ist eine Sicherung aus Sicht des kommunalen Haushalts regelmäßig sinnvoll.

C. Zusammenfassung

Die Kostenerstattung - deren Anspruchsgrundlage je nach Vorgehensweise sowohl im Gesetz (§ 135a ff. BauGB) als auch in einem Vertrag liegen kann - spielt für die Gemeinde weniger aus naturschutzrechtlichen, als aus wirtschaftlichen Gesichtspunkten eine Rolle. An die Vorgaben der § 135a bis c BauGB ist die Gemeinde bei vertraglicher Regelung nicht gebunden (§ 12 A. II. 2. a) und III. 1. (S. 223 f. und 226 f.)). Auf eine voll-

---

1032 Siehe oben § 12 A. II. 2. b) (S. 224).

1033 Siehe hierzu oben § 12 A. (S. 220).

ständige Kostenerstattung kann aber nur im Fall eines Vorhaben- und Erschließungsplans oder in Bezug auf dauerhafte Unterhaltungspflegemaßnahmen verzichtet werden (§ 12 A. II. 2. b) (S. 224 f.)). Letztere können dem Vorhabenträger allerdings grundsätzlich durch Vertrag aufgegeben werden, da § 128 BauGB keine Anwendung findet (§ 12 A. III. 2. a) (S. 229 f.)). Eine zusätzliche Sicherung der Refinanzierung der Kompensation ist nicht erforderlich (§ 12 B. II. (S. 233 f.)) Insgesamt stellen sich reine Kostenerstattungsverträge damit weniger problematisch dar als Durchführungsverträge.

§ 13 Dingliche Sicherungsmittel

Wie oben in § 8 A. II. (S. 140 ff.) festgestellt, bedarf es, um den notwendigen Flächen- bzw. Grundstücksbezug zu erreichen, einer „Imitation" der Wirkung von Ausgleichsfestsetzungen durch dingliche Rechte. Hinsichtlich der zeitlichen Dauer sind deren Unterschiede gegenüber Bebauungsplänen dann gering. Beide sind auf unbegrenzte Dauer, nicht aber unendliche lange Zeit angelegt. Bebauungspläne können funktionslos werden, dingliche Rechte erlöschen.[1034] Davon abgesehen bieten sie aber eine stabile Möglichkeit zur Regelung einer Nutzung.

A. Allgemeines

Dingliche Rechte sind absolute Rechte, wirken also gegenüber jedermann.[1035] Ihre Wirkung ist zudem grundsätzlich zeitlich unbeschränkt, sodass auch eine dauerhafte Einwirkungsmöglichkeit sichergestellt werden kann. Aufgrund des Typenzwangs und Numerus clausus der Sachenrechte können die Parteien keine neuen dinglichen Rechte schaffen, sondern sind an die gesetzlich vorgesehenen dinglichen Rechte gebunden.[1036] Es ist dabei zwischen dem Eigentum als umfassendstem Zuordnungsrecht sowie den beschränkten dinglichen Rechten zu unterscheiden.[1037] Innerhalb der beschränkten dinglichen Rechte kann weiter in Nutzungs-, Erwerbs- und Verwertungsrechte unterteilt werden.[1038] Dingliche Rechte existieren sowohl im Zivil- als auch im öffentlichen Recht (öffentlich-rechtliche Baulast). Anders als die Vorschriften des Bauplanungs- und Bau-

---

1034 *Tennie*, Dingliche Rechte, S. 147, in Bezug auf Dienstbarkeiten.

1035 *Wolf/Wellenhofer*, Sachenrecht, § 1 Rn. 4; *Baur/Stürner*, Sachenrecht, § 4 Rn. 3.

1036 *Grziwotz*, KommJur 2008, 288 (291); *Baur/Stürner*, Sachenrecht, § 19 Rn. 43; *Westermann/Gursky/Eickmann*, § 2 Rn. 15; *Bassenge*, in: *Palandt*, BGB, Einl. v. § 854 Rn. 3.

1037 Vgl. *Wolf/Wellenhofer*, Sachenrecht, § 1 Rn. 6. Soweit nachfolgend von dinglichen Rechten gesprochen wird, sind damit nur die beschränkten gemeint.

1038 *Grziwotz*, Vertragsgestaltung, Rn. 116. Siehe auch die Übersichtstabellen bei *Wolf/Wellenhofer*, Sachenrecht, § 1 Rn. 12 und *Baur/Stürner*, Sachenrecht, § 3 Rn. 46.

ordnungsrechts, die nur unter bestimmten Voraussetzungen Abweichungen erlauben und damit nur begrenzt disponibel sind, unterliegt die Einschränkung der Grundstücksnutzung durch dingliche Rechte der vollständigen Verfügungsbefugnis des Eigentümers.[1039]

Dass bei einem Ausgleichsvertrag grundsätzlich eine Sicherung der Durchführung notwendig ist, entspricht herrschender Meinung.[1040] Welche dinglichen Sicherungsmittel aber für diese Sicherung in Frage kommen ist hingegen noch nicht abschließend geklärt.[1041] Es besteht insbesondere Uneinigkeit dahingehend, ob eine zivilrechtliche Sicherung[1042] ausreicht oder höhere Anforderungen (z.B. öffentlich-rechtliche Baulast[1043]) zu stellen sind. Teilweise wird sogar angenommen, die Gemeinde müsse unter Umständen zwingend Eigentum am Ausgleichsgrundstück erwerben.[1044] Auch innerhalb der beschränkten dinglichen Rechte herrscht Uneinigkeit hinsichtlich ihrer Tauglichkeit zur Sicherung der Kompensation.[1045] Zumindest bei der naturschutzrechtlichen Eingriffs- und Ausgleichsregelung des BNatSchG geht der Gesetzgeber von der Tauglichkeit von Pachtvertrag, Dienstbarkeit und Reallast aus.[1046]

1039 *Tennie*, Dingliche Rechte, S. 132.

1040 So z.B. *Mitschang*, BauR 2003, 337; *Battis*, in: *Battis/Krautzberger/Löhr*, BauGB § 1a Rn. 26; *Brohm*, in: *Erbguth*, FS Hoppe, S. 511 (525 und 527); *Wagner*, in: *Ernst/Zinkahn/Bielenberg/Krautzberger*, BauGB § 1a Rn. 100. Hierzu oben § 8 A. II. 2. (S. 141 f.).

1041 *Grziwotz*, KommJur 2008, 288 (291). Eine Übersicht findet sich bei *dems.*, Vertragsgestaltung, Rn. 115 ff.

1042 Z.B. Dienstbarkeit, Nießbrauch, Reallast.

1043 *Tidick*, in: *Ramsauer*, Eingriffsregelung, S. 161 (167). Zu dieser auch: *Stich*, ZfBR 2001, 80 (82), der demgegenüber eine Baulast allein für nicht ausreichend hält (*Stich*, in: *Kormann*, Das neue Bundesbaurecht, S. 9 (22)).

1044 So v.a. *Stich*, ZfBR 2001, 80 (82).

1045 So sprechen sich z.B. *Oloff*, Ökokonto, S. 211, 213 für den Nießbrauch, *Stich*, ZfBR 2001, 80 (83) und *Grziwotz*, KommJur 2008, 288 (292) für die Reallast und *Berchter*, Eingriffsregelung, S. 251 ff. für die Dienstbarkeit aus. Zur jeweiligen Relevanz in der Praxis siehe: *Böhme/Bruns/Bunzel/Herberg/Köppel*, Flächen- und Maßnahmenpools, S. 90 ff.

1046 BR-Drs. 278/09, S. 183.

I. Formelle Voraussetzungen

Die Verpflichtung zur Schaffung eines dinglichen Rechts geschieht durch zugrundeliegenden Verpflichtungsvertrag. Es ist aber ohne Weiteres möglich, Verpflichtung und dingliche Einigung gem. § 873 Abs. 1 BGB in einer Vertragsurkunde zu regeln - die Wahrung der erforderlichen Form vorausgesetzt. Eine solche sieht das Gesetz nur bei der Übertragung von Grundstücken (Auflassung gem. § 925 BGB) vor, die Einigung über die Belastung mit einem beschränkten dinglichen Recht ist hingegen formlos.[1047] Daneben bedarf es aber immer der konstitutiven[1048] Eintragung ins Grundbuch. Für diese muss dann eine notariell beglaubigte Bewilligung des Betroffenen vorgelegt werden (§§ 19, 29 Abs. 1 GBO). Im Übrigen sind die Parteien an die Einigung nur gebunden, wenn diese notariell beurkundet, vor dem Grundbuchamt abgegeben oder eingereicht oder eine Eintragungsbewilligung ausgehändigt wurde (§ 873 Abs. 2 BGB). Die Entstehung eines dinglichen Rechts kann dabei auch von einer aufschiebenden Bedingung abhängig sein[1049], sodass dieses ebenso wie der restliche Ausgleichsvertrag nur im Falle des Bebauungsplanbeschlusses zum Tragen kommt.

Das zugunsten der Gemeinde bestellte beschränkte dingliche Recht muss im Grundbuch an erster Rangstelle stehen. Anderenfalls kann dieses bei einer Zwangsversteigerung untergehen, da es nicht im geringsten Gebot berücksichtigt wird (§§ 91 Abs. 1, 52 Abs. 1 Satz 1, 44 Abs. 1 ZVG).[1050]

All dies ist bereits vor Satzungsbeschluss zu berücksichtigen. Zu diesem Zeitpunkt müssen wesentlicher Inhalt von Vertrag und Sicherung feststehen, spätestens bei Inkrafttreten der Satzung muss eine Bindung des Vertragspartners bestehen, d.h. auch die dingliche Einigung muss eine der Anforderungen des § 873 Abs. 2 BGB erfüllen. Eine verfahrensbedingt später erfol-

---

1047 *Baur/Stürner*, Sachenrecht § 19 Rn. 11.

1048 *Tennie*, Dingliche Rechte, S. 131; vgl. *Wilhelm*, Sachenrecht, Rn. 549.

1049 *Baur/Stürner*, Sachenrecht, § 19 Rn. 12.

1050 *Tennie*, Dingliche Rechte, S. 18; *Grziwotz*, Vertragsgestaltung, Rn. 147, der in Rn. 148 auch auf die Rangfolge der Sicherungsmittel untereinander (Nutzungsrecht vor Verwertungsrecht) eingeht.

gende Eintragung ist hingegen unschädlich, da diese hinreichend gewiss ist.[1051]

II. Gutgläubiger lastenfreier Erwerb

Grundstücksrechte können aufgrund des öffentlichen Glaubens des Grundbuchs gem. §§ 891, 892 BGB gutgläubig erworben werden. Der öffentliche Glaube besteht sowohl in positiver als auch in negativer Hinsicht: Eingetragene Rechte gelten als bestehend und nicht eingetragene (oder gelöschte) Rechte als nicht bestehend.[1052] Das hat zur Folge, dass ein Grundstück auch lastenfrei erworben werden kann, nämlich hinsichtlich solcher Belastungen, die nicht aus dem Grundbuch ersichtlich sind.[1053] Ein gutgläubiger (lastenfreier) Erwerb kommt nur beim rechtsgeschäftlichen Erwerb in Betracht[1054], nicht jedoch bei Erwerb kraft Gesetzes oder eines Hoheitsakts, wie bei einer Erbschaft oder im Rahmen der Zwangsvollstreckung[1055]. Auch dies muss die Gemeinde berücksichtigen und die Eintragung ihrer Rechte gegebenenfalls durch Vormerkung sichern.

III. Praktische Unattraktivität von Belastungen

Zu berücksichtigen ist bei sämtlichen beschränkten dinglichen Rechten, dass deren Einschränkungen für den Grundstückseigentümer eine Belastung darstellen. Häufig ist es für diesen deshalb attraktiver, das Grundstück an die Gemeinde zu verkaufen.[1056] Diese Erwägungen sind jedoch sehr stark einzelfallabhängig, sodass ihnen keine pauschale Aussage hinsichtlich der Eignung einzelner Maßnahmen entnommen werden kann.

1051 Hierzu bereits ausführlich oben § 8 B. I. (S. 146 f.).

1052 *Baur/Stürner*, Sachenrecht, § 23 Rn. 40.

1053 *Wolf/Wellenhofer*, Sachenrecht, § 19 Rn. 9; *Kamp*, Steuerung der Bebaubarkeit, S. 250; *Bassenge*, in: Palandt, BGB § 892 Rn. 15; *Prütting*, Sachenrecht, Rn. 228.

1054 *Prütting*, Sachenrecht, Rn. 221.

1055 *Bassenge*, in: Palandt, BGB § 892 Rn. 2 f.

1056 Hierzu z.B. *Möller*, Ausgleichsflächen, S. 55.

B. Eigentum

Das Eigentum gewährt als unbeschränktes dingliches Recht dem Eigentümer die Berechtigung mit der Sache nach Belieben zu verfahren und andere von der Einwirkung auszuschließen (§ 903 Satz 1 BGB). Zweifelsohne stellt der Eigentumserwerb deshalb eine geeignete Möglichkeit dar, um den Zugriff auf die Fläche zu sichern.[1057] Unter Umständen kommt ein Erwerb der Fläche für die Sicherung aber nicht in Betracht. Ein solcher ist nämlich mit hohen Kosten verbunden[1058] und deshalb für die Gemeinde gegebenenfalls wirtschaftlich nicht tragbar. Für den Fall, dass der Inhaber des Ausgleichsgrundstücks dieses nicht verkaufen will und auch die Voraussetzungen für eine Enteignung nicht vorliegen, dürften allerdings auch sonstige dingliche Rechte regelmäßig nicht in Betracht kommen, da diese ebenfalls einer Einwilligung des Betroffenen bedürfen, welche dieser nicht oder nur zu einem hohen Preis erteilen wird.

I. Erwerb des Grundeigentums

Ist die Gemeinde noch nicht Eigentümerin der Fläche, stehen ihr unterschiedliche Möglichkeiten für den Erwerb zur Verfügung. Als hoheitliche Mittel kommen freiwillige[1059] und amtliche (§§ 45 ff. BauGB) Umlegung und Enteignung[1060] (§§ 85 ff. BauGB) in Betracht. Möglich ist stattdessen aber auch ein freihändiger Erwerb durch (privatrechtlichen) Grundstückskaufvertrag. Steht das Grundstück im Eigentum der Gemeinde, wird sie den Ausgleich häufig selbst vornehmen. Grundsätzlich kann sie das Grundstück aber auch dem Vorhabenträger zur Verfügung stellen und diesen mittels Vertrag zur Durchführung von Kompensationsmaßnahmen auf diesem verpflichten. Ein Privater kann ein Grundstück selbstverständlich nicht über

---

1057 *Wolf*, NuR 2004, 6 (9); *Berchter*, Eingriffsregelung, S. 227; so bereits: *von Nicolai/Wagner/Wecker*, Verträge des Baugesetzbuches, S. 44 in der ersten Auflage.

1058 *Wolf*, NuR 2004, 6 (9); *Tennie*, Dingliche Rechte, S. 81.

1059 Eine solche kann durch Umlegungsvertrag geregelt werden. Siehe hierzu: *Berchter*, Eingriffsregelung, S. 229 ff.

1060 Ausführlich zur Enteignung für die Durchführung von Kompensationsmaßnahmen: *Berchter*, Eingriffsregelung, S. 240 ff.

hoheitliche Mittel, sondern nur durch die zivilrechtlichen Erwerbsmöglichkeiten, insbesondere also durch Kauf, erlangen.

II. Eigentum des Ausgleichsverpflichteten

Ist der ausgleichsverpflichtete Vorhabenträger oder Dritte Eigentümer der Fläche, hat er direkten Zugriff auf die Fläche. Das Risiko einer Rechtsnachfolge ist damit aber nicht beseitigt. Verliert der Vorhabenträger sein Eigentum an der Ausgleichsfläche, kann er mangels Zugriff den Ausgleich nicht mehr durchführen. Die Gemeinde könnte allenfalls Schadensersatz, nicht aber die Erfüllung der Vertragspflichten verlangen. Das Eigentum des Ausgleichspflichtigen allein genügt deshalb nicht für eine ausreichende Sicherung. Es bedarf zusätzlich einer an das Grundstück geknüpften Sicherung zugunsten der Gemeinde.[1061]

C. Nutzungsrechte

I. Dienstbarkeiten

Dienstbarkeiten (geregelt in den §§ 1018 bis 1093 BGB) sind dingliche Nutzungsrechte, welche dem Berechtigten gewisse Nutzungen am Grundstück eines Dritten gestatten oder dem Eigentümer die Ausübung bestimmter Handlungen auf seinem Grundstück verbieten. Ihre grundsätzliche Eignung zur Sicherung des naturschutzrechtlichen Ausgleichs ist in der Rechtsprechung[1062] und zumindest bis zu einem gewissen Grad in der Literatur[1063] anerkannt. Auch im Naturschutzrecht der Länder spielen Dienstbarkeiten zur Sicherung des Naturschutzes eine Rolle.[1064]

1061 Siehe auch oben § 8 A. II. 3. (S. 142 ff.).

1062 OLG Oldenburg, Beschl. v. 04.05.1998 - 5 W 58/98 = BeckRS 1998, 10203; vgl. auch OVG NRW, Urt. v. 10.07.2007 - 7 D 43/06.NE, juris Rn. 95 = in Bezug auf eine Dienstbarkeit zur Duldung der dauerhaften Erhaltung eines bestimmten Waldes.

1063 Siehe z.B. *Berchter*, Eingriffsregelung, S. 251 ff. (mit Formulierungsbeispiel auf S. 245 ff.); *Ahrens*, Dingliche Nutzungsrechte, Rn. 197.

1064 Siehe z.B. § 36 Abs. 1 Satz 2 NatSchAG MV; 54 Abs. 3 Satz 2 LNatSchG SH; Ziff. 6.5 Landschaftspflege-RL BW; vgl. auch *Tennie*, Dingliche Rechte, S. 35.

1. Inhalt

a) Grunddienstbarkeit und beschränkte persönliche Dienstbarkeit

Eine Dienstbarkeit kann entweder als Grunddienstbarkeit oder als beschränkte persönliche Dienstbarkeit ausgestaltet sein. Die Grunddienstbarkeit ist dabei immer an ein herrschendes Grundstück geknüpft und berechtigt nur dessen jeweiligen Eigentümer.[1065] Bei der beschränkten persönlichen Dienstbarkeit wird hingegen eine natürliche oder juristische Person als solche berechtigt.[1066] Grundsätzlich könnte daran gedacht werden, das Eingriffsgrundstück zum herrschenden Grundstück gegenüber dem ohnehin dienenden Ausgleichsgrundstück zu machen. Damit wäre immer der jeweilige Eigentümer des herrschenden Grundstücks berechtigt und könnte auf das dienende Grundstück zugreifen. Dies beinhaltet jedoch das Risiko der einvernehmlichen Aufhebung der Dienstbarkeit, wenn ein Privater Eigentümer des herrschenden Grundstücks ist. Deshalb bietet sich vor allem die beschränkte persönliche Dienstbarkeit, durch welche die Gemeinde als juristische Person des öffentlichen Rechts berechtigt werden kann, als Sicherungsmittel an.

Ein noch nicht individuell feststehender Rechtsnachfolger kann nicht Berechtigter einer beschränkten persönlichen Dienstbarkeit sein.[1067] Die beschränkte persönliche Dienstbarkeit ist - mit Ausnahme des § 1092 Abs. 2 BGB i.V.m. §§ 1059a bis 1059d BGB - zwingend unübertragbar.[1068] Dies stellt bei der Gemeinde kein Problem dar, da diese regelmäßig keinen persönlichen Rechtsnachfolger hat, sondern als juristische Person des öffentlichen Rechts dauerhaft besteht. Bei Veräußerung des *dienenden* Grundstücks erlischt die Dienstbarkeit nicht, sondern bindet den Erwerber des Grundstücks.[1069]

1065 *Bassenge*, in: *Palandt*, BGB § 1018 Rn. 3.

1066 *Bassenge*, in: *Palandt*, BGB § 1090 Rn. 3.

1067 *Bassenge*, in: *Palandt*, BGB § 1090 Rn. 3; OLG Hamm, Beschl. v. 27.11.2000 - 15 W 361/00, juris Rn. 12 = RPfleger 2001, 297 f.

1068 *Baur/Stürner*, Sachenrecht, § 34 Rn. 1; *Bassenge*, in: *Palandt*, BGB § 1092 Rn. 2.

1069 Die Dienstbarkeit ist „ewig" (*Baur/Stürner*, Sachenrecht, § 33 Rn. 22).

b) Ausgestaltung

Grundsätzlich steht der Inhalt der Dienstbarkeit zur Disposition der Parteien. Insbesondere sind diese nicht an den Festsetzungskatalog des § 9 BauGB oder der BauNVO gebunden.[1070] Dienstbarkeiten müssen als dingliche Rechte nur dem sachenrechtlichen Bestimmtheitsgrundsatz genügen. Die einem Dritten gestattete oder von dem Eigentümer zu duldende oder zu unterlassende Handlung ist genau zu bezeichnen. Nicht ausreichend ist z.B. die Formulierung: „Jede dem Zweck zuwiderlaufende Handlung ist verboten."[1071] Die Dienstbarkeit ist auf dauerhafte, nicht aber einmalige Gewährung eines Vorteils angelegt.[1072] Eine einmalige Handlung des Berechtigten kann jedoch als unselbständiger Teil Inhalt einer Dienstbarkeit sein.[1073] Die Gemeinde kann durch Dienstbarkeit also zunächst zur Herstellung des Ausgleichs mit anschließender Nutzung als Ausgleichsfläche berechtigt werden.

aa) Duldung oder Unterlassen

Inhalt der Dienstbarkeit kann die Duldung einer Handlung des Berechtigten (§ 1018 Var. 1 BGB), das Verbot der Vornahme bestimmter Handlungen durch den Verpflichteten (§ 1018 Var. 2 BGB) oder der Verzicht auf hinsichtlich eines anderen Grundstücks bestehende Rechte (§ 1018 Var. 3 BGB) sein.[1074] Durch Dienstbarkeiten können aber keine *aktiven Handlungspflichten* des Eigentümers begründet werden.[1075] Dies darf auch nicht durch sprachliche Konstruktionen wie z.B. doppelte Negierung umgangen werden.[1076] Die Verpflichtung zur Durchführung von Ausgleichs- und Pflegemaßnahmen ist also durch

---

1070 *Tennie*, Dingliche Rechte, S. 166.

1071 *Tennie*, Dingliche Rechte, S. 15.

1072 BGH, Urt. v. 11.03.1964 - V ZR 78/62, juris Rn. 13 = BGHZ 41, 209 (212).

1073 *Mohr*, in: MüKo, BGB § 1090 Rn. 29.

1074 *Grziwotz*, Vertragsgestaltung, Rn. 125; *Ahrens*, Dingliche Nutzungsrechte, Rn. 172 ff., der auf die Schwierigkeit der Abgrenzung hinweist.

1075 *Bassenge*, in: *Palandt*, BGB § 1018 Rn. 5; *Baur/Stürner*, Sachenrecht § 33 Rn. 29; *Ahrens*, Dingliche Nutzungsrechte, Rn. 172.

1076 *Tennie*, Dingliche Rechte, S. 8.

eine Dienstbarkeit gerade nicht möglich.[1077] Dies macht Dienstbarkeiten für Sicherung des Ausgleichs aber nicht ungeeignet. Zwar existiert kein zivilrechtliches dingliches Sicherungsmittel, welches den Grundstückseigentümer zur Vornahme einer tatsächlichen Handlung zwingt. Ein solches ist aber auch nicht erforderlich, da sich die entsprechende Handlungsverpflichtung bereits aus dem Vertrag ergibt. Die Dienstbarkeit sichert dann auf zweiter Ebene den Zugriff der Gemeinde ab. Dies kann über zwei Wege erfolgen: Zum einen kann die Gemeinde oder ein sonstiger Ausgleichsverpflichteter dazu berechtigt werden, bestimmte Handlungen (d.h. Ausgleichsmaßnahmen) auf dem Grundstück selbst durchzuführen. Daneben kann dem Eigentümer untersagt werden, den Ausgleich zu beeinträchtigen (z.B. durch Betretungs- oder Nutzungsverbote).

bb) Einschränkungen

Die rechtsgeschäftliche Verfügungsmacht des Eigentümers kann durch die Dienstbarkeit hingegen nicht eingeschränkt werden.[1078] Dem Eigentümer kann damit nicht dinglich untersagt werden, sein Grundstück zu veräußern und damit die Möglichkeit zum tatsächlichen Ausgleich zu fixieren. Eine Einschränkung der rechtsgeschäftlichen Verfügungsmacht kann jedoch über ein mit Vormerkung versehenes Vorkaufsrecht gesichert werden.[1079]

Der Eigentümer darf zudem durch die Dienstbarkeit nicht vollständig von der Nutzung seines Grundstücks ausgeschlossen werden.[1080] Belässt die Dienstbarkeit diesem also faktisch keine Nutzungsmöglichkeit mehr, ist sie unzulässig.[1081] Wird (z.B. im Rahmen eines Ökokontos) das gesamte Grundstück zur Kompensation verwendet, kommt eine Dienstbarkeit deshalb

---

1077 So auch *Busse*, KommJur 2009, 241 (248); *Grziwotz*, Vertragsgestaltung, Rn. 122.

1078 *Tennie*, Dingliche Rechte, S. 11; *Grziwotz*, Vertragsgestaltung, Rn. 121; *Bassenge*, in: *Palandt*, BGB § 1018 Rn. 19; BGH, Urt. v. 21.12.2012 – V ZR 221/11, Rn. 18 = NJW 2013, 1963 (1965); BayOLG, Beschl. v. 17.05.1985 – 2 Z 35/85, juris Rn. 18 = NJW 1985, 2485 (2486); a.A. *Stürner*, AcP 194, 265 (280).

1079 Siehe unten § 13 D. (S. 249 ff.).

1080 *Bassenge*, in: *Palandt*, BGB § 1018 Rn.15; *Berchter*, Eingriffsregelung, S. 257.

1081 *Ahrens*, Dingliche Nutzungsrechte, Rn. 163.

nicht in Betracht.[1082] Soweit dem Eigentümer aber noch Nutzungen des Grundstücks verbleiben, weil diese etwa mit den Ausgleichsmaßnahmen in Einklang gebracht werden können oder weil nur ein Teil der Fläche verwendet wird, ist die Bestellung einer Dienstbarkeit hingegen problemlos möglich.[1083] Hier sind auch Kombinationen der Sicherungsmittel (z.B. Dienstbarkeit und Nießbrauch) denkbar.

Nicht eintragungsfähig sind überdies Verpflichtungen und Beschränkungen, die sich bereits aus dem Gesetz ergeben[1084], da es hier am Rechtsschutzinteresse fehlt. Nach Ansicht von *Tennie* rührt dies zudem daher, dass eine gesetzliche Einschränkung den Kreis der Berechtigungen an einem Grundstück verkleinert. Stehen dem Eigentümer aber bestimmte Rechte an seinem Grundstück schon von Gesetzes wegen überhaupt nicht mehr zu, kann er über diese auch nicht im Rahmen einer Dienstbarkeit verfügen.[1085] Dies gilt jedoch nicht für Dienstbarkeiten, deren Inhalt mit Festsetzungen des Bebauungsplans identisch ist. Für sämtliche Festsetzungen des Bebauungsplans besteht nämlich die Möglichkeit eines Dispenses durch Ausnahmen oder Befreiungen. Der Eigentümer verfügt in diesem Fall über die potenzielle Berechtigung bei Erteilung eines Dispenses.[1086] Da sich die Notwendigkeit der dinglichen Sicherung aber gerade aus dem Umstand ergibt, dass keine bzw. unzureichende Festsetzungen existieren, wird dies regelmäßig kein Problem sein. Denn soweit sich eine mit der Dienstbarkeit inhaltsgleiche Festsetzung im Bebauungsplan findet, ist die Dienstbarkeit schon aus Perspektive der Sicherung nicht erforderlich. Das Problem stellt sich überdies nur bei einer Verbotsdienstbarkeit (d.h. wenn sich z.B. ein dingliches Bauverbot schon aus der

---

1082 *Oloff*, Ökokonto, S. 21, die – wie auch *Stich*, ZfBR 2001, 80 (82) und UPR 2001, 177 (180) – der Dienstbarkeit deshalb ihre Eignung zur Sicherung abspricht.

1083 So auch: *Möller*, Ausgleichsflächen, S. 55.

1084 *Kamp*, Steuerung der Bebaubarkeit, S. 247 f. m.w.N.; *Tennie*, Dingliche Rechte, S. 12; RG, Beschl. v. 14.10.1925 – V B 22/25 = RGZ 111, 384 (393).

1085 *Tennie*, Dingliche Rechte, S. 133.

1086 *Tennie*, Dingliche Rechte, S. 134; vgl. auch OLG Celle, Beschl. v. 27.02.1958 – 4 Wx 44/57 = NJW 1958, 1096, welches die Eintragung einer Dienstbarkeit bei baurechtlichen Vorschriften dann zulässt, wenn Zweifel über die jeweiligen Berechtigungen bestehen.

Festsetzung als Grünfläche ergibt). Soweit aber die Herstellung und Unterhaltung von Kompensationsmaßnahmen durch die Gemeinde abgesichert werden soll, kommt eine Regelung durch Festsetzungen schon nicht in Betracht. Diese können zwar in gewissem Umfang den Eigentümer der Fläche verpflichten[1087], nicht aber vertragliche Zugriffsrechte der Gemeinde absichern.

c) Vorteil und Erlöschen

Zur Bestellung einer Dienstbarkeit bedarf es eines Vorteils für das herrschende Grundstück oder den persönlich Berechtigten.[1088] Dabei genügt jedes eigene oder fremde schutzwürdige Interesse auch nicht vermögenswerter Art[1089]. Ausreichend ist deshalb auch ein ausschließlich im öffentlichen Interesse liegender Vorteil[1090] wie die Förderung städtebaulicher Interessen.[1091] Bietet die Ausübung der Dienstbarkeit dem Berechtigten keinen Vorteil mehr, erlischt sie wegen Vorteilswegfall.[1092] Daneben können Dienstbarkeiten jederzeit durch die Parteien einvernehmlich aufgehoben werden.[1093] Hierdurch zeigt sich, dass Dienstbarkeiten zwar auf dauerhafte Geltung, nicht aber auf unendliche Dauer angelegt sind.[1094] Dies ist bei Bebauungsplänen aber nicht anders[1095], steht einer Tauglichkeit der Dienstbarkeit als Sicherungsmittel also nicht entgegen. Die Möglichkeit einer einvernehmlichen Aufhebung ist sämtlichen vertraglichen Mitteln immanent und wird vom Gesetzgeber in § 1a Abs. 3 Satz 4 BauGB hingenommen. Um eine Dienstbarkeit nachträglich zu *erweitern* bedarf es einer Neubestellung der Dienstbarkeit. Das kann relevant werden, wenn bislang nur

---

1087 Siehe oben § 7 B. II. 2. (S. 128 ff.).

1088 *Ahrens*, Dingliche Nutzungsrechte, Rn. 170.

1089 *Baur/Stürner*, Sachenrecht § 34 Rn. 6.

1090 *Grziwotz*, BauR 1990, 20 f.; BGH, Urt. v. 24.06.1983 - V ZR 167/82, juris Rn. 11 = NJW 1984, 924.

1091 *Tennie*, Dingliche Rechte, S. 15 und 165; BayOLG, Beschl. v. 30.03.1989 - 2 Z 75/88, juris Rn. 30 = BayOLGZ 1989, 89 (95) für Wohnungsbesetzungsrechte.

1092 *Tennie*, Dingliche Rechte, S. 149.

1093 *Kamp*, Steuerung der Bebaubarkeit, S. 250.

1094 *Tennie*, Dingliche Rechte, S. 147.

1095 Siehe oben § 7 B. II. 1. (S. 127 f.).

eine geringe Teilfläche erfasst ist und diese - etwa im Zuge zusätzlich notwendiger Ausgleichsmaßnahmen - erweitert werden soll.

2. Sicherungswirkung

Ebenso wie Festsetzungen in Bebauungsplänen sind Dienstbarkeiten grundstücksbezogen.[1096] Sie verpflichten also den jeweiligen Grundstückseigentümer entweder bestimmte Handlungen auf dem Grundstück zu unterlassen oder - was insbesondere für eine Selbstvornahme durch die Gemeinde wichtig ist - Handlungen des Berechtigten zu dulden. Die Gemeinde kann also unabhängig von einer etwaigen Veräußerung auf das Grundstück zugreifen und dort die vereinbarten Ausgleichsmaßnahmen selbst durchführen bzw. ihrem Vertragspartner die Durchführung der Maßnahmen ermöglichen, zu denen er sich verpflichtet hat, also quasi die durch Veräußerung herbeigeführte Unmöglichkeit wieder beseitigen. Durch die effektive Zugriffssicherung ist die beschränkte persönliche Dienstbarkeit also geeignet, den naturschutzrechtlichen Ausgleich zu gewährleisten.[1097]

Die Defizite im Bereich der Sicherung der tatsächlichen Ausführung fallen demgegenüber nicht ins Gewicht. Zwar kann die Gemeinde über die Dienstbarkeit den Eigentümer nicht selbst zur Durchführung der Maßnahmen zwingen. Da aber auch die Durchsetzung der Vertragspflichten im Wege der Zwangsvollstreckung lediglich zu einer Selbstvornahme auf Kosten des Ausgleichspflichtigen führt, bedeutet der fehlende Durchführungszwang auch nicht, dass eine Sicherung durch Dienstbarkeit ungeeignet ist.

II. Nießbrauch

Der Nießbrauch (§ 1030 BGB) berechtigt dazu, Nutzungen aus einer Sache (also z.B. einem Grundstück) oder einem Recht zu

---

1096 *Tennie*, Dingliche Rechte, S. 132.

1097 Ebenso: *Berchter*, Eingriffsregelung, S. 258, der zu Recht praktische Bedenken dahingehend äußert, dass der Verkauf des Grundstücks für den Eigentümer unter Umständen sinnvoller ist. *Tennie*, Dingliche Rechte, S. 33 f., 165 hält die beschränkte persönliche Dienstbarkeit für die Sicherung städtebaulicher Ziele sogar für am besten geeignet.

ziehen. Teilweise wird er als (einziges) taugliches Sicherungsmittel angesehen, weil er -anders als die Dienstbarkeit - ein umfassendes Nutzungsrecht am Grundstück gestattet.[1098] Der Nießbrauch stellt deshalb eine Alternative zur Dienstbarkeit dar, wenn dem Eigentümer keine sinnvolle Nutzungsmöglichkeit verbleibt.[1099] Im Unterschied zur Dienstbarkeit kann also das gesamte Grundstück als Ausgleichsfläche genutzt werden.

Der Nießbrauch hat aber den erheblichen Nachteil, dass der Berechtigte die Sache nicht verändern darf (§ 1037 Abs. 1 BGB).[1100] Dies entspricht nicht dem Zweck einer Ausgleichsmaßnahme, die auf die Versetzung der Fläche in einen ökologisch höherwertigen Zustand gerichtet ist.[1101] Insoweit kommt ein Nießbrauch als Sicherungsmittel nicht in Betracht.[1102]

Der Nießbrauch ist jedoch als Sicherungsmittel nicht vollkommen ungeeignet. Seine Einsatzmöglichkeit hängt maßgeblich von der gewählten Art des Ausgleichs und somit der notwendigen Sicherung ab. Insbesondere kann ein Nießbrauch zur Sicherung eines vorgezogenen Ausgleichs (z.B. im Rahmen von Ökokonten) dienen. Im Gegensatz zur Durchführung der Kompensationsmaßnahmen im Anschluss an die Entscheidung in der planerischen Abwägung, muss die Herstellung des Ausgleichs nicht mehr gesichert werden, sondern nur noch die bereits durchgeführten Ausgleichsmaßnahmen dem Eingriff zugeordnet und diese Zuordnung abgesichert werden. Dies geschieht durch Gewährleistung eines dauerhaften Zugriffs der Gemeinde auf die Ausgleichsfläche durch Bestellung des Nießbrauchs. Auch (dauerhafte) Pflegemaßnahmen können hierdurch gesichert werden. Zwar ist der Nießbrauchsberechtigte nicht zur Änderung des Grundstücks, wohl aber zu dessen Erhaltung berechtigt (und auch verpflichtet).[1103]

1098 So *Oloff*, Ökokonto, S. 211, 213.

1099 *Baur/Stürner*, Sachenrecht, § 33 Rn. 31.

1100 Auf dieses Defizit weisen auch *Chatziathanasiou/Towfigh*, DVBl. 2013, 84 (87) und *Grziwotz*, Vertragsgestaltung, Rn. 134 hin.

1101 *Stich*, ZfBR 2001, 80 (82); *Hendler/Brockhoff*, NVwZ 2010, 733 (735).

1102 Auch *Berchter*, Eingriffsregelung, S. 251 hält den Nießbrauch für ungeeignet, da er auf Nutzungsziehung und nicht auf Sicherung des Grundstückszustands abzielt.

1103 *Ahrens*, Dingliche Nutzungsrechte, Rn. 90.

Soll die Fläche insgesamt dem Ausgleich zugeführt werden, sind aber in räumlich begrenztem Umfang Aufwertungsmaßnahmen notwendig, so kommt auch eine Kombination von Nießbrauch und Dienstbarkeit in Betracht (vgl. § 1060 BGB). Der Nießbrauch berechtigt dann zur Nutzung des gesamten Grundstücks, während die Dienstbarkeit den Zugriff zur Maßnahmendurchführung absichert.

III. Erbbaurecht

Erbbaurecht ist gem. § 1 Abs. 1 ErbbauRG das dingliche Recht, auf oder unter einem fremden Grundstück ein Bauwerk zu haben. Die dingliche Wirkung des Erbbaurechts erschöpft sich in der Bindung der Sonderrechtsnachfolger des Eigentümers und des Berechtigten.[1104] Dementsprechend entfalten Erbbaurechte keine Wirkung gegenüber sonstigen Dritten.[1105] Im Bereich des naturschutzrechtlichen Ausgleichs stellt dies aber kein Problem dar, da es im Rahmen der Zugriffssicherung gerade auf die Sicherung gegenüber etwaigen Rechtsnachfolgern ankommt. Die Wirkung gegenüber Dritten ist regelmäßig nicht relevant.

Bei der Eintragung eines Erbbaurechts muss das Bauwerk konkretisiert werden.[1106] Dazu bedarf es der Angabe des Bauwerktyps, dessen ungefähre Beschaffenheit und gegebenenfalls der Anzahl der zu errichtenden Bauwerke.[1107] Ebenso genügt die Bezugnahme auf den geltenden Bebauungsplan dergestalt, dass jedes, diesem entsprechende Gebäude errichtet werden darf:[1108] Das zu errichtende Bauwerk muss der Eintragung im Grundbuch entsprechen. Das Erbbaurecht kann auf unbestimmte Zeit bestellt werden.[1109]

1104 *Ranft*, Verdinglichung des Erbbaurechts, S. 24; *Czub*, in: *Lemke*, Immobilienrecht, ErbbauRG § 2 Rn. 5.

1105 *Tennie*, Dingliche Rechte, S. 26.

1106 *Linde/Richter*, Erbbaurecht und Erbbauzins, Rn. 76; *Tennie*, Dingliche Rechte, S. 25.

1107 *von Oefele*, in: MüKo, ErbbauRG § 1 Rn. 13; BGH, Urt. v. 17.03.1967 – V ZR 63/64, LS und juris Rn. 8 = BGHZ 47, 190 (193).

1108 BGH, Urt. v. 12.06.1987 – V ZR 91/86, LS 1 und Rn. 19 = BGHZ 101, 143 (146).

1109 *Linde/Richter*, Erbbaurecht und Erbbauzins, Rn. 91; *von Oefele*, in: MüKo, ErbbauRG § 1 Rn. 70.

§ 1 Abs. 1 ErbbauRG berechtigt aber nur in Bezug auf ein Bauwerk. Ein Bauwerk ist eine unbewegliche, durch die Verwendung von Arbeit und bodenfremden Materialien in Verbindung mit dem Erdboden hergestellte Sache.[1110] Ausgleichsmaßnahmen sind aber grundsätzlich schon von ihrer Beschaffenheit her nicht bodenfremd. Es wäre dem Natur- und Landschaftsschutz abträglich und damit widersinnig, bodenfremde Sachen einzubringen. Bodenfremde Bauwerke greifen regelmäßig in die Interessen von Natur und Landschaft ein, fördern diese aber nicht, sodass sich Erbbaurechte für die Sicherung nicht eignen.[1111]

D. Vorkaufsrecht

Eine Sicherung kann auch durch öffentlich-rechtliches oder dingliches Vorkaufsrecht erreicht werden. Gem. § 24 Abs. 1 Nr. 1 BauGB steht der Gemeinde ein Vorkaufsrecht zur Sicherung von Ausgleichsflächen zu. Dieses gibt der Gemeinde – gem. § 24 Abs. 1 Satz 2 BauGB sogar schon nach Aufstellungsbeschluss – die Möglichkeit der Flächenbeschaffung. Allerdings bedarf es zur Ausübung im Bebauungsplan einer Festsetzung der Fläche für den Ausgleich nach § 1a Abs. 3 BauGB. Bei rein vertraglicher Lösung besteht also gerade kein öffentlich-rechtliches Vorkaufsrecht.

Ein solches Vorkaufsrecht kann gem. § 1094 BGB aber auch zivilrechtlich als dingliches Erwerbsrecht bestellt werden. Dieses wirkt im Gegensatz zum schuldrechtlichen Vorkaufsrecht nach den §§ 463 ff. BGB auch gegenüber Dritten.[1112] Veräußert der Eigentümer das Ausgleichsgrundstück, kann die Gemeinde ihr Vorkaufsrecht ausüben. Es kommt dann kraft Gesetzes ein Kaufvertrag zwischen ihr und dem Eigentümer zustande. Die Ausübung muss innerhalb von zwei Monaten nach Mitteilung des Vorkaufsfalls erfolgen, § 1098 Abs. 1 Satz 1 BGB i.V.m. 469 Abs. 2 BGB. Hierzu ist die Gemeinde sogar verpflichtet, da sie anderenfalls den Zugriff verliert und dem Ausgleich nicht mehr zwangsweise zum Erfolg verhelfen kann.

1110 *Czub*, in: *Lemke*, Immobilienrecht, ErbbauRG § 1 Rn. 13; BGH, Urt. v. 10.01.1992 – V ZR 213/90, juris Rn. 24 = BGHZ 117, 19 (25) (m.w.N.).

1111 *Oloff*, Ökokonto, S. 209; so auch: *Stich*, ZfBR 2001, 80 (82).

1112 *Baur/Stürner*, Sachenrecht, § 21 Rn. 24.

Bei einer Sicherung durch Vorkaufsrecht besteht in der Praxis das Problem, dass es für die Erwerbsmöglichkeit eines Vorkaufsfalls bedarf. Da jedoch die Festsetzung als Ausgleichsgrundstück im Bebauungsplan (und auch die Belastung mit einem dinglichen Recht zur Ausgleichssicherung) das Grundstück für einen potenziellen Erwerber unattraktiv macht, wird es selten zu einem Kaufvertrag kommen und der Vorkaufsfall damit selten eintreten.[1113] Dies trifft sicherlich zu, jedoch ist zu berücksichtigen, dass es für eine Sicherung nicht zwangsläufig eines Eigentumserwerbs der Gemeinde bedarf. Zwar hat die Gemeinde durch die bloße Existenz des Vorkaufsrechts noch keinen direkten dinglichen Zugriff auf das Grundstück. Diesen braucht sie aber auch nicht, da sie den Eigentümer – den sie ohnehin vertraglich mitverpflichten muss, da anderenfalls überhaupt kein (auch kein schuldrechtlicher) Zugriff bestünde – je nach Ausgestaltung des Vertrags zur Durchführung oder Duldung von Ausgleichsmaßnahmen zwingen kann. Das Vorkaufsrecht gestaltet diesen Zugriff aber rechtsnachfolgesicher. Denn solange das Grundstück nicht wegerworben wird (und zwar ganz gleich aus welchen Gründen), bestehen die bisherigen Zugriffsrechte unverändert fort. Zum Zeitpunkt des Wegerwerbs kann die Gemeinde dann ihr Vorkaufsrecht ausüben und sich damit unmittelbaren Zugriff als Eigentümer verschaffen. Damit schließt sie eine zugriffsunterbrechende Rechtsnachfolge mittelbar aus.

Daneben bietet ein Vorkaufsrecht den weiteren Vorteil, dass eine Einschränkung der rechtsgeschäftlichen Verfügungsmacht, die durch Dienstbarkeit ja gerade nicht möglich ist, erreicht werden kann. Gem. § 1098 Abs. 2 BGB hat das dingliche Vorkaufsrecht gegenüber Dritten die Wirkung einer Vormerkung.[1114] Diese sperrt zwar das Grundbuch nicht. Wird jedoch ein beeinträchtigendes Recht eingetragen, so kann zur Verwirk-

---

1113 *Berchter*, Eingriffsregelung, S. 240, zu § 24 Abs. 1 Nr. 1 BauGB. Zu den praktischen Problemen der Vorschrift auch: *Klinge*, BauR 1995, 289 (298); *Steinfort*, VerwArch 86 (1995), 107 (128); *Möller*, Ausgleichsflächen, S. 65; *Garbe*, Eingriffsregelung, S. 211.

1114 Alternativ kann bei einem schuldrechtlichen Vorkaufsrecht auch zusätzlich eine Vormerkung eingetragen werden (zu diesem Vorgehen: *Grziwotz*, Vertragsgestaltung, Rn. 144 ff.). Ein dingliches Vorkaufsrecht ist aber vorzugswürdig.

lichung des beeinträchtigten Vorkaufsrechts dessen Löschung verlangt werden.

Nachteil eines Vorkaufsrechts ist, dass die Gemeinde das Ausgleichsgrundstück im Vorkaufsfall erwerben muss, was regelmäßig mit hohen Kosten verbunden ist. Hier besteht zugleich das Risiko, dass der Eigentümer mit einem Dritten einen ungünstigen Kaufpreis aushandelt. Da die Gemeinde für die Durchführung des Ausgleichs gezwungen ist, ihr Vorkaufsrecht auszuüben und dann einen Vertrag zu den zwischen Eigentümer und Drittem ausgehandelten Konditionen abzuschließen, könnte der Eigentümer dies ausnutzen, um einen überhöhten Kaufpreis zu erhalten. Zwar wäre der Vertrag zwischen Eigentümer und Drittem wegen sittenwidriger Kollusion nichtig. Dies muss die Gemeinde jedoch im Zweifel auch beweisen. Ist der Eigentumserwerb für die Gemeinde *generell unerwünscht*, stellen Nutzungsrechte von vornherein die geeigneteren Sicherungsmittel dar.

Auf der anderen Seite führt ein Vorkaufsrecht zu einer starken Einschränkung des Eigentümers, der sein Grundstück nicht mehr an einen Dritten veräußern kann. Er wird damit faktisch zu einer dauerhaften Eigentümerposition gezwungen. Je nach verbleibender Nutzungsmöglichkeit ist die Vereinbarung eines Vorkaufsrechts deshalb häufig für diesen äußerst unattraktiv. Die „Veräußerungssperre“ liegt dabei nicht einmal zwangsläufig im Interesse der Gemeinde: Ein Verkauf an einen Dritten soll ja nicht unbedingt unterbunden, sondern der Erwerber nur ebenfalls zum Ausgleich verpflichtet werden.

Dieser Einschränkung der Veräußerungsmöglichkeit kann durch Vereinbarung des Vorkaufsrechts für alle Fälle (vgl. § 1097 BGB) entgegengewirkt werden. Hier kann die Gemeinde nämlich mit dem potenziellen Erwerber über dessen Verpflichtung zur Durchführung einer Kompensation verhandeln. Stimmt er dieser zu, kann die Gemeinde auf ihr Vorkaufsrecht verzichten, sodass ein Eigentumsübergang an den Dritten möglich ist. Das Vorkaufsrecht bleibt bestehen und kann bei einem Weiterverkauf erneut ausgeübt werden. Der Gemeinde bleibt dann bei jedem Verkauf die Option, das Grundstück selbst zu erwerben oder den Dritten vertraglich zu verpflichten. Auch hier stellt sich aber wieder die Frage, weshalb ein Dritter das

Grundstück kaufen und dafür Ausgleichspflichten eingehen sollte.

Ein weiteres Risiko des Vorkaufsrechts ist, dass dieses nur bei einem Vorkaufsfall, d.h. einem Weiter*verkauf* des Grundstücks greift, nicht hingegen bei einem Eigentumserwerb aus anderen Gründen (z.B. Schenkung, Tausch oder Erbfall).[1115] In diesen – zugegebenermaßen seltenen, gleichwohl jedoch nicht ausgeschlossenen – Fällen wird der Zugriff der Gemeinde unterbrochen. Neben den praktischen Problemen weist das Vorkaufsrecht also auch rechtliche Defizite auf und ist deshalb als (alleinige) Sicherung ungeeignet.

E. Verwertungsrechte

I. Reallast

Zur Sicherung des Ausgleichs wird häufig die Bestellung einer Reallast (§§ 1105 bis 1112 BGB) vorgeschlagen.[1116] Diese ist auf wiederkehrende Leistungen aus einem Grundstück gerichtet und deshalb vor allem für dauerhafte Maßnahmen interessant.

1. Inhalt

Bei der Reallast wird das Grundstück mit einem dinglichen Stammrecht auf wiederkehrende Leistungen aus dem Grundstück (§ 1105 Abs. 1 BGB), sowie einem dinglichen Recht auf Entrichtung jeder Einzelleistung (§ 1107 Abs. 1 BGB) belastet.[1117] Der Unterschied zur Dienstbarkeit besteht darin, dass sich die Reallast nicht auf ein Dulden oder Unterlassen, son-

---

1115 *Baur/Stürner*, Sachenrecht, § 21 Rn. 25. Siehe auch den Wortlaut von § 463 BGB: „Wer in Ansehung eines Gegenstandes zum Vorkauf berechtigt ist, kann das Vorkaufsrecht ausüben, sobald der Verpflichtete mit einem Dritten einen *Kaufvertrag* über den Gegenstand geschlossen hat."

1116 *Grziwotz*, KommJur 2008, 288 (291); *ders.*, Vertragsgestaltung, Rn. 142 (mit Gestaltungsbeispiel in Rn. 143); *Berchter*, Eingriffsregelung, S. 259 f.; *Stich*, UPR 2001, 177 (180); angedacht von *dems.* auch in ZfBR 2001, 80 (83), jedoch ohne näher darauf einzugehen.

1117 *Bassenge*, in: *Palandt*, BGB Vor § 1105 Rn. 1.

dern auf eine aktive Handlung richtet.[1118] Sie führt auch nicht zu einer Nutzungseinwirkung des Berechtigten, sondern überlässt die Bewirtschaftung des Grundstücks ausschließlich dem Eigentümer.[1119]

Die Leistungen müssen wiederkehrender und nicht bloß einmaliger Natur sein.[1120] Die Verpflichtung zur erstmaligen Anpflanzung kann deshalb für sich allein nicht durch eine Reallast gesichert werden.[1121] Die Wiederkehr muss aber weder regelmäßig[1122] noch gleicher Art und Höhe[1123] sein. Es genügt, wenn einzelne Leistungen nur einmal erbracht werden müssen.[1124] Die Leistung muss aber aufgrund objektiver Umstände bestimmbar[1125] und in eine Geldforderung umwandelbar sein.[1126] Gegenstand der Reallast kann aber auch die Aufrechterhaltung eines bestimmten Grundstückszustands z.B. durch Betrieb oder Unterhaltung von Einrichtungen auf dem Grundstück sein.[1127] Die Reallast bietet sich deshalb nicht zur Sicherung der erstmaligen Herstellung der Kompensation, möglicherweise aber zur Gewährleistung langfristiger oder dauerhafter, wiederkehrender Pflegemaßnahmen an.

Berechtigter kann sowohl eine natürliche oder juristische Person (subjektiv-persönliche Reallast, § 1105 Abs. 1 BGB) als auch ein Grundstück (subjektiv-dingliche Reallast, § 1105 Abs. 2

1118 *Bassenge*, in: *Palandt*, BGB Vor § 1105 Rn. 4; *Grziwotz*, KommJur 2008, 288 (292).

1119 *Baur/Stürner*, Sachenrecht, § 35 Rn. 3.

1120 *Bassenge*, in: *Palandt*, BGB § 1105 Rn. 5; *Mohr*, in: MüKo, BGB § 1105 Rn. 23.

1121 *Grziwotz*, KommJur 2008, 288 (292); *Oloff*, Ökokonto, S. 212.

1122 *Baur/Stürner*, Sachenrecht, § 35 Rn. 3.

1123 *Bassenge*, in: *Palandt*, BGB § 1105 Rn. 5; *Mohr*, in: MüKo, BGB § 1105 Rn. 24; BGH, Beschl. v. 13.11.1974 – V ZB 11/74, juris Rn. 31 = MDR 1975, 217.

1124 OLG Hamm, Beschl. v. 14.11.1972 – 15 W 239/72 = OLGZ 1973, 174 (175).

1125 *Grziwotz*, KommJur 2008, 288 (292); OLG München, Beschl. v. 18.05.1993 – 2Z BR 23/93 –, juris Rn. 24 = NJW-RR 1993, 1171 (1172).

1126 *Bassenge*, in *Palandt*, BGB § 1105 Rn. 4; BayOLG, Beschl. v. 28.08.1959 – BReg. 2 Z 127/59, LS 1 = BayObLGZ 1959, 301 (301 f. und 305).

1127 *Bassenge*, in: *Palandt*, BGB § 1105 Rn. 4; *Mohr*, in: MüKo, BGB § 1105 Rn. 26 m.w. N.

BGB) sein.[1128] Im Rahmen des naturschutzrechtlichen Ausgleichs wird regelmäßig - wie bei der Dienstbarkeit - eine subjektiv-persönliche Berechtigung sinnvoll sein, bei der die Gemeinde als Berechtigte eingetragen wird.

2. Sicherungswirkung

Als dingliches Recht bindet die Reallast grundsätzlich auch einen etwaigen Rechtsnachfolger. Bei der Haftung muss zwischen der Reallast als Stammrecht und den Einzelansprüchen unterschieden werden:

Das Stammrecht, also die Reallast als Ganzes, ist wie alle dinglichen Rechte negatorisch geschützt.[1129] Da es in Bezug auf Ausgleichsmaßnahmen aber nicht um Abwehrrechte, sondern Erfüllungsansprüche geht, sind für deren Durchsetzung lediglich die einzelnen, aus der Reallast fließenden Ansprüche relevant, welche dinglich auf dem Grundstück lasten. Für diese haftet zum einen das Grundstück nach den für Hypothekenzinsen geltenden Regeln (§ 1107 BGB).[1130] Der Berechtigte kann also Zwangsversteigerung und Zwangsverwaltung betreiben. Zum anderen haftet der jeweilige Eigentümer während der Dauer seines Eigentums persönlich (§ 1108 Abs. 1 BGB), sodass auch eine Vollstreckung in sein sonstiges Vermögen möglich ist.[1131]

Die Reallast gewährt allerdings lediglich einen Anspruch auf Duldung der Zwangsvollstreckung und keinen in der Zwangsvollstreckung durchsetzbaren Anspruch auf reale Erfüllung.[1132] Die Leistung muss auch nicht in Natur aus dem Grundstück gewährt werden oder mit ihm in Beziehung stehen, da „aus dem Grundstück zu entrichten" nur ein Hinweis auf die dingliche Haftung des Grundstücks im Wege der Zwangsvollstre-

---

1128 *Baur/Stürner*, Sachenrecht, § 35 Rn. 13.

1129 *Westermann/Gursky/Eickmann*, Sachenrecht, § 123 Rn. 6.

1130 *Baur/Stürner*, Sachenrecht, § 35 Rn. 19.

1131 *Baur/Stürner*, Sachenrecht, § 35 Rn. 20; *Grziwotz*, KommJur 2008, 288 (292). Achtung: Ein Einzelrechtsnachfolger haftet nur für die einzelnen (dinglichen) Ansprüche aus der Reallast, nicht aber für die (schuldrechtlichen) Ansprüche aus dem Vertrag.

1132 *Westermann/Gursky/Eickmann*, Sachenrecht, § 123 Rn. 7.

ckung ist.[1133] Die Reallast ist damit ein bloßes Verwertungsrecht und berechtigt auch nicht zu einer Nutzungseinwirkung.[1134] Die Gemeinde hat einem etwaigen Rechtsnachfolger gegenüber also keinen (dinglichen) Anspruch auf Durchführung der Ausgleichsmaßnahmen. Ebenso wenig kann sie von diesem Duldung der Selbstvornahme verlangen. Die Reallast führt zwar - neben der Haftung des Grundstücks - zu einer persönlichen Haftung des jeweiligen Grundstückseigentümers[1135], dies aber nur in Bezug auf eine etwaige Kostenerstattung.

Da die Reallast aber nicht geeignet ist, den Zugriff der Gemeinde auf das Grundstück dergestalt zu sichern, dass sie der geplanten Kompensation effektiv zum Erfolg verhelfen kann, kommt sie als alleiniges Sicherungsmittel nicht in Betracht. Sie kann aber, z.B. in Kombination mit einer Dienstbarkeit, eine dauerhafte Absicherung der Kostentragung gewährleisten.[1136] Die persönliche Haftung des jeweiligen Grundstückseigentümers hat dabei den Vorteil, dass - anders als bei einem Grundpfandrecht - nicht gleich das gesamte Grundstück verwertet werden muss. Eine derartige Sicherung birgt also erhebliche Vorteile für die Gemeinde, ist aber gleichwohl - da sie nur finanzieller Natur ist - für die Sicherung des naturschutzrechtlichen Ausgleichs nicht zwingend erforderlich.

II. Grundpfandrechte

Auch die Grundpfandrechte der §§ 1113 bis 1203 BGB (Hypothek, Grundschuld und Rentenschuld) sind dingliche Sicherungsmittel. Durch Grundpfandrechte wird der Eigentümer verpflichtet, die Zwangsvollstreckung wegen einer aus dem Grundstück zu zahlenden Geldsumme zu dulden.[1137] Im Gegensatz zur Grund- und Rentenschuld ist die Hypothek dabei akzessorisch an die zugrundeliegende Forderung gebunden und kann nur in Bezug auf eine Geldforderung bestehen[1138].

1133 *Baur/Stürner*, Sachenrecht, § 35 Rn. 5 f.; *Westermann/Gursky/Eickmann*, Sachenrecht, § 123 Rn. 3.

1134 *Baur/Stürner*, Sachenrecht, § 35 Rn. 3 (mit anschaulichem Beispiel in Rn. 4); *Grziwotz*, Vertragsgestaltung, Rn. 142.

1135 *Baur/Stürner*, Sachenrecht, § 35 Rn. 19.

1136 So auch: *Grziwotz*, Vertragsgestaltung, Rn. 142.

1137 *Bassenge*, in: *Palandt*, BGB Überblick v. § 1113 Rn. 1.

1138 *Bassenge*, in: *Palandt*, BGB § 1113 Rn. 15.

Andere Ansprüche sind nicht sicherbar.[1139] Die Grundschuld kann hingegen auch zur Sicherung anderer Forderungen als Geldforderungen verwendet werden (vgl. § 1192 Abs. 1a BGB: „Sicherung eines Anspruchs“).[1140] Gleiches gilt für die Rentenschuld, die einer Grundschuld entspricht und den Eigentümer zu wiederkehrenden Geldleistungen aus dem Grundstück verpflichtet (§ 1199 Abs. 1 BGB).

Die Grundpfandrechte berechtigen jedoch nicht zu einer Nutzung des Grundstücks, sondern lediglich zu dessen Verwertung durch Zwangsversteigerung oder Zwangsverwaltung (vgl. § 866 Abs. 1 ZPO). Sie können dem Ausgleich also nicht tatsächlich zum Erfolg verhelfen, sondern den Ausgleich lediglich finanziell absichern. Auch als „Druckmittel“ durch Androhung der Versteigerung sind sie weitgehend ungeeignet, da sie auf Zahlung einer Geldsumme gerichtet sind und der Belastete somit durch Zahlung von seiner Schuld frei wird. Grundpfandrechte können damit zwar die Kosten, nicht aber die Durchführung des Ausgleichs absichern. Als alleinige Sicherungsmittel kommen sie deshalb ebenfalls nicht in Betracht.

F. Öffentlich-rechtliche Baulast

Die Baulast ist eine Erklärung des Grundstückseigentümers gegenüber der Bauaufsichtsbehörde, öffentlich-rechtliche Verpflichtungen zu einem sein Grundstück betreffendes Tun, Dulden oder Unterlassen zu übernehmen, die sich nicht schon aus öffentlich-rechtlichen Vorschriften ergeben.[1141] Inhaltlich hat sie Ähnlichkeit mit der beschränkten persönlichen Dienstbar-

---

1139 OLG München, Beschl. v. 03.02.1967 - BReg. 2 Z 63/66, LS = BayObLGZ 1967, 48.

1140 *Bassenge*, in: *Palandt*, BGB § 1191 Rn. 13.

1141 So der ähnlich lautende Wortlaut in den Landesbauordnungen: § 71 Abs. 1 Satz 1 LBO-BW; § 82 Abs. 1 Satz 1 BauO-Bln; § 82 Abs. 1 Satz 1 BremLBO; § 75 Abs. 1 Satz 1 HBO; § 79 Abs. 1 Satz 1 HBauO; § 83 Abs. 1 Satz 1 BauO-MV; § 81 Abs. 1 Satz 1 NdsBauO; § 83 Abs. 1 Satz 1 BauO-NRW; § 86 Abs. 1 Satz 1 LBauO-RP; § 83 Abs. 1 Satz 1 LBO-Saarl; § 82 Abs. 1 Satz 1 BauO-LSA; § 83 Abs. 1 Satz 1 SächsBO; § 89 Abs. 1 Satz 1 LBO-SH; § 80 Abs. 1 Satz 1 ThürBO. In Bayern und Brandenburg gibt es dieses Rechtsinstitut nicht, weshalb man sich in der Praxis mit Dienstbarkeiten behilft (*Schwarz*, BauR 1998, 446 (Fn. 1)).

keit.[1142] Der Unterschied liegt vor allem darin, dass durch die Baulast auch zu einem *aktiven Tun* verpflichtet werden kann.[1143] Zusätzlich kann der Grundstückseigentümer *vollständig* auf seine Nutzungsmöglichkeiten verzichten.[1144] Eine dem § 1018 BGB entsprechende Einschränkung („[...] das Grundstück *in einzelnen Beziehungen* benutzen [...]") findet sich in den Vorschriften der Landesbauordnungen (vgl. § 71 Abs. 1 Satz 1 LBO-BW) nicht.

Berechtigt wird nicht der Eigentümer des begünstigten Grundstücks, sondern nur eine Behörde.[1145] In BW ist das gem. § 71 Abs. 1 LBO-BW die Baurechtsbehörde, in den Fällen des § 46 Abs. 2 Nr. 1, Abs. 4 LBO-BW und § 46 Abs. 1 Nr. 3 LBO-BW, § 15 Abs. 1 Nr. 2 LVG also unter Umständen auch die Gemeinde selbst. Im Übrigen ist die Inhaberschaft unerheblich, da es für die Sicherung lediglich darauf ankommt, *dass* ein Träger öffentlicher Gewalt Zugriff hat und nicht *welcher*.

I. Inhalt

Die Verpflichtung kann sich auf aktives Tun (z.B. die Herstellung der Kompensation) oder Unterlassen (z.B. einer Bebauung auf der Ausgleichsfläche) beziehen. Daneben kommt eine Duldungsbaulast in Betracht, welche z.B. die Duldung der Durchführung von bestimmten Maßnahmen zum Inhalt hat. In diesem Fall wird aber üblicherweise die Vereinbarung einer Dienstbarkeit ausreichen, zumal durch diese auch für einen privaten Ausgleichspflichtigen durchsetzungsfähige Rechte in Bezug auf das Ausgleichsgrundstück begründet werden können.

Eine einmalige Handlung kann jedoch, ebenso wie bei der Dienstbarkeit, grundsätzlich nicht Gegenstand einer Baulast

---

1142 *Wolff/Bachof/Stober/Kluth*, Verwaltungsrecht I, § 42 Rn. 61; *Tennie*, Dingliche Rechte, S. 16; vgl. *Grziwotz*, BauR 1990, 20 (21). Teilweise wird sie deshalb auch als „öffentlich-rechtliche Dienstbarkeit" bezeichnet (so *Bunzel/Coulmas/Schmidt-Eichstaedt*, Städtebauliche Verträge, S. 303).

1143 *Tennie*, Dingliche Rechte, S. 131. Dies ergibt sich schon aus dem Wortlaut, vgl. § 71 Abs. 1 Satz 1 LBO-BW.

1144 Vgl. *Berchter*, Eingriffsregelung, S. 266, der in seinem Formulierungsbeispiel dauerhaft "jedwede Nutzung" ausschließt.

1145 *Grziwotz*, Vertragsgestaltung, Rn. 132; *ders.* BauR 1990, 20 ff.

sein.[1146] Grundlage ist für beide Sicherungsarten nämlich nicht die einmalige persönliche, sondern eine dauerhafte grundstücksbezogene Verpflichtung.[1147] Eine einmalige Handlung kann nur dann zum Inhalt einer Baulast gehören, wenn sie einen unselbständigen Teil bildet und den Zustand, welchen die Baulast sichern soll, erst herbeiführt.[1148] Ziel des naturschutzrechtlichen Ausgleichs ist aber nicht die bloße Herstellung einer Kompensation. Diese muss auch über die Dauer des Eingriffs bestehen bleiben, anderenfalls wäre sie wertlos. Soweit die Baulast also nicht nur die einmalige Herstellung der Kompensation zum Inhalt hat, sondern auch ihrer weiteren Erhaltung (insbesondere durch Unterhaltungspflegemaßnahmen) dient, ist sie ein zulässiges und geeignetes Mittel zur Sicherung des Ausgleichs.

Die auferlegte Verpflichtung darf sich nicht bereits aus öffentlich-rechtlichen Vorschriften ergeben (§ 71 Abs. 1 S. 1 LBO-BW). Es kann deshalb nicht Inhalt einer Baulast sein, was sich bereits aus den Festsetzungen des Bebauungsplans ergibt. Dies führt zu gewissen Unsicherheiten hinsichtlich der Zulässigkeit von festsetzungs*ersetzenden* Inhalten bei Baulasten.[1149] Diese sind im Bereich der Ausgleichsverträge jedoch unbegründet. Zwar können diese Verträge unter Umständen festsetzungsersetzender Natur sein. Auch spiegelt sich deren Inhalt gegebenenfalls in der Baulast wider. Der Vertrag ist aber, auch wenn er bis zu einem gewissen Grad die Funktion des Bebauungsplans übernimmt, gerade kein hoheitliches Instrument. Die vereinbarten Verpflichtungen stellen gerade keine Rechte oder Pflichten aus einer öffentlich-rechtlichen Norm dar. Soweit also Verpflichtungen abgesichert werden, die sich ausschließlich aus städtebaulichem Ausgleichsvertrag ergeben, hindert dies die Eintragung einer diesem Inhalt entsprechenden Baulast gerade nicht.

1146 *Kamp*, Steuerung der Bebaubarkeit, S. 264.

1147 OVG Hamburg, Urt. v. 28.02.1985 – Bf. II 29/83, LS 3 = NJW 1987, 915 (916 f.); vgl. *Grotefels*, in: *Hoppe*, Öffentliches Baurecht, § 16 Rn. 105.

1148 *Lohre*, NJW 1987, 877; *Kluth/Neuhäuser*, NVwZ 1996, 738 (740); *Kamp*, Steuerung der Bebaubarkeit, S. 264; OVG Hamburg, Urt. v. 28.02.1985 – Bf. II 29/83, LS 3 = NJW 1987, 915 (916 f.).

1149 *Kamp*, Steuerung der Bebaubarkeit, 253 ff.

Voraussetzung für die Baulastfähigkeit ist eine baurechtliche oder bauaufsichtliche Relevanz.[1150] Diese erfordert keinen Zusammenhang mit einem konkreten Bauvorhaben, eine Sicherung durch Baulast kann auch vor Planerlass erfolgen.[1151] Die umstrittene Frage, inwieweit ein öffentliches Interesse Tatbestandsmerkmal der Baulast ist[1152], kann bei der Ausgleichssicherung dahinstehen. Da die Durchführung der Kompensationsmaßnahmen zur Schaffung eines rechtmäßigen Zustands erforderlich ist, besteht hinsichtlich dieser immer ein öffentliches Interesse. Sie sind zudem auch in baurechtlicher Hinsicht notwendig und weisen damit die erforderliche Relevanz auf.[1153]

Der Umstand, dass die „Ausgleichsbaulast" lediglich bau*planungsrechtliche* und nicht bauordnungsrechtliche Verhältnisse zum Inhalt hat, ist ebenfalls unerheblich. Zweck der Baulast ist es, Hindernisse, die im Einzelfall einer Bebauung im Weg stehen würden, auszuräumen und die tatbestandlichen Voraussetzungen für die Erteilung einer Baugenehmigung zu schaffen und zu sichern.[1154] Der Wortlaut der Regelungen in den Landesbauordnungen beschränkt die Anwendung aber weder auf die Klärung bauordnungsrechtlicher Verhältnisse[1155] noch schließt das BauGB die Anwendung der Baulast in seinem Anwendungsbereich aus[1156] (sondern erwähnt sie sogar ausdrücklich in § 35 Abs. 5 S. 3 BauGB).

1150 *Schlotterbeck*, in: *Schlotterbeck/Hager/Busch/Gammerl*, LBO-BW § 71 Rn. 14; *Kamp*, Steuerung der Bebaubarkeit, S. 256 m.w.N.; BVerwG, Beschl. v. 04.10.1994 – 4 B 175/94, juris Rn. 6 = NVwZ 1995, 377 (378).

1151 *Kamp*, Steuerung der Bebaubarkeit, S. 260, insbesondere in Bezug auf die Sicherung festsetzungsergänzender Regelungen.

1152 Verneinend: *Kamp*, Steuerung der Bebaubarkeit, S. 259; *Schwarz*, Baulasten, Rn. 185 ff.; OVG NRW, Urt. v. 10.10.1996 – 7 A 4185/95, juris 58; a.A. *Lohre*, NJW 1987, 877 f.; *Schlotterbeck*, in: *Schlotterbeck/Hager/Busch/Gammerl*, LBO-BW § 71 Rn. 16.

1153 So auch: *Berchter*, Eingriffsregelung, S. 263 f.

1154 *Burmeister*, Städtebauliche Verträge, Rn. 317; *Kamp*, Steuerung der Bebaubarkeit, S. 253 f. m. w. N.; vgl. BVerwG, Beschl. v. 27.09.1990 – 4 B 34/90, 4 B 35/90, juris Rn. 12 = NJW 1991, 713 (714).

1155 *Kamp*, Steuerung der Bebaubarkeit, S. 255 m. w. N.; VGH BW, Urt. v. 25.04.1974 – III 1343/72, LS = BRS 28 Nr. 123, S. 264 f.

1156 *Kamp*, Steuerung der Bebaubarkeit, S. 255; *Lohre*, NJW 1987, 877 (878).

II. Sicherungswirkung

Baulasten wirken quasi-dinglich[1157] und gem. § 71 Abs. 1 Satz 2 LBO-BW auch gegenüber einem etwaigen Einzel- oder Gesamtrechtsnachfolger des Eigentümers[1158]. Ein gutgläubiger (bau)lastenfreier Erwerb ist ebenso ausgeschlossen[1159] wie ein Untergang in der Zwangsversteigerung[1160]. Vielmehr gehört es gerade zum Wesen der Baulast, dass sie von den zivilrechtlichen Verhältnissen unabhängig ist.[1161] Sie stellt deshalb auch lediglich eine öffentlich-rechtliche Sicherung dar und gewährt gerade keinen durchsetzbaren Anspruch.[1162] Der Eigentümer des begünstigten Grundstücks hat also keinen zivilrechtlichen Nutzungsanspruch, der Eigentümer des verpflichteten Grundstücks ist nicht zur Duldung oder Durchführung von Maßnahmen verpflichtet.[1163] Hier bedarf es zusätzlicher privater Nutzungsvereinbarungen, wie z.B. eines Pachtvertrags bzw. der Bestellung einer dinglichen Sicherheit (z.B. Dienstbarkeit).[1164] Die Behörde kann jedoch auf Grundlage der allgemeinen Befugnisnorm (§ 47 Abs. 1 Satz 2 LBO)[1165] die Einhaltung der

---

1157 *Bunzel/Coulmas/Schmidt-Eichstaedt*, Städtebauliche Verträge, S. 302; vgl. *Prahl*, ZfBR 1997, 12 (13).

1158 *Schlotterbeck*, in: *Schlotterbeck/Hager/Busch/Gammerl*, LBO-BW § 71 Rn. 34.

1159 *Tennie*, Dingliche Rechte, S. 16.

1160 *Schwarz*, BauR 1998, 446 (456); *Bunzel/Coulmas/Schmidt-Eichstaedt*, Städtebauliche Verträge, S. 303; BVerwG, Beschl. v. 29.10.1992 - 4 B 218.92, LS 2 und juris Rn. 7 = ZfBR 1993, 91 f.

1161 NdsOVG, Beschl. v. 08.12.1995 - 1 M 7201/95, juris Rn. 6 = NJW 1996, 1363 (1364). Ein Erlöschen ist aber durch Verzicht der Bauaufsichtsbehörde möglich (*Schwarz*, BauR 1998, 446 (451)).

1162 *Berchter*, Eingriffsregelung, S. 265; BGH, Urt. v. 19.04.1985 - V ZR 152/83, juris Rn. 20 = NJW 1985, 1952 (1953); Urt. v. 07.10.1994 - V ZR 4/94, juris Rn. 22 = NJW 1995, 53 (54 f.).

1163 Ausführlich: *Schwarz*, BauR 1998, 446 (454 f.); *Berchter*, Eingriffsregelung, S. 267; vgl. BGH, Urteil v. 08.07.1983 - V ZR 204/82, juris Rn. 16 = BGHZ 88, 97 (101).

1164 *Berchter*, Eingriffsregelung, S. 267; *Kluth/Neuhäuser*, NVwZ 1996, 738 (739); *Prahl*, ZfBR 1997, 12; *Schwarz*, BauR 1998, 446 (454).

1165 *Schlotterbeck*, in: *Schlotterbeck/Hager/Busch/Gammerl*, LBO-BW § 71 Rn. 32.

Verpflichtung mit hoheitlichen Mitteln (Ordnungsverfügung) unmittelbar aus der Baulast durchsetzen.[1166]

Letztendlich wird damit der vertragliche Ausgleich bei der Sicherung wieder auf eine hoheitliche Ebene gehoben. Dies führt zugleich zu einer gewissen Durchbrechung der Ausführungsmacht vermittelnden Funktion des dinglichen Sicherungsmittels. Der Zwang zur Ausführung folgt nicht aus dem Zugriff als solchem, sondern aus den hoheitlichen Befugnissen der Gemeinde. Letztendlich steht dieser Weg einer effektiven Sicherung aber nicht entgegen, da auch hier ein Zwang zur Ausführung - und zwar im gleichen Maße wie bei Festsetzungen[1167] - möglich ist.

Die Baulast stellt insgesamt sowohl in Bezug auf die Sicherung des Zugriffs als auch auf die Sicherung der Ausführung grundsätzlich ein geeignetes Sicherungsmittel dar.[1168] Mit ihr verlässt die Behörde auf Ebene des Vollzugs den vertraglichen Weg zwar wieder. Da eine Durchsetzung aber über hoheitliche Mittel möglich ist, schadet das Fehlen eines zivilrechtlichen Nutzungsanspruchs nicht.

G. Zusammenfassung

Grundsätzlich kann mittels dinglicher Rechte die schuldrechtliche Ausgleichsvereinbarung flächenbezogen und damit rechtsnachfolgesicher abgesichert werden. Dingliche Rechte können dabei sowohl eine Sicherung des Zugriffs als auch eine Sicherung der Ausführung[1169] bieten.[1170] Typischerweise vermittelt dabei der Zugriff zugleich die Gewalt über die tatsächliche Ausführung.

1166 *Lohre*, NJW 1987, 877 (878); *Kamp*, Steuerung der Bebaubarkeit, S. 252; BVerwG, Beschl. v. 27.09.1990 - 4 B 34/90, 4 B 35/90, juris Rn. 15 = NJW 1991, 713 (714).

1167 Zum Vollzug bei Festsetzungen siehe oben § 7 B. II. 2. (S. 128 ff.).

1168 So auch schon: *Schwarz*, BauR 1998, 446 (448); *Stich*, ZfBR 2001, 80 (82).

1169 Zu den Begriffen der Zugriffs- und Ausführungssicherung siehe oben § 6 B. (S. 102 ff.).

1170 Wenngleich dingliche Rechte für eine Sicherung der tatsächlichen Ausführung nicht zwangsläufig notwendig sind, siehe oben § 6 B. II. (S. 103 ff.).

Dies zeigt sich besonders deutlich am Eigentum, da hier das hohe Maß an Ausführungsgewalt direkt mit dem grundsätzlich unbeschränkten Zugriff korreliert. Entgegen der Ansicht von *Stich*[1171] ist ein Eigentumserwerb für eine hinreichende Sicherung aber nicht zwangsläufig notwendig. Wie die obigen Ausführungen[1172] gezeigt haben, stellt das gemeindliche Eigentum in Bezug auf den Zugriff zwar das umfassendste und sicherste Mittel[1173], nicht jedoch das einzige[1174] dar. Eine effektive Sicherung kann auch über andere dingliche Rechte erreicht werden. Diese variieren stark in ihrer Eignung zur Sicherung des Ausgleichs.

Das höchste Maß an Sicherung bietet die Baulast, da durch sie sowohl aktive Handlungsverpflichtungen auferlegt als auch die gesamte anderweitige Nutzung des Grundstücks ausgeschlossen werden kann. Sie bleibt von den zivilrechtlichen Verhältnissen unberührt, vermittelt aber weder dem Eigentümer des begünstigten Grundstücks noch der Baurechtsbehörde ein Selbstvornahmerecht. Letztere kann jedoch die Verpflichtungen über hoheitliche Mittel durchsetzen. Hier wird aber der direkte Zusammenhang zwischen Zugriff und Ausführung durchbrochen.[1175]

Unter den zivilrechtlichen Mitteln sind – mit unterschiedlichen Stärken und Schwächen – die beschränkte persönliche Dienstbarkeit und der Nießbrauch für die Sicherung städtebaulicher Ziele am besten geeignet. Beide Sicherungsmittel können keine aktive Handlungspflicht des Grundstückseigentümers statuieren, sondern vermitteln eine Ausführungsbefugnis unmittelbar über den Zugriff. Der Berechtigte erhält nämlich ein Nutzungsrecht mit jeweils unterschiedlicher Ausprägung:

1171 ZfBR 2001, 80 (82); *Schlichter/Stich*, BauGB 1998 § 135 a, Rn. 8 f. Dieser spricht sich vielmehr für Vertragsstrafen und die Unterwerfung unter die sofortige Zwangsvollstreckung aus (in: *Kormann*, Das neue Bundesbaurecht, S. 9 (22)).

1172 Siehe § 13 B. bis F. (S. 239 ff.).

1173 So schon BayVGH, Urt. v. 11.08.1989 - 9 B 86.02748 = BayVBl. 1990, 277 (278).

1174 So z.B. auch: *Berchter*, Eingriffsregelung, S. 227 f.; *Schrödter, in: Schrödter*, BauGB § 1a Rn. 89; *Wagner*, in: *Ernst/Zinkahn/Bielenberg/Krautzberger*, BauGB § 135a Rn. 7.

1175 Siehe oben § 13 F. II (S. 260 f.).

Während bei der beschränkten persönlichen Dienstbarkeit eine Veränderung des Grundstücks und damit die (Selbst-) Vornahme von Ausgleichsmaßnahmen möglich ist, beschränkt sich der Nießbrauch auf die - allerdings umfassende - Nutzung ohne Veränderungsbefugnis. Demgegenüber ist die Nutzungsbefugnis bei der Dienstbarkeit beschränkt, da ein Teil der Nutzungsmöglichkeiten beim Eigentümer verbleiben muss. Hier kann eine Kombination der Sicherungsmittel zum Erfolg führen. Insgesamt am umfangreichsten wäre eine Kombination von Dienstbarkeit und Baulast[1176], die aber für ihre Angemessenheit einer besonderen Rechtfertigung bedarf.

Auch Vorkaufsrechte können grundsätzlich zur Sicherung eingesetzt werden, da sie den Grundstückserwerb eines Dritten verhindern können. Da jedoch nicht sämtliche Erwerbstatbestände erfasst sind und der gegebenenfalls notwendige Grundstückserwerb der Gemeinde unter Umständen überhaupt nicht gewünscht ist, werden Dienstbarkeiten regelmäßig vorzugswürdig sein. Auch hier erfolgt die Ausführungsbefugnis (in Form eines potenziellen Eigentumserwerbs) über den Zugriff.

Verwertungsrechte wie Reallasten und Grundpfandrechte sind aufgrund ihrer Durchsetzungswirkung lediglich für eine finanzielle Absicherung, nicht aber zur Sicherstellung der tatsächlichen Durchführung des Ausgleichs geeignet. Ebenfalls ungeeignet ist ein Erbbaurecht, da ein solches nicht zur Durchführung von naturschutzrechtlichen Ausgleichsmaßnahmen berechtigt. Der durch diese Rechte geschaffene Zugriff vermittelt dem Berechtigten nicht die notwendigen Ausführungsmöglichkeiten.

1176 So auch: *Kamp*, Steuerung der Bebaubarkeit, S. 267.

§ 14 Sonstige Sicherungsmittel

Neben dinglichen Rechten kommen auch besondere Vertragsgestaltungen in Betracht, um die Durchführung von Kompensationsmaßnahmen abzusichern. Hier geht es sowohl um die Ausgestaltung der Pflichten selbst als auch um ergänzende Vereinbarungen, die den Druck auf den Vertragspartner erhöhen oder die Gemeinde finanziell absichern sollen.

A. Pachtvertrag

Statt das Eigentum an der Fläche zu erwerben, kann die Gemeinde Pachtverträge gem. §§ 581 ff. BGB über die Fläche abschließen. Der Verpächter muss sich dann nicht endgültig von seinem Eigentum trennen, sondern bleibt Eigentümer. Für die Gemeinde besteht der Vorteil, dass eine Pacht regelmäßig mit geringerem finanziellen Aufwand verbunden ist, sie das Grundstück aber dennoch umfassend nutzen kann. Pachtverträgen kommt dabei die Besonderheit zu, dass deren Nutzungsrechte gem. §§ 581 Abs. 2, 578 Abs. 1, 566 Abs. 1 BGB auch bei einem Wechsel des Eigentümers fortbestehen: Es entsteht kraft Gesetzes ein - mit dem ursprünglichen Verhältnis inhaltsgleiches - Pachtverhältnis mit dem Erwerber. Dieser ist also zur Duldung der Nutzung durch die Gemeinde verpflichtet. Das Pachtverhältnis ist insofern rechtsnachfolgesicher und gewährt damit einen davon unabhängigen Zugriff der Gemeinde.

Im Gegensatz zu dinglichen Rechten bindet ein Pachtverhältnis aber nicht dauerhaft. Es erlischt entweder durch Zeitablauf oder kann einseitig beseitigt werden. So hat der Pächter bei einem unbefristeten Pachtverhältnis gem. §§ 581 Abs. 2, 542 Abs. 1 BGB ein gesetzliches Kündigungsrecht. Die Kündigung eines Pachtvertrags richtet sich grundsätzlich nach dem (abdingbaren[1177]) § 584 Abs. 1 BGB. Eine ordentliche Kündigungsmöglichkeit besteht zwar bei befristeten Pachtverhältnissen nicht. Auch diese gelten aber nicht dauerhaft, sondern eben nur bis zu einem gewissen Zeitpunkt. Ist der Vertrag über mehr als 30 Jahre geschlossen, kann im Übrigen gem. § 544 Satz 1 BGB auch ordentlich gekündigt werden. Es besteht damit keine

---

1177 *Weidenkaff*, in: *Palandt*, BGB § 584 Rn. 2.

Sicherheit für die Gemeinde dauerhaft auf das Grundstück zugreifen zu können.

Der wohl überwiegende Teil der Literatur und Rechtsprechung spricht sich deshalb gegen die Eignung von Pachtverträgen ohne zusätzliche dingliche Sicherung aus.[1178] Demgegenüber hat das OVG RhPf eine solche für ausreichend gehalten.[1179] Entscheidend ist dabei die Dauerhaftigkeit der Sicherung und ob der Pachtvertrag durch seine quasi-dingliche Wirkung die weitergehenden (dinglichen) Sicherungsmittel ersetzen kann. Das OVG RhPf hält es in dem genannten Urteil für ausreichend, dass eine vertragliche Absicherung besteht und der Vertragspartner (der zugleich Eigentümer der Ausgleichsfläche war) der Gemeinde erst später seine dinglichen Berechtigungen überträgt. Diese Auffassung stützt es auf einen Vergleich der Varianten des § 1a Abs. 3 Satz 4 BauGB (d.h. städtebauliche Verträge gegenüber sonstigen geeigneten Maßnahmen) und schließt daraus, dass nur letztere auf „von der Gemeinde bereit gestellten Flächen" erfolgen müssten, die dingliche Sicherung sozusagen gegenüber der vertraglichen Lösung eine eigene Kategorie darstelle. Dabei verkennt es die (von Anfang an bestehende) Ausgangsproblematik der möglichen Rechtsnachfolge und die Notwendigkeit eines dauerhaften Zugriffs. Dieser muss auch bei städtebaulichen Verträgen gegeben sein, dem Zusatz der „bereit gestellten Flächen" kommt insofern keine eigenständige Bedeutung zu. Auch die Argumentation des OVG RhPf kann deshalb die Tauglichkeit des Pachtvertrags für eine alleinige

1178 *Burmeister*, Städtebauliche Verträge, Rn. 122; *Birk*, Städtebauliche Verträge, Rn. 541; *Möller*, Ausgleichsflächen, S. 54; zweifelnd auch *Stich*, ZfBR 2001, 80 (81); NdsOVG, Urt. v. 14.09.2000 - 1 K 5414/98, juris Rn. 30 = NVwZ 2001, 452 (454); VGH BW, Urt. v. 17.05.2001 - 8 S 2603/00, juris Rn. 28 = NVwZ-RR 2002, 8 (11); HessVGH, Urt. v. 25.06.2009 - 4 C 1347/08.N, LS 2 und juris Rn. 51 = NuR 2009, 646 (648); *Berchter*, Eingriffsregelung, S. 250, der die Pacht jedoch bei zeitlich begrenzten Maßnahmen für zweckmäßig hält.

1179 OVG RhPf, Urt. v. 20.01.2003 - 8 C 11016/02, juris Rn. 55 = NVwZ-RR 2003, 629 (630). Ebenso offenbar auch: *Mitschang*, ZfBR 2005, 644 (648), der Pachtverträge gegenüber den sonstigen zivilrechtlichen Möglichkeiten (Dienstbarkeit, Nießbrauch, Erbbaurecht) für vorzugswürdig hält. Auch der VGH BW, Urt. v. 15.12. 2003 - 3 S 2827/02, juris Rn. 47 scheint Pachtverträge für ausreichend zu halten, ohne jedoch näher auf die Problematik der dauerhaften Sicherung einzugehen.

Sicherung nicht begründen. Es bedarf entsprechend der herrschenden Ansicht daneben der Bestellung eines dinglichen Rechts.

B. Rechtsnachfolgeverpflichtung und Vertragsstrafe

Um sicherzustellen, dass auch ein etwaiger neuer Projektträger an den Ausgleichsvertrag gebunden wird, bietet sich die Aufnahme einer Rechtsnachfolgeverpflichtung an. Der Vertragspartner ist dann verpflichtet, seine Pflichten aus dem Ausgleichsvertrag an einen etwaigen Rechtsnachfolger zu übertragen. Eine derartige Verpflichtung kann auch mit dem (vom Vorhabenträger verschiedenen) Eigentümer der Ausgleichsfläche geschlossen werden. Da der Vertrag mit diesem jedoch regelmäßig einem Pachtvertrag entsprechen wird (zumindest soweit der Eigentümer nicht selbst zur Vornahme von Ausgleichsmaßnahmen verpflichtet ist), dessen Pflichten ohnehin gem. §§ 581 Abs. 2, 578 Abs. 1, 566 Abs. 1 BGB auf einen Erwerber übergehen, ist ein derartiger Zusatz häufig entbehrlich.

Handelt der Vertragspartner der Rechtsnachfolgeverpflichtung zuwider und überträgt er seine vertraglichen Verpflichtungen nicht auf den Rechtsnachfolger, so ist letzterer der Gemeinde gegenüber allerdings nicht verpflichtet. Die Befolgung der Rechtsnachfolgeverpflichtung kann auch nicht erzwungen werden. Zwar verpflichtet sich der Vertragspartner der Gemeinde eigentlich zur Abgabe einer auf Weitergabe der Ausgleichsverpflichtungen gerichteten Willenserklärung gegenüber einem potenziellen Rechtsnachfolger. Die Abgabefiktion des §§ 894 ZPO hilft jedoch nicht weiter, da es zudem einer korrespondierenden Willenserklärung des Rechtsnachfolgers bedarf, die nicht erzwungen werden kann. Der vertragliche Ausgleichsanspruch besteht dann zwar nach wie vor gegen den ursprünglichen Vorhabenträger. Dieser kann jedoch nicht mehr auf das Grundstück zugreifen und die Maßnahmen durchführen. Der Vertragspartner der Gemeinde macht sich zwar dem Grunde nach schadensersatzpflichtig. Dies führt aber nicht zu einer tatsächlichen Kompensation.

Um einen zusätzlichen Druck aufzubauen, bietet sich hier die Kombination mit einer Vertragsstrafe an.[1180] Zwar sichert auch diese nicht den weitergehenden Zugriff auf das Grundstück.[1181] Sie kann aber durch finanzielle Sanktion Einfluss auf das Verhalten des Vertragspartners nehmen, sich vertragsgemäß zu verhalten.[1182] Eine Vertragsstrafe kann deshalb - in Verbindung mit Fristvereinbarungen - auch zur Beschleunigung der Maßnahmendurchführung verwendet werden. Auch hier gilt aber, dass die Vertragsstrafe lediglich mittelbar Einfluss nehmen kann. Insbesondere gibt diese der Gemeinde keine Möglichkeiten selbst einzugreifen. Ebenfalls nicht abgedeckt ist ein etwaiges Ausfallrisiko, da auch bei der Zahlung einer Vertragsstrafe die ausreichende Liquidität des Vorhabenträgers vorausgesetzt ist.[1183]

Im Ergebnis sind Rechtsnachfolgeverpflichtungen und/oder Vertragsstrafen deshalb weder für sich genommen noch in Kombination miteinander ein ausreichendes Mittel zur Sicherung des Ausgleichs, da der weitere Zugriff auf die Ausgleichsfläche nicht gewährleistet ist. Nichtsdestotrotz sind sie in der Verwaltungspraxis empfehlenswert, da sie den Vertragspartner zur Weitergabe der Ausgleichsverpflichtung verpflichten (Rechtsnachfolgeverpflichtung) sowie einen gewissen Druck ausüben (Vertragsstrafe) und damit geeignet sind, den Vertragspartner zu einem dem Ausgleichszweck entsprechenden Verhalten zu veranlassen.

C. Gestaltungsrechte

Gestaltungsrechte wie z.B. Rücktritts- und Kündigungsrechte können sowohl auf gesetzlicher Grundlage bestehen als auch vertraglich vereinbart werden. Rücktritt und Kündigung haben grundsätzlich die Vertragsaufhebung ex nunc zur Folge. Für die Wirksamkeit des Bebauungsplans kommt es aber auf den

---

1180 Diese ist auch bei öffentlich-rechtlichen bzw. städtebaulichen Verträgen zulässig (*v. Nicolai/Wagner/Wecker*, Verträge des Baugesetzbuches, S. 58).

1181 Ebenso: *Grziwotz*, Vertragsgestaltung, Rn. 160.

1182 Vgl. OVG RhPf, Urt. v. 20.01.2003 - 8 C 11016/02, juris Rn. 42 = NVwZ-RR 2003, 629 (631).

1183 *Chatziathanasiou/Towfigh*, DVBl. 2013, 84 (87).

Zeitpunkt des Beschlusses an. Eine nachträgliche Aufhebung des Vertrags hat auf den Bebauungsplan deshalb keinen Einfluss. Im Rahmen des naturschutzrechtlichen Ausgleichs bringen Kündigung und Rücktritt die Gemeinde deshalb nicht weiter, da das durch den Bebauungsplan erlangte Baurecht des Vertragspartners nicht ohne Weiteres rückgängig gemacht werden kann.[1184] Im Gegenteil kann die Vereinbarung eines Kündigungs- oder Rücktrittsrechts für den Vertragspartner sogar zur Folge haben, dass dieser mangels ausreichender Sicherungswirkung den Konflikt nicht löst. Der darauf aufbauende Bebauungsplan wäre dann rechtswidrig. Bei der Vereinbarung von Rücktritts- und Kündigungsrechten ist deshalb Vorsicht geboten.

Ein Rücktrittsrecht kann deshalb allenfalls als eine Art „Eingriffsbefugnis" zugunsten der Gemeinde denkbar sein, z.B. wenn die Gemeinde das Grundstück zuvor an den Investor verkauft hat. Bei einer Zuwiderhandlung könnte sich die Gemeinde durch Rücktritt einen Rückgewähranspruch auf Herausgabe des Grundstücks verschaffen. Da ein solcher Anspruch jedoch schuldrechtlicher Natur ist, bedarf er zusätzlich einer Sicherung durch Vormerkung. Die Sicherung des Rückübertragungsanspruchs ist jedoch nur möglich, wenn er von einer Zufalls- oder Potestativbedingung und nicht lediglich vom Willen der Gemeinde abhängt.[1185] Insofern muss an ein Verhalten des Vertragspartners angeknüpft werden. Fälle, in denen die Gemeinde ein Grundstück verkauft, um dieses anschließend für Ausgleichsmaßnahmen zu nutzen, dürften praktisch jedoch kaum vorkommen.

Auch die Vereinbarung von Rücktrittsrechten ist für sich genommen nicht geeignet, den Ausgleich hinreichend zu sichern. Im Gegenteil kann ein Rücktrittsrecht des Vertragspartners sogar die fehlende Sicherungswirkung des Vertrags und damit die Rechtswidrigkeit des Bebauungsplans nach sich ziehen. Von der Vereinbarung von Rücktrittsrechten sollte deshalb abgesehen werden.

1184 *Grziwotz*, Vertragsgestaltung, Rn. 155.

1185 *Westermann/Gursky/Eickmann*, Sachenrecht, § 82 Rn. 9; *Kohler*, in: MüKo, BGB § 883 Rn. 26.

D. Bürgschaft

Die Bürgschaft (§§ 765 ff. BGB) stellt wieder ein „klassisches" Mittel der Sicherung dar. Die Vereinbarung einer solchen ist auch beim Vorhaben- und Erschließungsplan grundsätzlich zulässig[1186] und teilweise sogar zwingend, etwa wenn eine zu befürchtende Bauruine gravierende städtebauliche Maßnahmen zur Folge hätte oder wenn begründete Zweifel hinsichtlich der Finanzkraft des Investors bestehen.[1187] Zur finanziellen Absicherung eines Projekts ist die Vertragserfüllungsbürgschaft das am weitesten verbreitete Mittel.[1188] Dabei bietet sich in der Praxis die unbefristete selbstschuldnerische Bürgschaft eines Dritten, meistens einer Bank, an.[1189] Da durch eine Bürgschaft eine Realisierung des Projekts weitestgehend sichergestellt wird, wird diese teilweise als sinnvollste Möglichkeit der Sicherung angesehen.[1190] Alternativ kommt auch ein Treuhandverhältnis in Betracht.[1191]

Dabei sind grundlegende Fragen, z.B. wann und in welcher Höhe Bürgschaften zulässig sind, bis heute weitgehend ungeklärt.[1192] Dies bestimmt sich nach den Kriterien der Angemessenheit und ist eine Frage des Einzelfalls. Grundsätzlich genügt es, wenn die Bürgschaftssumme ausreicht, um die Kosten für die Ausgleichsmaßnahmen bei Selbstdurchführung für die Gemeinde zu decken. Da schon der Beginn der Baumaßnahmen häufig einen Eingriff darstellt, weil die Flächenversiegelung

---

1186 *Chatziathanasiou/Towfigh*, DVBl. 2013, 84 (91).

1187 *Busse/Grziwotz*, Vorhaben- und Erschließungsplan, Rn. 161.

1188 *Chatziathanasiou/Towfigh*, DVBl. 2013, 84 (87). Zu dieser raten auch *Busse/Dirnberger/Pröbstl/Schmidt*, Eingriffsregelung, S. 176. Ein Formulierungsbeispiel findet sich bei *Roquette/Otto*, Vertragsbuch Privates Baurecht, C VIII Rn. 2.

1189 *Chatziathanasiou/Towfigh*, DVBl. 2013, 84 (87); *Burmeister*, Städtebauliche Verträge, Rn. 204.

1190 So etwa: *Chatziathanasiou/Towfigh*, DVBl. 2013, 84 (88). Auch *von Bosse*, Eingriffsregelung, S. 167 schlägt diese vor, um Kompensationsmaßnahmen abzusichern.

1191 *Birk*, Leistungsstörungen und Sicherung der Vertragserfüllung bei städtebaulichen Verträgen, in: Städtebauliche Verträge in der notariellen Praxis, S. 43 (65).

1192 *Chatziathanasiou/Towfigh*, DVBl. 2013, 84 (85).

meist sehr früh erfolgt, kommt es auf die Fertigstellung des Projekts für die Ausgleichspflicht nicht an. Auch eine bereits im Baustadium bestehende, den Ausgleich voll umfassende Bürgschaft ist nicht unangemessen. Die Deckungssumme muss aber betragsmäßig nicht auch die Beendigung des Projekts durch die Gemeinde gewährleisten. Dies ist grundsätzlich nicht Aufgabe der Gemeinde, die bereits durch die Herstellung der Kompensation den rechtmäßigen Zustand herbeiführt. Etwas Anderes kann gelten, wenn sich die Gemeinde verpflichtet, das Projekt bei Insolvenz des Vorhabenträgers fertig zu stellen, da sie hier selbst für die Beendigung einsteht. Hierbei geht es aber nicht mehr um die Sicherung von Kompensationsmaßnahmen.

Durch die Bürgschaft verpflichtet sich der Dritte, für die Erfüllung der Verbindlichkeit einzustehen, § 765 Abs. 1 BGB. Ihr Inhalt entspricht der Hauptschuld, sie kann insbesondere auch Handlungen oder Sachleistungen umfassen.[1193] Der Bürge des Ausgleichsverpflichteten ist damit nicht nur zur Geldleistung, sondern auch zur Durchführung der Ausgleichsmaßnahmen verpflichtet. In der Praxis wird die Bürgschaftsschuld aber in einer Geldleistung bestehen, welche die Kosten für eine gegebenenfalls erforderliche Ersatzvornahme abdeckt.[1194] Dass z.B. eine bürgende Bank Zahlungspflichten besser nachkommen kann als der Durchführung von Ausgleichsmaßnahmen, liegt auf der Hand. Die Bürgschaft dient lediglich der Sicherstellung der Ausführung des Ausgleichs und gewährleistet keinen Zugriff.

E. Angemessenheit

Die in diesem Paragraphen untersuchten Mittel sind damit allesamt nicht zur alleinigen Sicherung geeignet, können aber eine sinnvolle Vertragsergänzung sein. Dabei stellt sich jedoch die Frage, inwieweit weitere Sicherungsmittel zulässig sind, wenn bereits ein dauerhafter Zugriff der Gemeinde gewährleistet ist. Auch diese Frage kann nicht pauschal beantwortet werden, sondern richtet sich wiederum nach der Angemessenheit. Grundsätzlich ist die Gemeinde nicht auf die Schaffung eines Zugriffsrechts beschränkt, sondern darf zu einer „weichen"

1193 *Habersack*, in: MüKo, BGB § 765 Rn. 79.

1194 *Möller*, Ausgleichsflächen, S. 124.

Absicherung der jeweiligen Vertragspflichten entsprechende Gestaltungsmöglichkeiten nutzen. Denn diese ergänzenden Sicherungen verfolgen bereits vom Ansatz her andere Ziele. Der Zugriff allein kann die Refinanzierung und zeitnahe Ausführung durch den Vorhabenträger nicht sicherstellen, sondern die Gemeinde allenfalls daneben berechtigen. Die sonstigen Sicherungsmittel können dabei vor allem den Aspekt der tatsächlichen Ausführung absichern, der zwar im Vergleich zur Zugriffssicherung weniger dringlich, aber dennoch zu berücksichtigen ist. Insofern führt eine Kumulation der unterschiedlichen Sicherungsmittel allein noch nicht zu einem Verstoß gegen das Gebot der Angemessenheit. Insbesondere führt dies nicht zu einer „Übersicherung" sofern unterschiedliche Sicherungsziele verfolgt werden.

Kapitel 4 – Ergebnisse

Ausgleichsverträge sind ein geeignetes Mittel um den naturschutzrechtlichen Ausgleich in der Bauleitplanung durchzuführen. Sie sind gegenüber den Darstellungen und Festsetzungen in Bauleitplänen gleichwertig und können teilweise sogar zu vorzugswürdigen Ergebnissen führen. Im Gegensatz zum Ausgleich durch Flächennutzungs- und Bebauungsplan[1195] können durch Verträge auch rein verhaltensbezogene Pflichten vereinbart[1196] und spezielle Ausgleichslösungen, sogar außerhalb des Gemeindegebiets[1197], gefunden werden. Vertragliche Lösungen eignen sich dabei insbesondere, wenn der Ausgleich nicht am Ort des Eingriffs stattfinden soll[1198], wie es die fortschreitende Flächenknappheit häufig erfordert. Insgesamt tragen die vielfältigen Möglichkeiten, welche Ausgleichsverträge bieten, der fortschreitenden Flexibilisierung der Eingriffs- und Ausgleichsregelungen[1199] (insbesondere in der Bauleitplanung) Rechnung.

Ausgleichsverträge sind regelmäßig städtebauliche Verträge i.S.d. §§ 1a Abs. 3 Satz 4 Var. 1, 11 BauGB, da sie zur Sicherung des Ausgleichs dienen[1200] und/oder die Kostentragung regeln[1201]. Sie sind öffentlich-rechtlicher Natur, soweit sie eine materielle Verpflichtung zur Durchführung von Ausgleichsmaßnahmen beinhalten.[1202] Neben städtebaulichen Verträgen kommen gem. § 1a Abs. 3 Satz 4 Var. 2 BauGB sonstige geeignete Maßnahme für die Durchführung des Ausgleichs in Betracht. Sonstige geeignete Maßnahmen umfassen sämtliche, zur Sicherung des Ausgleichs geeignete Maßnahmen, insbesondere auch vertragliche Lösungen.[1203] Städtebauliche Verträge stellen gegenüber den sonstigen geeigneten Maßnahmen einen im Gesetz

1195 § 7 B. I. 1. a) dd) (S. 121 ff.).

1196 § 11 A. I. 1. (S. 198 ff.).

1197 § 11 C. IV. (S. 210).

1198 Vgl. 7 B. II. 2. d) (S. 130 ff.).

1199 § 3 A. II. und § 4 A. II. (S. 17 ff. und 43 ff.).

1200 § 9 A I. 1. (S. 165 ff.).

1201 § 12 A. III. (S. 225 ff.).

1202 § 5 A. II. 3. c) aa) (S. 66 f.).

1203 § 10 A. und C. (S. 182 ff. und 176 ff.).

ausdrücklich genannten Spezialfall dar. Die Sicherungsanforderungen sind jedoch für beide Varianten des § 1a Abs. 3 Satz 4 BauGB identisch. Eine scharfe Abgrenzung zwischen städtebaulichen und sonstigen Verträgen ist deshalb entbehrlich und auch nicht immer eindeutig möglich.[1204]

Im Rahmen der Sicherung sind dann zwei Aspekte zu berücksichtigen: der *Zugriff* auf die Ausgleichsfläche und *die tatsächliche Ausführung* der Maßnahmen.[1205] Beide Aspekte können nicht vollkommen losgelöst voneinander betrachtet werden. So kann ein bestehender Zugriff gleichzeitig eine Sicherung der Ausführung beinhalten (z.B. weil im Rahmen einer Selbstvornahme der Ausgleich direkt ausgeführt werden kann).[1206]

Zur Bestimmung der Anforderungen an die Sicherung kann als vergleichender Maßstab die Sicherungswirkung von Bebauungsplänen[1207], nicht aber von Flächennutzungsplänen[1208] herangezogen werden. Dabei ist festzustellen, dass auch Festsetzungen in Bebauungsplänen keine vollständige Gewährleistung des Ausgleichs bieten.[1209] Vielmehr zeigt der Vergleich von Vertrag und Bauleitplan, dass der Vorteil des Bebauungsplans naturgemäß in der Anknüpfung an Flächen bzw. Grundstücke liegt.[1210] Diese Anknüpfung muss im Rahmen eines vertraglichen Ausgleichs imitiert werden.[1211] Die Absicherung muss dabei effektiv, d.h. in Bezug auf den Vertragspartner der Gemeinde umgehungssicher ausgestaltet sein.[1212]

Diese Anknüpfung entspricht dem Aspekt der Sicherung des Zugriffs, dem deshalb besonderes Gewicht zukommt. Vertragliche Lösungen sind nur dann für eine Sicherung des naturschutzrechtlichen Ausgleichs ausreichend, wenn sie den dauerhaften, rechtsnachfolgeunabhängigen Zugriff auf das Aus-

---

1204 Zu allem: § 10 A. und C. (S. 182 ff. und 193 ff.).

1205 § 6 B. (S. 102 ff.).

1206 § 6 B. III. (S. 106 f.).

1207 § 7 B. III. (S. 134 ff.).

1208 § 7 A. III. (S. 113 f.).

1209 § 7 B. II. 2. d) (S. 130 ff.).

1210 § 7 B. II. und III (S. 127 f. und 134 f.).

1211 § 8 A. II. 2. (S. 141).

1212 § 8 A. I. 3. (S. 139).

gleichsgrundstück gewährleisten.[1213] Die dafür notwendige grundstücksbezogene Anknüpfung der vertraglichen Verpflichtungen und Rechte kann nur durch die Vereinbarung dinglicher Rechte zugunsten der Gemeinde oder eines anderen Hoheitsträgers erreicht werden.[1214] Unter den dinglichen Rechten sind vor allem die Baulast, sowie - jeweils in unterschiedlicher Ausprägung - die beschränkte persönliche Dienstbarkeit und der Nießbrauch geeignet, um einen dauerhaften Zugriff sicherzustellen. Ungeeignet sind hingegen bloße Verwertungsrechte (wie z.B. Grundpfandrechte oder Reallasten), da diese zwar eine finanzielle, aber keine Absicherung in Bezug auf die Durchführung bieten.[1215]

Weniger gewichtig, aber nicht außer Acht zu lassen, ist schließlich der Aspekt der Ausführungssicherung. Dabei geht es um eine Sicherung *gegen* den Ausgleichspflichtigen. Dies kann dabei sowohl die Gemeinde als auch der Vorhabenträger oder ein Dritter sein. Der Ausgleichspflichtige muss gegebenenfalls gezwungen werden, seiner Ausgleichsverpflichtung nachzukommen.[1216] Die Ausführung der vertraglich übernommenen Pflichten kann klageweise durchgesetzt werden und erfolgt, da diese Pflichten zumeist vertretbare Handlungen darstellen, im Rahmen der Vollstreckung durch Selbstvornahme. Insofern ist eine zusätzliche Absicherung grundsätzlich entbehrlich, innerhalb der Grenzen der Angemessenheit aber regelmäßig zulässig und häufig sinnvoll.[1217] Die in Frage kommenden rein schuldrechtlichen Sicherungsmittel bzw. Vertragsgestaltungen verfolgen dabei jeweils unterschiedliche Zwecke. So dient beispielsweise eine Bürgschaft der Sicherung der Refinanzierung oder eine Vertragsstrafe der Motivation zur Ausführung.[1218] Daneben ist eine dingliche Zugriffssicherung aber unverzichtbar.[1219]

1213 § 6 D. (S. 108 f.)

1214 § 8 A. II. 2. (S. 141) und § 13 (S. 235).

1215 Zu den in Betracht kommenden dinglichen Sicherungsmitteln: § 13 G. (S. 261 ff.).

1216 Zu allem: § 6 B. II. (S. 103 ff.).

1217 § 6 B. II. 1. (S. 104 f.).

1218 Zu den schuldrechtlichen Sicherungsmitteln: § 14 (S. 264 ff.).

1219 Jeweils § 14 A. bis D. (S. 264 bis 269).

Der potenzielle Inhalt von Ausgleichsverträgen reicht von der Ausgleichsverpflichtung selbst bis hin zur bloßen Flächenbeschaffung oder Kostenvereinbarung.[1220] Letztere ist auch bei einer Regelung des Ausgleichs durch Festsetzungen zulässig, folgt aber bis zu einem gewissen Grad den Grundsätzen der §§ 135a bis c BauGB, sodass z.B. ein Verzicht auf Kostenerstattung nicht möglich ist. Demgegenüber ist beim Vorhaben- und Erschließungsplan, auf den die §§ 135a bis c BauGB ausdrücklich keine Anwendung finden, ein Verzicht möglich.[1221] Eine Verpflichtung zur Durchführung oder Kostenerstattung von dauerhaften Ausgleichsmaßnahmen (Unterhaltungspflegemaßnahmen) als Folgelast untersagt das Gesetz nicht, sodass eine entsprechende vertragliche Regelung zulässig ist.[1222] Insbesondere ist dabei das Gebot der Angemessenheit zu berücksichtigen. Scheitert die Durchführung der Ausgleichsmaßnahmen durch den Ausgleichspflichtigen (z.B. wegen dessen Insolvenz), ist die Gemeinde selbst zur Durchführung der Ausgleichsmaßnahmen verpflichtet.[1223]

Ausgleichsverträge stellen damit ein inhaltlich äußerst flexibles Instrument dar. Diese Flexibilität ist jedoch auf formeller Seite stark eingeschränkt, da sich die Wirksamkeit des Vertrags und des zugrundeliegenden Bebauungsplans gegenseitig bedingen: Genügt die Sicherung den maßgeblichen Anforderungen nicht oder ist der Ausgleichsvertrag unwirksam, führt dies zu einem fehlerhaften naturschutzrechtlichen Ausgleich und stellt einen – regelmäßig beachtlichen – Abwägungsfehler dar. Dieser hat wiederum regelmäßig die Nichtigkeit des Bebauungsplans zur Folge.[1224] Bei einer nachträglichen Änderung bedarf deshalb auch der Ausgleichsvertrag einer Eingliederung in ein formelles Planänderungsverfahren. Die durch ihn begründeten Pflichten sind damit ähnlich änderungsstarr wie bauleitplanerische Festsetzungen.[1225]

[1220] § 11 A. (S. 197 ff.).

[1221] § 12 A. II. 2. (S. 223 ff.).

[1222] § 8 C. III. (S. 152 ff.).

[1223] § 6 A. II. 2. (S. 101 ff.).

[1224] § 5 D I. und E. (S. 83 ff. und 94).

[1225] § 5 D III. und E. (S. 90 ff. und 94).

Literaturverzeichnis

Ahrens, Claus, Dingliche Nutzungsrechte, 2. Auflage, Berlin 2007

Anger, Christoph, Naturschutzrechtliche Eingriffsregelung und Kompensationspools - rechtliche Grundlagen und Grenzen eines Vollzugsmodells -, UPR 2004, 7

Battis, Ulrich/Krautzberger, Michael/Löhr, Rolf-Peter, Die Neuregelung des Baugesetzbuches zum 01.01.1998, NVwZ 1997, 1145

Battis, Ulrich/Krautzberger, Michael/Löhr, Rolf-Peter, Baugesetzbuch, Kommentar, 13. Auflage 2016 (zit. *Bearbeiter*, in: *Battis/Krautzberger/Löhr*, BauGB)

Baur, Jürgen/Stürner, Rolf, Sachenrecht, 18. Auflage, München 2009

Bauer, Siegfried/Abresch, Jens-Peter/Steinhoff, Jens, Einbindungsmöglichkeiten von naturschutzrechtlichen Kompensationsmaßnahmen in den Vertragsnaturschutz – Beitrag aus einem Forschungsvorhaben an der Professur Projekt- und Regionalplanung der Justus-Liebig-Universität Gießen, in: *Nottmeyer-Linden, Klaus/Müller, Stefan/Horst, Diethard/Schweppe-Kraft, Burkhard*, Zukunft des Vertragsnaturschutzes, S. 71

Beckmann, Martin, Die Ausgleichsregelung des § 1a Abs. 3 BauGB, in: *Erbguth, Wilfried (Hrsg.)*, Planung: Festschrift für Werner Hoppe zum 70. Geburtstag, München 2000

Berchter, Dirk, Die Eingriffsregelung im Naturschutzrecht, Hamburg 2006, zugleich Dissertation (zit. *Berchter*, Eingriffsregelung)

Bick, Ulrike, Städtebauliche Verträge, DVBl. 2001, 154

Birk, Hans-Jörg, Städtebauliche Verträge im Bebauungsplanverfahren, VBlBW 2016, 89

Birk, Hans-Jörg, Die Kostenerstattung bei naturschutzrechtlichen Eingriffsregelungen unter besonderer Berücksichtigung des Erschließungsbeitragsrechts, VBlBW 1998, 81

Birk, Hans-Jörg, Leistungsstörungen und Sicherung der Vertragserfüllung bei städtebaulichen Verträgen, Möglichkeiten der Vertragsgestaltung, in: Deutsche Notarrechtliche Vereinigung e.V. (Hrsg.), Städtebauliche Verträge in der notariellen Praxis, Symposium des Instituts für Notarrecht an der Universität Würzburg 2006, S. 43

Birk, Hans-Jörg, Verträge als Möglichkeit der Problembewältigung in der Bebauungsplan-Abwägung, in: *Berkemann, Jörg/Gaentzsch, Günter/Halama, Günter/Heeren, Helga/Hien, Eckart/Lemmel, Hans-Peter (Hrsg.)*, Planung und Plankontrolle: Entwicklungen im Bau- und Fachplanungsrecht, Festschrift für Otto Schlichter zum 65. Geburtstag, Köln u.a. 1995

Birk, Hans-Jörg, Städtebauliche Verträge, 5. Auflage, Stuttgart 2013

Birk, Hans-Jörg, Die städtebaulichen Verträge nach BauGB 98, 3. Auflage, Stuttgart u.a. 1999

Birk, Hans-Jörg, Bauplanungsrecht in der Praxis, 6. Auflage, Stuttgart u.a. 2015

Blume, Eckehart, Das Verhältnis von Baurecht und Naturschutzrecht nach dem Investitionserleichterungs- und Wohnbaulandgesetz, NVwZ 1993, 941

von Bosse, Arnold, Die Wirksamkeit der naturschutzrechtlichen Eingriffsregelung in der verbindlichen Bauleitplanung, Berlin 2004, zugleich Dissertation (zit. *Von Bosse*, Eingriffsregelung)

Böhme, Christa/Bruns, Elke/Bunzel, Arno/Herberg, Alfred/Köppel, Johann, Flächen- und Maßnahmenpools in Deutschland, Bundesamt für Naturschutz, Bonn - Bad Godesberg 2005 (zit. *Böhme/Bruns/Bunzel/Herberg/Köppel*, Flächen- und Maßnahmenpools)

Bracher, Christian-Dietrich/Reidt, Olaf/Schiller, Gernot, Bauplanungsrecht, 8. Auflage, Köln 2014

Britz, Gabriele, „Ökokonto" im Naturschutzrecht - Ein Instrument im Dienste der Belange von Naturschutz und Investition? -, UPR 1999, 205

Brohm, Winfried, Städtebauliche Verträge zwischen Privat- und Öffentlichem Recht, JZ 2000, 321

Brohm, Winfried, Die naturschutzrechtliche Eingriffs- und Ausgleichsregelung im Bauplanungsrecht, in: *Erbguth, Wilfried (Hrsg.)*, Planung: Festschrift für Werner Hoppe zum 70. Geburtstag, München 2000

Brox, Hans/Walker, Wolf-Dietrich, Allgemeines Schuldrecht, 40. Auflage, München 2016

Brügelmann, Hermann (Begr.), Baugesetzbuch, Kommentar, Band 2, 101. Lieferung, Stand: Januar 2017 (zit. *Bearbeiter*, in: *Brügelmann*, BauGB)

Bull, Hans Peter/Mehde, Veith, Allgemeines Verwaltungsrecht mit Verwaltungslehre, 9. Auflage, Heidelberg 2015 (zit. *Bull/Mehde*, Allgemeines Verwaltungsrecht)

Bulling, Manfred, Kooperatives Verwaltungshandeln (Vorverhandlungen, Arrangements, Agreements und Verträge) in der Verwaltungspraxis, DÖV 1989, 277

Bunzel, Arno, Anforderungen an die Art des Ausgleichs, artgleich, wertgleich oder in sonstiger Weise, ZfBR 1998, 226

Bunzel, Arno, Kompensationsverpflichtung und Pflegemaßnahmen bei Eingriffen in Natur und Landschaft, Empirische Erfahrungen und rechtliche Bewertung, NuR 2004, 15

Bunzel, Arno/Reitzig, Frank, Bereitstellung von Flächen zum Ausgleich im übergemeindlichen Maßstab, DÖV 1998, 995

Bunzel, Arno/Coulmas, Diana/Schmidt-Eichstaedt, Gerd, Städtebauliche Verträge, ein Handbuch, 3. Auflage, Berlin 2007 (*Bunzel/Coulmas/Schmidt-Eichstaedt*, Städtebauliche Verträge)

Burmeister, Thomas, Der Durchführungsvertrag zum vorhabenbezogenen Bebauungsplan, VBlBW 2002, 245

Burmeister, Thomas, Praxishandbuch Städtebauliche Verträge, 3. Auflage, Freiburg 2013 (*Burmeister*, Städtebauliche Verträge)

Burth, Andreas/Geißler, René/Gnädinger, Marc/Hilgers, Dennis, Kommunaler Finanzreport 2013 der Bertelsmann Stiftung – Einnahmen, Ausgaben und Verschuldung im Ländervergleich, Gütersloh 2013

Busse, Jürgen, Städtebauliche Verträge im Lichte der Rechtsprechung, KommJur 2009, 241

Busse, Jürgen/Dirnberger, Franz/Pröbstl, Ulrike/Schmidt, Werner, Die naturschutzrechtliche Eingriffsregelung im Bauplanungsrecht, 1. Auflage, München 2001 (zit. *Busse/Dirnberger/Pröbstl,* Eingriffsregelung)

Busse, Jürgen/Grziwotz, Herbert, Der Vorhaben- und Erschließungsplan: Das Planungsinstrument in der Praxis, München/ Berlin 1999 (zit. *Busse/Grziwotz,* Vorhaben- und Erschließungsplan)

Büchner, Hans/Schlotterbeck, Karlheinz, Baurecht, Band 2, Bauordnungsrecht einschließlich öffentliches Baunachbarschutzrecht, 4. Auflage, Stuttgart 2011 (zit. *Büchner/Schlotterbeck,* Baurecht)

Chatziathanasiou, Konstantin/Towfigh, Emanuel, Die Angemessenheit der Vertragserfüllungsbürgschaft bei städtebaulichen Verträgen, DVBl. 2013, 84

Diederichsen, Lars, Rechtsfragen der Ökokontierung und des Ökopunktehandels, NuR 2010, 843

Durner, Wolfgang, Kompensation für Eingriffe in Natur und Landschaft nach deutschem und europäischem Recht, NuR 2001, 601

Dürr, Hansjochen/Leven, Dagmar/Speckmaier, Sabine, Baurecht Baden-Württemberg, 15. Auflage, Baden-Baden 2016 (zit. *Dürr/Leven/Speckmaier,* Baurecht)

Ehlers, Dirk, Die Gemeindevertretung, in: *Mann, Thomas/Püttner, Günter,* Handbuch der kommunalen Wissenschaft und Praxis, Band 1, Grundlagen und Kommunalverfassung, Berlin/ Heidelberg 2007 (zit. *Ehlers,* in: *Mann/Püttner,* Handbuch der kommunalen Wissenschaft und Praxis)

Ekardt, Felix/Hennig, Bettina, Chancen und Grenzen von naturschutzrechtlichen Eingriffsregelungen und Kompensationen, NuR 2013, 694

Erbguth, Wilfried/Schubert, Mathias, Öffentliches Baurecht, 6. Auflage, Berlin 2015

Erbguth, Wilfried/Schlacke, Sabine, Umweltrecht, 3. Auflage, Baden-Baden 2010

Ernst, Werner (Begr.)/Zinkahn, Willy (Begr.)/Bielenberg, Walter (Begr.)/Krautzberger, Michael, Baugesetzbuch, Kommentar, München 2016, 124. Ergänzungslieferung, Stand: Februar 2017 (zit. *Bearbeiter,* in: *Ernst/Zinkahn/Bielenberg/Krautzberger,* BauGB)

Eyermann, Erich (Begr.)/Fröhler, Ludwig (Begr.)/Geiger, Harald/Happ, Michael/Kraft, Ingo/Rennert, Klaus/Schmidt, Jörg, Verwaltungsgerichtsordnung, Kommentar, München 2014 (zit. *Bearbeiter,* in: *Eyermann,* VwGO)

Felder, Winfried, Naturschutzrechtliche Eingriffsregelung im Bauleitplanungsrecht gemäß § 8a Abs. 1 S. 1 BNatSchG, NuR 1994, 53

Ferner, Hilmar/Kröninger, Holger/Aschke, Manfred, Baugesetzbuch mit Baunutzungsverordnung, Handkommentar, 3. Auflage, Baden-Baden 2013 (zit. *Bearbeiter,* in: *Ferner/Kröninger/Aschke,* BauGB)

Finke, Mathias, Bauleitplanung und Umweltschutz, Bericht zum Symposium des Zentralinstituts für Raumplanung an der Universität Münster am 08.09.2000, NuR 2001, 32

Finkelnburg, Klaus/Ortloff, Karsten Michael/Kment, Martin, Öffentliches Baurecht, 6. Auflage, München 2011

Franzius, Claudio, Die Zukunft der naturschutzrechtlichen Eingriffsregelung, ZUR 2010, 346

Frenz, Walter, Vertragsnaturschutz in neuem Gewand, NuR 2011, 257

Fritz, Klaus, Möglichkeiten und Grenzen von privatrechtlichem und öffentlich-rechtlichem Vertragsnaturschutz, UPR 1997, 439

Gaentzsch, Günter, Bauleitplanung als Aufgabe der Gemeinden und Voraussetzung ihrer Entwicklung, LKV 1992, 105

Garbe, Thorsten, Die naturschutzrechtliche Eingriffsregelung und ihre Bedeutung im Bauplanungsrecht, Berlin 1996 (zit. *Garbe,* Eingriffsregelung)

Gassner, Erich, Aktuelle Fragen der naturschutzrechtlichen Eingriffsregelung, NuR 1999, 79

Glaser, Andreas, Schwerpunktbereich, Grundstrukturen des Naturschutzrechts, JuS 2010, 209

Gelzer, Konrad/Bracher, Christian-Dietrich/Reidt, Olaf, Bauplanungsrecht, 7. Auflage, Köln 2004

Grziwotz, Herbert, Zur „Doppelsicherung“ baurechtlicher Genehmigungsvoraussetzungen, BauR 1990, 20

Grziwotz, Herbert, Städtebauliche Verträge vor den Zivilgerichten, NJW 1997, 237

Grziwotz, Herbert, Einführung in die Vertragsgestaltung im Öffentlichen Recht, JuS 1998, 807

Grziwotz Herbert, Die Sicherung von naturschutzrechtlichen Ausgleichsmaßnahmen, KommJur 2008, 288

Grziwotz, Herbert, Folgekosten, KommJur 2009, 293

Grziwotz, Herbert, Vertragsgestaltung im öffentlichen Recht, München 2002

Gurlit, Elke, Verwaltungsrechtlicher Vertrag und andere verwaltungsrechtliche Sonderverbindungen, in: *Ehlers, Dirk/Pünder, Herrmann (Hrsg)*, Allgemeines Verwaltungsrecht, 15. Auflage, Berlin/Boston 2016 (zit. *Gurlit*, in: *Ehlers/Pünder*, Allgemeines Verwaltungsrecht)

Haentjens, Alexander, Zusagen im Planungsrecht, ein verlässliches Instrument?, LKV 2011, 17

Hamann, Christian, Der Verwaltungsvertrag im Städtebaurecht, Berlin 2002, (zit. *Hamann*, Verwaltungsvertrag)

Heilshorn, Torsten/Schütze, Edith, Die Bevorratung von Kompensationsmaßnahmen in „Ökokonten“ - Unter besonderer Berücksichtigung der baden-württembergischen Ökokonto-VO -, VBlBW 2012, 13

Hendler, Reinhard/Brockhoff, Sven, Die Eingriffsregelung des neuen Bundesnaturschutzgesetzes, NVwZ 2010, 733

Hien, Eckart, Bemerkungen zum städtebaulichen Vertrag, in: *Berkemann, Jörg/Gaentzsch, Günter/Halama, Günter/Heeren, Helga/Hien, Eckart/Lemmel, Hans-Peter (Hrsg.)*, Planung und Plankontrolle: Entwicklungen im Bau- und Fachplanungsrecht, Festschrift für Otto Schlichter zum 65. Geburtstag, Köln u.a. 1995

Maunz, Theodor (Begr.)/Dürig, Günter (Begr.)/Herzog, Roman/Scholz, Rupert/Herdegen, Matthias/Klein Hans H. (Hrsg.), Grundgesetz, Kommentar, 78. Ergänzungslieferung, Stand: September 2016 (zit. *Bearbeiter,* in: *Maunz/Dürig,* GG)

Von Heyl, Arnulf, Ökologische Festsetzungen zur Wahrung der Belange des § 1 Abs. 5 Nr. 7 BauGB insbesondere der Energieeinsparung und des Naturschutzes, BauR 1997, 232

Hoppe, Werner/Bönker, Christian/Grotefels, Susan, Öffentliches Baurecht, 4. Auflage, München 2010

Ipsen, Jörn, Allgemeines Verwaltungsrecht, 9. Auflage, München 2015

Jauernig, Othmar (Begr.)/ Stürner, Rolf. (Hrsg.), Bürgerliches Gesetzbuch, 16. Auflage, München 2015 (zit. *Bearbeiter,* in: *Jauernig,* BGB)

Jäde, Henning/Dirnberger, Franz/Weiß, Josef, Baugesetzbuch, Baunutzungsverordnung, Kommentar, 8. Auflage, Stuttgart 2016 (zit. *Bearbeiter,* in: *Jäde/Dirnberger/Weiß,* BauGB)

Jessel, Beate, Die Integration von Umweltbelangen in die Entscheidungsfindung in der Bauleitplanung, UPR 2004, 408

Kamp, Christina, Kommunale Steuerung der Bebaubarkeit durch Verträge und dingliche Sicherung, Münster/Berlin 2008, zugleich Dissertation (zit. *Kamp,* Steuerung der Bebaubarkeit)

Kemper, Rolf, Maßgaben der Rechtsprechung für die Gestaltung von Städtebauverträgen, Finanzwirtschaft 2002, 13

Klinge, Werner, Zum Stand der Diskussion über die naturschutzrechtliche Eingriffsregelung in der Bauleitplanung, BauR 1995, 289

Kloepfer, Michael, Umweltrecht, 3. Auflage, München 2004

Kloepfer, Michael, Umweltschutzrecht, 2. Auflage, München 2011

Kluth, Winfried/Neuhäuser, Eva Julia, Der Anspruch auf Baulasteintragung, NVwZ 1996, 738

Knack, Joachim/Henneke, Hans-Günter, Verwaltungsverfahrensgesetz, Kommentar, 10. Auflage, Köln 2014 (*Bearbeiter,* in: *Knack/Henneke,* VwVfG)

Koch, Hans-Joachim, Die naturschutzrechtliche Eingriffsregelung, in: *Kerkmann, Jochen*, Naturschutzrecht in der Praxis, 2. Auflage, Berlin 2010 (zit. *Koch*, in: *Kerkmann*, Naturschutzrecht)

Koch, Hans-Joachim, Der Baurechtskompromiß im Meinungsstreit, in: *Ramsauer, Ulrich (Hrsg.)*, Die naturschutzrechtliche Eingriffsregelung: Die Neuregelung durch das Investitionserleichterungs- und Wohnbaulandgesetz, 1. Auflage, Baden-Baden 1995, S. 199 (zit. *Koch*, in: *Ramsauer*, Eingriffsregelung)

Koch, Hans-Joachim/Hendler, Reinhard, Baurecht, Raumordnungs- und Landesplanungsrecht, 6. Auflage, Stuttgart u.a. 2015 (zit. *Koch/Hendler*, Baurecht)

Kopp, Ferdinand (Begr.)/Ramsauer, Ulrich, Verwaltungsverfahrensgesetz, Kommentar, 17. Auflage, München 2016 (zit. *Kopp/Ramsauer*, VwVfG)

Kopp, Ferdinand (Begr.)/Schenke, Wolf-Rüdiger, Verwaltungsgerichtsordnung, Kommentar, 22. Auflage, München 2016 (zit. *Kopp/Schenke*, VwVfG)

Köck, Wolfgang, Die städtebauliche Eingriffsregelung, NuR 2004, 1

Krautzberger, Michael, Zum Stellenwert von städtebaulichen Verträgen im heutigen Städtebau, UPR 2006, 1

Krautzberger, Michael, Umwelt- und Naturschutz bei Bebauungsplänen nach dem vereinfachten und beschleunigten Verfahren (§§ 13, 13a BauGB), UPR 2011, 62

Krautzberger, Michael, Battis/Krautzberger/Löhr, Baugesetzbuch, in: *Willoweit, Dietmar* (Hrsg.), Rechtswissenschaft und Rechtsliteratur im 20. Jahrhundert, München 2007, S. 1037 (zit. *Krautzberger*, in: *Willoweit*, Rechtswissenschaft und Rechtsliteratur)

Krebs, Walter, Konsensuales Verwaltungshandeln im Städtebaurecht, DÖV 1989, 969

Krüger, Wolfgang (Hrsg.)/Rauscher, Thomas (Hrsg.), Münchener Kommentar zur Zivilprozessordnung, Band 1, 5. Auflage, München 2016 (zit. *Bearbeiter*, in: MüKo, ZPO)

Krüger, Wolfgang (Hrsg.)/Rauscher, Thomas (Hrsg.), Münchener Kommentar zur Zivilprozessordnung, Band 2, 5. Auflage, München 2016 (zit. *Bearbeiter*, in: MüKo, ZPO)

Kunze, Richard/Bronner, Otto/Katz, Alfred, Gemeindeordnung für Baden-Württemberg, Kommentar, Band 2, 22. Ergänzungslieferung 2016

Kuschnerus, Ulrich, Die naturschutzrechtliche Eingriffsregelung, NVwZ 1996, 235

Kuschnerus, Ulrich, Die Belange von Natur und Landschaft in der Abwägung nach § 1 Abs. 6 BauGB, BauR 1998, 1

Küpfer, Christian/Arnold, Sascha, Naturschutzrechtliche Eingriffe in der Bauleitplanung und ihre Kompensation - Lösungsmöglichkeiten, BWGZ 2015, 119

Lahnor, Ulrike, Städtebauliche Verträge nach § 11 unter besonderer Berücksichtigung ihrer Angemessenheit (§ 11 Absatz 2 Satz 1 BauGB), Frankfurt 1998, zugleich Dissertation (zit. *Lahnor*, Städtebauliche Verträge)

von Landmann, Robert (Begr.)/Rohmer, Gustav (Begr.)/ *Beckmann, Martin (Hrsg.)/Durner, Wolfgang (Hrsg.)/Mann, Thomas (Hrsg.)/Röckinghausen, Marc (Hrsg.)*, Landmann/Rohmer, Umweltrecht, Band II, 82. Ergänzungslieferung, Stand: Januar 2017 (zit. *Bearbeiter*, in: *Landmann/Rohmer*, Umweltrecht)

Lau, Marcus, Die naturschutzrechtliche Eingriffsregelung (Teil 1 und 2), NuR 2011, 680 und 762

Lau, Marcus, Der Naturschutz in der Bauleitplanung, Berlin 2012 (zit. *Lau*, Naturschutz in der Bauleitplanung)

Lau, Marcus, Die Kontrolle des Schutzes von Natur und Landschaft in der Bauleitplanung, 1. Auflage, Baden-Baden 2012, zugleich Dissertation (zit. *Lau*, Kontrolle des Schutzes von Natur und Landschaft)

Lemke, Reiner (Hrsg.), Immobilienrecht, Kommentar, 2. Auflage, Köln 2016 (zit. *Bearbeiter*, in: *Lembke*, Immobilienrecht)

Lenz, Christofer/Würtenberger, Thomas, BauGB-Verträge, Stuttgart 2011

Liebrecht, Dirk, Die eingriffsbezogenen Geldleistungspflichten des Naturschutzrechts als Anwendungsfälle einer Ökoschadensgebühr, Institut für Umweltrecht, Bremen (Hrsg.), Berlin 1998 (zit. *Liebrecht,* Geldleistungspflichten)

Linde, Trutz/Richter, Rüdiger, Erbbaurecht und Erbbauzins, 3. Auflage, Köln 2001

Lohre, Karl Werner, Fehler und Fehlerfolgen bei der Baulasteintragung, Zugleich ein Beitrag zur Rechtsnatur der Baulast, NJW 1987, 877

Looman, Gudula, „Ausverkauf von Hoheitsrechten" in Verträgen zwischen Bauherren und Gebietskörperschaften, NJW 1996, 1439

Lorenz, Jana, Möglichkeit einer Kombination von naturschutzrechtlicher Eingriffsregelung, Umweltverträglichkeitsprüfung und FFH-Verträglichkeitsprüfung in der Bauleitplanung, NuR 2001, 128

Louis, Hans Walter, Das Verhältnis zwischen Baurecht und Naturschutzrecht unter Berücksichtigung der Neuregelung durch das BauROG, NuR 1998, 113

Louis, Hans Walter, Rechtliche Grenzen der räumlichen, funktionalen und zeitlichen Entkoppelung von Eingriff und Kompensation (Flächenpool und Ökokonto), NuR 2004, 714

Louis, Hans Walter, Die Entwicklung der Eingriffsregelung, NuR 2007, 94

Louis, Hans Walter, Die Festsetzung von Ausgleichs- und Ersatzmaßnahmen sowie die Zuordnung zu bestimmten Flächen (§ 8a Abs. 1 Sätze 2, 4 BNatSchG), in: *Ramsauer, Ulrich (Hrsg.),* Die naturschutzrechtliche Eingriffsregelung: Die Neuregelung durch das Investitionserleichterungs- und Wohnbaulandgesetz, 1. Auflage, Baden-Baden 1995, S. 113 (zit. *Louis,* in: *Ramsauer,* Eingriffsregelung)

Louis, Hans Walter/Engelke, Annegret, Bundesnaturschutzgesetz, Kommentar, 1. Teil, 2. Auflage, Braunschweig 2000 (zit. *Louis/Engelke,* BNatSchG)

Louis, Hans Walter/Wolf, Verena, Naturschutz und Baurecht, NuR 2002, 455

Lorz, Alexander, Unzulänglichkeiten des Verwaltungsvertragsrechts am Beispiel der städtebaulichen Verträge, DÖV 2002, 177

Lorz, Albert (Begr.)/Konrad, Christian/Mühlbauer, Hermann/Müller-Walter, Markus/Stöckel, Heinz, Naturschutzrecht, 3. Auflage, München 2013 (zit. *Bearbeiter*, in *Lorz u.a.*, Naturschutzrecht)

Lüers, Hartwig, Bauleitplanung und Naturschutz - Zur vorgesehenen Fortentwicklung der planerischen Eingriffsregelung im Baugesetzbuch -UPR 1996, 401

Lüers, Hartwig, Der Bedeutungszuwachs für die Flächennutzungsplanung durch das Bau- und Raumordnungsgesetz 1998, UPR 1997, 348

Lüers, Hartwig, Die Änderung des Baugesetzbuchs durch das Bau- und Raumordnungsgesetz 1998, BauROG, ZfBR 1997, 231

Lüers, Hartwig, Die Bauleitplanung nach dem BauROG, DVBl. 1998, 433

Lütkes, Stefan (Hrsg.)/Ewer, Wolfgang (Hrsg.), Bundesnaturschutzgesetz, Kommentar, München 2011 (*Bearbeiter*, in: *Lütkes/Ewer*, BNatSchG)

Maaß, Christian/Schütte, Peter, Naturschutzrecht, in: *Koch, Hans-Joachim*, Umweltrecht, 4. Auflage, München 2014, S. 417 (zit. *Maaß/Schütte*, in: *Koch*, Umweltrecht)

Maurer, Hartmut, Allgemeines Verwaltungsrecht, 18. Auflage, München 2011

Mayer, Otto, Zur Lehre vom öffentlichrechtlichen Vertrage, AöR 1888, 3

Medicus, Dieter/Lorenz, Stephan, Schuldrecht I, Allgemeiner Teil, 21. Auflage, München 2015 (zit. *Medicus/Lorenz*, Schuldrecht I)

Medicus, Dieter/Petersen, Jens, Bürgerliches Recht, 25. Auflage, München 2015

Michler, Hans-Peter/Möller, Frauke, Änderungen der Eingriffsregelung durch das BNatSchG 2010, NuR 2011, 81

Mitschang, Stephan, Die neuen Eingriffs- und Ausgleichsregelungen und ihre Bedeutung für die städtebauliche Planung, WiVerw 1998, 20

Mitschang, Stephan, Eingriffsbewältigung und nachhaltige Flächennutzungsplanung, ZfBR 1999, 125

Mitschang, Stephan, Die Kompensation von Eingriffen in Natur und Landschaft durch städtebauliche Verträge, BauR 2003, 183 und 337

Mitschang, Stephan, Die Durchführung von Ausgleichsmaßnahmen und ihre Kostenerstattung, ZfBR 2005, 644

Mitschang, Stephan, Auswirkungen der naturschutzrechtlichen Eingriffsregelung nach §§ 13 ff. BNatSchG auf die kommunale Bauleitplanung, BauR 2011, 33

Mitschang, Stephan, Die Belange von Natur und Landschaft in der kommunalen Bauleitplanung, 2. Auflage, Berlin 1996 (zit. *Mitschang,* Belange von Natur und Landschaft)

Möller, Kristin, Die Beschaffung naturschutzrechtlicher Ausgleichsflächen im Baurecht, Kölner Schriften zu Recht und Staat, Band 9, Frankfurt 1999 (zit. *Möller,* Ausgleichsflächen)

Muckel, Stefan/Ogorek, Markus, Öffentliches Baurecht, 2. Auflage, München 2014

Musielak, Hans-Joachim/Voit, Wolfgang, Zivilprozessordnung, Kommentar, 14. Auflage, München 2017 (zit. *Bearbeiter,* in: *Musielak/Voit,* ZPO)

Von Nicolai, Helmuth/Wagner, Karl/Wecker, Lucia, Verträge des Baugesetzbuches, 1. Auflage 1999

Oerder, Michael, Städtebaulicher Vertrag nach dem Bau- und Raumordnungsgesetz 1998, Gesetzesänderungen und aktuelle Probleme, NVwZ 1997, 1190

Oerder, Michael, Praktische Probleme der Städtebaulichen Verträge nach § 11 BauGB, BauR 1998, 22

Ohms, Martin, Städtebaulicher Vertrag statt planerischer Festsetzung, Vorrang konsensualer Instrumente in der Bauleitplanung, BauR 2000, 983

Oloff, Babette, Rechtliche Probleme des „Ökokontos", München 2005, zugleich Dissertation (zit. *Oloff*, Ökokonto)

Palandt, Otto (Begr.), Bürgerliches Gesetzbuch, Kommentar, 76. Auflage, München 2016 (zit. *Bearbeiter*, in: *Palandt*, BGB)

Patzelt, Wolfgang, Die Absicherung von Vermeidungs- und Ausgleichsmaßnahmen im Bebauungsplanverfahren über städtebauliche Verträge, ZUR 2014, 600

Prahl, Albert, Zur Privatrechtsrelevanz der Baulast, ZfbR 1997, 12

Prütting, Hanns, Sachenrecht, 36. Auflage, München 2017

Quaas, Michael, Städtebauliche Verträge zur Umsetzung der naturschutzrechtlichen Eingriffsregelung, NVwZ 1995, 840

Ramsauer, Ulrich, Sicherung der Zweckbestimmung gegen spätere Umplanungen und die spätere Erteilung von Befreiungen, in: *Ramsauer, Ulrich (Hrsg.)*, Die naturschutzrechtliche Eingriffsregelung: Die Neuregelung durch das Investitionserleichterungs- und Wohnbaulandgesetz, 1. Auflage, Baden-Baden 1995, S. 170 (zit. *Ramsauer*, in: *ders.*, Eingriffsregelung)

Ranft, Wilfried, Die „Verdinglichung" des Erbbaurechtsinhalts, Frankfurt 1993, zugleich Dissertation (zit. *Ranft*, Verdinglichung des Erbbaurechts)

Reese, Moritz, Eingriff und Ausgleich bei der städtebaulichen Beplanung von Innenbereichen und Konversionsflächen, UPR 2000, 292

Rehbinder, Eckard, Vertragsnaturschutz, Erscheinungsformen, Rechtsprobleme, ökologische Wirkungen, DVBl. 2000, 859

Reidt, Olaf, Städtebaulicher Vertrag und Durchführungsvertrag im Lichte der aktuellen Rechtsentwicklung, BauR 2008, 1541

Reidt, Olaf, Bebauungsplanbegleitende städtebauliche Verträge, zum notwendigen Ausgleich von Verfahrensdefiziten beim Zusammenwirken von hoheitlicher Planung und konsensualer Vereinbarung –, UPR 2008, 410

Richter, Gerhard, Zur Eingriffs- und Ausgleichsregelung in der Bauleitplanung, SUG 2002, 17

Rixecker, Roland (Hrsg.)/Oetker, Hartmut (Hrsg.)/Limperg, Bettina (Hrsg.)/Säcker, Franz Jürgen (Redakt.), Münchener Kommentar zum Bürgerlichen Gesetzbuch, Band 1, 7. Auflage, München 2015 (zit. *Bearbeiter*, in: MüKo, BGB)

Rixecker, Roland(Hrsg.)/Oetker, Hartmut (Hrsg.)/Limperg, Bettina (Hrsg.)/Krüger, Wolfgang (Redakt.), Münchener Kommentar zum Bürgerlichen Gesetzbuch, Band 2, 7. Auflage, München 2007 (zit. *Bearbeiter*, in: MüKo, BGB)

Rixecker, Roland(Hrsg.)/Oetker, Hartmut (Hrsg.)/Limperg, Bettina (Hrsg.)/Habersack, Mathias (Redakt.), Münchener Kommentar zum Bürgerlichen Gesetzbuch, Band 6, 7. Auflage, München 2017 (zit. *Bearbeiter*, in: MüKo, BGB)

Rixecker, Roland(Hrsg.)/Oetker, Hartmut (Hrsg.)/Limperg, Bettina (Hrsg.)/Gaier, Reinhard (Redakt.), Münchener Kommentar zum Bürgerlichen Gesetzbuch, Band 7, 7. Auflage, München 2017 (zit. *Bearbeiter*, in: MüKo, BGB)

Roquette, Andreas/Otto, Andreas, Vertragsbuch Privates Baurecht, 2. Auflage, München 2011

Sanden, Joachim, Die Anpassung und Kündigung öffentlich-rechtlicher Verträge am Beispiel des Altlastensanierungsvertrags, NVwZ 2009, 491

Scheidler, Alfred, Die naturschutzrechtliche Eingriffsregelung im Baurecht, BauR 2010, 1987

Scheidler, Alfred, Das Verhältnis der naturschutzrechtlichen Eingriffsregelung zum Baurecht, ZfBR 2011, 228

Scherzberg, Arno, Grundfragen des verwaltungsrechtlichen Vertrages, JuS 1992, 205

Schink, Alexander, Die Berücksichtigung von Umweltbelangen in der Bauleitplanung, BauR 1998, 1163

Schink, Alexander, Neuerungen zum Baurechtskompromiss - Neuregelungen des Städtebaurechts 1998 zur Berücksichtigung der naturschutzrechtlichen Eingriffsregelung in der Bauleitplanung -, DVBl. 1998, 609

Schink, Alexander, Innenentwicklung und Eingriffsausgleich, BauR 2013, 861

Schink, Alexander/Matthes-Bredelin, Susanne, Die Belange des Naturschutzes in der Bauleitplanung, ZfBR 2001, 155

Schliepkorte, Jörg, Umweltschützende Belange in der Bauleitplanung - Auswirkungen des geänderten Bundesnaturschutzgesetzes -, ZfBR 1999, 66

Schlichter, Otto/Stich, Rudolf, Berliner Schwerpunkte-Kommentar zum Baugesetzbuch 1998, Köln u.a. 1998 (zit. *Schlichter/Stich*, BauGB 1998)

Schlotterbeck, Karlheinz/Hager, Gerd/Busch, Manfred/Gammerl, Bernd, Landesbauordnung für Baden-Württemberg (LBO) und LBOAVO, Kommentar, 7. Auflage, Stuttgart u.a. 2016 (zit. *Bearbeiter*, in: *Schlotterbeck/Hager/Busch/Gammerl*, LBOW-BW)

Schmidt, Jörg, Die Neuregelung des Verhältnisses zwischen Baurecht und Naturschutz, NVwZ 1998, 337

Schmidt-Aßmann, Eberhard, Verwaltungsverträge im Städtebaurecht, in: *Lenz, Wolfgang (Hrsg.)*, Festschrift für Konrad Gelzer zum 75. Geburtstag, Düsseldorf 1991

Schmidt-Aßmann, Eberhard/Krebs, Walter, Rechtsfragen städtebaulicher Verträge - Vertragstypen und Vertragsrechtslehre -, 1. Auflage, Bonn/Bad Godesberg 1988 (zit. *Schmidt-Aßmann/Krebs*, Rechtsfragen städtebaulicher Verträge)

Schmidt-Eichstaedt, Gerd, Die Finanzierung von Ausgleichs- und Ersatzmaßnahmen über städtebauliche Verträge, DÖV 1995, 95

Schmidt-Eichstaedt, Gerd, Verträge im Zusammenhang mit der Aufstellung von Bebauungsplänen: Über die Reichweite und Zulässigkeit von städtebaulichen Verträgen nach § 6 BauGB-Maßnahmengesetz, BauR 1996, 1

Schmidt-Eichstaedt, Gerd, Müssen Ausgleichsmaßnahmen vom Vorhabenträger dauerhaft gepflegt werden?, BauR 2010, 1865

Schmidt-Siegmann, Caroline, Die naturschutzrechtliche Eingriffsregelung in der baden-württembergischen Verwaltungspraxis, Freiburg 2008 (zit. *Schmidt-Siegmann*, Eingriffsregelung)

Schmitz, Heribert, „Die Verträge sollen sicherer werden", Zur Novellierung der Vorschriften über den öffentlich-rechtlichen Vertrag, DVBl. 2005, 17

Schoch, Friedrich/Schneider, Jens-Peter/Bier, Wolfgang, Verwaltungsgerichtsordnung, Kommentar, München 2017, 32. Ergänzungslieferung, Stand: Oktober 2016 (zit. *Bearbeiter*, in: *Schoch/Schneider/Bier*, VwGO)

Schrödter, Wolfgang (Hrsg.), Baugesetzbuch, Kommentar, 8. Auflage, Baden-Baden u.a. 2015 (zit. *Bearbeiter*, in: *Schrödter*, BauGB)

Schrödter, Wolfgang (Hrsg.), Baugesetzbuch, Kommentar, 6. Auflage, München 1998

Schumacher, Jochen/Fischer-Hüftle, Peter, Bundesnaturschutzgesetz, Kommentar, 2. Auflage, Stuttgart 2011 (zit. *Bearbeiter*, in: *Schuhmacher/Fischer-Hüftle*, BNatSchG)

Schwarz, Bernd, Die Entwicklung des Baulastenrechts seit 1994, BauR 1998, 446

Schwarz, Bernd, Baulasten im öffentlichen Recht und im Privatrecht, Wiesbaden/Berlin 1995 (zit. *Schwarz*, Baulasten)

Simon, Alfons/Busse, Jürgen/Kraus, Stefan, Bayerische Bauordnung, München 2016 (zit. *Bearbeiter*, in: *Simon/Busse*, BayBauO)

Sodan, Helge/Ziekow, Jan, Verwaltungsgerichtsordnung, Großkommentar, 4. Auflage, Baden-Baden 2014 (zit. *Bearbeiter*, in: *Sodan/Ziekow*, VwGO)

Spannowsky, Willy/Uechtritz, Michael, Beck'scher Online-Kommentar BauGB, 37. Edition, Stand: Mai 2017 (zit. *Bearbeiter*, in: BeckOK, BauGB)

Sparwasser/Wöckel, Zur Systematik der naturschutzrechtlichen Eingriffsregelung, NVwZ 2004, 1189

Sparwasser, Reinhard/Engel, Rüdiger/Voßkuhle, Andreas, Umweltrecht, 5. Auflage, Heidelberg 2003

Steinfort, Frank, Die Umsetzung der naturschutzrechtlichen Eingriffsregelung, VerwArch 86 (1995), 107

Stelkens, Paul/Bonk, Heinz Joachim/Sachs, Michael, Verwaltungsverfahrensgesetz, Kommentar, 8. Auflage, München 2014 (zit. *Bearbeiter*, in: *Stelkens/Bonk/Sachs*, VwVfG)

Stelkens, Ulrich, „Kooperationsvertrag“ und Vertragsanpassungsansprüche: Zur beabsichtigten Reform der §§ 54 ff. VwVfG, NWVBl. 2006, 1

Stelkens, Ulrich, Verwaltungsprivatrecht, Zur Privatrechtsbindung der Verwaltung, deren Reichweite und Konsequenzen, Saarbrücken/ Berlin 2005 (zit. *Stelkens*, Verwaltungsprivatrecht)

Stich, Rudolf, Vorhalten von Ausgleichsflächen durch private Immobilienentwickler, UPR 2001, 177

Stich, Rudolf, Der gegenwärtige Stand der Anforderungen des Umweltschutzes an die gemeindliche Bauleitplanung, WiVerw 2002, 65

Stich, Rudolf, Möglichkeiten und Grenzen der Beschaffung von Flächen für naturschutzbezogene Ausgleichsmaßnahmen in der gemeindlichen Bauleitplanung, ZfBR 2001, 80

Stich, Rudolf, Die Rechtsgrundlage von sog. Ökokonten bzw. von Ausgleichsmaßnahmen auf Vorrat für die Bauleitplanung der Gemeinden, BauR 2003, 1308

Stich, Rudolf, Die Rechtsentwicklung von der bebauungsbezogenen zur umweltschutzbestimmten städtebaulichen Planung, Betrachtungen zu einer ständigen Vorschriftenvermehrung im Städtebaurecht, ZfBR 2003, 643

Stich, Rudolf, Verträge zwischen Gemeinden und privaten Vorhabenträgern nach dem neuen Bundesbaurecht, in: *Kormann, Joachim (Hrsg.)*, Das neue Bundesbaurecht, München 1994 (zit. *Stich*, in: *Kormann*, Das neue Bundesbaurecht)

Stollmann, Frank, Öffentliches Baurecht, 10. Auflage, München 2015

Stüer, Bernhard, Städtebaurecht 1998, Vom Grundsatz der Planerhaltung zum Grundsatz der Normerhaltung -, DVBl. 1997, 1201

Stüer, Bernhard/König, Claas-Dietrich, Städtebauliche Verträge – Strikter Gesetzesvollzug oder grenzenlose Vertragsfreiheit?, ZfBR 2000, 528

Stüer, Bernhard, Refinanzierung von Ausgleichsmaßnahmen unter besonderer Berücksichtigung von Pflegemaßnahmen, NuR 2004, 11

Stüer, Bernhard, Der Bebauungsplan, 5. Auflage, München 2015

Stüer, Bernhard, Handbuch des Bau- und Fachplanungsrechts, 5. Auflage, München 2015

Tennie, Christian, Dingliche Rechte als städtebauliche Gestaltungsmittel, Frankfurt 2005, zugleich Dissertation (zit. *Tennie*, Dingliche Rechte)

Thum, Randi, Rechtsprechungs-Report: Bauplanerische Eingriffsregelung, ZUR 2004, 278

Thum, Randi, Abschied vom funktionellen Zusammenhang zwischen Eingriffen in Natur und Landschaft und ihrer Kompensation im Rahmen der Bauleitplanung?, ZUR 2005, 63

Thum, Randi, Chancen und Risiken von Flächenbevorratung und Ökokonto: Ein Praxistest, UPR 2006, 289

Thyssen, Bernd, Wann ist erheblich „erheblich"?, NuR 2010, 9

Tidick, Frank-Uwe, Die dauerhafte Sicherung der Zweckbestimmung von Flächen für Ausgleichs- und Ersatzmaßnahmen, in: *Ramsauer, Ulrich (Hrsg.)*, Die naturschutzrechtliche Eingriffsregelung: Die Neuregelung durch das Investitionserleichterungs- und Wohnbaulandgesetz, 1. Auflage, Baden-Baden 1995, S. 161 (zit. *Tidick*, in: *Ramsauer*, Eingriffsregelung)

Tomerius, Stephan, Flächenrecycling als Instrument nachhaltiger Stadtentwicklung, NuR 2005, 14

Tophoven, Christof, Der Eingriffs- und Ausgleichsbebauungsplan in der Bauleitplanung, NVwZ 2004, 1052

Tophoven, Christof, Die Naturschutzrechtliche Eingriffs- und Ausgleichsregelung im Bauplanungsrecht, Berlin 2003, zugleich Dissertation (zit. *Tophoven*, Eingriffs- und Ausgleichsregelung)

Uechtritz, Michael, Die naturschutzrechtliche Eingriffsregelung in der Bauleitplanung: Klarstellungen, NVwZ 1997, 1182

Uechtritz, Michael, Die naturschutzrechtliche Eingriffsregelung bei der Überplanung von bebaubaren Flächen nach §§ 30, 34 BauGB, zugleich eine Anmerkung zu BVerwG, Urt. v. 31.08.2000, NuR 2001, 150 –, NuR 2001, 374

Voßkuhle, Andreas, Das Kompensationsprinzip, Tübingen 1999

Wagner, Simon, Das Ökokonto als Kompensationsmodell in Baden-Württemberg, VBlBW 2006, 50

Weber, Klaus, Zur Vollstreckung aus einem öffentlich-rechtlichen Vertrag, KommP spezial 2008, 41

Weihrich, Dietmar, Regelungen zu naturschutzrechtlichen Ausgleichs- und Ersatzmaßnahmen nach dem Baugesetzbuch, NatSchLSA (Naturschutz im Land Sachsen-Anhalt) 1999, 33

Westermann, Harm Peter/Gursky, Karl-Heinz/Eickmann, Dieter, Sachenrecht, 8. Auflage, Heidelberg u.a. 2011

Weyreuther, Felix, Das bebauungsrechtliche Gebot der Rücksichtnahme und seine Bedeutung für den Nachbarschutz, BauR 1975, 1

Wilhelm, Jan, Sachenrecht, 4. Auflage 2010

Wolf, Manfred/Wellenhofer, Martina, Sachenrecht, 31. Auflage 2016

Wolf, Rainer, Entwicklungslinien der Eingriffsregelung, NuR 2004, 6

Wolf, Rainer, Zur Flexibilisierung des Kompensationsinstrumentariums der naturschutzrechtlichen Eingriffsregelung, NuR 2001, 481

Wolff, Hans (Begr.)/Bachof, Otto (fortgef.)/Stober, Rolf/Kluth, Winfried, Verwaltungsrecht I, 12. Auflage, München 2007

Für die Abkürzungen wird auf *Kirchner, Hildebert/Böttcher, Eike,* Abkürzungsverzeichnis der Rechtssprache, 8. Auflage, Berlin 2015 verwiesen.

Kolibri 360 GmbH
Ferdinand-Jühlke-Straße 7
99095 Erfurt, Deutschland
produktsicherheit@kolibri360.de